명문대
필독서
365

일러두기

- 역자, 감수 등은 따로 표기하지 않았으며 영문 이름은 외래어 표기법에 따랐습니다.
- 3인 이상의 공동 저작물인 경우 '외 ○명'으로 표기하였습니다.
- 레이아웃의 통일을 위해 글자 크기를 본문 환경에 맞게 자유로이 조절하였습니다.
- 작품 성격의 작업물에는 홑화살괄호, 작품집 성격의 작업물에는 겹화살괄호를 사용하였습니다.
- 도서의 서지정보가 잘못 기입된 경우 출판사로 연락주시면 확인 후 바로잡겠습니다.

현직 교사들이 직접 읽고 알려주는 생기부 고득점의 비밀

명문대
필독서
365

생기부
정복을 위한
과세특 완결판
★ ★ ★

박은선 · 최유란 · 차옥경
김미나 · 안재현 지음

체인지업
CHANGEUP

프롤로그

입시, 복잡하고 혼란스럽지요? 단 하나, 수능만 잘 보면 원하는 대학에 갈 수 있습니다. 하지만 입시를 준비하는 고등학생이라면 모든 가능성을 두고 준비하는 게 현명합니다. 하루 만에 결정되는 성적을 위해 '3년'을 투자할 수는 없습니다. 결국 고교 3년 동안 내신에서 만족스러운 결과를 내야 합니다. 정량된 성적 말고도 학교에서 하는 수업 활동, 비교과 활동을 통해 학생부도 꼼꼼히 챙겨야 한다는 것이지요. 정시뿐 아니라 학생부 위주의 수시까지 준비해야 더 많은 대학의 문을 '쾅쾅' 두드릴 수 있습니다.

입시 전형이 바뀌었다고 본질이 흔들리지는 않습니다. 대학은 학교생활에 충실한 인재를 원합니다. 수능 성적표에는 학업 태도, 인성, 지적 호기심, 진로 탐색 과정 등이 드러나지 않지만, 학교에서의 유의미한 활동이 서술되어 있는 학생부에는 이러한 성품과 능력이 자연스레 배어납니다.

대학에서는 이 학생이 자주적이고 진취적으로 학업에 임하는지, 공동체 속에서 책임감과 배려를 실천하는지를 학생부 기록을 보고 가늠할 수 있습니다. 그리고 바로 이것이 대학에서 학생부를 평가하는 '이유'입니다.

나의 학업 역량, 진로 역량, 공동체 역량을 담아내는 학생부는 하나의 '브랜드'입니다. 이름이나 학교를 드러내지 않아도 나의 역량에 가치를 부여하고 자신만의 경쟁력을 나타낼 수 있기에 더욱 그러합니다. 이는 선생님이나 부모님이 대신해줄 수 없습니다. 진정성을 가지고 나를 명확히 뽐내며 더욱 매력적인 나로 '내가 디자인해야' 합니다.

학생부에는 교과 성적 외에도 교과 세부능력 및 특기사항, 행동특성 및 종합의견, 창의적 체험활동 상황의 비교과 활동이 기술됩니다. 학생부의 '질'은 내신 성적만큼이나 중요한데요. 같은 수업을 들어도 능동적인 태도를 갖추고 자발적인 탐구 활동을 한 학생은 세특 내용이 좋을 수밖에 없습니다. 수업 중 배운 내용에 지적 호기심을 갖고 심화 활동한 학생은 평범한 다른 학생부들 사이에서 빛을 발하게 됩니다.

이 책은 나만의 '명품 학생부'를 만드는 최적의 방안으로 '독서'를 제안합니다. 독서활동 상황이 대입에 활용되지는 않지만, 학생부 곳곳에 독서 이력을 녹일 수 있습니다. 독서를 매개체로 진로나 수업과 연관된 지식을 탐구하고, 깊이 있게 생각하는 모든 과정이 학생부에 그대로 서술됩니다. 과세특, 개세특, 창의적 체험활동 등 학생부종합전형의 모든 평가 영역에 자신의 역량을 심도 있고 풍성하게 보여줄 수 있다는 것입니다.

중고등학교 현장에 있는 다섯 명의 선생님들은 고교 교과를 중심으로 책을 추천합니다. 바쁜 고등학생들의 책을 고르는 수고를 덜기 위해 '서울대 입학생의 서재', '각 대학의 권장 도서', '전국 도서관 사서의 추천 도서', '현재 베스트셀러와 스테디셀러' 등을 면밀하게 따져서 365권을 소개하려 합니다. 더불어 각 교과의 전문성과 십수 년간의 입시 경험을 바탕으로 다양한 진로와 계열 선택에 맞는 '맞춤형' 책을 선정했습니다. 여러 분야와 영역을 넘나들며 통합적 사고를 유도하는 심화 활동은 이 책을 더욱 유의미하게 만들 것입니다.

공부하기에도 모자란 시간입니다. 학생부 때문에 더 이상 혼란스러워하지 않았으면 좋겠습니다. 친구가 하는 활동에 휘둘려 막연하게 합세하지 말고, 독서를 통해 자신의 강점과 역량을 보여주는 활동을 '전략적'으로 해야 합니다. 전공 분야의 책만 읽기보다 다방면의 독서를 통해 통합형 인재의 자질을 갖추길 바랍니다.

지식의 보고인 책은 미래의 나침반이 될 거라 믿습니다. 학교 공부와 독서가 선순환되어 대학 입시를 성공적으로 이끌어가길 진심으로 바라며, '원석'에서 '보석'으로 거듭날 여러분을 다섯 명의 선생님이 진심으로 응원합니다.

박은선·최유란·차옥경·김미나·안재현 올림

입시를 알면 대학이 보인다

입시는 고등학교 입학과 동시에 시작됩니다. 고등학교 생활에 적응할 만하면 수행평가와 지필평가가 코앞에 닥치죠. 중학교 생활만 생각하고 넋 놓고 있으면 입시 평가 자료로 활용되는 고1 내신을 망칠 수도 있습니다.

입시 원서는 고3 때 쓰지만, 고1부터 입시 전형과 방법을 꼼꼼히 살피고 준비해야 비로소 입시에 성공할 수 있다는 거죠. 작년 입시와 올해 입시는 또 다릅니다. 입시의 흐름을 읽고 전략적으로 입시를 준비해야 하는 까닭이기도 합니다.

우리나라 대입은 모집 시기에 따라 크게 수시와 정시로 나뉩니다. 정시는 대학수학능력시험(수능) 성적으로만 평가하고 학교생활기록부의 교과 성적은 반영하지 않습니다. 반면 수시는 학교에서 이루어지는 교과 성적, 학습 활동 등을 평가합니다. 다음의 표에서 우리나라 대입 전형 체계를 잠시 파악해볼까요?

〈우리나라 표준 대입 전형 체계〉

구분	전형 유형	주요 전형 요소
수시	학생부 위주	학생부 교과 – 교과 중심
		학생부 종합 – 비교과, 교과, 면접 등 (자기소개서, 추천서 활용 가능)
	논술 위주	논술 등
	실기/실적 위주	실기 등 (특기 등 증빙 자료 활용 가능)
정시	수능 위주	수능 등
	실기/실적 위주	실기 등 (특기 등 증빙 자료 활용 가능)

▶ 학생부 위주 전형

학생부 위주 전형은 학교생활기록부를 주요 전형요소로 반영하며, 아래와 같이 구분한다.

— **학생부 교과 전형:** 학교생활기록부 교과 성적을 중심으로 평가하며, 모집단위 특성에 맞도록 학교생활기록부를 반영하여 평가한다.

— **학생부 종합 전형:** 입학사정관 등이 참여하여 학교생활기록부 비교과를 중심으로 교과 및 면접 등을 통해 학생을 종합 평가한다.

▶ 논술 위주 전형

논술 위주 전형은 논술을 주된 전형요소로 반영하며, 만약 논술고사를 실시해도 학생부 반영 비율이 논술 비중보다 높으면 '학생부 위주 전형'으로 구분한다.

▶ 실기 위주 전형

실기 위주 전형 유형은 실기를 주된 전형요소로 반영하며, '특기자 전형'을 포함한다.

▶ 수능 위주 전형

수능 위주 전형은 수학능력시험 성적을 주된 전형요소로 반영한다.

수시 전형에서 큰 선발 비율을 차지하는 건 학생부교과전형과 학생부종합전형(학종)입니다. 학생부교과전형은 내신 성적만을 평가 요소로 삼고, 학생부종합전형은 학생부의 내신 성적, 교과 활동, 비교과 활동과 함께 면접 등으로 학생의 역량과 잠재력을 종합적으로 평가합니다. 한때 '학종 시대'라는 말이 나돌 정도였습니다. 학종의 평가 대상인 비교과 활동을 빵빵하게 채우려고 각종 컨설팅, 스펙 쌓기에 혈안이 된 때도 있었습니다. 학교 외부 활동으로 '스펙 부풀리기'가 사회적 이슈가 되었지요. 이러한 문제점을 보완하고자 지금은 모든 교외 활동이 학생부에 기재되지 않습니다. 학교 안에서 이루어진 활동만 평가 요소가 되는 것입니다.

학종 체제의 비판에 대응하여 정부는 2019년 대입 공정성을 위해 수도권 대학의 정시 비율을 40% 이상 확대하라고 권고했습니다. 이후 수도권 대학들은 지금까지 정시 모집을 차츰 늘리고 있고, 반면 지방 국립대는 급격한 학생 수 감소로 수시모집 비율을 확대하고 있습니다. 한국대학교육협의회에 따르면 2024학년도 대입은 수시모집 비율이 79%, 정시 모집은 21%입니다. 지역별로 분석하면 수도권에서는 수시로 64%, 정시로 36% 선발하지만 비수도권은 수시로 88%, 정시로 12%를 뽑습니다. 특히 학생들의 선호도가 높은 수도권 지역 대학의 경우는 수시모집 선발 인원 중 학종의 비중이 44.9%로 가장 크게 나타났습니다. 학종의 공정성의 우려에도 대입의 중심은 여전히 '학종'이라고 할 수 있습니다.

고3 때 대입 원서는 4년제 일반대학을 기준으로 학생 한 명당 수시모집은 총 6개, 정시모집은 총 3개의 원서를 쓸 수 있습니다. 9번의 기회가 있다는 얘기입니다. 고1부터 '나는 정시파!'라며 학생부를 무시할 수 없습니다. 다양한 가능성을 열어두고 입시를 준비하는 편이 현명합니다. 상당수의 고등학교에서 학종을 위해 다양한 비교과 활동 프로그램을 운영하는 까닭이 바로 여기에 있습니다. 고1부터 교과, 비교과, 수능까지 꼼꼼히 챙겨야 합니다.

입시의 기본은 학생부다

매년 11월이면 치러지는 수능, 단 한 번의 시험만 잘 보면 우수한 대학을 갈 수 있습니다. 내신 성적, 비교과 활동 없이 수능에 올인할 수도 있습니다. 오로지 수능만을 위한 공부를 해서 입시에 성공할 수도 있지만, 대입은 사실 그렇게 호락호락하지가 않습니다.

서울대는 2023학년도부터 정시에 '교과평가'를 반영하고 있습니다. 수능과 함께 학생부를 평가한다는 얘기입니다. 교과평가에는 교과학습발달상황을 평가 항목으로 교과 이수 현황, 교과 학업성적과 더불어 과목별 세부능력 및 특기 사항을 반영합니다. 그래서 학교에서 배우는 교과 성취도가 우수해야 함은 물론 적극적이고 주도적인 학습 태도 또한 중요합니다. 고려대도 2024학년도 정시부터 수능 100%로 선발하는 일반전형과 '수능-교과우수전형'을 실시합니다. '수능 80%+학생부(교과) 20%'의 일괄합산 방식으로 서울대와 마찬가지로 정시에서 학생부를 평가하는 것입니다. 연세대 또한 2026 대입부터 정시에 학생부 교과를 반영한다고 예고했습니다. 우리나라 유수의 대학이 정시에 학생부를 도입한다는 말은 이러한 움직임이 다른 대학으로 확대될 가능성이 높다는 것을 뜻합니다.

대학은 시험을 넘어 학교생활에 충실한 인재를 원합니다. 수능 성적표에는 학업 태도, 성실성, 지적 호기심, 탐구심 등을 평가할 수 없지요. 대학에 와서도 적극적이고 진취적인 태도를 보이는 인재, 학업에 즐거움을 찾고 탐구하는 인재, 다양한 교육적 경험을 지닌 인재, 공동체 안에서 소통하고 책임감을 드러내는 인재를 대학은 바라고 있습니다. 고등학교 생활 전반이 모두 담긴 학생부를 평가하는 이유입니다. 앞으로 학생부의 영향력은 더욱 강화됩니다. 이전에 있었던 자기소개서가 2024학년도 대입부터는 전면 폐지되고 상위권 대학에서 정시의 교과 활동 확대는 학생부의 중요성을 더욱 공고히 합니다. 학종을 위해서라도, 앞으로 정시를 위해서라도 학생부 관리는 필수입니다.

입시에 성공하는 학생부, 평가요소를 공략하라

학생부는 학생의 학업 성취와 발달 상황을 적은 문서로 학생의 학교생활을 세세하게 기록하고 있습니다. 출결부터 학업 성취도, 학습 태도, 진로 희망 등 학생의 개별적인 특성을 구체적으로 보여줍니다. 학교생활의 전반을 적은 문서이지만 전체 항목이 대입에 활용되지는 않습니다. 학생부의 가장 많은 영역을 평가하는 입시전형은 '학생부종합전형'입니다. 다음의 표를 보고 학생부 반영 항목을 확인해 봅시다.

〈학생부종합전형 학생부 반영 항목〉

구분			2024학년도 대입	기록 주체
교과 활동	교과학습 발달 상황	과목별 세부능력 및 특기사항 (과세특)	과목당 500자 • 방과후 활동(수강) 내용 미기재 • 영재 · 발명 실적 대입 미반영	교과 교사
		개인별 세부능력 및 특기사항 (개세특)	과목당 500자	담임 교사
비교과 활동	창의적 체험 활동	자율 활동	연간 500자	담임 교사
		동아리 활동	연간 500자 • 자율동아리 대입 미반영 • 청소년 단체활동 미기재 • 소논문 기재 금지	동아리 담당 교사
		봉사 활동	• 특기사항 미기재 • 개인 봉사활동 실적 대입 미반영 • 단, 학교교육계획에 따라 교사가 지도한 실적 대입 반영	담임 교사
		진로 활동	연간 700자 • 진로 희망 분야 대입 미반영	담임 교사 + 진로담당 교사
	수상 경력		• 대입 미반영	담임 교사
	독서활동 상황		• 대입 미반영	담임 교사, 세특 연계 시 담당 교사
	행동 특성 및 종합의견		연간 500자	담임 교사

출처: 2024학년도 대입정보 119

학생부종합평가에서는 학생부의 교과 성적과 교과 세부능력 및 특기사항, 행동특성 및 종합의견, 창의적 체험활동 상황의 비교과 활동을 종합적으로 평가합니다. 정량화된 내신등급만이 아닌 담임선생님과 교과 담당 선생님이 3년 동안 관찰하여 기록한 각 학생의 다양한 역량을 확인합니다. 전 과목에서 수업 태도는 어땠는지, 관심 분야는 무엇인지, 학업 성취를 위해 어떤 노력을 기울였는지, 주도적으로 진로 역량을 키웠는지, 급우들과 조화롭게 학교생활을 했는지 등 전반적인 학교생활을 평가하는 것입니다. 표에서 알 수 있듯 2024학년도 대입부터는 수상 경력, 개인 봉사 활동, 독서활동 상황 등이 입시 자료로 활용되지 않습니다. 자기소개서와 교사 추천서도 폐지되었습니다. 각 항목당 글자 수는 줄었고 간소화되었습니다. 즉, 간편화된 학생부 단 하나만으로 학생을 평가한다는 뜻입니다. 그래서 학생부는 자기소개서와 교사 추천사를 품을 만큼 더욱 풍성하고 내실 있게 꾸며져야 합니다.

그렇다면, 학생부를 어떻게 디자인해야 좋은 평가를 받을까요? '지피지기 백전불태'라 했습니다. 지금 내가 치를 학생부종합전형의 평가 항목에서 대학이 무엇을 눈여겨볼지 살펴보세요. 다섯 대학은 학생부종합전형의 평가요소를 표준화하기 위해 2021년에 세부평가항목을 제시했습니다. 다음의 표와 같은 연구 결과는 전국의 각 대학에서 평가요소와 평가항목으로 쓰입니다. 평가 요소는 크게 '학업 역량', '진로 역량', '공동체 역량' 이렇게 세 가지입니다. 각각의 세부 평가항목과 평가 내용을 잘 읽고 숙지하시길 바랍니다.

〈학생부종합전형 공통 평가요소 및 평가항목〉

학업 역량		대학 교육을 충실히 이수하는 데 필요한 수학 능력
학업 성취도	정의	고교 교육과정에서 이수한 교과의 성취수준이나 학업 발전의 정도
	세부 평가 내용	• 대학 수학에 필요한 기본 교과목(예: 국어, 수학, 영어, 사회/과학 등)의 교과 성적은 적절한가? 그 외 교과목(예: 예술 · 체육, 기술 · 가정/정보, 제2 외국어/한문, 교양 등)의 교과성적은 어느 정도인가? 유난히 소홀한 과목이 있는가? • 학기별/학년별 성적의 추이는 어떠한가?
학업 태도	정의	학업을 수행하고 학습해 나가려는 의지와 노력
	세부 평가 내용	• 성취동기와 목표의식을 가지고 자발적으로 학습하려는 의지가 있는가? • 새로운 지식을 획득하기 위해 자기주도적으로 노력하고 있는가? • 교과 수업에 적극적으로 참여해 수업 내용을 이해하려는 태도와 열정이 있는가?
탐구력	정의	지적 호기심을 바탕으로 사물과 현상에 대해 탐구하고, 문제를 해결하려는 노력
	세부 평가 내용	• 교과와 각종 탐구활동 등을 통해 지식을 확장하려고 노력하고 있는가? • 교과와 각종 탐구활동에서 구체적인 성과를 보이고 있는가? • 교내 활동에서 학문에 대한 열의와 지적 관심이 드러나고 있는가?
진로 역량		**자신의 진로와 전공(계열)에 관한 탐색 노력과 준비 정도**
전공(계열) 관련 교과 이수 노력	정의	고교 교육과정에서 전공(계열)에 필요한 과목을 선택하여 이수한 정도
	세부 평가 내용	• 전공(계열)과 관련된 과목을 적절하게 선택하고, 이수한 과목은 얼마나 되는가? • 전공(계열)과 관련된 과목을 이수하기 위하여 추가적인 노력을 하였는가? (예: 공동교육과정, 온라인 수업, 소인수 과목 등) • 선택과목(일반/진로)은 교과목 학습단계(위계)에 따라 이수하였는가?
전공(계열) 관련 교과 성취도	정의	고교 교육과정에서 전공(계열)에 필요한 과목을 수강하고 취득한 학업 성취 수준
	세부 평가 내용	• 전공(계열)과 관련된 과목의 석차등급/성취도, 원점수, 평균, 표준편차, 이수 단위, 수강자 수, 성취도별 분포비율 등을 종합적으로 고려한 성취 수준은 적절한가? • 전공(계열)과 관련된 동일 교과 내 일반선택과목 대비 진로선택과목의 성취 수준은 어떠한가?
진로 탐색 활동과 경험	정의	자신의 진로를 탐색하는 과정에서 이루어진 활동이나 경험 및 노력 정도
	세부 평가 내용	• 자신의 관심 분야나 흥미와 관련한 다양한 활동에 참여하여 노력한 경험이 있는가? • 교과 활동이나 창의적 체험활동에서 전공(계열)에 관심을 가지고 탐색한 경험이 있는가?

공동체 역량		공동체의 일원으로서 갖춰야 할 바람직한 사고와 행동
협업과 소통 능력	정의	공동체의 목표 달성을 위해 협력하며, 구성원들과 합리적인 의사소통을 할 수 있는 능력
	세부 평가 내용	• 단체 활동 과정에서 서로 돕고 함께 행동하는 모습이 보이는가? • 구성원들과 협력을 통하여 공동의 과제를 수행하고 완성한 경험이 있는가? • 타인의 의견에 공감하고 수용하는 태도를 보이며, 자신의 정보와 생각을 잘 전달하는가?
나눔과 배려	정의	상대방을 존중하고 이해하여 원만한 관계를 형성하며, 타인을 위하여 기꺼이 나누어 주고자 하는 태도와 행동
	세부 평가 내용	• 학교생활 속에서 나눔을 실천하고 생활화한 경험이 있는가? • 타인에게 양보하거나 배려한 구체적 경험이 있는가? • 상대를 이해하고 존중하는 노력을 기울이고 있는가?
성실성과 규칙 준수	정의	책임감을 바탕으로 자신의 의무를 다하고, 공동체의 기본 윤리와 원칙을 준수하는 태도
	세부 평가 내용	• 교내 활동에서 자신이 맡은 역할에 최선을 다한 경험이 있는가? • 자신이 속한 공동체가 정한 규칙과 규정을 준수하고 있는가?
리더십	정의	공동체의 목표 달성을 위해 구성원들의 상호작용을 이끌어가는 능력
	세부 평가 내용	• 공동체의 목표 달성을 위해 계획하고 실행을 주도한 경험이 있는가? • 구성원들의 인정과 신뢰를 바탕으로 참여를 이끌어 내고 조율한 경험이 있는가?

출처: 2021년 건국대 · 경희대 · 연세대 · 중앙대 · 한국외대 공동연구 〈학생부종합전형 공통 평가요소 및 평가항목〉

학교 교육과정에서의 경험과 노력이 헛되지 않도록 다음의 세 가지 역량을 유념하여 입시에 성공하는 학생부를 준비합시다.

첫째는 학업 역량입니다. 학업역량은 대학 공부를 위한 기본 학업성취수준과 학업 수행 태도, 적절한 학습 전략과 실행 과정을 말합니다. 학업 성취도에 대한 평가는 종합적 학업 능력, 추세적 발전 정도, 그리고 희망 전공과의 연계 등을 기본으로 합니다. 학업 태도는 학업을 수행하고 학습하려는 태도와 의지로써 능동적인 자세로 배우는 자기주도 학업역량을 평가할 수 있습니다. 탐구력은 학교에서 이루어지고 있는 탐구 활동에 얼마나 적극적으로 참여했는지, 그 성과가 무엇인지 확인하는 것입니다.

둘째는 진로 역량입니다. 이는 자신의 장래 희망과 관련한 다양한 경험과 준비 정도를 말합니다. 전공(계열) 관련 교과 이수 노력은 자신의 진로 희망에 따라 일반선택과목과 진로선택과목을 체계적으로 학습하고 있는지를 평가합니다. 단순히 어떤 과목을 들었느냐보다 이수과목의 내용과 충실도, 노력의 정도를 보는 것이지요. 전공(계열) 관련 교과 성취도는 고교 교육과정에서 전공(계열)에 필요한 과목을 수강하고 취득한 학업성취 수준입니다. 진로 탐색 활동과 경험은 희망 전공(계열)에 대한 관심과 궁금증을 해결하기 위한 경험, 주의를 기울인 정도를 말합니다. 진로 탐색을 위해 이루어진 활동, 노력, 성장의 결과를 평가하게 됩니다.

셋째는 공동체 역량, 즉 공동체의 구성원으로서 요구되는 바람직한 태도를 말합니다. 협업과 소통능력은 단체 활동 과정에서 서로 돕고 함께 행동하는 모습, 구성원들과 협력하여 공동의 과제를 수행한 경험, 타인의 의견에 공감하고 올바르게 의사소통하는지 확인합니다. 나눔과 배려는 학급, 동아리, 수업 등 다양한 공동체 활동에서 이타적인 노력을 보인 경험이 있는지를 평가에 반영합니다. 책임감을 가지고 맡은 역할을 다했는지, 공동체가 정한 규칙을 잘 지키는지 등을 살핍니다. 리더십은 목표 달성을 위해 구성원들을 주도한 경험이 있는지, 구성원들의 신뢰를 바탕으로 의견 조율에 힘썼는지 등을 평가합니다.

　각 학교에서는 학생들이 대입에 유리하도록 다양한 교육 활동을 합니다. 누구에게나 똑같은 기회가 주어지지만, 학습 태도와 역량에 따라 학생부에 적힌 내용은 판이합니다. 살펴본 바와 같이 제한된 글자 수 안에 평가요소를 만족하는 내실 있는 내용이 담겨 있어야 좋은 학생부라 할 수 있지요. 우수한 학생의 기록을 담당하는 선생님들은 적고자 하는 내용이 넘쳐서 글자 수에 맞춰 어떻게 내용을 압축해서 담느냐를 고민합니다. 그만큼 '학업 역량', '진로 역량', '공동체 역량'이 나의 학생부 곳곳에 포진해 있어야 합니다.

독서로 학생부를 채우면 상위권 대학이 보인다

▶ 독서로 차별화된 학생부를 디자인하라

　입학사정관들은 학생부에 기재되어 있는 교과학습발달상황(교과세특＋개세특), 창의적체험활동(자율활동, 동아리활동, 진로활동), 행동 특성 및 종합의견의 내용을 보고 학업 역량, 진로 역량, 공동체 역량을 평가합니다. 수치화되지 않는 태도와 잠재력을 평가하며, 교과 활동의 참여도와 얼마큼 능동적으로 학교생활을 했는지 가늠합니다. 비슷한 성적의 수많은 학생부 안에서 입학사정관의 눈을 사로잡으려면 학생부에 적극적으로 참여한 수업 활동이 드러나야 합니다. 단편적으로 수업을 듣는 것이 아니라 배운 지식을 스스로 생각하고 이를 확장한 내용이 담겨있어야 한다는 것이죠. 수행평가를 할 때도 주도적으로 탐구심을 발휘하는 자세, 주도적으로 성장하려는 태도가 필요합니다.

　같은 수업을 듣고도 이러한 열정과 성취를 보여줄 수 있는 방법에는 '독서'가 있습니다. 독서활동 상황이 대입에 기재되지 않는다고 독서를 안 해도 된다는 생각은 크나큰 오해입니다. 상위권 대학을 준비하는 학생들은 자신의 차별화된 학생부를 위해 전략적으로 독서를 활용합니다. 독서활동은 과세특, 개세특이나 창의적체험활동 등 학종의 모든 평가 영역에 기재가 가능합니다. 독서를 통한 지적 경험은 수행과제, 프로젝트 활동, 관심사의 탐구, 진로 탐색 노력 등을 드러내며 학생부 평가에서 상당히 긍정적인 영향을 미칩니다. 지금은 자기소개서가 없어졌지만, 서울대는 해마다 자기소개서에서 고등학교 재학 중에 자신에게 가장 큰 영향을 준 책 세 권을 선정하고, 그 이유를 각각 서술하게 했습니다. 서울대 아로리 웹진에서도 독서의 중요성을 강조하고 '신입생들의 서재', '서울대생들이 읽은 도서목록' 등 독서와 관련된 정보를 꾸준히 제공하고 있습니다. '서울대는 여전히 독서를 통해 생각을 키워온 큰 사람을 기다린다.'라는 문구와 함께요.

독서는 모든 학습의 기초입니다. 학업 태도, 지적 호기심, 자기주도적 학습능력, 탐구능력을 다른 학생과 차별화하기엔 독서만큼 유용한 도구도 없습니다. 대학 공부를 위한 수학 능력 유무를 판단하기 위해서는 독서로 채워진 학생부를 입학사정관이 지나칠 이유가 없습니다. 학생부에 독서 이력을 드러내며 자신의 역량을 충분히 어필하길 바랍니다.

2024학년도부터 학생부의 '독서활동상황'이 없어진 이유는 책 제목만 무분별하게 올리는 현상 때문입니다. 책을 제대로 읽었는지, 어떻게 활용하고 배운 점은 무엇이었는지, 대학 입장에서는 알아볼 방법이 없었지요. 그러한 문제점을 해결하고자 교과세특이나 창의적 체험활동에 입력할 수 있도록 했습니다. 단, 감상문 작성 등 단순 독후 활동이 아닌 교육 활동을 전개했다는 전제가 있어야 해요. 단순 도서명으로는 작성이 불가능합니다. 책을 읽고 독후감을 썼다고 해서 학생부를 빛나게 할 수는 없는 노릇이니까요. 그래서 학업 및 진로와 관련하여 스스로 관심사를 발전시키고 확장, 심화하는 활동이 필요합니다. 책을 읽게 된 동기, 읽으며 배운 점, 궁금한 점, 비판적으로 바라본 점, 연계하며 펼친 후속 활동 등을 밝히는 적극적인 독서가 뒤따라야 합니다. 다음의 교과세특 사례를 보며 우수한 독서 활동의 힌트를 얻어볼까요?

물리 II: 물리 II 교과에 대한 호기심이 아주 많은 학생으로 물리학의 기본 개념을 잘 정리하고 그 원리를 정확히 이해함. 동아리 활동 등을 통해 더 알고 싶은 내용을 친구들과 토론하며 실험으로 확인하는 노력을 기울이고 부족한 부분은 선생님의 도움을 받아 반복적인 학습으로 물리 분야에 대한 큰 성취 결과를 보여줌. 물리 법칙들을 더 잘 이해하기 위해 이론적인 개념들에 더 큰 호기심을 보이며 단순한 암기보다 공식 등의 유도 과정을 정확히 이해하고 원리를 알고 유도 방법을 익힘. 영화 속 물리학 찾기 수행평가로 영화 '앤트맨', '앤트맨과 와스프'를 보고 양자 세계에 대해 관심이 생겨 양자물리에 대해 조사를 함. 이를 더 발전시켜 터널링 현상과 양자역학, 다이오드의 원리 등과 접목하여 보고서를 제출했고, 수업 중 발표하여 친구들과 선생님께 큰 호응을 얻음. 이에 그치지 않고 조사 과정 중 알게 된 에사키 다이오드가 교과 과정에서 학습한 '미시세계와 양자현상'과 관련이 있다는 것에 호기심이 생겨 '파인만의 여섯 가지 물리 이야기', '세상에서 가장 쉬운 양자역학 수업'을 읽는 등 스스로 심화 학습하는 능력이 뛰어남.

화법과 작문: 수업 시간에 한 번도 자는 모습을 본 적이 없을 만큼 성실히 임하는 학생임. 수업 시간의 교사 발문에 단순하고 직설적인 어법으로 답변하면서도 언어감각에 대해 자신이 부족한 면을 잘 알아 스스로 보완하고 고쳐야 할 부분을 찾아 적극적으로 문제를 해결해 나가려는 노력이 돋보이는 학생임. 한 예로, 자신의 생각을 말과 글로 표현하는 데에 스스로 부족하다 인지하고 '데미안'과 '진화심리학'을 읽은 후 줄거리, 논의점, 심층조사 및 분석, 발표와 토론, 피드백 등 5단계 작문 보고서를 작성함. 이를 통해 자신의 생각을 요약하고 정리하여 발표하는 능력이 크게 향상됨. 단순 활동으로만 그치는 것이 아니라 본인이 평소에 관심을 가지고 있었던 사회적 이슈나 국제적인 사건사고에 접목시키는 등 작문실력 향상에 대한 열의를 느낄 수 있음.

출처: 2024년 〈한양대학교 학생부 종합전형 가이드북〉

대학이 원하는 독서는 수준 높은 전공 서적의 탐독이 아닙니다. 자신의 관심사와 흥미에 맞는 책, 교과나 전공 계열의 지적 호기심을 탐구하는 용도로 읽을 책이면 됩니다. 물론, 주도적으로 책을 읽고 개인에게 유의미한 독서 활동이 이루어져야 합니다. 학생부에 적힌 독서 활동은 면접의 단골 질문으로 나올 수도 있습니다. 그렇기에 단편적인 서평 쓰기로 끝난 독후 활동이라면 다시 한번 점검하는 것이 좋습니다.

독서의 '양'보다는 '질'에 신경 쓰세요. 한 학기에 네댓 권을 읽더라도 학습 및 진로 연계와 심화에 초점을 두면 됩니다. 책을 먼저 읽고 호기심이 생기는 부분을 교과, 진로와 연결해 해석해봐도 좋고, 수업 시간 배운 내용을 책으로 심화시켜 확장해봐도 좋아요. 책은 각종 수행평가, 교내 교육 활동, 프로젝트 활동의 자료로 적극적으로 활용할 수 있습니다. 독서 감상문 작성부터 발표, 토론, 실험 등의 성과를 학생부에 잘 녹여내는 것이 관건일 거예요. 독서 후 줄거리와 느낀 점을 '독서기록장'이나 '독서교육 종합지원 시스템'에 꼭 기록하세요. 고등학교 생활 3년의 독서활동을 차곡차곡 모아 독서 포트폴리오를 꾸릴 수 있어요. 이 포트폴리오는 고3 때 면접 준비용으로 요긴하게 활용할 수도 있죠.

학생부에 기재되는 일련의 독서 활동은 3년 동안 공을 들여야 합니다. 학생부에 적힌 독서 이력을 보면 학습과 진로에 대한 관심도와 그 깊이를 알 수 있지요. 전공분야의 책만 읽기보다 학년별로 전략적으로 읽는 것이 좋습니다. 3년 동안 일반 교양도서와 전공(계열) 도서를 두루 읽되 학년이 오를수록 전공(계열) 도서의 비율을 높이는 것이 효율적입니다. 또한 자연계열을 희망해도 예술 서적을 읽고, 인문계열을 희망해도 과학 분야의 책을 읽기를 추천합니다.

학생부 차별화를 위해 독서를 강조했지만, 사실 독서를 체계적이고 꾸준히 한 학생은 학생부에 지적 호기심, 탐구심, 학업 능력이 드러남은 물론 직간접적으로 지적 능력이 성장해 있을 것입니다. 독서를 통해 미래를 설계하고 발전한 자신을 발견하길 기대합니다. 독서를 '공부해야 할 시간도 없는데 해야 할 숙제'로 여기지 말고, 학생부와 자신의 내적 성장을 위한 '밑거름'이라고 여기길 바라요. 이 책은 여러분에게 '기회'가 되어줄 거예요.

차례

3월 (한국문학)		4월 (세계문학)	
1일	하늘과 바람과 별과 시	1일	죽은 시인의 사회
2일	님의 침묵	2일	화씨 451
3일	정지용 전집 1 시	3일	연을 쫓는 아이
4일	가난한 사랑노래	4일	파리대왕
5일	이육사 시집	5일	스토너
6일	껍데기는 가라	6일	오만과 편견
7일	무정	7일	호밀밭의 파수꾼
8일	삼대	8일	기억 전달자
9일	천변풍경	9일	연금술사
10일	태평천하	10일	생쥐와 인간
11일	카인의 후예	11일	앵무새 죽이기
12일	광장/구운몽	12일	미드나잇 라이브러리
13일	난장이가 쏘아올린 작은 공	13일	위대한 개츠비
14일	황만근은 이렇게 말했다	14일	천국에서 만난 다섯 사람
15일	시인 동주	15일	노인과 바다
16일	땀 흘리는 소설	16일	단테의 신곡
17일	불편한 편의점	17일	아Q정전
18일	눈길	18일	수레바퀴 아래서
19일	장마	19일	돈키호테
20일	원미동 사람들	20일	1984
21일	관촌수필	21일	페스트
22일	방망이 깎던 노인	22일	하늘의 무지개를 볼 때마다
23일	문학의 숲을 거닐다	23일	변신
24일	인연	24일	나는 왜 너가 아니고 나인가
25일	한국 현대희곡선	25일	안나 카레니나
26일	이근삼 전집 1	26일	목걸이
27일	화랑의 후예, 밀다원 시대	27일	햄릿
28일	시용향악보	28일	파우스트
29일	호질 양반전 허생전	29일	기탄잘리
30일	열하일기	30일	가지 않은 길
31일	금오신화		

7월 (한국사, 세계사)

1일	전태일 평전
2일	문명과 식량
3일	오리엔탈리즘
4일	거꾸로 읽는 세계사
5일	조선의 딸, 총을 들다
6일	두 얼굴의 조선사
7일	죽음의 역사
8일	위대한 패배자들
9일	에도로 가는 길
10일	절반의 한국사
11일	정약용과 그의 형제들
12일	다크 투어, 슬픔의 지도를 따라 걷다
13일	진실을 영원히 감옥에 가두어 둘 수는 없습니다
14일	쟁점 한일사
15일	안목
16일	비이성의 세계사
17일	미술관 옆 사회교실
18일	이슬람의 눈으로 본 세계사
19일	한 컷 한국사
20일	히틀러에 붙이는 주석
21일	고전소설 속 역사여행
22일	역사란 무엇인가
23일	100가지 물건으로 다시 쓰는 여성 세계사
24일	처음 읽는 중국사
25일	호모 에렉투스의 유전자 여행
26일	나는 전쟁범죄자입니다
27일	1000년
28일	7대 이슈로 보는 돈의 역사 2
29일	반일 종족주의, 무엇이 문제인가
30일	위안부 문제를 아이들에게 어떻게 가르칠까? (한국편)
31일	백범일지

8월 (물리학, 지구과학)

1일	과학혁명의 구조
2일	객관성의 칼날
3일	코스모스
4일	모든 순간의 물리학
5일	시간은 흐르지 않는다
6일	우주의 구조
7일	엔드 오브 타임
8일	부분과 전체
9일	파인만 씨, 농담도 잘하시네! 1, 2
10일	떨림과 울림
11일	퀀텀의 세계
12일	십 대, 미래를 과학하라!
13일	정재승의 과학콘서트
14일	과학자가 되는 방법
15일	생명의 물리학
16일	뇌를 바꾼 공학, 공학을 바꾼 뇌
17일	아주 위험한 과학책
18일	십대, 별과 우주를 사색해야 하는 이유
19일	천문학자는 별을 보지 않는다
20일	프로젝트 헤일메리
21일	지구의 짧은 역사
22일	화석맨
23일	오리진
24일	기후의 힘
25일	최종 경고: 6도의 멸종
26일	인류세: 인간의 시대
27일	지구는 괜찮아, 우리가 문제지
28일	지금 당장 기후 토론
29일	지구를 위한다는 착각
30일	구름을 사랑하는 기술
31일	과학자들은 왜 깊은 바다로 갔을까?

11월 (예술, 체육)

1일	서양 미술사
2일	방구석 미술관
3일	반 고흐, 영혼의 편지
4일	레오나르도 다빈치
5일	이것은 미술이 아니다
6일	다른 방식으로 보기
7일	프리다 칼로, 붓으로 전하는 위로
8일	발칙한 현대미술사
9일	청소년을 위한 한국미술사
10일	오주석의 한국의 미 특강
11일	조형의 원리
12일	LIGHT 미술가를 위한 빛의 이해와 활용
13일	디자인은 어떻게 세상을 만들어가는가
14일	디자인의 디자인
15일	건축, 음악처럼 듣고 미술처럼 보다
16일	스토리 유니버스
17일	패션 디자이너, 미래가 찬란한 너에게
18일	뮤지컬 이야기
19일	클래식 음악에 관한 101가지 질문
20일	하노버에서 온 음악 편지
21일	음대 나와서 무얼 할까
22일	서양음악사
23일	스토리 클래식
24일	재즈 잇 업
25일	청소년을 위한 한국음악사 (국악편)
26일	축구를 하며 생각한 것들
27일	나는 체육 교사입니다
28일	인공지능이 스포츠 심판이라면
29일	운동화 신은 뇌
30일	10대와 통하는 스포츠 이야기

12월 (진로, 자기계발)

1일	죽은 자의 집 청소
2일	성적은 짧고 직업은 길다
3일	하고 싶은 것이 뭔지 모르는 10대에게
4일	의대에 가고 싶어졌습니다
5일	10대를 위한 완벽한 진로 공부법
6일	공대에 가고 싶어졌습니다
7일	이제는 대학이 아니라 직업이다
8일	코딩 진로
9일	국경 없는 과학기술자들
10일	세상을 읽는 새로운 언어, 빅데이터
11일	14살부터 시작하는 나의 첫 진로 수업
12일	좋아하는 것을 발견하는 법
13일	WHY NOT? 유튜버
14일	다가온 미래, 새로운 직업
15일	무기가 되는 스토리
16일	박철범의 하루 공부법
17일	성공하는 사람들의 7가지 습관
18일	그릿
19일	데일 카네기 자기관리론
20일	아주 작은 습관의 힘
21일	아티스트 웨이
22일	몰입 Think hard!
23일	보도 섀퍼의 이기는 습관
24일	나폴레온 힐 성공의 법칙
25일	어떻게 살아야 하는가
26일	아웃라이어
27일	타이탄의 도구들
28일	위대한 나의 발견 강점혁명
29일	회복탄력성
30일	시작의 기술
31일	럭키 드로우

1월

미움받을 용기

기시미 이치로, 고가 후미타케 | 인플루엔셜 | 2022

아들러가 전하는 행복하게 사는 법

현대 심리학의 아버지인 알프레드 아들러는 인간을 무한한 변화 가능성이 있는 존재로 바라봤다. 그리고 과거의 트라우마를 떨치고 현재의 나와 자신만의 문제를 직시하면 행복한 삶을 살 수 있다고 말했다. 《미움받을 용기》는 한 철학자와 청년의 대화로 아들러의 이런 생각과 철학을 풀어낸다.

'어떻게 하면 행복하게 살 수 있을까?'에 대한 청년의 물음에 철학자는 아들러의 가르침인 '자유로워질 용기', '평범해질 용기', 그리고 '미움받을 용기'로 해답을 제시한다. 철학자에게 반박하는 청년의 생각은 우리의 고민과 비슷하다. '나도 부잣집에서 태어났으면', '부모님의 인정을 받아야지.' '내가 능력이 더 있었더라면', '이미 늦었어'라며 환경을 탓하며 변화를 두려워하는 것이다.

철학자는 이런 고민에 '모든 문제는 인간관계에서 비롯된다.'라며 남의 이목이 아닌 현재의 나에게 주어진 과제를 춤추듯 즐기며 몰두하라고 말한다. 남들보다 성공하기 위해서, 부모님께 인정받기 위해서, SNS에서 '좋아요'를 많이 받기 위해서 자신의 행복을 놓치고 있지는 않은지 돌아보게 하는 조언이다.

책에서 설명하는 순서처럼, 우선 나 자신을 돌아보자. 그리고 타인을 어떻게 대해야 할지, 사회와 조화를 이루며 살아가기 위해 할 수 있는 것은 무엇인지 생각의 폭을 조금씩 넓혀보자. 책을 읽는 것에서 그치지 않고, 자기 계발의 구심점으로 삼기를 바란다.

심화활동
- 이 책을 읽은 후 자신을 성찰하고 바뀐 모습을 에세이로 작성한다. 어떤 생활양식을 바꾸고 싶은지 다짐을 적고 실천 결과를 적는다.
- 열등감을 극복한 뒤 사회에 공헌한 인물을 찾고, 그에게 배울 점을 보고서로 정리한다.
- 프로이트와 융의 이론을 조사하고 아들러의 사상과 비교하여 토론한다.

최재천의 공부

최재천, 안희경 | 김영사 | 2022

도서 분야	인문
관련 과목	통합
관련 학과	모든 계열

공부의 참다운 의미를 알게 하는 책

　사전적 의미의 '공부'는 학문이나 기술을 배우고 익히는 것이다. 하지만 단순히 학교에서 교과목을 배우고, 외우는 것만이 공부는 아니다. 저자인 최재천 교수는 '알면 사랑한다.'라는 기조로, 인생 전반에서 알고자 노력하는 힘은 세상을 이해하고 나를 일으켜 세우는 일이라고 공부의 진짜 의미를 설명한다.

　공부는 경쟁에서 우위에 서기 위한 활동이 아니다. 어떻게 살아갈지 자신에게 계속 의문을 품으며 좋아하는 일을 찾고, 그 일을 찾았다면 깊게 파고드는 것이 진정한 공부다. 인생은 완벽하지 않기에 조금은 엉성한 계획도 괜찮다. 물론 그 과정에서 부딪히고 좌절도 할 수 있지만, 두려움을 떨치고 덤벼들면 언젠가 자신의 길을 찾을 수 있을 것이다.

　저자는 자신의 삶과 그 속의 노력을 보여주며, 독서와 시간 관리가 공부의 양분이었다고 조언한다. 독서는 취미가 아니라 치열하게 책을 읽어야 하고, 느리더라도 정독을 통해 자기 지식이 되어야 한다. 그리고 시간에 끌려가지 않고 끌고 가라고 조언하며 일주일 전에 할 일을 미리 끝내고 여러 번 다듬는 자신의 습관을 알려준다.

　결국, 저자가 말한 것처럼 자기 삶의 변화를 이끄는 배움이 참다운 공부이다. 악착같이 자기가 하고 싶은 일을 찾고 탐구해보자. 성과보다 성장의 공부를 실천하는, 평생 공부할 수 있는 지혜를 읽어 보기 바란다.

심화활동

- 나의 삶에 있어서 공부의 필요성을 깊이 생각하고 에세이를 작성한다.
- 이 책에서 저자의 사상이나 공부법 중 본받을 점을 찾아 실천한 후 보고서를 작성한다.
- 자신이 좋아하는 일, 하고 싶은 일을 진지하게 고민하고, 무엇을 공부해야 하는지 계획을 세워본다.

몰입의 즐거움

미하이 칙센트미하이 | 해냄출판사 | 2021

도서 분야	교양
관련 과목	통합
관련 학과	모든 계열

삶을 값지게 가꾸는 몰입

어떤 분야든 하나에 푹 빠져본 경험이 있는가? 어떻게 빠지게 되었는지, 그때 어떤 기분이었는지 떠올려보자. 저자는 이런 몰입을 '삶이 고조되는 순간에 물 흐르듯이 행동이 자연스럽게 이루어지는 느낌'이라고 정의한다. 누가 시키지 않아도 좋아하는 것을 하며 능동적으로 깊이 빠져드는 경험이다.

물론 그저 집중만으로 몰입이 발생하는 것은 아니다. 명확한 목표와 적절하게 높은 과제 난이도, 충분한 실력의 조화가 필요하다. 활동 후 즉각적인 피드백이 있다면 몰입의 효과는 더욱 높아질 것이다. 그리고 인간관계에도 긍정적인 영향을 미친다. 관계 속에서 적절하게 어울리며 긍정적인 피드백을 이끌어내려면 다른 사람의 목표에 관심을 기울이고 나와 다른 사람의 목표 사이에서 합치점을 찾아야 한다.

저자는 몰입이 단조로운 일상에 의미를 부여하고 우리 삶의 질을 바꾼다고 말하며, 지금의 자기 자신과 하는 일, 관계에 몰입하면 삶이 바뀌게 될 것이라 조언한다. 사람은 어떤 경험을 만족스럽게 하느냐에 따라 삶이 달라진다. '무엇을 하는가'가 아닌 '얼마나 몰입하느냐'에 따라 경험의 가치가 매겨지는 것이다. 무료하고 반복적인 일상이라도 자기 삶에서 의미를 찾는 자기목적성이 있다면 삶 자체를 즐기고 행복을 맛보게 될 것이다.

입시를 앞두고 공부가 힘들고 지겨워질 때도 많을 것이다. 하지만 기왕 피할 수 없는 상황이면 즐기며 몰입해보는 것은 어떨까? 주어진 일에 충실하고 발전적인 상황을 설계하며 주체적으로 일상을 다스려보자. 외부 조건이 아닌 나의 의지만이 나의 삶을 값지게 만든다.

심화활동

- 공부 또는 여가 활동 중 몰입한 경험이 있는지 살피고 에세이를 작성한다.
- 자기목적성을 가지고 몰입할 수 있는 공부 계획을 세워보자. 실천 후 결과 보고서를 작성한다.
- 모둠 활동, 학급 활동 시 관계의 몰입을 이끌 방안을 구체적인 사례를 들어 설명한다.

생각의 탄생

로버트 루트번스타인, 미셸 루트번스타인 | 에크의서재 | 2007

도서 분야	교양
관련 과목	통합
관련 학과	예술계열, 모든 계열

창조적 사고를 위한 13가지 생각 도구

　창조적 생각은 과학, 미술, 음악, 인문학 등 모든 분야를 아우르며 드러난다. 역사상 위대했던 지성들의 업적은 타고난 창조의 재능이라고 치부된다. 하지만, 이 책에서는 누구나 창조적 사고의 본질을 이해하고 생각하는 법을 배우면 미래의 예술가, 과학자, 인문학자, 기술자가 될 것이라 말한다.

　창조적 사고는 직관과 상상력이 현실과 상응하며 발현하며, '무엇'을 생각하는가보다 '어떻게' 생각하느냐에 따라 차이가 나타난다. 저자는 기존 지식을 어떻게 활용하고 통합하느냐가 중요하다고 강조하며 위인들의 사례를 통해 발상법을 정리했다. '관찰, 형상화, 추상, 패턴인식, 패턴형성, 유추, 몸으로 생각하기, 감정이입, 차원적 사고, 모형 만들기, 놀이, 변형, 통합'의 열세 가지 생각도구와 사례들을 따라가다 보면, 그들은 능동적으로 관찰하고 정보를 효과적으로 재해석하면서 형식이 아닌 본질에 집중해 다른 분야와 융합하여 표현했다는 것을 깨닫게 될 것이다.

　미래 사회는 한 분야에 갇힌 지식인을 원하지 않는다. 현재의 학교 교육과정 또한 창의융합형 인재를 기르는 것이 목적이라 고시하고 있다. 단편적 지식에서 벗어나 진취적으로 생각하고 새로운 가치를 만들 수 있어야 한다. 인문학적 상상력과 과학 기술을 융합하고, 과목 간 경계를 허물어 다양한 영역의 지식을 정리할 수 있는 인재를 원하고 있다. 이 책을 통해 미래 사회에 필요한 핵심역량을 기르길 바란다.

심화활동

- 책에서 가장 인상 깊은 인물의 사례와 관련 업적을 심화 탐구한다.
- 이 책에서 제시하는 생각도구들을 직접 활용하며 진로와 관련한 산출물을 만든다.
- 여러 과목을 융합하며 관심 분야의 주제 탐구 프로젝트를 계획하고 탐구 보고서를 작성한다.

식탁 위의 세상

켈시 티머먼 | 부키 | 2016

도서 분야	교양
관련 과목	통합
관련 학과	사회학과, 모든 계열

커피, 초콜릿, 바나나에 세상의 이면이 있다

콜롬비아산 커피, 코스타리카산 바나나, 칠레산 블루베리 등 직접 움직이지 않아도 여러 나라의 식재료를 편하게 먹을 수 있다. 그런데 이러한 수입 식품은 누가 생산하고, 어떻게 관리되며 어떤 경로로 세계 곳곳으로 유통될까? 이 책은 저자가 매일 먹는 스타벅스의 원산지에 의문을 품은 것에서 시작되었다.

책은 그동안 생각의 이면에 놓여있던 커피, 초콜릿, 바나나, 바닷가재, 사과 생산지의 현실과 생산자의 삶을 보여준다. 품질 좋은 식재료처럼 그들의 현실이 달콤하지는 않다. 턱없이 부족한 노동의 대가와 아동 노동, 인권이라고는 찾아볼 수 없는 노예 시장에서 재배되고 때로는 생명까지 위협받는다. 생산부터 중간 유통, 최종 판매의 과정에는 부당하고 불편한 사실이 녹아있다.

음식에도 역사, 사회, 경제, 문화가 깃들어 있다. 저자는 '내가 먹는 음식 한 조각이 모두 정치적 선언'이라고 말한다. 지금도 일부 인간의 욕망으로 인해 가난한 사람들의 노동력이 착취되고 목숨이 사그라지고 있다. 물론 이를 해결하기 위한 노력도 이루어지고 있다. 자신들의 급식을 지역에서 조달하는 학생들, 상업성에 밀려 사라지는 품종을 지키는 과학자들, 공정 무역을 결심한 자산가 등이 그렇다.

하지만 우리 식탁에는 아직 불공정한 세상이 가미되어 있다. 단순히 수동적인 소비자가 아닌 윤리적 소비를 실천할 때이다. 바나나를 먹으며, 이 바나나를 기른 노동자를 염두에 두고 인류와 지구를 위해 내가 무엇을 할 수 있는지를 생각해보자.

심화활동

- 책에서 밝힌 사례 외에 불공정한 세태를 보여주는 식품 및 공산품의 사례를 찾아 신문을 제작한다.
- 건강한 인류와 윤리적 소비를 위한 구체적인 실천 방안을 만들어 캠페인 활동을 한다.
- '공정 무역'을 자세히 알아보고, 노동자의 권리를 지원하는 방안으로 보고서를 작성한다.

코로나를 넘어 미래 공간은 어떻게 바뀔까?

여러분의 집과 자기만의 공간을 생각해보자. 그 공간이 꼭 물리적인 공간이 아닌 온라인 공간이라도 말이다. '공간'은 물리적으로나 심리적으로 머물며 어떤 일이 일어날 수 있는 장소다. 집, 학교, 공원, 교회, 인터넷 공간 등은 생활 반경과 밀접한 연관이 있으며 삶의 질을 좌우한다.

하지만 코로나를 전후해 우리의 공간에 대한 인식은 파격적으로 변화했다. 당연하게 여겼던 공공의 공간은 위험의 장이 되었고, 소외된 공간을 벗어나 탁 트인 공간, 개인의 쉼터를 염원하게 되었다. 수업을 듣는 공간에 따라 나의 태도가 달라지고, 선생님의 역할 또한 재정립되었다. 종교를 위한 공간마저 온라인으로 대체되며 종교 권력이 바뀐 것도 마찬가지다. 우리는 코로나로 인해 시대 상황에 따라 변화되는 공간의 개념을 피부로 배운 것이다.

이 책은 앞으로 우리가 자리할 다양한 온·오프라인 공간의 변화와 의미를 건축가의 시선으로 바라본다. 다양성을 발현하는 주거형태, 온라인 공간과 융합하여 교육적 효과를 높이는 학교 공간, 기술을 공간적으로 활용하는 물류 전용 터널, 다른 나라 사례에서 배우는 도시 속 그린벨트 등의 주제를 통해 다수가 행복한 미래 공간의 가능성을 그린다.

인간은 공간 속에서 안정을 느끼고 타인과 교류한다. 공간은 개인의 정체성을 만들기도 하고 문화가 되기도 한다. 건축을 통해 세상을 조망하는 저자의 공간에 대한 진단, 비판, 예측을 통해 사람과 공간을 다양한 시각으로 보는 안목을 기르게 될 것이다.

심화활동

- 코로나로 인해 변화된 공간의 개념을 개인적 사례를 들어 에세이로 작성한다.
- 지금 살고 있는 집의 공간과 미래에 살고 싶은 집의 공간을 모델링으로 만들고 보고서를 작성한다.
- 지속 가능하고 함께 행복할 수 있는 미래의 집, 학교, 도시 공간을 예측하는 보고서를 작성한다.

강원국의 글쓰기

강원국 | 메디치미디어 | 2018

도서 분야	인문
관련 과목	국어
관련 학과	모든 계열

글을 잘 쓰고 싶다면?

　삶은 글쓰기의 연속이다. 초·중·고등학교의 각종 수행평가나 수업 활동 과목부터 대학교의 리포트 숙제와 서술형 시험, 사회의 보고서와 이메일까지 끊임없이 글을 써야 한다. 이 책은 글쓰기를 두려워하는 사람들에게 글을 쓰기 위한 모든 것을 낱낱이 알려준다. 저자의 위안과 격려, 잘 짜인 과정을 하나둘 따라 하다 보면 글을 잘 쓰고 싶은 의지를 얻을 수 있다.

　글은 자신감이 없으면 쓸 수 없다. 저자가 말하는 '남의 눈치 보지 않기, 처음부터 잘 쓰지 않아도 된다는 마음 갖기, 나의 감정을 그대로 드러내기' 등을 실천할 수 있다면 좋은 출발이 될 것이다. 가장 독창적이고 훌륭한 글은 자기 이야기이기 때문이다. 자신의 경험과 생각에 진정성을 담아, 정해진 규칙에 얽매이지 않고 스토리텔링 하듯 글을 써보자.

　잘 짜인 글의 구성과 문장은 글을 읽고 싶게 만든다. 그리고 저자는 글을 써보고 싶게 만드는 다섯 가지 과정을 제시한다. 글의 뼈대에 맞추어 통일성을 갖추고 다양한 어휘를 활용하면 더욱 탄탄한 글이 되듯, 자신감과 글쓰기의 구체적인 방법을 알 수 있을 것이다.

　저자가 한 말 중에는 목표를 가지고 자주 쓰고 자주 고치라는 것이 있다. 그리고 동료와 함께 쓰거나 글쓰기 좋은 시간과 공간을 활용한다면 글쓰기가 한결 수월해진다고 첨언한다. 글은 나를 표현하는 일이자, 자기 생각을 진솔하게 쓰며 정체성을 구축하는 일이다. 앞으로 '내가 나로서 나답게' 살아온 경험을 이 책에서 얻은 노하우로 생생하게 전달하길 바랍니다.

심화활동

- '글쓰기 잘하는 법'을 요약 정리하여 카드뉴스를 만들어 SNS에 공유한다.
- 책에서 소개된 글쓰기 요령을 참고하여 자신만의 이야기를 에세이로 쓴다.
- 독서 중 마음에 드는 어휘 및 구절을 기록하는 습관을 들이고, 글쓰기에 활용한다.

읽는 인간 리터러시를 경험하라

조병영 | 쌤앤파커스 | 2021

도서 분야	인문
관련 과목	국어, 사회
관련 학과	모든 계열

단순히 읽고 쓰는 행위를 넘는 리터러시

우리는 정보화 시대에 살고 있다. 클릭 한 번에 정보를 얻을 수 있지만, 그 안에는 진짜보다 더 사실적인 가짜뉴스, 출처를 알 수 없는 정보, 검증되지 않는 자료 등이 무분별하게 범람하고 있다. 정보를 올바르게 읽으려면 자신의 지식을 견고하게 다지고 성찰하며, 비판적으로 정보를 판별할 수 있는 '리터러시'를 갖추어야 한다.

'리터러시'는 단순한 읽기, 쓰기에서 나아가 맥락을 읽고, 개인의 경험과 지식을 더해 나만의 새로운 의미를 구성하는 일련의 과정이다. 학교를 비롯한 우리 삶의 대부분은 텍스트를 통해 지식을 얻고 배움을 경험한다. 어떻게 읽고 무엇을 내 지식으로 구성하느냐에 따라 정체성이 확립되고, 좋은 리터러시를 갖추고 있다면 사회를 제대로 읽을 수 있을 것이다.

이 책에서는 리터러시 부족으로 인한 사회 문제와 리터러시 실천을 통해 세상을 좀 더 나은 곳으로 만든 다양한 사례가 정리되어 있다. 리터러시가 단순히 개인의 문제가 아닌, 우리가 살고 있는 공동체와 사회에 막대한 영향을 미치고 있다는 것을 알 수 있다. 조금 더 나아가면 리터러시의 사용 수준이 역사를 만든다고 해도 과장이 아니다.

학교에서만 리터러시가 필요하다는 편견을 깨자. 학교 안팎의 다양한 지식의 영역, 맥락적 삶의 경험, 사회의 문제 상황 등에서 정교한 리터러시가 필요하다. 나와 사회, 과거의 역사와 미래의 방향을 융·복합적으로 탐구하는 리터러시를 갖춘다면 여러분은 긍정적인 미래 사회를 디자인할 수 있다.

심화활동

- 자신의 리터러시 역량을 점검하고 '맥락을 통한 리터러시 함양 프로젝트'를 설계하고 실천한다.
- 리터러시 부족으로 발생한 사회 문제를 조사하고 해결 방안을 모색해본다.
- 디지털 시대에 필요한 리터러시 역량을 카드뉴스로 만들고 SNS에서 캠페인 활동을 한다.

예술 수업

오종우 | 어크로스 | 2015

도서 분야	교양
관련 과목	국어, 사회, 예술
관련 학과	모든 계열

예술가의 말과 생각은 무엇이 다를까?

'예술은 쓸모없다'고들 한다. 하지만 예술 작품은 동굴 벽화부터 디지털 기술을 활용한 예술까지, 우리 삶에서 막대한 영향력과 함께 지금껏 존재했다. 예술은 실질 세계를 다르게 보는 시야와 풍부하게 해석할 능력을 키워준다. 주입된 지식이 아닌 다양한 경험, 감정, 사유를 통해 또 다른 차원의 진정한 삶을 살아가게 한다.

또한 예술은 결코 현실과 동떨어져 있지 않다. 문학부터 미술, 음악, 연극, 영화 등에 영감을 불러일으키는 소재는 단연히 현실 세계이기 때문이다. 자신이 처한 상황과 환경에 의미를 부여하는 일이 곧 '예술'이다. 보이는 것 이상을 보고 생각하고 상상하고 그려내는 일이 예술이며 문화를 탄생시키는 산파가 된다.

책은 '도스토옙스키와 체호프의 소설, 샤갈과 호프만의 그림, 셰익스피어의 비극과 타르콥스키의 영화, 베토벤의 교향곡과 피아졸라의 탱고' 등을 통해 예술가는 어떤 시선으로 세상을 해석하고 사유했는지 보여준다. 예술 작품 속 충만한 영감은 우리의 경직된 창조성을 일깨우는 기폭제가 될 것이다.

물 한잔을 마시며 '아, 시원해'라고 느낀다면 누구나 예술가다. 공학 계열, 의학 계열 할 거 없이 우리 삶에는 예술이 혼재되어 있다. 이 책의 바탕이 된 성균관대 교양과목 '예술의 말과 생각'이 전공을 불문한 명강의가 된 이유일 것이다. 책 속의 예술 작품을 찬찬히 감상하며 강의를 이해해보자. 세상을 보는 인식과 사고가 커지고, 예술의 진정한 의미와 창조적인 삶의 진보를 경험할 것이다.

심화활동

- 예술이 우리 삶에서 왜 필요한지 에세이를 작성한다.
- 마음을 움직였거나 어떤 느낌을 안겨준 예술 작품(문학, 음악, 영화, 미술 등)을 선정하고 이유를 설명한다.
- 진로와 관련하여 예술적 감각이 필요한 순간을 찾고 사례를 들어 보고서를 작성한다.

로봇 시대, 인간의 일

구본권 | 어크로스 | 2020

도서 분야	인문
관련 과목	통합
관련 학과	모든 계열

인공지능 시대, 우리는 무엇을 준비해야 할까?

자율 주행 자동차와 트롤리 딜레마, 인공지능이 그린 그림의 수상, 인공 지능의 발달로 사라지는 직업 등 인공지능의 급격한 발달은 우리 삶과 사회를 뒤흔들고 있다. 이 책에서는 맹렬한 속도로 바뀌는 시대를 살아가기 위해 우리는 무엇을 준비해야 하는지 답을 찾을 수 있다.

인공지능의 발달은 현재 진행 중이다. 코로나 팬데믹이라는 특수한 상황에서 기술의 폭발적인 성장은 사람에게 편의성을 선사했고, 우리는 그 이전을 생각하기 힘들 지경이다. 그리고 다양한 분야에서 상상만 해오던 것들이 현실로 나타나고 있다. 심지어 인간 고유의 영역인 창의성에 도전장을 내밀며, 그림을 그리고 작곡하며 책을 집필하고 있다.

인간의 기억력과 정보 처리 능력을 뛰어넘는 로봇은 우리 삶을 위협할 수도 있지만, 로봇을 활용하는 주체는 인간이다. 그리고 로봇의 선과 악을 구분 짓는 것은 인간의 윤리 의식에서 나온다. 생각하는 존재로 서사와 의미를 부여할 수 있는 건 로봇이 아닌 오로지 인간인 것이다. 또한 인간은 로봇보다 충동적이고 감정적이고 예측 불가능한 존재이기에 차별성을 가진다. 우리는 기계와 경쟁하는 게 아닌 도구로 활용하며 인간다운 삶을 추구해야 한다.

미래를 예측할 수는 없지만, 인공지능의 발달은 분명히 우리의 삶을 바꾸고 있다. 특히 우리가 삶을 영위하기 위한 일자리에 큰 변화를 불러올 것이다. 두렵겠지만, 그 격변 속에서 최신 기술을 이해하고 꾸준히 공부하는 평생 학습자의 태도를 갖추어야 한다.

심화활동

- 인공지능으로 인해 발생하는 직업의 변화를 주제로 보고서를 작성한다.
- 인공지능이 그린 그림도 예술 작품으로 인정해야 하는지 토론한다.
- 자신의 희망 진로에 필요한 디지털 역량과 인간만의 역량은 무엇인지 적어 본다.

미디어 리터러시, 세상을 읽는 힘

강용철, 정형근 | 샘터 | 2022

도서 분야	인문 교양
관련 과목	통합사회, 정보
관련 학과	인문계열

현명하게 미디어를 판단하는 능력

'미디어'란 무엇일까? 미디어는 '어떤 작용을 한쪽에서 다른 쪽으로 전달하는 것'(국립국어원 표준국어대사전)이다. 그렇다면, '미디어 리터러시'는 무엇일까? 다양한 형태의 메시지에 접근하여 메시지를 분석하고 평가하고 의사소통할 수 있는 능력. 저자는 미디어 리터러시를 이렇게 정의한다.

이 책은 가짜 뉴스, 정보 소외 등 미디어 환경의 부정적인 실태 속에서 비판적인 사고가 필요함을 이야기한다. 그리고 BTS(방탄소년단)가 '음악'이라는 미디어로 공동체의 문제를 공유하고 많은 사람에게 공감을 얻은 사례를 보여주며, 미디어의 생산이 문제 해결에 도움이 된다고 말한다.

미디어는 우리에게 많은 정보를 제공하지만, 그중에는 진실이 아닌 정보도 있다. 이 책에서는 모파상의 소설 《목걸이》의 주인공 부부가 잘못된 정보로 10년을 헛되이 보낸 것을 예로 든다. (4월에 《목걸이》를 읽을 예정이니 연계하여 탐구해 보자!)

내용을 담고 있는 그릇과 정보를 둘러싸고 있는 맥락으로 미디어가 이루어져 있음을 알면, 미디어를 정확하게 읽어낼 수 있을 것이다. 또한 사람들은 미디어를 소비만 하는 것이 아니라 생산하기도 한다. 그 과정에서 권리와 책임의 문제가 발생하고 있으니, 자신은 물론 다른 사람의 권리를 보호하고 더불어 책임 의식을 갖추어야 함이 강조되고 있다.

책 말미의 '팩트 체크' 체크 리스트와 '슬기로운 미디어 생활' 가이드는 우리의 일상생활 속에서 유용하게 사용할 만한 자료이니 잘 활용하여 건강한 미디어 생활을 누리길 바란다.

심화활동

- '디지털 네이티브', '포노 사피엔스'가 무엇을 의미하는지 조사해보자.
- 미디어의 순기능과 역기능을 비교 분석하고 보고서를 작성해보자.

인간이라는 '미지의 숲'으로 난 열두 발자국

《열두 발자국》은 뇌를 연구하는 물리학자가 기업이나 일반인을 대상으로 해온 뇌과학 강연 중에서 흥미로운 강연 열두 편을 엮은 책이다. '뇌과학에서 삶의 성찰을 얻다', '뇌과학에서 미래의 기회를 발견하다'라는 두 개의 큰 틀 속에서 '선택하는 동안 뇌에서는 무슨 일이 벌어지는가', '햄릿 증후군은 어떻게 극복할 수 있는가', '결핍 없이 욕망할 수 있는가', '인간에게 놀이란 무엇인가', '우리 뇌도 새로고침 할 수 있을까', '우리는 왜 미신에 빠져드는가', '창의적인 사람들의 뇌에서는 무슨 일이 벌어지는가', '인공지능 시대, 인간 지성의 미래는?', '제4차 산업혁명 시대, 미래의 기회는 어디에 있는가', '혁명은 어떻게 시작되는가', '순응하지 않는 사람들은 어떻게 세상에 도전하는가', '뇌라는 우주를 탐험하며, 칼 세이건을 추억하다' 등의 열두 가지의 주제로 인간을 이야기하고 있다. 실제 강연을 듣는 듯한 어투가 강연 현장의 생생함을 그대로 전달해주는 것이 이 책의 묘미다.

의사 결정은 복잡한 대뇌 활동으로 이루어진다. 선택의 갈림길에서 무엇을 선택해야 할지 몰라 고통스러운 심리상태인 '햄릿 증후군', '아톰 세계와 비트 세계', '새해 결심이 실패하는 이유는 내년에도 새해가 오니 절박함이 없기 때문이다', '인공지능과의 공생을 준비하라' 등 우리의 뇌에서 일어나는 일들을 풀어서 설명하는 내용이 상당히 인상적이다. '햄릿 증후군'에 대한 이야기는, 4월에 《햄릿》을 읽을 예정이니 연계하여 파악하면 도움이 많이 될 것이다. 출간된 지 20년이 넘은 지금도 많은 이들에게 사랑받는 정재승의 또 다른 책 《정재승의 과학 콘서트》도 함께 읽으면서 지식이 지혜로 바뀌는 놀라운 경험을 하길 바란다.

심화활동

• 《열두 발자국》 중 가장 인상적인 내용을 정리하여 서평을 작성해보자.
• 4차 산업 혁명시대를 조사하고, 기술 혁신과 일자리 변화에 대해 정리해보자.

설득의 논리학

김용규 | 웅진지식하우스 | 2020

도서 분야	국어, 사회, 예체능
관련 과목	국어, 통합사회
관련 학과	국어국문학과, 철학과

설득의 기법으로 가득한 세상

주제 발표를 하거나 보고서 등을 쓰며 상대를 설득해야 할 때가 종종 있다. 《설득의 논리학》은 그때 필요한 말과 글로 '내 편'을 만드는 10가지 논리 도구에 대해 이야기한다. 수사학과 예증법, 삼단 논법과 세 가지 변형, 배열법과 yes-but 논법, 귀납법과 과학의 수사학, 가추법과 가설연역법, 연역법과 자연언어, 설득의 심리학과 의사결정의 논리학, 논쟁에서 이기는 대화법, 이치 논리와 퍼지 논리, 진리론 등 10개의 장으로 구성된 이 책은 매 순간 상대를 설득해야 하는 현대인들이 유연한 사고력을 지닐 수 있도록 돕는다.

텔레비전을 보려고 하는데 텔레비전이 켜지지 않는다면 어떻게 할 것인가? 우선 전기 코드가 콘센트에 잘 꽂혀 있는지 살펴볼 것이다. 잘 꽂혀 있는데도 켜지지 않으면 전기 코드는 텔레비전이 켜지지 않는 원인에서 제외한다. 그다음 리모컨의 건전지를 교체해 볼 것이다. 여전히 켜지지 않으면 리모컨의 건전지 역시 텔레비전이 켜지지 않는 원인에서 제외된다. 우리가 무심코 했던 이러한 행동들은 바로 베이컨의 '제외와 배제'라는 절차라고 저자는 말한다. 이렇듯 이 책은 우리 생활 속에서 논리학이 얼마나 쓸모 있는가를 알게 해준다.

친구에게 책을 빌려주었는데 약속한 날이 지나도 돌려주지 않아 왜 빌려 간 책을 돌려주지 않냐 물었더니 '곧 돌려줄 건데 왜 화를 내면서 말하냐'라고 친구가 말한다면 이것은 '논점 이탈의 오류'를 범하는 것이다. 국어 시간에 배우는 '오류'를 유형별로 설명해주는 것도 이 책의 큰 매력이 아닐까 싶다.

각 장 마지막의 '논리학 길잡이'에는 본문의 핵심 내용을 정리해 내용 이해에 큰 도움이 된다. 논리학이 어렵다는 생각을 버리고 우리가 무심코 지나쳤던, 생활 속 가까이에 자리 잡은 '논리학'을 함께 찾아 나서보자.

심화활동

- no-because, yes-but 화법을 살펴보고 어느 화법이 토론에 더 효과적일지 정리한다.
- 연역법, 귀납법, 가추법을 비교한 후 보고서를 작성해보자.

비극 속에서도 희망을 품어야 하는 이유

제목에서 짐작할 수 있듯 책의 배경은 죽음이 도사리는 강제 수용소다. 유대인 출신의 정신 의학자 빅터 프랭클이 강제 수용소에서 겪은 3년간의 치열한 삶과 평범한 사람들이 한순간에 동물 이하 취급을 받으며 바뀌는 과정, 참혹함 속에서도 삶을 노래하는 다양한 인간상을 생생하게 적어냈다.

수용소는 질병과 굶주림, 폭력과 핍박, 고통과 잔혹함이 난무한다. 차라리 죽는 게 나을지도 모르는 극한 환경이었다. 하지만 그 속에서도 유머와 노래, 시가 있었다. 수용자들은 저마다 사랑하는 사람을 만나리라는 희망을 품고 과거의 추억을 회상했다. 죽음의 벼랑 끝에서도 저마다 살아야 할 의지를 만든 것이다. 참담한 상황에도 포기하지 않고 작은 행복을 느끼며, 자신의 시련을 어떻게 극복할지 독자적으로 삶의 태도를 선택했다.

박사는 수용소 안의 수감자, 감시자들의 심리와 행동을 관찰하고 기록했고, 그 경험을 바탕으로 '로고테라피'라는 정신 치료법 이론을 완성했다. 이는 자신의 삶에서 의미를 찾으려는 노력이 인간의 원초적 동력이라는 이론이다. 인간은 어떤 상황 속에서도 스스로 삶의 의미를 찾고 희망을 향해 의지를 품어야 한다는 깨달음을 준다.

우리는 살아가며 크고 작은 시련에 부딪힌다. '이번 생은 글렀어'라며 삶에 회의감이 들고 무기력해질 때도 있을 것이다. 하지만 책이 담담하게 전하는 수감자들의 처절한 경험담은 극악의 상황에도 희망을 버리지 않는 인간 존엄성의 가치를 떠올리게 한다. 진정한 삶의 의미와 삶을 살아가는 태도에 관한 답을 들려줄 것이다.

심화활동
- 이 책을 읽은 후 자기 삶의 의미와 고난이 왔을 때 어떻게 극복할지 에세이를 쓴다.
- 삶의 희망이 없다고 말하는 요즘 세태를 조사하고 해결 방안을 보고서로 작성한다.
- 상황에 따라 행복의 기준은 무엇이 다른지 밝히고, 삶의 의미 측면에서 행복의 진정한 의미를 토론한다.

도파민네이션

애나 렘키 | 흐름출판 | 2022

도서 분야	심리
관련 과목	사회, 과학
관련 학과	의학 계열, 모든 계열

탐닉의 세상에서 고통과 쾌락의 균형을 잡아라

도파민은 고통과 쾌락 모두를 관장한다. 그만큼 양쪽은 긴밀한 관계가 있으며, 자칫 잘못하면 중독에 이르게 된다. 사람은 어떤 자극으로 고통이나 쾌락을 얻고, 그 자극이 무뎌지면 더 높은 강도의 자극과 쾌락을 좇는다. 그렇게 끊임없는 역치의 상승은 사람을 고통의 늪에 빠트린다.

불법적인 물질이 아니라도 우리는 공공연한 중독 증상을 직·간접적으로 경험하고 있다. 풍요로운 현대 사회는 음식, 인스타그램, 유튜브, 음란 영상, 게임, 쇼핑, 채팅 등 자극적인 매체가 넘쳐난다. 그리고 이는 보다 즉각적이고 자극적인 보상으로 우리를 이끈다. 바로 도파민네이션(Dopamine Nation)이다.

중독치료 센터를 이끈 정신과 의사인 저자는 자신이 경험한 중독자들의 사례를 통해 쾌락과 고통의 관계를 밝히고, 중독에서 벗어나기 위한 과학적이고도 현실적인 조언을 들려준다. 저자 또한 어릴 때는 우울증. 성인이 되고서는 에로티즘 소설에 중독되었다고 고백한다. 그리고 자신이 도파민에서 탈출한 방법을 알려준다.

운동, 간헐적 단식, 얼음물 샤워, 학문적 노력 등 적절한 고통은 건강한 쾌락으로 이어진다. 그리고 그 고통을 직면하면 도파민이 활성화되며 성장을 돕게 된다. 그래서 저자는 힘주어 '행복하고 싶다면 고통을 직면하라.'고 말한다. 중독에서 벗어나고 싶다면 솔직해야 한다. 거짓된 삶은 현실감의 소실과 현실 도피 중독으로 이어질 수 있다. 근본적인 솔직함으로 세상을 직시한다면, 자기 존재를 붙들고 인간적인 유대감과 의미로 가득한 삶을 만들 수 있다.

심화활동

- 도파민네이션에 살며 나의 도파민은 올바르게 작용되고 있는지 성찰하는 에세이를 쓴다.
- 물질적 풍요가 고통을 가져오는 사례를 들어 원인과 해결방안에 대해 토론한다.
- 도파민 디톡스(지루한 삶) 챌린지 프로젝트를 해보자. 계획, 실천하여 과정과 결과를 보고서로 작성한다.

인간 문명을 바꾼 세 가지 힘, '총, 균, 쇠'

1998년 퓰리처상 수상작으로 현대의 고전이라 불릴만하다. 800쪽 가까이 되는 두꺼운 책이지만, 읽고 나면 문명의 생성과 번영을 통합적으로 이해하게 될 것이다. 이 책의 저자는 생리학, 진화생물학, 지리학, 환경사, 문화인류학을 연구하며 세계를 이끄는 최고의 지식인으로 불리는 재레드 다이아몬드다. 그의 연구 영역처럼 책은 세계의 불평등 원인을 생물학, 지리학, 인류학, 역사학을 아우르며 총체적으로 해석하고 종합적으로 규명하고 있다.

책을 한 줄로 요약하자면, 인류는 지리적 환경에 따라 운명이 바뀌었다는 것이다. 저자는 백인의 타고난 우월성 때문에 서구 중심의 세계가 형성되었다는 편견에 맞선다. 농경과 목축에 적합했던 유라시아 대륙의 지리적 환경은 '총(군사력), 균(전염병), 쇠(과학기술)'의 발전을 이끌었다. 그 결과 다른 대륙보다 식물의 작물화와 동물의 가축화가 빠르게 진행됐다. 풍족한 식량은 정치적 제도와 기술의 발전을, 다양한 동물의 가축화는 전염병을 만들며 유럽인에게 면역체계를 선사했다.

유럽은 총과 균, 쇠를 가지고 상대적으로 작물화와 가축화를 이루지 못한 대륙을 정벌하고 세계의 권력을 차지할 수 있었다. 중국도 이러한 조건을 갖췄지만, 통일된 정치 체제가 경쟁력을 떨어트렸다고 분석했다. 유럽의 분열이 역설적으로 경쟁과 발전 그리고 모험을 만든 것이다.

문명의 역사를 이해한다는 건 현재를 알고 미래를 설계하는 일이다. 우리는 지금도 '총, 균, 쇠'가 만연한 세계에 살고 있다. 이 책을 통해 지구 곳곳에서 일어나는 사건들을 열린 시각으로 바라보며 미래를 위한 공부는 무엇인지 고민하길 바란다.

심화활동

- 현대 사회에서 '총, 균, 쇠'의 영향을 받아 문명이 좌우되는 사례를 찾아보고 자신의 생각을 쓴다.
- 지리적 환경과 인간의 사고방식, 생활체계, 기술의 발달 간의 관계에 대한 생각을 구체적으로 보고서에 작성한다.
- 이 책에 대한 비평가들의 의견을 찾아보고 지나치게 지리적 요소에 따라 문명이 결정되는 '환경결정론'에 대한 자신의 생각을 논리적인 근거를 들어 작성한다.

유튜브는 책을 집어삼킬 것인가

김성우, 엄기호 | 따비 | 2020

도서 분야	국어, 사회, 예체능
관련 과목	국어, 통합사회, 예체능교과
관련 학과	인문계열, 예술학부

삶을 위한 리터러시를 이야기하다

'금일 휴무', '심심한 사과'라는 글을 읽고 '금요일에 쉬는 거야', '나는 안 심심하다' 등의 반응이 있다는 기사(이병희, '심심한 사과' 문해력 논란, 뉴시스, 2022.10.9.)를 보았다. 이렇듯 젊은 세대의 '읽기 능력'은 심각한 수준에 이르렀다.

《유튜브는 책을 집어삼킬 것인가》라는 제목 아래에는 '삶을 위한 말귀, 문해력, 리터러시'가 부제로 달려 있다. 요즘 특히 '리터러시'라는 말이 많이 보이는데, 이 리터러시는 과연 무엇일까? '다양한 맥락과 연관된 인쇄 및 필기 자료를 활용하여 정보를 찾아내고, 이해하고, 해석하고, 만들어내고, 소통하고, 계산하는 능력'이라는 유네스코의 정의가 가장 널리 쓰이고 있다.

《유튜브는 책을 집어삼킬 것인가》는 '리터러시, 위기인가 변동인가', '읽기는 여전히 유효한가', '읽기에서 보기로, 미디어와 몸', '리터러시, 어떻게 다리를 놓을 것인가', '삶을 위한 리터러시 교육을 향해' 등 다섯 개의 주제로 문화연구자와 응용언어학자가 나눈 이야기를 담고 있다.

궁금한 것을 백과사전 등에서 찾아보던 기성세대와 달리 요즘 학생들은 궁금증을 영상으로 해결한다고 하니 이 책의 제목처럼 영상이 글을 집어삼키는 시대에 '읽기와 쓰기'는 과연 유효할까? 유효하다면 어떠한 방향으로 나아가야 할까?

공동체의 역량으로서의 리터러시, 삶을 위한 리터러시가 그 어느 때보다 필요한 시대다. 이 책과 함께 미디어 환경의 변화에 발 빠르게 적응해 나가자.

심화활동

- 시대에 따라 달라지는 리터러시의 정의와 개념을 조사하고 정리해보자.
- 문해력 향상을 위해 내가 할 수 있는 일, 지역사회가 할 수 있는 일, 국가가 할 수 있는 일을 찾아보고 보고서를 작성해보자.

이어령의 마지막 수업

김지수, 이어령 | 열림원 | 2021

도서 분야	교양
관련 과목	국어, 철학, 사회
관련 학과	모든 계열

삶과 죽음에 대한 지성인의 통찰

이 책은 한 기자와 죽음을 앞둔 우리나라 최고 지성인과의 인터뷰이다. 인터뷰이인 이어령 교수는 국문학을 전공한 시인, 수필가, 비평가, 기호학자로서 1988년 서울올림픽의 개·폐막식을 총괄 기획하고, 문화부 장관직을 역임했다. 2006년에는 디지털과 아날로그를 통합한 '디지로그'라는 말을 상용화시킨 인물이기도 하다.

그는 살아가며 '메멘토 모리(Memento mori)' 즉, 죽음을 기억하라고 말한다. 죽음은 모두의 삶 안에 내재되어 있기 때문이다. 우리는 코로나 팬데믹을 겪으며 죽음의 엄습과 생명의 소중함을 동시에 느꼈다. 인간의 삶은 시작부터 죽음과 함께하며, 매 순간 죽음을 상기하며 개인의 삶을 응시하라고 말한다.

이제 고등학생인데, 죽음은 먼 얘기처럼 들릴지도 모르겠다. 하지만 죽음을 앞둔 스승님을 화요일마다 찾아가 인생 얘기를 들었던 제자의 이야기인《모리와 함께한 화요일》을 떠올려보자. 지나온 인생을 회고하는 스승의 얘기는 우리가 앞으로 어떻게 살아야 하는지, 그리고 삶의 진정한 의미와 걸어가야 할 방향을 궁구하게 만든다.

책은 이어령 교수 인생 전반의 통찰을 보여준다. 그리고 끊임없이 생각하는 사람이 되라고 조언한다. 세상에 질문하며 진실에 가까운 것을 찾으라고 말이다. 남이 정해준 대로가 아닌 자기 신념대로 살 용기를 내라고, 자신만의 이야기로 존재하라고 전하고 있다. 로봇이나 동물이 가지지 않은 '눈물 한 방울'을 머금고 인간답게 살아가야 한다는 가르침을 준다. 책을 통해 인간은 타인이 아닌 스스로 깨닫고 스스로 만족할 수밖에 없다는 진리를 깨달을 수 있다. 여러분도 앞으로 '죽음 곁의 삶'을 기억하며 '자기다움'의 이야기를 써 내려가길 바란다.

심화활동

- 만약 내일 죽는다면, 나는 오늘 무엇을 할지 구체적으로 생각해보고 발표한다.
- 고난 앞에서 어떤 태도를 지니는 것이 가치 있는 삶인지 존경하는 인물을 찾아 보고서를 작성한다.
- 책 속의 '눈물 한 방울'에 대한 의미를 기술의 발달과 연관 지어 설명하는 보고서를 작성한다.
- '메멘토 모리'의 의미를 밝히고 앞으로 가져야 할 삶의 태도를 설정한다.

휴먼카인드

뤼트허르 브레흐만 | 인플루엔셜 | 2021

도서 분야	인문
관련 과목	철학, 사회, 과학
관련 학과	모든 계열

인간의 본성에 대한 통념을 깨는 책

인간은 선천적으로 선할까, 악할까? 수많은 사상가들도 명쾌한 답을 내놓지 못한 질문이다. 사회에 팽배한 불평등과 혐오, 차별과 불신은 인간을 탐욕스럽고 이기적인 존재처럼 느끼게 한다. 극악무도하게 살인을 저지르는 전쟁, 폭력이 난무한 끔찍한 사건들은 인간은 본래 이기적이라는 인식을 심어주곤 한다.

이 책은 '인간의 본성은 악하다.'라는 통념을 갖고 살아가는 우리에게 오해에서 벗어나라고 일침을 가한다. 저자는 인간은 본디 착하며, 선한 인간의 마음을 비관적으로 인식하면서 모든 비극이 시작되었다고 말한다. 그리고 제1, 2차 세계대전, 타이타닉 침몰, 9·11테러, 허리케인 카트리나 재난 같은 극한 상황 속 이타적인 행동들의 사례를 들며 인간의 선한 본성을 여실히 보여준다. 또한 인간의 폭력성을 증명하고자 했던 스탠퍼드 교도소 실험과 스탠리 밀그램 실험의 오류를 맹렬하게 꼬집으며 여러 사례와 함께 '친절한 인간'의 본성을 생물학, 진화론, 인류학, 철학적 연구를 바탕으로 설명한다.

그러면 인간은 선한 존재인데 왜 갈등이 만연할까? 현대 사회는 인간이 악하다는 전제하에 제도를 만들고 통솔해왔다. 기득권의 통제를 위해 인간만이 가지는 공감 능력을 소수의 권력에 결속하며 다른 집단을 적대시하게 된 것이다. 해결책은 인간의 선한 마음을 긍정적으로 바라보는 데 있다. 저자는 친절과 우정, 공감과 연대를 이루면 사회를 바꿀 수 있다고 조언한다. 이 책을 읽고 나면 인간의 이타적인 마음이 본연에 있다는 것을 깨닫고 세상을 좀 더 희망적으로 보게 될 것이다.

심화활동

- 책의 내용을 바탕으로 인간의 선한 본성과 사회의 괴리에 관한 보고서를 쓴다.
- 이 책의 사례 외에 인간의 선한 본성을 드러내는 구체적인 사례들을 찾아 신문 기사로 제작한다.
- 이 책에서 말한 '호모 퍼피(Homo Puppy)'의 개념을 설명하고, 자신의 생각을 보고서로 작성한다.

아내를 모자로 착각한 남자

올리버 색스 | 알마 | 2022

도서 분야	심리
관련 과목	과학, 사회
관련 학과	의학계열, 모든계열

과학으로만 진단할 수 없는 인간의 질병

이 책은 신경학자인 올리버 색스가 만난 환자 스물네 명의 이야기이다. 기억 상실, 신경 장애, 발작적 회상, 지적 장애 등 뇌 기능의 가벼운 결함부터 심각한 징후들을 가진 환자들을 치료하는 과정을 담고, 이를 '상실, 과잉, 이행, 단순함의 세계'로 나누어 옴니버스 영화를 보듯 소개하고 있다.

보통 뇌 기능 장애라는 말을 들으면 고통과 불편한 생활은 기본이고, 진단명에 따라선 약을 먹고 치료하는 것이 최선이라 생각한다. 하지만 저자는 뇌 기능의 문제는 진단을 내리기 위한 수단일 뿐, 그들 모두 감정, 의지, 감수성을 지닌 존재이자 병을 극복하는 주체라고 말한다. 책 속의 환자들은 비정상적이고 혼란스러운 상황 속에서도 자신의 숨겨진 재능과 행복을 발견한다. 살고자 하는 의지로 삶을 긍정적으로 바꾸고 적응한다. 기능적인 병이 마음까지 침식할 수 없다는 방증이다.

아내를 모자로 착각한 음악 선생님, 몸의 감각을 전혀 느낄 수 없는 여인, 틱장애를 가진 익살꾼 사내, 자폐증이 있는 예술가 아이 등의 사례를 읽으면 사뭇 인간은 어떤 존재인지 물음을 품게 된다. 아이러니하게도 이들은 치료제를 먹으면 증상은 완화될지언정, 창의성이 발현되지 않았고 행복감도 떨어졌다. 인간의 양면성과 원시적 감각과 이성적 판단, 육체와 정신, 지능과 재능 등을 따로 또 같이 생각하게 한다.

책을 읽다 보면 의사는 질병에 맞는 약만 처방하는 사람이 아니란 걸 알게 될 것이다. 의사이자 따뜻한 이웃인 저자의 시선은 우리가 가져야 할 관점과도 맞닿아 있다. 바로 따스한 인간애로 개인의 서사를 이해해야 한다는 것이다.

심화활동

- 가장 인상적인 사례를 꼽고 나의 삶에서 비슷한 경험을 찾아 에세이를 작성한다.
- 장애에 대한 편견을 찾고 개선 방안을 모색하여 보고서로 작성한다.
- '병리 상태가 곧 행복한 상태'이며 '정상 상태가 곧 병리 상태'라는 주제로 윤리적 치료 딜레마에 대해 찬반토론을 한다.

팩트풀니스

한스 로슬링 | 김영사 | 2020

팩트로 보는 세상은 꽤 살만하다

'세계는 점점 좋아지고 있을까? 나빠지고 있을까? 혹은 그대로일까?'

입시지옥, 고용절벽, 출산율 하락, 환경오염, 경제 침체 등 좌절감을 일으키는 뉴스들을 보고 있자면 세상은 점점 살기 힘든 곳처럼 느껴진다. 하지만 저자인 한스 로슬링은 '세상은 나아지고 있다'라고 주장한다. 빈곤, 교육, 환경, 에너지, 인구 등 다양한 영역의 정확한 통계 자료를 제시하며 오해와 편견을 깨라고 설득한다. 그리고 세상의 무지와 싸우기 위해선 팩트(사실)를 바탕으로 세계를 바라보고 이해하는 관점인 '팩트풀니스(사실충실성)'가 필요하다고 강조한다.

책에서는 실상을 정확히 보지 못하는 원인을 인간의 10가지 비합리적인 본능으로 설명한다. 그리고 이런 본능은 우리에게 '세계는 점점 나빠진다, 아프리카는 못사는 대륙, 인도와 중국은 기후변화의 주범'이라는 오판을 내리게 한다. 교육 수준이나 사회적 지위, 나이와 관련 없이 그 사람의 본능이 구조적인 오류를 만드는 것이다.

그리고 이런 오류는 자신이 보고 싶은 것만 보고 믿고 싶은 것만 믿게 만든다. 느낌을 진실로 오해하며 관심 있는 정보가 아니면 외면하는 확증편향이 벌어지는 것이다. 결국 비합리적인 본능에 의한 판단은 불필요한 좌절감, 두려움, 스트레스를 일으킨다.

이제 우리는 비합리적 본능에서 벗어나 팩트에 근거한 명확한 정보와 통계로 세상을 인식하는 비판적 시각이 필요하다. 뉴스에 나오는 자극적인 기사만으로 세상을 이해하며 진실과 멀어지고 있는지 스스로 점검해보자. 비합리적인 본능 대신 팩트로 세상을 본다면 보다 합리적으로 내가 살아가야 할 방향을 설정할 수 있다.

심화활동

- 내가 세계를 바라보는 관점은 객관적인지 성찰하고 개선 방향을 담은 에세이를 작성한다.
- 이 책에서 언급한 10가지 본능 중 구체적인 사례를 조사하여 보고서를 작성한다.
- 언론의 공정성과 진정한 역할에 대해 토론한다.

		도서 분야	인문
1월 22일	사피엔스 유발 하라리 | 김영사 | 2023	관련 과목	통합
		관련 학과	모든 계열

인류의 과거, 현재, 미래를 이해하는 대담한 통찰

인문교양서의 바이블 같은 책이다. 내로라하는 지식인들을 비롯하여 서울대학교 도서관의 대출 상위권을 차지하고 있다. 저자인 유발 하라리는 인류의 과거, 현재, 미래를 고찰한 '인류 3부작'을 통해 전세계적인 지성으로 떠올랐다. 이 책은 3부작 중 인류의 과거를 조망하며, 기원부터 현재까지 인류의 진화와 발전을 대담하게 서술하고 있다. 다음은 과거 인류의 발전을 이끈 네 가지 원인을 정리한 것이다.

인지혁명	• 사피엔스는 상상력이라는 강점이 존재. 이는 언어와 신화의 창조를 도움. - 언어와 신화는 대규모 협력과 결속, 전략의 태동으로 이어짐.
농업혁명	• 농업을 통해 수렵 채집에서 벗어나 사회 질서와 경제 능력 향상을 이룸. - 하지만 인구와 노동력의 폭발적 증가, 통치체제의 출현으로 경쟁이 격화함.
인류의 통합	• 상상력, 협력, 믿음으로 문명과 제국을 창조하며, 집단 간의 정복이 발생. - 화폐 시스템, 종교, 제국의 질서와 관련이 있음.
과학혁명	• 과학의 고도화로 문제를 해결하고 불멸의 존재로 진보하려는 믿음이 팽배. - 저자는 인류가 신이 되려 하며, 과학혁명은 무지의 혁명이라 비판함.

이 책을 통해 호모 사피엔스가 어떻게 지구상의 지배자가 되었는지 폭넓게 이해해보자. 인류 역사에 관한 저자의 의견에 공감하고 비판하며 미래를 고민하게 될 것이다.

심화활동

- '농업 혁명은 역사상 최대의 사기'라는 저자의 주장에 논리적인 근거를 들어 찬반 의견을 작성한다.
- 인공지능 시대에 필요한 인류의 자질을 고민하고 자신의 의견을 정리한다.
- 유발 하라리의 다른 책을 읽고 인류 역사와 발전에 대한 통찰을 바탕으로 독서 감상문을 작성한다.

1월 23일

아픔이 길이 되려면

김승섭 | 동아시아 | 2017

도서 분야	교양
관련 과목	사회, 과학
관련 학과	모든 계열

질병의 책임을 사회에게도 묻다

의료 기술이 고도로 발달하면 질병은 줄어들고 건강하게 살 수 있을 것만 같다. 하지만 사회적으로 소외되고 차별받는 사람들, 가난하고 열악한 환경에서 생활하는 사람들, 사회적 제도에서 보호받지 못하는 사람들은 더 많이 아프고 죽어간다. 질병의 사회적 원인은 모든 사람에게 공평하지 않은 것이다.

이 책은 한 사회역학자의 탐구와 고민이 실려 있다. 사회역학은 건강에 영향을 미치는 사회구조, 제도, 관계 등을 찾는 학문으로, 저자는 우리 사회의 다양한 아픔의 모습과 그런 '아픔의 원인의 원인'을 전한다.

객관적인 연구 자료를 통해 질병의 사회적 책임을 밝히고 앞으로 공동체가 개인의 건강을 위해 나아가야 할 방향에 대해 질문을 던진다. 쌍용 자동차 해고노동자, 소방공무원, 세월호 참사 생존 학생, 성소수자, 전공의 등의 건강을 연구한 구체적인 데이터로 우리나라의 실정을 생생하게 전하며 문제의식을 심어준다. 또한 외국의 사례에서 국가의 제도에 따른 개인의 질병을 객관적으로 분석하고 있다.

먼 얘기가 아니다. 학교에서 벌어지는 '학교폭력 피해자의 질병, 석면 교실의 위험성, 급식실 노동자의 폐암' 등은 더 이상 사적인 원인이 아니다. 우리의 문제다. 사회가 변하지 않으면 개인의 건강은 보장받지 못한다. 고통은 개인적이지만, 그 고통이 사회에서 기반한 문제라면 우리 모두 고민하고 해결해야 한다. 단단하게 결속된 공동체가 개인의 질병을 줄인 '로세토 마을' 사례에서 어떤 사회가 되어야 할지 해답을 찾았으면 한다.

심화활동

- 이 책에서 가장 인상 깊었던 사례를 선정하고 사회적 역할에 대해 구체적으로 대안을 제시한다.
- 책의 사례 외에 차별, 혐오, 가난, 참사 등으로 질병이 발생한 사례를 찾아 원인과 해결 방안을 보고서로 작성한다.
- 경제, 교육, 인종의 격차에 따라 질병 발생률은 어떻게 다른지 조사하고, 그 원인과 해결책에 대한 사회적 제도를 토의한다.

클루지

개리 마커스 | 갤리온 | 2023

생각의 함정을 현명하게 극복하는 법

'공부할 땐 스마트폰을 꺼 둬야지'라고 하면서 나도 모르게 SNS를 들락날락한 경우가 있을 것이다. 다이어트를 결심하고도 눈앞의 초콜릿케이크를 치우지 못하고 먹어 버린 경험도 있을법하다. 이렇게 우리는 때때로 이성적인 판단을 잃고 오류를 범하곤 한다. 저자는 이런 실수를 만드는 인간의 본능을 '클루지'라고 정의한다.

이 책은 진화 속에서 생존을 위해 불완전한 선택을 한 우리의 뇌와 마음의 허술함을 지적하며 시작한다. 그리고 기억, 신념, 선택, 의사결정, 언어, 행복 등에서 클루지가 작용한 사례를 적나라하게 보여준다. 맥락에 따라 선택된 기억, 자신의 경험에 의해 편향되는 신념, 유동적으로 변하는 행복의 기준, 언제든 고장 날 수 있는 정신 등을 보고 있자면 우리의 과거 실수가 절로 떠오를 수 있다.

저자는 지적에서 그치지 않고 클루지를 이겨내는 13가지 방법도 제안한다. 스스로 불완전한 클루지 상태임을 인식하는 것을 시작으로, 합리적인 선택과 의사결정을 위한 구체적인 방법을 알려준다. 경험과 객관적 연구를 토대로 '피로하거나 마음이 산란할 때는 되도록 중요한 결정을 내리지 마라'처럼 현실적이면서도 바로 실행 가능한 방법들이다.

소위 '의지박약, 결정 장애'라 말하는 마음의 약함은 인간의 근본적인 결함이다. 하지만 그런 불완전함에 순응한 사람과 합리적으로 극복해서 살아가는 사람의 미래는 분명 다를 것이다. 이 책을 통해 자신의 클루지를 객관적으로 바라보고 숙고하며 대처하길 바란다.

심화활동

- 최근 겪었던 자신의 클루지 경험을 에세이로 쓴다.
- 클루지를 이해하고, 인간의 비합리적인 인지 오류를 정치, 경제, 사회, 교육, 문화 등에서 역으로 활용하는 다양한 사례를 찾아보고 보고서를 쓴다.
- 이 책에서 제시하는 클루지 극복 방법을 카드 뉴스로 만들어 SNS에 게시한 후 실천해 본다.

언어의 역사

데이비드 크리스탈 | 소소의책 | 2020

말과 글에 대한 모든 비밀이 여기에 있다

《언어의 역사》는 살면서 한 번은 해봤을 '말'과 '글'에 대한 의문을 모두 해결해주는 책이다. 40개의 챕터로 이루어진 이 책의 소제목만 살펴봐도 언어에 대한 거의 모든 기록과 역사가 담겨 있음을 알 수 있을 것이다.

베이비 토크	문법 규칙과 그 변이형	언어의 변천	놀이 언어
울음소리에서 말로	악센트와 방언	언어의 변이	언어는 왜 필요할까?
이해 방법 학습	이중 언어 사용	직업어	감정을 표현하는 언어?
음파	전 세계 언어	속어	정치적 공정성
발음하기	말의 기원	사전	문학어
문법의 발견	글쓰기의 어원	어원	스타일 개발
대화하기	오늘날의 표기법	지명	언어의 복잡성
읽고 쓰기 학습	수화	인명	언어학
철자와의 씨름	언어의 비교	전자혁명	응용언어학

사람으로 태어나 모국어를 받아들이고, 성대 진동의 방식을 조절해 스스로 소리를 낸다는 것은 실로 어마어마한 일이다. 일정한 나이가 되면 발음을 배우게 되는데, 그 자체로는 의미가 없는 발음에 소리를 결합해 단어를 만들고, 또 그 단어로 문장을 만들며 우리는 '소리'에 의미를 부여한다.

전 세계적으로 약 6,000개의 언어가 있다. 많은 언어가 빠른 속도로 사라지고 또 새로운 언어가 탄생하기도 한다. 이들 언어에는 몇 가지 공통점이 있는데, 그중 한 가지가 모든 언어에는 '문장'이 있다는 것이다. 단어로 문장을 만드는 방법을 흔히 '문법'이라고 하는데, 이 책은 언어의 작동 원리를 이해하려면 반드시 문법을 배워야 한다고 주장한다. 언어는 원활한 의사소통을 위한 도구이므로 언어에 대한 약속을 잘 지키는 것은 지극히 중요하다. 특히 성별에 따라 표현하는 용어가 다른 사례들을 통해서 언어의 확장성을 또한 생각해볼 수 있다.

심화활동
- 태어나서 언어를 익히는 한 사람의 과정을 자신의 언어로 설명해본다.
- 특수문자 @를 읽는 방법이 언어권마다 다른 것처럼, 하나의 기호권이지만 여러 언어권에서 다르게 표현되는 것이 무엇이 있는지 조사해본다.

도서 분야	**심리**	
관련 과목	**국어, 사회**	
관련 학과	**심리학과**	

1월 26일

인간 본성의 법칙

로버트 그린 | 위즈덤하우스 | 2019

행동 해독하기

《인간 본성의 법칙》은 인간이 하는 행동의 모든 측면을 자세히 들여다보고 그 근본적 원인을 찾아가는 과정을 담고 있다. 살다 보면 다양한 사람들을 만나게 되는데, 이 책을 읽고 나면 사람들을 대하는 태도가 짐짓 달라질 것이다. 각 장마다 인간 본성의 법칙을 한 가지씩 다루고 있는데, 그 내용을 살펴보면 다음과 같다.

법칙	의미
비이성적 행동의 법칙	실패의 원인을 외부에서 찾지 않고, 자기 자신에게서 찾는다.
자기도취의 법칙	인간은 누구나 관심이 목마르니, 자기애를 타인에 대한 공감으로 바꾼다.
역할 놀이의 법칙	전략적 관찰자가 되어서 가면 뒤에 숨은 실체를 꿰뚫는다.
강박적 행동의 법칙	운명을 만들어낸 것은 당신 자신이다. 성격이 아니라 패턴을 바꾼다.
선망의 법칙	사람들의 억압된 판타지를 자극하고, 불만족을 만족의 동기로 만든다.
근시안의 법칙	장기적 관점에서 우선순위를 정한다. 사건을 뒤흔드는 큰 흐름에 주목한다.
방어적 태도의 법칙	사람들의 방어막을 해제시키는 황금 열쇠는 상대를 긍정하는 것이다.
자기훼방의 법칙	우리는 스스로 만들어낸 현실만 본다. 태도를 바꾸면 주변이 변한다.
억압의 법칙	내면의 어두운 그림자를 직시하고, 그것을 받아들이고, 드러낸다.
시기심의 법칙	상대의 분노는 시기심 때문이다. 남과 비교하는 성향을 생산적으로 활용한다.
과대망상의 법칙	상대는 내가 원하는 대로 반응하지 않는다. 자신의 한계를 현실적으로 평가한다.
젠더 고정관념의 법칙	상대의 억압된 부분을 포착하고, 자신에게 맞는 성 역할을 창조한다.
목표 상실의 법칙	지금의 선택이 인생에 영향을 미친다. 인생의 소명을 발견하고 지침으로 삼는다.
동조의 법칙	집단이 주는 영향력을 인식하고, 집단의 영향력에 저항한다.
변덕의 법칙	인간은 늘 양면적 감정을 느낀다. 권위란 따르고 싶은 모습을 연출하는 것이다.
공격성의 법칙	공격성은 모든 인간에게 내재되어 있는데, 무력할 때 공격성은 나온다.
세대 근시안의 법칙	세대의 변화는 반복되는 역사의 일부이므로 시대의 흐름에서 기회를 포착한다.
죽음 부정의 법칙	죽음이라는 현실과 연결되어 죽음을 자주 생각해야 한다.

책이 우리 인생에 영향을 미치려면 책을 읽기 전과 읽은 후의 모습이 달라야 한다. 이 책을 통해 인간 본성의 면면을 알고 나면, 원활한 의사소통과 원만한 인간관계 형성에 많은 도움이 될 것이다. 책이 두껍다고 지레 겁먹을 필요는 없다.

심화활동

- 인간의 본성을 알아보면서 자신에게 어떠한 변화가 일어났는지 살펴본다.
- 열린 태도로 가는 다섯 단계의 로드맵을 자신에게 비추어 실천 계획을 세운다.
- 가장 인상 깊었던 법칙 한 가지를 정하고, 그 법칙을 실생활에 적용해본다.

미디어의 이해

허버트 마셜 매클루언 | 커뮤니케이션북스 | 2011

도서 분야	인문
관련 과목	국어, 사회
관련 학과	언론정보학과

미디어의 모든 것을 파헤치는 고전

대학에서 사용하는 전공 서적 느낌이다. 책의 두께도 두께지만 내용 또한 미디어에 대한 전문지식이 없다면 이해하기 쉽지 않을 것이다. 그럼에도 온갖 미디어에 둘러싸인 일상에 놓여 있다면 한 번쯤 읽어보기를 추천한다.

이 책은 '우리는 우리가 보는 대로 된다', '우리는 우리의 도구를 만든다. 그다음에는 우리의 도구가 우리를 만든다'라는 전제로 시작된다. 매클루언은 기존의 두 가지 기술혁명을 다루는데, 하나는 15세기 중반에 이루어진 활판인쇄술의 발명이고, 다른 하나는 19세기 후반 이후에 나타난 전기의 새로운 이용 방식(전신, 전화, 텔레비전, 컴퓨터 등)이다. '전신'이라는 단어만 들어도 이 책의 나이를 가늠해볼 수 있다. 그러나 핵심 내용은 현시대에도 많은 영향을 미치고 있으니, 고전이라 부를 만하다.

이 책이 내세우는 주제는 모든 기술이 힘과 속도를 높이기 위해 우리의 신체와 신경 조직을 확장하고 있다는 것. 즉, 사회 집단의 변화와 새로운 공동체가 형성되는 것은 미디어의 변화와 함께 이루어진다는 것이다. 책에서 설명하는 미디어는 총 26가지로 음성 언어, 문자 언어, 도로, 수, 의복, 주택, 인쇄된 말, 바퀴, 사진, 신문, 자동차, 광고, 게임, 전신, 타자기, 전화, 축음기, 영화, 라디오, 텔레비전, 무기 자동화이다(시대가 변했기에 지금은 훨씬 더 다양한 미디어들이 추가될 수 있다).

'미디어는 메시지다'라는 간결하고도 강력한 문장은 그 의미를 한 번에 알아차리기가 어렵다. 많은 사람이 '미디어는 메시지를 전달한다'라는 의미로 해석하지만, 정작 매클루언이 전달하고 싶었던 의미는 '미디어 자체가 메시지'라는 것이다. 가령 '텔레비전은 메시지를 전달하는 미디어'라는 그 자체가 '메시지'라는 것이다. 매클루언은 모든 미디어는 감각기관의 확장이라고 말했다. 책은 눈의 확장이고, 바퀴는 다리의 확장이고, 옷은 피부의 확장이다. 우리가 늘 접하고 있는 미디어도 이 책을 읽고 나면 조금 다르게 받아들여질 것이다.

심화활동

- 26가지의 미디어 중 가장 인상 깊은 미디어 한 가지를 선택하고 정리해본다.
- '미디어는 메시지이다'라는 말의 의미가 무엇인지 자신의 언어로 설명해본다.
- '차가운 미디어'와 '뜨거운 미디어'를 표를 이용해 정리해본다.

1월 28일

읽었다는 착각

조병영 외 6명 | EBS BOOKS | 2022

도서 분야	교양
관련 과목	국어, 사회
관련 학과	모든 학과

최고의 '리터러시 전문가'가 알려주는 문해력의 모든 것

요즘은 학생이고 어른이고 할 것 없이 문해력에 대한 관심도가 높다. 문해력이 부족해도 살아가는 데 아무 문제가 없다고 생각할지 모르겠지만, 원활한 의사소통에 있어 문해력은 필요 불가결이다. 이 책은 실제 문해력이 필요한 상황들을 제시해주고, 그 상황에 따른 각각의 이야기를 들려준다.

상황	문해력 내용
업무 메일 읽기	업무 메일은 직장 사회에서 가장 많이 쓰이는 '업무 도구' 가운데 하나다. 시간과 공간의 제약을 받지 않는다는 편리함이 있지만, 글로만 전달하기 때문에 상호 간의 오해가 생길 수도 있다. 메일을 잘 활용할 수 있는 방법에 대해 살펴본다.
생활 속 통계 읽기	기온이나 강수량, 미세먼지 농도, 경제지표, 대선 후보 지지율과 같은 통계 자료들을 일상생활에서 사용한다. 통계 정보를 읽을 때는 숫자를 보며, 그 숫자가 의미하는 것이 무엇인지 정확하게 해석해야 한다.
온라인 읽기	디지털 시대에 똑똑한 독자가 되기 위해서는, 온라인상에서의 글을 읽고 섬세하게 따져보는 남다른 시각과 태도가 필요하다.
논쟁 읽기	논쟁적 이슈를 읽을 때는 섣불리 결론을 내리기보다는 다양한 의견을 듣고 심사숙고한 후 판단해야 한다.
계약서 읽기	계약서는 법률 행위로서 법적 구속력을 가지기 때문에, 해당 계약에 관한 법률 문제가 발생하는 것을 방지하기 위해서라도 반드시 정확하게 읽어야 한다.
법 문서 읽기	법 문서는 어렵고 난해하지만, 갈등과 충돌이 많은 현대 사회에서는 법을 제대로 알고 살아가는 편이 훨씬 유리하기에 모호한 부분은 확실하게 짚고 넘어가는 것이 좋다.

심화활동

- 각 챕터가 시작할 때 등장하는 〈THINK〉 문제들을 해결, 스스로의 문해력을 점검해본다.
- 잘 읽고 싶은 사람들을 위해 제안해준 7가지 내용을 정리해서 글을 읽을 때 적용해본다.

도서 분야	교양
관련 과목	통합
관련 학과	모든 학과

내가 틀릴 수도 있습니다

비욘 나티코 린데블라드 | 다산초당 | 2022

숲속 현자가 전하는 마지막 인생 수업

공부하기 싫을 때, 친구 문제로 힘들 때, 부모님과 갈등을 빚었을 때, 현실로부터 도망치고 싶다는 생각을 한 번쯤 해봤을 것이다. 겉으로는 평온해 보여도 마음속에서는 격동이 일어나는 고등학교 시기임을 나도 잘 안다. 그럴 때 이 책을 읽는다면 마음이 한결 가벼워질 것이다. 요약하자면 이렇다.

타인의 시선을 지나치게 신경 쓰던 저자는 부모님이 원하는 대학교를 선택한다. 대학 졸업 후 유수의 기업에 취직하고, 실력을 인정받아 무려 26살에 임원 자리에까지 오른다. 남들 눈에는 멋진 인생이지만, 정작 본인은 행복하지 않았던 걸까? 명상을 통해 깨달음을 얻게 되었고 끝내 사직서를 제출, 태국으로 건너가 승려로 생활하며 17년을 보낸다. 그 생활이 익숙해질 즈음, 다시 속세로 나온 그는 급격한 환경의 변화에 우울증에 시달리게 되고 급기야 루게릭병까지 얻게 된다. 이 책에는 저자가 체험한 삶의 모든 여정이 담겨 있다. 십수 년간의 수행 끝에 무엇을 깨달았느냐는 질문에 저자는 이렇게 답했다.

"머릿속에 떠오른 생각을 전부 다 믿지 않게 되었습니다. 무엇보다, 내가 틀릴 수도 있다는 것을 알게 되었습니다."

이 책은 깨달음을 자랑하고자 쓴 것이 아니다. '내가 틀릴 수도 있다'는 겸손과 지혜, 끊임없는 번뇌 속에서도 평안을 찾기 위해 고군분투한 한 인간의 아름다움이 고스란히 녹아 있다. 몸과 마음이 어렵고 힘들 때, 타인의 경험을 통해 자신을 다스려 보는 건 어떨까?

심화활동

- 실제로 명상은 호흡과 연관되어 있다. 눈을 감고 호흡하다 보면 많은 생각이 떠오르겠지만, 그저 스쳐 지나가게 놓아두자.
- 사람이 죽은 후 어떤 세계가 기다리고 있을지는 아무도 모른다. 이 책의 저자와 저자의 아버지가 생각하는 죽음 이후의 세계는 많이 다르다. 두 사람의 생각에 자신의 생각을 얹어 자신이 생각하는 '죽음 이후의 풍경'에 대해 한 번쯤 생각해보자.

인스타 브레인

안데르스 한센 | 동양북스 | 2020

몰입을 빼앗긴 시대의 뇌 사용법

우리 뇌는 디지털 세계에 적응하지 못했다. 청소년들의 스마트폰 사용 시간은 하루 평균 4시간~5시간. 누군가는 새로운 기술이 등장할 때마다 사람들이 그 기술에 적응해야 한다고 말하지만, 이 책의 저자는 기술이 우리 몸에 맞게 개발되어야 한다고 주장한다. 불필요한 스마트폰 사용을 지양해야 하는데, 자본의 영향력 등으로 인해 우리는 끊임없이 스마트폰 액정 속 세상에 머무르길 원한다. 이 책은 디지털 환경의 이해를 돕고, 부작용을 일으키는 유해한 요소들에 대해 짚어준다.

스마트폰에 중독된 사람들은 경쟁 지향적이고 자존감이 낮으며 스트레스에 지나치게 노출되어 있는 경우가 많았고, 이와 반대인 경우의 사람들은 삶을 편안하고 느긋한 태도로 대하며 중독과 관련된 문제로부터 벗어나 있다고 한다. 여러 가지 일을 한꺼번에 하는 '멀티태스킹'의 경우에도 뇌의 효율을 떨어뜨리는 문제를 갖고 있다. 멀티태스킹을 할 때 흡족한 기분이 들기도 하는데, 이는 흥미롭게도 주변의 상상할 수 있는 모든 자극에 빠르게 대응하기 위해 주변 경계를 하던 우리 선조들의 습성이 아직 남아 있기 때문이라고 한다. 다시 말해 우리의 뇌는 예나 지금이나 변함이 없는데, 살아가는 환경의 변화 때문에 다양한 문제들이 생겨난다는 것이다.

10대는 도파민이 가장 많이 분비되는 시기인 만큼, 디지털 기기로 인해 받게 되는 영향도 크다. 스마트폰을 많이 사용할수록 자제력과 학습 능력은 떨어진다. 스마트폰 사용 시간이 늘어날수록 수면시간이 줄어들기 때문에 집중력은 악화는 물론 청소년 우울증 역시 폭발적으로 증가한다. 이런 문제점들을 해결하기 위해서는 '디지털 디톡스'가 필요할 뿐만 아니라 운동, 건전한 취미 생활이 동반되어야 한다. 자신이 스마트폰, SNS 등에 중독되었다면, 경각심을 가지고 그 에너지를 효율적으로 분배해보도록 하자.

심화활동

- 이 책과 연관되는 내용의 《도둑맞은 집중력》을 읽으며 두 책을 비교해본다.
- 자신의 스마트폰 사용 시간을 점검해보고, 불필요한 사용을 줄인다.
- 스마트폰 사용 시간을 줄이는 대신 운동을 하거나 취미 활동을 계획한다.

정리하는 뇌

대니얼 J. 레비틴 | 와이즈베리 | 2015

도서 분야	심리
관련 과목	국어, 사회
관련 학과	심리학과

정보와 선택 과부하로 뒤엉킨 머릿속

　정보가 넘쳐나는 인지 과부하 시대…. 생각과 주변 환경을 정리하고, 효율적으로 의사결정을 하기 위해서는 뇌의 작동 방식을 이해하고 그에 맞춰 정리하는 습관이 필요하다. 이 책은 뇌 신경과학, 인지심리학, 행동경제학 등 다양한 분야의 최신 연구를 토대로 체계적이고 생산적인 정리법을 디지털 시대에 맞춰 알려준다.

　정리의 필요성을 이해하기 위해서는 먼저 '주의'와 '기억'이 어떻게 작동하는지 알아야 한다. 주의 필터의 세 가지 원칙은 '변화'와 '중요도', '주의 전환의 어려움'이다. 뇌의 변화 감지기는 항상 작동하고 있으며 뇌가 '변화'를 감지하면 이 정보를 의식으로, '중요도'는 정보를 통과시켜 의식으로 올려보낸다. 주의력은 용량에 한계가 있는 자원이기에 주의력을 기울일 수 있는 대상 역시 제한을 두는 것이 좋은데, '주의 전환의 어려움'을 극복하고 나면 하나의 일에 전념했을 때 최고의 역량을 발휘할 수 있다.

　이 원칙을 모두 이해한 후에는 자기 주변에 밀접해 있는 것부터 정리한다. 가령 집이나 사회관계, 비즈니스, 시간 등을 꼽을 수 있다. 특히 비즈니스 세계의 정리는 가치 창조로 이어질 수 있기에 매우 중요하다.

　끝으로 이 책에서는 아이들에게 '정리된 마음'을 가르쳐야 한다고 말한다. 뇌는 치밀하게 설계된 신축 건물이 아니라 충마다 되는대로 조금씩 뜯어고치며 버텨온 낡고 오래된 집과 같다. 정리되지 않은 상태의 뇌를 받아들이고, 자신이 원하는 형태로 머릿속을 정리정돈해야 한다는 것이다.

심화활동
- 자신의 주변, 사회관계 정리를 강조하는 이유에 대해 생각해본다.
- 삶의 여러 부분을 정리하면서 살아가고 있는지 성찰한다.

2월

2월 1일

에밀

장 자크 루소 | 돋을새김 | 2015

도서 분야	철학
관련 과목	철학, 통합사회, 윤리와 사상, 교육학
관련 학과	철학과, 사회학과, 교육학과

인간을 인간답게 기르는 루소의 자연주의 교육

철학자, 사회학자, 교육학자인 장 자크 루소는 그의 대표적인 저서 《에밀》을 통해 인간 본성을 탐구하고, 교육과 사회의 영향으로부터 인간을 보호하며 자유롭게 자라날 수 있는 교육 철학을 제시한다.

저자는 인간성의 유지, 회복에 관한 이상적인 교육론을 소설 형식을 빌려 설명하고 있다. 유아기, 아동기, 소년기, 청년기, 성년기 등 고아 '에밀'의 출생부터 결혼에 이르기까지, 현명한 가정교사의 이상적인 지도를 받으며 성장하는 모든 과정을 보여준다.

루소는 '인간을 인간답게 길러라!'라고 거듭 강조하는데, 그가 말하는 '인간다운 인간'이란 대체 무엇일까? 순수한 상태로 태어난 인간이 성장해나가는 과정에서 본래의 좋은 본성을 잃어가는 것을 루소는 비판하고 있다. 무릇 인간은 자연스러운 상태에서 성장해야 하고, 더불어 자신의 본성을 끝까지 따라야 한다는 것이다.

루소는 교육과 사회의 영향력이 인간의 본성을 망가뜨리는 가장 큰 요인이라고 강조한다. 인간을 사회적으로 구속하고 억압하는 것은 다름 아닌 교육이며, 인간이 자유롭게 배울 수 있도록 교육 차원의 '보호'가 필요하다는 주장은 일리가 있다.

특히 인간의 본성과 교육의 관계를 다루면서 자유롭게 자라날 수 있는 교육 철학을 제시하는데, 자연과 삶의 경험을 통한 인간의 교육이 자유로운 성장과 보호 아래 이루어진다면 보다 나은 교육의 미래를 꿈꿔볼 수 있을 것이다.

심화활동

- 인간의 본성과 교육의 관계를 탐구한다. 인간의 본성이 교육에 의해 발전할 수 있는지, 혹은 억압되어 가는지 고찰하고 보고서를 작성한다.
- 현대 교육 시스템은 어떤 측면에서 인간의 본성과 자유로운 성장을 방해하는지 생각해보고, 루소의 교육 철학이 현대 교육에 어떤 영감과 도전을 제시하는지 고찰해보자.
- 자신만의 독특한 교육 철학을 개발해보자. 인간의 본성과 성장을 존중할 수 있는 철학에 대해 고민해보고, 이를 실제 교육에 적용해보자.

진정한 교육의 의미와 가치 탐색

조상식의 《루소, 학교에 가다》는 현대 교육체계의 문제점과 교육의 본질에 대해 질문하며, 진정한 교육의 의미와 가치를 탐색하는 책이다. 말하자면 루소의 교육 소설 《에밀》에 담긴 그의 사상을 압축하여 담아낸 것이다.

서기 2113년, 학교에 다니는 '이코'와 18세기 작은 시골 마을에 사는 '에밀'의 엇갈린 만남. 그 속에서 생생히 들려오는 루소의 대답이 이 책에 모두 쓰여 있다. 루소의 교육 사상은 현대의 교육을 되돌아보게 하고, 앞으로 나아가야 할 방향에 대해 생각해보는 계기를 마련해준다.

저자는 현대 교육체계의 문제점을 분석하며 교육이 취업을 위한 기술 훈련으로 전락하고 학생들의 창의성과 자율성이 억압되는 현실을 비판한다. 또한, 학교가 지나치게 시험과 성적 중심으로 운영되는 탓에 학생들의 본성이 망가지고 있는 실태를 지적한다.

교육이라는 말은 친숙하다. 그러나 교육의 '본질'에 대해 생각해본 학생들은 그리 많지 않을 것이다. 교육은 인간의 본성을 실현하는 과정이며 창의성과 자율성, 인간의 본성을 존중하는 교육이 필요하다고 저자는 말한다. 더불어 교육이 개인의 성취뿐만 아니라 사회 공동체의 번영과 발전을 추구해야 함을 강조한다.

이 책을 통해 우리는 인간의 본성과 성장을 존중하는 루소의 교육 철학을 이해할 수 있다. 모든 학생이 '자유롭게 성장할 수 있는 교육체계'를 추구하며 자신의 기량과 실력을 풍성하게 가꿔가길 바란다.

심화활동

- 현대 교육체계의 문제점을 분석하고, 개선 방안을 모색해보자. 교육의 목적과 가치, 학생들의 창의성과 자율성을 중요시하는 새로운 교육 모델을 고민해보고, 현실적으로 어떻게 실현할 수 있는지 고민해보자.
- 독서 클럽, 온라인 커뮤니티, 교육 관련 행사 등을 통해 이 책에 대한 다양한 의견을 나눠보자.

도서 분야	철학
관련 과목	철학, 통합사회, 윤리와 사상
관련 학과	철학과, 사회학과, 인문학부

공자, 지하철을 타다

김종옥, 전호근 | 탐 | 2013

2,500년이 지난 지금도 유효한 공자의 열망

현대 도시에 사는 사람들의 삶과 가치에 대해 고민하는 옛날 사람이 있었다면 어떨까? 그 주인공은 우리와 친숙한 '공자'다. 공자는 지하철을 타면서 인간관계, 소통, 도덕적 선택 등에 대해 생각하며 사회적인 문제와 개인의 삶에 대한 깊은 고찰을 전한다. 이 책은 현대 도시 생활에서 잃어버린 인간적인 가치를 되새기고, 새로운 시각을 제시하며 우리에게 다양한 생각거리를 제공해 줄 것이다.

공자는 지하철 속 사람들의 행동을 관찰하며 현대인들의 사회문제에 대해 설명한다. 더불어 인간관계의 약화와 소통의 부재를 지적하며, 사회적으로 중요한 가치들이 퇴색되어가는 현상을 우려한다.

공자는 지하철뿐만 아니라 도시 생활을 하는 개인의 삶에 대해서도 말한다. 차갑고 냉정한 도시에서 누구나 한 번쯤 느껴봤을 소외감과 외로움, 성급한 선택과 윤리적인 고민 등 현대인들이 직면하는 문제들을 살펴본다. 자아실현과 공동체의 이해 사이에서 찾아가는 균형은 우리의 삶을 보다 안정적으로 바꿔줄 것이다.

장애인과 어울리지 못하는 비장애인, 이주 노동자를 차별하는 사회, 영어 공용화를 주장하는 이들에게 공자는 할 얘기가 많다. 발명가이자 시민 운동가로 부활한 공자의 이야기는 인문학을 처음 접하는 학생들에게 좋은 교양서가 될 것이다.

심화활동

- 공자의 생각을 바탕으로 나만의 인생 철학을 에세이 형식으로 표현해보자.
- 자아실현과 공동체 간의 이해와 균형이 어떻게 이루어지는지 고찰해보자.
- 본문의 주제인 '소통, 인간관계, 도덕' 등과 관련된 사례를 찾아보고, 현대를 살아가는 데 필요한 마음가짐과 행동을 글로 정리해보자.

논어, 사람의 길을 열다

배병삼 | 사계절 | 2005

도서 분야	철학
관련 과목	철학, 통합사회, 윤리와 사상
관련 학과	철학과, 사회학과, 인문학부

공자가 꿈꾼 인간과 세상

《논어, 사람의 길을 열다》는 공자의 철학과 사상에 대한 깊은 이해를 제공하며, 우리에게 공자의 가르침을 통한 인간의 성장과 사회적 가치 실현을 일깨워준다.

공자의 인간 교육 철학을 탐구하며 교육에 대한 정신적인 가치와 목표, 그리고 그 교육체계를 분석하고 설명한다. 공자는 인간의 성품을 개선하고 사회적 가치를 실현하기 위해 학문, 도덕, 예절, 행동의 중요성을 강조한다. 뻔한 얘기로 들릴 수 있지만 이러한 요소들이 오랫동안 회자되는 데에는 다 그럴 만한 이유가 있다.

그뿐만 아니라 이 책은 사상과 행동을 통해 인간의 길을 개척하는 방법을 알려준다. 학생들은 공자의 윤리적 가치관, 도덕적 행동, 인간관계, 지도자로서의 자질 등을 분석하고 해석해보는 값진 경험을 하게 될 것이다. 더불어 공자의 가르침을 통해 자기 발전과 사회적 성장을 이루는 방법에 대해 고민할 줄 아는 진취적인 학생이 되길 바란다.

저자는 공자의 가르침이 현대 사회에도 적용할 수 있을 만큼 큰 가치를 갖고 있다고 주장한다. 그의 교육 철학은 현대 교육체계의 문제점과 개선 방안을 모색하는 데에도 도움을 주며, 그의 사상과 가르침은 인류에게 여전히 유익한 정보와 지혜를 전달하고 있다. 이 책을 통해 현대 사회를 살아가는 우리가 사회적 가치와 윤리적인 판단을 꾀하고, 더 나은 사회 건설에 이바지하는 '인간'으로 거듭나길 소망한다.

심화활동

- 공자가 강조하는 학문, 도덕, 예절, 행동의 가치와 의의에 대해 생각해보고, 현대에 어떻게 적용할 수 있을지 탐구한 후 보고서를 작성해보자.
- 도덕적 행동, 인간관계, 지도자가 지녀야 할 자질 등을 살펴보고, 공자의 가르침이 우리의 윤리적 판단과 사회적 상호작용에 어떤 영향을 미치는지 고찰해보자.
- 공자의 교육 철학이 현대 교육의 중심에 있는 학생들에게 어떤 형태로 자리잡을 수 있는지 생각해보자.

2월
5일

철학 통조림

김용규 | 주니어김영사 | 2016

도서 분야	철학
관련 과목	철학, 통합사회, 윤리와 사상
관련 학과	철학과, 사회학과, 인문학부

철학과 콘텐츠의 맛있는 결합

《철학 통조림》이라는 이름에 얼른 눈길이 간다. 철학과 통조림의 조합이라니! 이 책은 도덕에 관심이 있는 학생들을 위해 도덕적인 문제와 철학적인 사고를 통조림처럼 한 곳에 담아 쉽게 먹을 수 있게 만든 책이다.

청소년을 위한 철학 입문서로서 어렵게 느껴지는 철학 사상들을 재미있는 사고실험, 문학, 역사, 정치, 사회, 자연과학 등의 이야기로 꾸미고 가공해 표현했다. 아빠와 딸의 질의응답 형식으로 구성되어 학생들의 철학적 궁금증을 알기 쉽게 풀어주고 있으며, 만화가 이우일의 삽화들은 흥미와 재미를 더한다.

이 책은 동서고금의 고전에서 뽑아낸 주제를 인용하여 도덕적 가치, 도덕적 행동원칙, 도덕적 갈등과 선택, 도덕적 책임 등을 설명하며 각 주제를 깊이 있게 다루기에 논술을 준비하는 학생들에게 많은 도움이 될 것이다. 도덕적인 사고와 판단력을 키울 수 있는 핵심 도구를 제공받을 수 있다면 마다할 이유가 없다.

또한, 이 책은 철학적인 사고를 도입하여 도덕에 대한 다양한 이론과 관점을 탐구하도록 유도한다. 윤리학, 정치철학, 사회철학 등의 분야에서 도덕적인 문제를 집중적으로 다루며, 각 이론의 장단점과 의의를 보충해서 설명한다. 책을 통해 도덕적인 판단과 삶의 많은 문제 앞에서 지혜를 발휘하는 학생들이 되길 바란다.

심화활동

- 본문에서 다룬 도덕적 가치 중 하나를 선택하고, 그 가치에 집중하며 명상을 해보자.
- 도덕적 갈등과 선택에 관한 다양한 시나리오를 만들어 토론해보자.
- 사람들에게 친절을 베풀거나 자신의 윤리적 원칙에 따라 행동해본다. 이를 통해 도덕적 행동의 결과와 영향을 직접 경험하고, 의식과 실천력을 자연스럽게 향상시켜보자.

군주론

니콜로 마키아벨리 | 현대지성 | 2021

도서 분야	철학
관련 과목	철학, 통합사회, 윤리와 사상
관련 학과	경영학과, 정치학과, 모든 계열

리더가 갖춰야 할 역량과 자질

독재자 무솔리니와 히틀러의 애독서이자 교황청이 '악마의 책'이라 평한 책. 하지만 세계 유수의 대학들 역시 필독서로 지정하고, 끊임없는 논란에도 500년 가까이 꾸준히 명성을 이어가는 고전이다. 정치철학의 지침서이자 현대를 살아가는 개인에게는 현실적인 인간 본성의 이해와 자기 삶의 주인으로 살아가는 방법을 짚어준다.

단편적인 해석보다 당시의 시대상을 함께 고려하면 책의 의미를 더 깊이 이해할 수 있다. 책이 쓰인 16세기 이탈리아는 여러 도시 국가로 분열되어 있었다. 도시 국가 간의 경쟁과 갈등은 주변 국가의 군사적 침략에 취약했고, 국민의 불안을 불러왔다. 자연스럽게 강력한 군주를 찾는 목소리가 높아진 것이다.

마키아벨리는 이러한 정치·사회 상황을 반영해 강한 권력, 냉철한 판단력을 가진 군주를 이상적인 군주상으로 그렸다. 고대 그리스와 로마, 중세 통치자들의 역사적 사건을 인용해, 착하고 도덕적인 것보다 다소 잔혹한 통치를 해야만 한다고 주장한다. 권력에 대한 냉철한 통찰과 인간의 본질을 꿰뚫고 있기에, 이 책은 지금까지 생명력을 가질 수 있었다.

책을 읽으며 '사람이 이렇게 까지 잔인해야 하나?'라는 생각이 들 수도 있다. '사람은 본래 악하다.'는 그의 사상 위에 그려진 군주는 충격적으로 다가오기도 한다. 하지만 군주를 위한 차가운 조언은 개인의 처세를 위한 지침서이기도 하다. 인간의 변하지 않는 본성을 객관적으로 바라본 실용적인 군주의 모습을 통해 개인의 이미지 관리, 리더십, 처세술, 공부 태도, 개인의 성장에 대한 원론적인 교훈을 얻게 될 것이다.

심화활동

- 이 책의 바탕에 깔린 인간의 본성을 보여주는 실제 사례를 조사하고 발표한다.
- 현대에 비추어 이 책을 비판적인 시각으로 해석하고 비평문을 작성한다.
- 이 책의 내용 중 나의 삶과 연관되어 배울 점을 보고서로 작성한다.

2월 7일	소크라테스적 성찰 엄정식 | 메이트북스 | 2019	도서 분야	철학
		관련 과목	철학, 통합사회, 윤리와 사상
		관련 학과	모든 계열

소크라테스적 성찰에서 배우는 삶의 자세

우리나라는 혼란의 한가운데 놓여있다. 남북의 분단은 이념적 갈등과 군사적 대치를, 경제 강국으로의 급성장은 물질만능주의를. 개인주의적 민주화의 발달은 개인의 욕망과 돈, 명예를 좇는 사회를 부추기고 있다.

저자는 이렇게 불의로 가득한 사회를 헤쳐 나가기 위해 소크라테스 철학을 돌아보라 조언한다. 지금의 우리와 비슷한 혼란에 놓인 고대 그리스 아테네의 한복판에서 '너 자신을 알라.'라며 무지를 자각하고, 자율적인 인간으로서의 회복을 간절히 바랐던 소크라테스의 철학을 진지하게 관조하라고 말이다.

이 책에서 말하는 소크라테스의 큰 가르침은 '생각하고 생각하라.'라는 것이다. 자신이 누구인지 끊임없이 질문하고 알아가라고 말한다. 정답을 찾을 수는 없지만, 무수한 물음을 통해 자신의 진정한 욕구와 능력과 의무가 무엇인지 깨닫고, 깨달은 바를 실천해야 한다. 이렇게 자아를 인식하고 성찰하는 자세를 가지면 행복은 부산물로 뒤따른다고 말하고 있다.

소크라테스의 합리적이고 비판적인 사고는 오늘날에도 유효하다. 문명과 과학 기술은 이성적인 사고에 의해 성장했다. 과학 기술의 생산자나 소비자, 과학의 정신은 이성과 맞닿아 있다. 그리고 과학 기술을 받아들여 개인의 생활 태도와 가치관을 형성하는 것에는, 단순한 습득이 아닌 비판적인 사고가 있어야 한다.

누구나 죽음을 맞이하지만, 우리는 의미 있는 삶을 살고 싶어 한다. 그렇다면 '나는 누구인가?'라고 자문하며 성찰하고 자신의 삶을 충실히 살아 보자. 소크라테스적 성찰은 개인과 사회가 당면한 문제들을 해결하는 지혜가 될 것이다.

심화활동

- 소크라테스가 활동했던 당시 시대 상황과 현재 우리나라 사회의 유사점을 찾는다.
- 과학 기술 발전과 소크라테스의 철학 간의 연관성을 고찰하고 보고서를 작성한다.
- 현재 나의 삶과 연관하여 소크라테스적 성찰을 실천하고 보고서를 작성한다.

성찰

르네 데카르트 | 풀빛 | 2014

도서 분야	철학
관련 과목	철학, 통합사회, 윤리와 사상
관련 학과	모든 계열

모든 것을 의심하고 의심하라

'나는 생각한다, 그러므로 나는 존재한다'라는 데카르트의 명제는 사유 존재로서의 인간을 증명하며 서양의 근대 철학을 열었다. 감각에 의존하는 형이상학적 철학과 종교적 믿음만을 강조한 중세 철학의 끝을 알리며, 합리적이고 과학적 사유의 터를 다진 것이다.

데카르트는 '감각은 오류를 범할 수 있다'고 지적하며, 세상의 모든 것을 의심하고 질문해 의심할 수 없는 단 하나의 명제인 '의심하는 나'를 도출했다. 신 중심적인 사고에서 벗어나 존재의 중심과 철학의 근간에 인간의 이성을 놓은 것이다. 이는 내 주위의 모든 것을 이성으로 파악하고 이용할 수 있도록 만들었다.

또한 그는 인간의 정신과 육체는 분리되어 있다고 말한다. 정신의 본질은 '생각'이고 물체의 본질은 '공간을 차지함'이라고 말하는 데카르트의 주장은 '자연을 순응의 대상이 아닌 탐구, 통제의 대상이 된다'라는 과학적 사유의 기초가 되었다.

하지만 그는 성찰을 통해 '생각하는 나'는 신에 의해 존재한다고 규정했다. 완전하지 않은 인간은 이보다 더 완전한 존재만이 창조할 수 있다는 논리 하에 선한 신의 존재를 긍정한 것이다. 이는 중세 종교 철학에 갇혀 있다는 한계점이기도 하다.

하지만 이 책의 진짜 가치는 자신을 둘러싼 '당연함'을 의심하고 문제를 해결하는 자세다. 한 시대를 지배한 철학을 무너뜨리고 원점에서 존재의 의미를 찾아낸 데카르트의 모습은 자신을 규정하지 못하고 흔들리는 청소년과 자신을 둘러싼 두꺼운 껍질을 가진 성인 모두에게 유효하다.

심화활동

- 이 책이 발간된 당시의 시대 상황과 데카르트의 생애를 조사하여 발표한다.
- 데카르트 철학의 시사점과 한계점을 보고서로 작성한다.
- 모든 것을 의심하는 데카르트적 회의가 현대에도 필요한 이유를 자신의 삶에 적용해 찾아본다.

생각이 많은 10대를 위한 철학 사전

황진규 | 나무생각 | 2021

도서 분야	철학
관련 과목	철학, 통합사회, 윤리와 사상
관련 학과	철학과, 사회학과, 인문학부

꿈꾸는 사람이 오히려 '현실적'이다

사람은 생각하는 동물이다. 고민도 생각의 일부이며, 이 고민을 가장 많이 하는 시기는 아무래도 청소년 시기일 것이다. 쉽게 해답을 찾지 못하고, 그래서 답답해지고, 그래서 화가 나기도 할 때, '철학의 힘'을 잠시 빌려보는 것도 좋다.

저자는 청소년들을 위해 철학의 기본 개념과 주요 사상가들의 사상을 소개한다. 이 책은 철학적인 사고 확립과 개개인의 세계관을 확장하는 데 큰 도움을 주는 소중한 자료가 될 것이다.

학생들은 이 책을 통해 시야의 폭을 넓히고, 세상을 다채로운 시각으로 바라볼 수 있게 된다. 저자는 '다름', '중독', '콤플렉스', '폭력', '희망' 등 21가지 키워드를 통해 10대의 고민을 만나 이에 대한 철학자의 생각을 살펴봄으로써 학생들에게 객관적 시선과 사고의 틀을 깨는 기반을 마련해준다.

철학의 의미와 중요성은 이미 모두가 어느 정도는 인지하고 있다. 인간의 삶과 세계에 대한 깊은 질문과 탐구인 철학은 시대를 막론하고 매우 중요한 인간의 '일부'로 취급되어 왔기 때문이다.

자신의 생각을 발전시키고 세상을 깊이 있게 이해하고 싶은 학생이라면 주저 말고 이 책을 집어 들자. 자유, 정의, 도덕, 행복, 현실성 등과 같은 철학적 개념의 의미와 중요성을 다시금 일깨울 수 있을 것이다. 소크라테스, 아리스토텔레스, 루소, 칸트, 니체 등의 사상가들의 주요 아이디어와 사상 역시 이 책의 흥미 요소다. 이러한 사상을 통해 청소년들이 다양한 철학적 시각을 이해하고 깊이 사유하는 시간을 가졌으면 한다.

심화활동
- 본문에 나오는 주요 사상가들의 생애를 조사하고 보고서로 작성해보자.
- 책에서 다룬 주요 철학적 개념에 자신의 의견을 보태 논리적으로 전개해보자.
- 도덕적인 문제나 시나리오를 선택한 후 그와 관련한 토론을 진행해보자.

2월
10일

철학의 숲

브랜던 오더너휴 | 포레스트북스 | 2020

공부력을 급상승시키는 '철학'의 비밀

《철학의 숲》은 철학적인 개념을 쉽게 이해할 수 있는 방식으로 풀어, 철학에 대한 기초 지식이 없는 독자들의 접근성을 높인 아일랜드의 철학 교육자 브랜던 오더너휴의 저서다.

서양의 그리스 신화와 아리스토텔레스, 플라톤 등의 사상과 함께 동양의 노장사상과 옛 고사 등 동서양의 이야기를 다루며 호기심, 질문, 용기, 정의 등의 주제를 가지고 해당 주제를 논한 유명한 철학자의 견해도 담았다. 청소년들은 고리타분하게만 여겼던 철학에 자신도 모르게 빠져들어 사고의 폭을 확장하는 놀라운 경험을 하게 될 것이다.

이 책은 26개의 주제로 구성되어 있으며, 각각의 주제는 오더너휴의 일상적인 경험과 상황을 바탕으로 철학적인 질문과 고민을 제시한다. 시간, 자아, 사랑, 도덕, 죽음, 공동체 등을 아우르는 폭넓은 주제는 독자들에게 생각할 거리를 던져놓는다.

저자는 철학이 모든 공부의 기초라 주장하며 생각의 공간을 넓히는 과목으로서 국어, 영어, 수학보다 '우선순위 공부 대상'이자 '필수 과목'임을 강조한다.

여전히 공부에 조바심을 내고, 눈앞의 성적과 등수에만 연연하고 있다면 생각의 틀을 이번 기회에 한 번 깨보도록 하자. 중요한 건 공부가 아니라, 공부를 하는 뚜렷한 목적과 목표이다. 이 책이 그 해답을 제시해줄 것이다.

심화활동

- 동양과 서양의 유명한 철학자 한 명씩을 선정해 그들의 생애와 업적, 사상, 철학적 관점을 자신의 문장으로 정리해 보고서를 작성해보자.
- 호기심을 이야기한 철학자, 질문을 이야기한 철학자, 용기를 이야기한 철학자, 각성을 이야기한 철학자, 현실을 이야기한 철학자 등 책에서 다룬 철학자들의 생각과 주장을 살펴보고 일목요연하게 정리해보자.

철학의 역사

나이절 워버턴 | 소소의책 | 2019

도서 분야	철학
관련 과목	철학, 통합사회, 윤리와 사상
관련 학과	철학과, 사회학과, 인문학부

삶의 관점을 넓히는 역사 교양서

《철학의 역사》는 영국의 철학자이자 저술가인 나이절 워버턴의 작품으로 소크라테스부터 피터 싱어에 이르는 40여 명의 서양 철학자들의 사상과 일대기를 다룬 책이다. 주요한 철학자들과 그들의 사상, 철학의 역사를 시간순으로 따라가다 보면 인간을 둘러싼 다양한 주제의 본질을 파헤치게 될 것이다.

저자는 각 시대의 철학자들이 어떤 문제와 질문들에 집중했는지 소개하며, 사상의 이해를 돕는 배경과 맥락을 제시한다. '어떻게 살 것인가?', '신은 존재하는가?', '실재하는 세계의 본질은 무엇인가?' 등과 같은 질문은 소크라테스가 살았던 시대부터 오늘날까지 많은 철학자들이 끊임없이 탐구해온 주제이기도 하다.

여러 질문을 던지고, 어떤 대상이 어떻게 존재하는지 사유하고, 진리를 찾기 위해 서로 치열하게 논쟁해 온 철학자들만큼이나 주제의 본질을 밝혀내기 위한 과정은 도무지 끝이 없다. 그럼에도 그들의 열정과 용기는 우리를 앎의 세계와 인간의 현실적인 문제들 앞으로 이끈 것이 사실이다.

어느 분야의 역사든 가장 중요한 것은 전체적인 흐름을 읽는 '눈'이다. 저자는 그러한 흐름을 연결고리 삼아 시대를 통찰해내고 있다. 이 책을 통해 다양한 철학적 주제들을 탐구하며 인간의 사고와 문화의 발전을 이해하고, 자신의 사고를 더욱 깊이 있게 발전시킬 수 있길 기대한다.

심화활동

- 본문에 나오는 주요 철학자들의 사상과 주장을 비교 분석하여 보고서를 작성해보자.
- 주요 철학적 주제(삶의 의미, 자유의 개념, 도덕과 윤리, 인간의 인식 등) 중 한 가지를 선택한 후 철학적 문제를 살펴보자.
- 철학의 역사와 함께 발생한 사건을 조사한 후 특정 시대의 사회적 변화나 문화, 사상의 관계를 탐구해보자.

도서 분야	철학
관련 과목	철학, 통합사회, 윤리와 사상
관련 학과	철학과, 사회학과, 인문학부

2월 12일

에티카

베네딕투스 데 스피노자 | 서광사 | 2007

'도덕'에 관한 철학적 논의

《에티카》는 도덕에 관한 철학적 논의를 다룬 스피노자의 대표 작품으로 신, 정신, 정서, 지성, 자유 등의 다섯 가지 주제로 그 골조를 이룬다. 스피노자는 데카르트, 라이프니츠와 함께 근대 합리론을 대변하는 철학자로서 이 책을 통해 도덕철학에 대한 깊은 이해와 도덕적 행동 원리에 대한 고찰을 제시한다.

스피노자는 도덕적인 삶을 이루는 원리와 가치를 탐구하며, 인간의 본성이 이성과 자유에서 비롯된다고 주장한다. 또한 이를 통해 도덕적인 행동의 원동력을 이해하고, 인간의 성장과 번영을 이룰 수 있다고 설명한다. 그는 도덕적인 행동이 이성과 본성의 조화로부터 비롯된다고 믿으며 공정, 자율성, 공공의 이익, 용기 등을 도덕적인 가치로 강조한다.

스피노자는 이 책을 통해서 윤리학뿐만 아니라, 신(실체), 자연, 정신, 정서 등을 치밀하게 논구하면서 형이상학, 인식론, 심리철학 등을 재정립한다. 이는 실체를 '신이면서 자연'으로 본 스피노자의 철학 체계가 '실체 문제'와 '인식과 윤리 문제'를 동시에 고찰하지 않으면 안 되는 필연성을 포함하고 있기 때문이다.

《에티카》는 스피노자의 도덕철학에 대한 중요한 저작으로, 도덕과 윤리에 대한 깊은 이해를 제시함과 더불어 도덕적인 삶과 인간의 번영에 대한 인사이트를 제공한다. 이 책을 통해 현대철학의 쟁점이 되는 핵심문제들을 통찰해보자.

심화활동

- 본문에 제시된 도덕철학을 주제로 토론 활동에 참여해보자.
- 도덕적 원리와 가치를 기반으로 자신만의 도덕적 시나리오를 작성한다. 현실적인 상황을 가정하고, 그에 따른 선택과 행동에 대해 생각해보자.
- 스피노자가 강조하는 공정, 자율성, 공공의 이익, 용기 등의 가치를 일상적인 생활에 적용하여 실천해보자.

도서 분야	철학
관련 과목	철학, 통합사회, 윤리와 사상
관련 학과	철학과, 사회학과, 인문학부

2월 13일 공리주의

존 스튜어트 밀 | 현대지성 | 2020

서양 철학의 4대 윤리사상가가 말하는 개인과 사회의 행복

공리주의는 '최대 다수의 최대 행복'을 추구함으로써 개인의 쾌락과 사회 전체의 행복을 조화시키려는 사상이며, 이 사상은 19세기 영국의 사회사상가 제러미 벤담이 창시하여 존 스튜어트 밀로 이어졌다.

공리(功利)를 가치 판단의 기준으로 하여, 어떤 행위의 옳고 그름은 그 행위가 인간의 이익과 행복을 늘리는 데 얼마나 기여하는가에 따라 결정된다고 본다. 벤담은 쾌락의 질적인 차이를 인정하지 않았고, 쾌락이 계량 가능하다는 '양적 공리주의'를 주장한 반면, 밀은 쾌락의 질적 차이를 인정한 '질적 공리주의'를 주장했다.

존 스튜어트 밀의 《공리주의》는 공리주의라는 철학적인 이론을 소개하고 탐구하는 데 초점을 둔다. 이 책은 자유와 정의에 대한 철학적인 원리를 탐구하며, 밀은 개인의 자유와 행복을 극대화하기 위해 규범적인 윤리와 사회적인 원칙을 제시한다. 행복과 고통의 원칙을 중심으로 자유, 행동의 원칙, 헌법적인 정의 등 다양한 주제를 다채롭게 다룬다. 특히 개인의 자유와 복지의 균형을 이루는 방법 천착하며, 개인의 자유와 사회적인 책임 사이의 상호작용을 설명한다.

지난 2세기에 걸쳐 《공리주의》는 매우 광범위한 영향을 끼쳤다. 많은 철학자들이 밀의 영향을 받았으며, 그의 철학은 사회의 구성원으로서 살아가는 우리에게도 남다른 의미가 있다. 밀의 주장을 살펴보고 생각함으로써 청소년들은 옳고 그름, 행복에 대한 자신만의 입장을 정립할 수 있을 것이다.

심화활동

- 벤담과 밀의 공리주의 철학을 비교 분석하여 보고서를 작성해보자.
- 행복의 원칙, 자유의 원칙, 유용성의 원칙 등이 어떻게 사회적인 이익과 개인의 자유에 관여하는지 탐구해보자.
- 분배 정의와 사회적 불평등, 자유와 다양성의 균형 등의 사례를 조사하고 분석하여 발표해보자.

차라투스트라는 이렇게 말했다

프리드리히 니체 | 민음사 | 2004

도서 분야	철학
관련 과목	철학, 통합사회, 윤리와 사상
관련 학과	철학과, 사회학과, 인문학부

모든 이를 위한, 그러나 그 누구의 것도 아닌 책

독일의 사상가이자 철학자, 시인인 프리드리히 니체는 쇼펜하우어의 의지 철학을 계승하는 '생의 철학'의 기수(旗手)이며, S. A. 키르케고르와 함께 실존주의의 선구자로 지칭된다. 《차라투스트라는 이렇게 말했다》는 철학 사상이 아름답고 비유적인 문체로 함축되어 있는 니체의 대표작이다.

이 책은 '차라투스트라의 머리말'을 포함해 총 4개의 부로 구성되어 있다. 각 부는 '차라투스트라의 가르침'이라는 제목 아래, 장마다 주제를 압축한 소제목들이 붙어 있다. 니체는 차라투스트라라는 캐릭터를 통해 다양한 주제를 이야기하며, 인간의 존재, 도덕, 종교, 권력 등에 대한 독특하고 도발적인 생각을 전달한다.

니체의 '신'과 '모든 사람'에 대한 개념, '욕망과 의지의 힘', '초인'의 개념, '지상 초인'이라는 개념은 인간의 자아실현과 자유로운 삶의 중요성을 강조하며, 철학적인 가르침을 통해 우리에게 깊은 사유와 탐구를 유도한다.

이 책은 니체의 작품 가운데서도 복잡하고 도전적인 책으로 꼽히므로, 철학에 입문하는 독자들에게는 추가적인 연구가 필요할 수 있으나 니체 철학과 사상에 관심이 있는 독자들에게는 많은 영감을 줄 것이다.

"신은 죽었다"라고 외치며 새로운 가치를 세우고자 했던 니체의 철학 속으로 함께 들어가보자.

심화활동

- 대표적인 유신론적 실존주의 철학자와 무신론적 실존주의 철학자를 비교 분석하여 보고서를 작성해보자.
- 본문의 인용구 중 하나를 선택하여 그 의미와 니체의 철학적인 관점을 분석하고 친구들과 함께 토론해보자.
- 니체의 철학적 사상이 현대 사회에서 어떻게 적용되고 해석될 수 있는지 고민해보고, 이를 기반으로 우리 시대에 대한 비판이나 개선 방안을 생각하여 정리해보자.

실존주의는 휴머니즘이다

장 폴 사르트르 | 문예출판사 | 2013

도서 분야	철학
관련 과목	철학, 통합사회, 윤리와 사상
관련 학과	철학과, 사회학과, 인문학부

실존주의와 인간의 관계에 대한 고찰

장 폴 사르트르는 실존주의라는 개념을 처음 사용한 사람으로 알려져 있다. 알베르 카뮈와 함께 프랑스 실존주의 문학을 대표하고, 모리스 메를로퐁티와 함께 프랑스 실존주의 철학 및 현상학을 대표한다.

《실존주의는 휴머니즘이다》는 사르트르의 철학적인 사고를 바탕으로 실존주의와 휴머니즘에 대한 그의 관점을 다룬다. 철저한 무신론적 실존주의를 주장하면서 철저한 휴머니즘적 실존주의를 역설하는 사르트르는 사회적 참여의 윤리를 강조한다.

'실존주의는 휴머니즘', '토론', '반항과 혁명' 등으로 구성된 이 책은 '행동'이 무엇인지 사르트르의 독특한 관점에서 논하며 그것과 관련한 자유와 책임의 문제, 실존주의의 본질 등을 평가하고 명쾌하게 표명함으로써 실존주의 해설서로 큰 역할을 하고 있다. '반항과 혁명'은 사르트르 사상의 동조자인 카뮈의 사상을 비판한 데서 비롯된 '사르트르와 카뮈의 사상적 논쟁'이며 이는 오늘날까지 큰 관심을 끌고 있다.

이 책에서 사르트르는 인간의 존재와 자유의 의미를 탐구하며 책임과 선택의 중요성을 강조한다. 자유로움과 존재의 무의미함 속에서 고뇌하며 의미를 찾아 나가는 과정을 설명하는 것이다. 사르트르의 사상을 통해 인간의 자유와 선택의 중요성, 의미 탐구에 대한 다양한 관점을 살펴보고, 인간의 존재에 대한 깊은 이해를 체험하길 바란다.

심화활동

- 책에서 나오는 주요 인물 한 명을 골라 그 캐릭터의 사고방식, 가치관, 고뇌 등을 파악한 후 질문과 답변을 구성, 가상의 인터뷰를 해보자.
- 현대 사회에서 인간의 자유와 존재의 무의미함이 어떻게 상호작용하는지, 사회에서의 역할과 책임이 어떻게 실존주의와 관련되는지 탐구해보자.
- 자유가 인간에게 어떤 의미를 가지는지 자신의 생각을 글로 표현해보자.

몽테뉴의 수상록

미셸 몽테뉴 | 메이트북스 | 2019

도서 분야	철학
관련 과목	철학, 통합사회, 윤리와 사상
관련 학과	모든 계열

나답게 살아가는 삶의 지혜를 담은 책

　철학의 근간은 인간과 삶에 대한 끊임없는 고찰이다. 이렇게만 듣는다면 어려워 보이지만, 사실 누구나 일상에서 하는 고민이자, 행복하고 풍요로운 삶을 위해 풀어야 할 숙제이기도 하다. 우리는 500여 년 전 몽테뉴의 고민과 해결의 과정을 거울삼아 자신의 삶을 소중하게 살아가는 방법을 배울 수 있다.

　가장 먼저 몽테뉴는 삶과 죽음에 대한 고민을 정리한다. 여기서 그는 죽음은 자연의 섭리이지만 삶의 목표가 될 수 없다고 강조한다. 현재에 만족하는 삶은 미래를 먼저 근심하지 않기에, 지혜로운 사람은 현재에 만족하고 행복을 만들어 간다고 말한다.

　자신의 존재에 충실한 삶은 숭고한 가치를 지닌다. 진정으로 나답게 살아가는 방법은 남의 선택대로 이끌리는 삶이 아니다. 명성에 현혹되지 말고 깨달은 만큼 누리는 행복을 위해 자기 자신을 다스리며 스스로 경외심을 가져야 할 것이다. 몽테뉴는 타인을 바라보는 엄격한 잣대로 자신을 점검하고 탐구하라고 우리에게 조언한다.

　또 건강한 삶을 위해 공부의 중요성을 강조했다. 단순히 많이 쌓아 올리는 것이 아니라, 끊임없는 고민을 통해 자신의 것으로 만드는 것이 중요하다. 무분별하게 남의 의견을 받아들이지 않고 비판적으로 고찰하며 자신의 견해를 형성해야 한다.

　고등학교를 졸업하고 사회에 나가면 지금보다 더 많은 난관이 닥칠 것이다. 인간관계, 일, 공부 등 복잡한 상황 속에서 어떻게 살아야 할지 갈피를 잃을 수도 있다. 그럴 때 몽테뉴의 조언을 이정표로 삼아 자기다운 삶을 살아가는 데 도움이 되길 바란다.

심화활동

- 이 책을 통해 나답게 사는 것이 무엇인지 깨닫고 나의 삶에 적용할만한 점을 작성한다.
- 책에서 나온 지식, 독서, 공부의 의미를 이해하고 올바른 공부, 독서법에 대한 자기 생각을 쓴다.
- 몽테뉴가 에세이를 남긴 것처럼 자기 성찰 에세이를 쓰고 소감문을 작성한다.

장자

장자 | 글항아리 | 2019

장자의 철학과 사상

《장자》는 중국 고대 철학자 장자(莊子)의 대표적인 저작물로, 그의 사상과 철학적인 이론을 담고 있다. 장자(莊子)는 다양한 이야기와 비유를 통해 인간의 삶과 세계에 대한 깊은 통찰과 철학적인 가르침을 전달한다. 우리가 알고 있는 《장자》라는 책은 장자 한 사람의 손에 의해 완성된 것이 아니라 그와 그의 후계자들의 공동으로 집필한 것이다. 《장자》는 70여 편이 전해져 왔는데, 위진(魏晉)시대에 이르러 각 주석가들이 자신들의 기준에 따라 편수나 편차를 재정비했다.

이 책은 이 장자와 도가를 연구해온 국내 최고 전문가인 김갑수 교수가 펴낸 완역본으로 원문에 충실하면서도 현대의 어법에 맞게 해석한 동양고전이다. 원문은 문장 자체도 해독이 까다롭고 때로는 진짜 무슨 의도로 썼는지 이해하기 어려운 부분이 많지만, 김갑수 교수의 오랜 연구와 노력 끝에 일반인도 쉽게 이해하고 실생활에 적용할 수 있는 책이 완성된 것이다.

이 책은 크게 세 가지 주제로 구성되어 있으며, 그 첫 번째는 장자의 생애와 사상이다. 그의 사상은 도(道)의 개념과 인간의 본성, 세계의 변화 등을 중심으로 전개됩니다. 두 번째는 다양한 이야기와 비유다. 이러한 이야기들은 장자의 철학을 고찰하고 설명하기 위해 사용되며, 우리에게 깊은 생각과 깨달음을 준다. 마지막 세 번째는 장자의 철학적인 이론과 주요 개념들이다. 도(道), 무(無), 자유, 비약적 사고 등의 주제가 다루어지며, 장자 특유의 사고방식과 철학적 시각을 이해할 수 있다.

심화활동

- 일반적인 동양철학과 서양철학을 비교 분석하여 보고서를 작성한다.
- 장자의 비유와 이야기를 분석하여 보고서를 작성한다. 비유적인 표현과 의미를 파악하고 장자가 전하려 했던 철학적인 가르침을 이해하고 정리한다.
- 장자의 철학적인 원리를 현대 사회의 문제 해결이나 삶의 지혜에 적용해 볼 수 있는지 탐구한 후 글로 정리해 본다.

논어

공자 | 현대지성 | 2018

도서 분야	철학
관련 과목	철학, 통합사회, 윤리와 사상
관련 학과	모든 계열

시대를 초월하는 '인(仁)'의 가르침

《논어》는 공자와 그의 제자들의 담화를 엮은 책으로, 대화에 묻어난 공자의 생각과 가치관을 살펴보고 지혜를 배울 수 있다. 공자는 살아생전에 글을 남기지 않았지만, 2,500년 동안 그의 철학이 전해 내려오는 이유는 확실하다. 공자의 사상 중심에는 변하지 않는 인간의 도덕성이 있기 때문이다.

오늘날 우리는 물질만능주의 사회에 살고 있다. 윤리와 도덕은 고루한 글귀가 되었고, 인간 고유의 사유와 정신적인 가치를 흐트러트리는 자극적이고 쾌락적인 정보가 넘쳐난다. 이런 혼란 속에서 나의 존재는 사라지고 사회 속에 휩쓸리고 있다. 그렇다면 우리는 어떻게 이런 방황을 멈춰야 할까?

바로 공자의 의연한 가치관에서 혼란 속 올곧게 살아가는 방법을 찾을 수 있다. 정세가 극도로 혼란했던 춘추전국시대를 살았던 공자는 인본주의 철학을 통해 평화로운 세상을 회복하려 했다. 인(仁)의 실천을 최고의 덕이라 생각하고, 인(仁)과 예(禮)의 실현으로 도덕적인 이상 국가를 만들기 위해 힘썼다. 그리고 '사람다움'을 중시하고 인으로 향하는 길에는 '공부'가 있다고 말한다. 사람됨의 도리를 깨우쳐준 탁월한 혜안은 지금의 우리에게 올바른 삶의 지향점이 될 수 있다.

우리는 동양 사상의 기틀이 된 《논어》에서 시대를 초월한 지혜와 안목을 배울 수 있다. 마음이 흔들리고 억울한 마음이 들 때, 어떻게 살아야 할지 모를 때, 무엇에 가치를 두어야 할지 고민될 때 삶의 가치관 확립에 도움이 될 것이다. 이번 독서가 자기 성찰과 인간다운 삶을 지향하는 계기가 되었으면 한다.

심화활동

- 매일 필사하며 공자의 사상을 내재화한다.
- 이 책을 읽고 깨달은 점을 주제로 자신의 삶에 어떻게 적용할지 구체적인 에세이를 쓴다.
- 나는 어떤 삶을 지향하고 살고 싶은지 삶의 가치관을 정립하여 보고서를 쓴다.

<table>
<tr><td rowspan="2">2월
19일</td><td rowspan="2">도서 분야</td><td>철학</td></tr>
</table>

	도서 분야	철학
	관련 과목	철학, 통합사회, 윤리와 사상
	관련 학과	철학과, 사회학과, 인문학부

한국철학 에세이

김교빈 | 동녘 | 2008

고대에서 근대에 이르는 우리 철학의 흐름

《한국철학 에세이》는 한국 철학에 대한 인문서로 우리에게 한국 철학의 다양한 주제와 깊은 성찰을 제시한다. 이 책은 동양철학의 특징과 한국 철학의 독특한 면모를 소개하며, 그중에서도 독자적인 시각과 글로 한국 철학의 가치를 전달한다.

저자는 한국철학을 복원하겠다는 의도를 가지고 책을 집필했으며 화엄사상을 기조로 한 '합침'의 철학으로 한국불교 철학의 맹아를 싹틔운 원효부터, '돈오점수'를 주장한 지눌, 기철학의 대가 서경덕, 이언적, 이황, 이이, 정제두, 조선 후기 실학자인 박지원과 정약용, 그리고 근대 민중의 사유로서 수운 최제우의 동학사상을 두루 다루고 있다.

특히 반외세 민족의식과 반봉건 민중의식의 특징을 지닌 수운 최제우의 동학사상의 주요 내용과 최시형, 손병희로 이어지는 동학사상의 심화 과정을 소개하고 갑오농민전쟁의 이념적이고 조직적인 기반으로서의 동학사상을 갑오농민전쟁의 전개 과정에서 설명한다.

이 책은 한국 철학에 관심이 있는 독자들에게 추천되는 서적으로, 우리에게 철학적인 사고와 깨달음을 제공하며, 한국 문화와 철학의 아름다움을 함께 탐구할 수 있도록 길을 열어줄 것이다. 고대부터 근대까지 우리 철학이 걸어온 길을 되돌아보고 한국 철학이 오늘날 우리에게 어떤 영향을 줄 수 있는지 탐구해보는 계기가 되기를 바란다.

심화활동

- 동양철학과 한국철학의 공통점과 차이점에 대해 탐구하고 보고서를 작성한다. 이를 통해 한국 철학의 고유성과 특이점을 발견해보자.
- 책에서 다루는 한국 철학의 주제 중 하나를 선택해 친구들과 토론한다. 도(道)의 개념이나 인간의 본성 등에 대한 각자의 의견을 나누고 근거를 제시해보자.
- 한국 철학의 가치와 원리가 현대 사회의 문제 해결이나 생활 방식에 어떻게 적용될 수 있는지 고찰해보자.

2월 20일 성학십도

퇴계 이황 | 풀빛 | 2005

열 가지 그림으로 읽는 성리학

성리학이란 공자와 맹자의 사상을 송나라 때에 '성(性, 본성)'과 '리(理, 원리)'라는 철학 체계로 재해석한 것으로 정의할 수 있다. 우리나라의 유학은 삼국시대에 도입되어 관리들의 학문으로 자리 잡았으나, 성리학은 고려 후기에 들어와 조선 초기의 통치이념이 되었다. 이런 성리학의 이론 체계를 연구한 대표적인 학자가 바로 퇴계 이황이다.

'성학십도'는 이황이 임금이 된 어린 선조를 유학의 이상적인 임금인 성군으로 이끌기 위해 성리학을 쉽고 간략하게 정리해 만든 책이며, 이 책에서는 '성학십도'의 그림이 어떤 구조로 만들어졌고 그 그림을 어떻게 봐야 하는지 상세히 짚어준다. 전체 그림을 내용에 따라 나누고 그 부분을 하나하나 따로 떼어 풀이했기에 이해하기 훨씬 수월할 것이다. 쉽게 풀어쓴 원문과 뒤따라 나오는 해설은 학생들이 읽기에도 어렵지 않을 것이다.

'태극도-우주의 원리를 이해하라', '서명도-천지 만물과 하나가 되어라', '소학도-일상적인 일에 충실하라', '대학도-수신으로부터 시작하라', '백록동규도-인간이 되는 학문을 하라', '심통성정도-마음을 바르게 해라', '인설도-인을 본체로 삼아라', '심학도-잃어버린 본심을 찾아라', '경재잠도-경의 세부 사항을 실천하라', '숙흥야매잠도-새벽부터 밤늦게까지 공부하라' 등 열 가지 그림을 통해 성리학의 가치와 지혜를 느껴보자.

서양철학과는 다른 한국 철학과 유교 사상의 깊이와 가치를 배우는 귀한 경험을 하게 될 것이다.

심화활동

- 이황의 생애와 업적을 탐구하여 보고서를 작성한다. 이황이 활동했던 시대적 상황 및 역사적 배경이 한국 유학 및 철학에 어떤 영향을 주었는지 조사해보자.
- 인간 본성과 도덕적 삶의 지혜가 현대의 윤리적 선택과 연결될 수 있는지, 있다면 어떤 방식으로 연결될 수 있을지 고찰해보자.
- 이황과 이이의 철학 및 사상을 비교 분석하여 보고서를 작성해보자.

도서 분야	철학
관련 과목	철학, 통합사회, 윤리와 사상
관련 학과	철학과, 사회학과, 인문학부

2월 21일

격몽요결

율곡 이이 | 을유문화사 | 2022

자신을 갈고닦는 법의 전범을 보여준 율곡 이이의 명저

《격몽요결》은 조선 시대의 대학자이자 정치가인 율곡 이이 선생이 후학 교육을 위해 집필한 정신 수양서로, 자신을 갈고닦는 법의 전범을 보여 준 명저라 할 수 있다. '격몽'은 몽매한 자들을 교육한다는 의미고 '요결'은 그 일의 중요한 비결이란 뜻이다. 이 책은 저술 당시부터 현대에 이르기까지 여러 형태로 간행되었고, '이이 수고본(手稿本) 격몽요결'은 보물 제602호로 지정되어 있다.

유학자들의 필독서였던 이 책은 오랜 세월 동안 그 빛을 잃지 않고 현재 우리에게도 큰 울림을 주고 있는데, 특히 도덕적인 지혜와 품성의 중요성이 강조된다. 그는 사람들이 도덕적인 가치와 윤리적인 행동을 따르면서 선량한 인간으로 성장할 수 있다고 믿었다.

'입지장', '혁구습장', '지신장', '독서장' 등 10가지 주제를 통해 학문에 임하는 자세, 책 읽는 방법 및 독서의 순서, 부모를 섬기는 방법, 부부간의 예, 벼슬을 지내는 자세 등을 확인해 볼 수 있다.

《격몽요결》은 또한 이이의 정치적 지혜와 철학적 사상을 담고 있으며, 조선 시대의 정치, 경제, 군사, 교육 등 다양한 분야에 대한 견해와 현실적인 해결책이 포함되어 있다. 조선 시대의 사회와 역사에 관심이 있는 학생들에게 추천할 만한 책이며, 이이의 현실적인 분석과 정치적 전망을 통해 조선 시대의 문제들을 이해하는 데 큰 도움이 되리라 확신한다.

심화활동

- 이이가 활동했던 시대적 상황 및 역사적 배경이 한국 유학 및 철학에 어떤 영향을 주었는지 조사해보자.
- 조선 시대의 사회, 정치에 대한 분석과 현실적인 문제를 발견하고 이를 현대 사회로 확장하여 비교 분석해보자.

탈무드

유대인 랍비 | 인디북 | 2001

상위 1%의 유대인 교육법

《탈무드》는 유대인들에게 구약성경만큼 중요한 서적이며, 율법학자들이 사회의 모든 사상(事象)에 대하여 구전·해설한 것을 집대성한 책이다. 유대교의 율법, 전통적 습관, 축제, 민간전승 등을 총망라한 유대인의 정신적·문화적 유산이라고도 볼 수 있을 것이다. 참다운 삶을 생각하게 하는 탈무드의 내용을 교훈과 지혜, 명언 등의 주제별로 나눠 엮은 이 책은 그래서 더 가치가 있다.

'사람이 살아가는 이유는 무엇인가?', '인간의 위엄이란 무엇인가?', '행복이란 무엇인가?', '사랑이란 무엇인가?' 등과 같은 물음에 쉽게 답할 수 있는 사람은 드물 것이다. 5,000년에 걸친 유대인의 지적 자산이 농축된 《탈무드》를 통해 그 해답을 얻을 수 있다.

《탈무드》에는 역사, 법, 인물, 천문, 윤리 등 방대한 내용으로 꾸며진 탈무드 내용 중 우리에게 꼭 필요하다고 여겨지는 '탈무드의 교훈', '탈무드의 지혜', '탈무드의 명언', 등의 주제를 골라 싣고 여러 랍비의 의견과 토론을 포함시켰다. 이러한 다양성은 유대인들이 법과 윤리에 대해 얼마나 깊은 이해와 관점을 가지고 있는지 보여준다. 또한, 유대인들의 사회적 책임과 상호 돕기에 대한 가르침을 제공하며, 유대인들의 고대 문화와 유대교의 전통을 이해하는 데 중요한 자료로 사용된다.

이 책을 통해 상위 1% 유대인 교육법을 이해하고 전 세계 최대 노벨상 배출 민족의 지혜와 저력을 하나씩 발견해 나가보자.

심화활동

- 주제를 선정하여 유대인 랍비의 생각과 가르침을 분석하고, 해당 내용에 대한 자신의 의견과 해석을 보고서 형식으로 작성해보자.
- 유대인 랍비에 관련된 주제를 선정해 친구들과 깊게 토론해보자.
- 상위 1% 유대인 교육법을 이해하고 이러한 교육방식의 장단점을 분석, 우리 교육에 적용 가능한지 판단하여 보고서를 작성해보자.

토마스 아퀴나스의 신학대전 읽기

양명수 | 세창미디어 | 2014

철학과 신학의 만남

토마스 아퀴나스는 이탈리아 출신의 철학자이자 신학자로서 아리스토텔레스 철학과 기독교 신학을 융합시키는 데 큰 공헌을 한 인물이다. 그는 이성과 신앙, 철학과 신학 사이의 상호작용을 탐구하며 이를 통해 신의 존재를 논리적으로 증명하고자 했다.

《토마스 아퀴나스의 신학대전 읽기》는 그리스도교 신앙을 이성의 범주에서 크게 벗어나지 않는 '보편적 진리'로 설명한 책이다. 그 결과 신학뿐 아니라 서양철학도 풍부해지게 되었다. 종교적 영감을 더한 철학적 사유가 서양의 인문학과 사회과학에 다양한 영향을 주었다고 할 수 있다. 이 책에서 다룬 인식론과 자유의지론, 도덕론과 정의론은 물론이고 자연법론과 소유권 문제 등이 중세를 넘어 오늘날까지 다양한 학문 분야에 영향을 미치고 있다니 놀라지 않을 수 없다.

기독교에 대한 기본적인 지식이나 이해가 없어도 토마스 아퀴나스의 철학적 사고와 신학적 이론을 통해 신앙과 이성, 철학과 신학의 관계에 대해 깊은 통찰을 얻게 될 것이다. 이 책을 통해 학생들이 '서양 문화'와 '정치 경제'의 배경을 이루는 사고방식, 논리 등을 읽을 수 있길 기대한다.

중세 철학과 신학에 관심이 있는 독자들에게 유의미한 인사이트를 줄 수 있는 몇 안 되는 책이니 꼭 읽어보길 바란다.

심화활동

- 토마스 아퀴나스의 생애와 업적을 연구하고, 그가 활동한 시기의 역사적 배경과 시대적 상황을 고려해 인물 보고서를 작성해보자.
- 토마스 아퀴나스의 철학과 신학에 토론하고, 동의하지 않는 사상이나 주장이 있다면 그 이유를 분석하고 논의해보자.
- 그의 철학적인 사고와 신학적인 이론이 오늘날의 철학, 신학, 인문학, 과학 등에 어떤 영향을 미쳤는지 정리해보자.

2월
24일

고백록

아우구스티누스 | CH북스 | 2016

도서 분야	종교
관련 과목	철학, 통합사회, 윤리와 사상
관련 학과	철학과, 사회학과, 인문학부

1,600년 넘게 사랑받아온 역사상 최고의 자서전

성 아우구스티누스는 중세 기독교 역사상 가장 위대한 사상가이자 문학가, 신학자, 성인으로 추대받고 있는 인물이다. 《고백록》은 아우구스티누스가 개종한 지 11년 되던 해(397년), 그러니까 43세가 되던 해에 '출생 후부터 지금까지'의 내면생활의 변화 과정을 적나라하게 파헤쳐 묘사한 '영혼의 자서전'이라고 볼 수 있다.

《고백록》은 단순한 자서전이 아닌 하나님의 은혜와 선하심에 대한 웅장한 찬양송이다. 아우구스티누스의 고백은 단순히 그의 죄악에 의한 것이 아니며, 하나님의 섭리와 은총에 대한 찬양이라는 것이다. 그는 자기의 일생을 간섭하신 하나님의 손길을 느끼며 감사함으로 달려갔다.

제1권부터 제9권까지는 아우구스티누스의 과거에 대한 기억과 회상(인간의 죄와 그를 도우시는 하나님의 은총과 관용에 관한 내용), 제10권은 아우구스티누스의 영적 상태(그가 고백록을 기록할 당시 주교로서 양심에 대한 문제를 술회하는 내용), 제11권부터 제13권까지는 하나님의 창조 계획과 목적으로 비추어보는 인생의 궁극적 의미에 관해 미래지향적으로 기록하고 있다.

이 책은 아우구스티누스의 개인적인 경험과 고민을 통해 신앙, 도덕, 인간 본성에 관한 깊은 탐구를 제시하며 인간의 내면적 성찰에 관심이 있는 학생들에게 깊은 영감을 줄 것이다.

심화활동

- 아우구스티누스의 생애와 신앙철학을 조사, 분석하여 보고서를 작성해보자.
- 아우구스티누스가 언급하는 다른 철학자와 저작들을 분석하여 그의 철학적 위치와 영향력을 살펴보자.
- 본문의 내용을 현대 사회의 문제와 연결해 인간의 윤리적 책임, 성격의 발전과 성장, 인간의 존엄성 등의 사례를 조사하고 분석해보자.

도서 분야	종교
관련 과목	철학, 통합사회, 윤리와 사상
관련 학과	철학과, 사회학과, 인문학부

2월 25일

인간 붓다

법륜 | 정토출판 | 2010

붓다의 위대한 삶과 사상

저자 법륜 스님은 '즉문즉설(則問則說)'을 통해 대안적인 삶을 이야기해온 정토회 지도법사다. 부처님의 법을 세상에 전파하라는 의미를 지닌 법명 '법륜(法輪)'처럼, 갈등과 분쟁이 있는 곳에서 평화를 실현해가는 평화운동가로 널리 알려져 있다. 동시에 제3세계를 지원하는 활동가이며, 인류의 문명전환을 실현해가는 전 지구적 책임의식을 가진 사상가이자 깨어 있는 수행자라고 볼 수 있다.

《인간 붓다》는 인간의 삶과 성장에 대한 깊은 통찰을 제시한다. 이 책은 인간의 내면과 외면, 인간관계, 그리고 세상과의 관계에 대한 다양한 주제를 다루며, 불교의 가르침을 토대로 현실적인 해결책을 제시한다. 약 2,600여 년 전 붓다의 삶을 인간의 역사로 재조명해, 붓다의 위대함을 찬탄하기보다는 그분의 삶을 통해 오늘을 살아가는 우리 삶의 방향을 점검하고자 하는 것이다.

'붓다가 지금 이 땅에 오신다면 어떻게 살아가실까?'라는 질문을 던지며 붓다가 걸어가신 삶이 가진 본질적 의미를 찾아내, 우리 삶을 둘러싼 문제 해결에 대한 다양한 방안을 모색하고 있다. '왜 세상은 고통일까?'라는 문제에 천착하며 붓다는 깨달음에 도달했다. 제행무상, 제법무아, 일체개고라는 삼법인과 고집멸도라는 사성제, 12연기법은 붓다가 인간의 삶에 대해 내린 해석이자 치유법이었다.

이 책은 철학적인 내용을 다루면서도 매우 실용적이고 현실적인 해결책을 제시한다. 법륜스님의 평화로운 글쓰기와 통찰력 있는 이야기는 독자들에게 깊은 영감과 인사이트를 제공할 것이다. 이 책을 통해 자기 발견과 성장, 그리고 평화로운 삶으로 나아가는 과정을 간접적으로 경험해보자.

심화활동

- 독서 후 깨달은 불교적 가르침을 명상록에 기록하고 일상생활을 통해 실천해보자.
- 토론을 통해 인간관계와 사회적인 문제들에 대한 사례를 찾아보고 이해 대한 대처법을 친구들과 찾아본다.

2월	무소유	도서 분야	종교
26일	법정 | 범우사 | 2004	관련 과목	철학, 통합사회, 윤리와 사상
		관련 학과	철학과, 사회학과, 인문학부

'소유'와 '무소유'의 개념을 찾아서

《무소유》는 '소유'와 '무소유'의 개념과 삶의 방향성에 대해 다룬다. 이 책에서 법정 스님은 우리가 가지는 이 두 개념을 돌아보고, 이로 인한 문제 극복법을 제시한다. 지나친 소유욕에 사로잡힌 현대인들에게 법정 스님이 전하는 일종의 깨우침이라고도 볼 수 있겠다.

법정 스님의 이야기에 담긴 삶의 지혜는 종교를 넘어 우리의 삶에 깊숙이 닿은 일상적인 것들을 포함한다. 이 책은 법정 스님이 세상과 인생에 관해 쓴 지적 통찰의 글을 하나로 묶어 제공하고 있다.

화장지를 절반으로 잘라 쓰고, 종이 한 장도 허투루 버리지 않았던 법정 스님의 청빈한 삶…. 그는 여러 저서를 통해 벌어들인 인세를 전액 어려운 이웃에게 나눠주어, 정작 자신이 중병에 걸렸을 때 치료비를 절에서 빌려 써야 할 정도였다고 한다. '말하고 행하는 것', 언행일치의 삶을 살았던 법정 스님의 인생 자체가 우리에게 더욱 가치 있는 법문으로 다가오는 까닭이다.

그렇게 《무소유》는 불교의 가르침을 바탕으로 한 철학서로서, 물질적인 것뿐만 아니라 정신적인 것에 대한 소유의 개념을 다루고 있으며, 현대 사회에서 우리가 직면하는 문제들에 대한 해결책을 제시한다. 오랜 수행과 지혜를 통해 삶을 바라보는 법정 스님을 보며, 소유의 개념을 정리하고 진정으로 행복한 삶을 찾아가는 계기를 마련하길 기대한다.

심화활동

- '소유'와 '무소유'의 개념에 대해 친구들과 토론한다. 법정 스님의 주장을 비판적으로 검토하고, 소유에 대한 개념을 더욱 깊이 이해해보자.
- 불교의 가르침을 바탕으로 자신에게 꼭 필요한 물건과 그렇지 않은 것들을 구분해 소유 욕망을 극복하는 '무소유'를 실천해보자.
- '소유'에 대한 개념을 기독교와 불교의 관점에서 각각 비교하여 정리해보자.

'가난한 사람들의 어머니'에서 '성인'이 된 여성

《마더 테레사》는 우리에게 이미 친숙한 수녀 '마더 테레사'의 생애와 사상을 다룬 책이다. 이 책은 서거 후 불과 19년 만에 성인의 반열에 오른 마더 테레사의 이야기로, 그가 가난한 사람들을 위해 어떤 생각을 가지고 어떻게 살아 왔는지 구체적으로 알려준다.

저자는 마더 테레사의 삶과 행적을 깊이 연구하고, 삶과 인간을 대하는 그의 생각과 자세, 세상을 변화시키고자 했던 노력 등을 다양한 관점에서 탐구한다. 이 책은 마더 테레사의 출생부터 자신의 신앙적 여정, 봉사활동의 배경과 의미, 그리고 세상에 남긴 유산에 이르기까지 그의 삶을 여러 측면에서 들여다보기에 기존의 책들과는 차별성을 갖는다.

저자는 그의 헌신적인 봉사와 사랑의 메시지를 올바르게 전달하며, 독자들에게 영감과 용기를 주려 한다. 마더 테레사의 삶과 그의 가치관, 희생과 봉사, 사랑의 힘은 학생들로 하여금 삶에 대한 깊은 고찰을 하게 해줄 것이다.

테레사의 위대한 사랑, 신비로운 힘의 원천은 무엇일까? 서거하기까지 어떤 삶을 살았으며 가난한 사람들을 위해 어떤 활동을 해왔는가? 이 책을 통해 우리는 가난하고 소외된 계층의 사람들을 위해 평생을 바친 한 인간의 숭고한 삶과 사상을 배울 수 있다. 학업에 지친 학생들이 많은 영감과 용기를 얻게 되길 바란다.

심화활동

- 마더 테레사가 활동한 시대의 상황과 역사적 배경을 참고하여 자신만의 짧은 위인전을 만들어보자.
- 많은 사람에게 용기와 영감을 주는 그녀의 '워딩'을 찾아 상황별로 정리한 인용구 모음집을 만들어보자.
- 자신의 관심 분야와 재능을 바탕으로 어려움에 처한 사람들을 위한 구체적인 봉사활동 계획을 세우고, 작게나마 실천해보자.

아름다운 빈손 한경직

김수진 | 홍성사 | 2010

도서 분야	종교
관련 과목	철학, 통합사회, 윤리와 사상
관련 학과	철학과, 사회학과, 인문학부

아무것도 없으면서 모든 것을 다 가진 목회자의 이야기

《아름다운 빈손 한경직》은 종교인의 노벨상이라 불리는 '템플턴 상'을 수상한 한경직 목사의 생애와 업적을 정리한 책이다. 한경직 목사는 한국 교회에서 청빈과 겸손의 상징으로 추앙받는 인물로, 누구나 본받아야 할 목회자의 상을 제시한 시대의 사표(師表)이다. 그는 한 세기 가까운 삶을 통해 한국의 교회사는 물론 한국의 현대사에까지 굵고 큰 획을 남겼다.

이 책은 한경직 목사의 성장기부터 목회자의 부르심을 받고 북녘땅에서 목회를 시작하게 된 배경, 공산당과의 충돌과 월남 과정, 영락교회의 시작, 한국전쟁 중의 시련, 영락교회의 재건 등에 대한 그의 행보를 일목요연하게 정리해준다.

한경직 목사는 영락교회 목회를 중심으로 한 전도사업 외에도 보린원, 다비다모자원, 월드비전 사역 등을 통해 소외된 이들을 향한 변함없는 사랑을 보여주었다. 이 책은 그런 그의 일면이 담겨있다.

그가 소천한 후 지금까지도 한국 교회의 큰 어른, 온전히 섬기는 자, 낮은 자의 모습으로 나라와 민족을 위해 봉사한 인격과 덕망이 회자되고 있다. 종교를 막론하고 이 책을 통해 온유와 겸손, 경건과 사랑의 참모습을 확인하길 바란다. 한경직 목사의 발자취를 따라가다 보면 많은 교훈과 도전을 얻을 수 있을 것이다.

심화활동

- 한경직 목사의 생애와 인생 여정을 탐구하고 보고서를 작성한다. 그가 한국 교회에 미친 영향과 각종 복지기관 설립, 소외된 사람들에게 어떠한 도움을 주었는지 구체적으로 조사해보자.
- 한국 교회의 근현대사를 탐구하고 종교인의 노벨상인 '템플턴 상'에 대해 조사해보자.
- '종교'가 갖는 사회적 역할과 그 영향력에 대해 친구들과 토론해보자.

3월

하늘과 바람과 별과 시

윤동주 | 더스토리 | 2023

도서 분야	문학
관련 과목	국어, 한국사
관련 학과	국어국문학과, 사학과

우리 모두의 시인, 윤동주

책이나 논문의 첫머리에 내용과 목적 등을 간략하게 적은 글을 '서문(序文)'이라고 말한다. 그렇다면 '서시(序詩)'는 무엇일까? 서문으로 쓴 시를 말한다. 우리가 잘 알고 있는 윤동주의 〈서시〉는 바로 《하늘과 바람과 별과 시》 시집의 '서시'다. 〈서시〉는 자연적 소재에 의미를 부여하여 부끄러움 없는 삶에 대한 소망, 의지 등을 표현하고 있다.

《하늘과 바람과 별과 시》에는 이러한 윤동주의 시가 담겨있다. 〈서시〉, 〈자화상〉, 〈소년〉, 〈눈 오는 지도〉, 〈쉽게 쓰여진 시〉 등 교과서나 문제집에서 접한 작품들은 물론 우리가 잘 알지 못했던 그의 시들을 만날 수 있다. 그렇다면 왜 우리는 단편이 아니라 그의 시집을 읽어야 할까?

그는 일제 강점기에 삶에 대한 순수한 성찰을 노래했다. 그런 순수함 덕분일까, 1991년 대한출판문화협회의 설문조사에서 가장 사랑받는 시인으로 꼽히기도 했다. 그런 애정이 관심으로 이어져 우리는 그의 유명한 시를 TV, 드라마, 소설 등 수많은 매체에서 만나고 있다. 그러나 우리가 모르는 시를 만나기는 쉽지 않다. 일제 강점기라는 암울한 현실 속에서 느끼는 부끄러움과 상실감, 자아 성찰을 통한 자기반성과 극복 의지를 알기 위함이 그의 시집을 전부 읽어봐야 하는 이유다.

문학 시간에 배운 한 작품, 문제에 나오는 한 작품을 접하는 것에서 그치지 말고 시집 전체 작품들을 긴 호흡으로 읽으며 감상해 보자. 윤동주를 더욱 깊이 만나고 이해할 수 있는 좋은 계기가 될 것이다.

심화활동

- 윤동주의 생애와 시대 배경을 조사하고 작품과 연관 지어 탐구해 본다.
- 일제 강점기 예술인들의 작품을 찾아보고 탐구하여 보고서를 작성해 본다.
- 윤동주의 시집 《하늘과 바람과 별과 시》 친필 원고를 보존한 이, 정병욱을 조사한다.

님의 침묵

한용운 | 열린책들 | 2023

도서 분야	문학
관련 과목	국어, 한국사, 종교
관련 학과	국어국문학과, 사회학과, 역사학과

기룬 것은 다 님이다

'한용운' 하면 무엇이 떠오르는가? '시인', '독립운동가', '승려' 그리고 '임'이 아닐까 싶다. 특히 '임'은 한용운의 작품 속 핵심으로 다뤄진다. '임'은 누구인지, 그리고 의미는 무엇일지 항상 중요하게 여기며 공부했을 것이다. 그 해답은 이 책의 서문에서 찾을 수 있다. 책 앞부분의 '군말[序]'에 〈님〉만 님이 아니라 기룬 것은 다 님이다'라는 구절이 나온다. '임'은 '사랑하는 연인', 조국', '절대자'는 물론 그리운 것 모두가 '임'이라는 의미로 받아들이면 좋겠다.

그의 대표작, 〈님의 침묵〉은 '님은 갔지마는 나는 님을 보내지 아니하였습니다'라는 역설을 통해 임에 대한 영원한 사랑의 맹세를 담았다. 그리고 시적 화자가 이별의 감정을 전달하는 데 유용한 절절한 어조를 사용하고 있다. 이런 어조 덕분에 '다시 만날 것을 믿습니다'라는 구절이 우리의 정서에 와닿는 것이다.

또한 〈알 수 없어요〉는 의문형 종결어미를 사용하여 절대적 존재에 대한 동경의 마음을 드러낸다. 〈나룻배와 행인〉은 1연과 4연이 같은 수미상관을 통해 형태적 안정감을 주며 자기희생과 인고를 통한 사랑의 실천을 담고 있으며, 〈복종〉은 여성화자의 경어체를 사용하여 '당신'에 대한 절대적 복종을 노래하고 있다.

한용운은 1919년 3·1 운동 당시 독립선언서에 서명한 민족대표 33인 중 한 분이다. 선두에서 만세 삼창을 선창하는 등 독립운동가로도 활약한, 문학 분야뿐만 아니라 역사적으로도 중요한 부분을 차지하고 있는 인물임을 알고 지식을 더욱 넓혀 나갔으면 한다.

심화활동

- 민족대표 33인을 조사하여 보고서를 작성해 본다.
- 한용운의 작품에 등장하는 '임'에 대해 다양하게 생각해 보고 그 근거를 정리해 본다.

정지용 전집 1 시

정지용 | 민음사 | 2016

향토적 정서를 형상화한 순수함과 상실감

정지용은 시와 소설, 산문, 평론 등 다양한 글을 남겼다. 하지만 시대의 시단을 대표한다는 평가를 받을 만큼, 시인으로의 면모가 두드러진다. 평생 총 세 권의 시집을 내었으며, 1935년의 《정지용 시집》, 1941년의 《백록담》, 1946년의 《지용 시선》에서 시대의 흐름에 따른 정지용의 시 세계 변화를 느낄 수 있다.

첫 시집인 《정지용 시집》은 1920년대 후반부터 30년대 중반까지의 작품이 실려 있다. 모더니즘의 영향을 받아 이미지를 중시하고, 우리 말의 미학을 가다듬은 서정시를 만나볼 수 있다. 두 번째 시집인 《백록담》은 첫 시집 이후부터 1940년대 초반까지의 작품이 실려있으며, 전통적인 미학이 배어 나오는 자연시가 주를 이룬다. 마지막 시집 《지용 시선》은 독특하게도 앞서 발간한 시집에서 시인이 직접 가려 뽑은 작품들이 실려있다. 이 책은 각 부에 한 시집의 내용을 발췌했기에, 책을 꼼꼼히 읽는다면 위에서 말한 시 세계의 변화를 눈치챌 수 있을 것이다.

가장 먼저 눈에 들어오는 것은 〈향수〉, 〈유리창 1〉, 〈고향〉, 〈비〉 등 우리가 문학 수업 시간에 배운 작품들이다. 그 안에는 역설적인 표현을 이용한 아들에 대한 그리움, 토속적인 시어와 다양한 감각적 이미지를 사용한 고향에 대한 추억과 그리움, 변해 버린 고향에 대한 상실감이 있다.

정지용은 우리말을 아름답게 사용하고, 향토적인 정서를 형상화한 시인으로 알려져 있다. 그 아름다움과 쉬운 공감의 힘 덕분에 노래로 만들어져 사랑받기도 한다. 시와 노래를 각각 감상해 보고 그 감상문을 남겨 보자.

심화활동

- 정지용의 시의 시어의 특징을 살펴보고 보고서를 작성한다.
- 시가 노래로 만들어진 작품들을 찾아보고 그 특징을 정리한다.

가난한 사랑노래

신경림 | 실천문학사 | 2013

도서 분야	문학
관련 과목	국어, 통합사회
관련 학과	국어국문학과, 사회학과

가난하다고 해서 왜 모르겠는가

　신경림 시인은 등단 이후 꾸준한 사랑을 받았다. 그만큼 문학 시간에 그의 다양한 시를 만나보기도 쉽다. 〈가난한 사랑 노래〉, 〈산에 대하여〉, 〈길〉은 이 시들이 실린 시집의 첫 출간 이후 수많은 사람의 공감과 선택을 얻었기에 교과서에 실린 것이다. 그렇다면 이 시와 시집은 어떤 강점이 있기에 사랑받는 것일까.

　시집의 대표작 〈가난한 사랑 노래〉는 '안다'라는 의미를 강조하기 위해 '모르겠는가'라는 설의적인 표현을 사용하여 이런 장치 속에 가난 때문에 인간적 감정들을 버려야 하는 상실감과 안타까움, 비애 등을 담아내는 것이다. 〈산에 대하여〉는 '아니다'라는 부정형 진술을 반복 사용하여 높고 낮음에 대한 우리의 시야를 바꿔준다. 낮은 산이 사람과 더 가깝다고 노래하며 낮은 산과 같은 삶에 대해 생각하게 한다.

　《가난한 사랑 노래》에는 이렇게 소외된 이들의 절망감과 상실감을 품었다. 그리고 이러한 아픔을 애정 어린 마음으로 바라보는 시인의 시선도 고스란히 느껴진다. 〈가난한 사랑 노래〉의 부제 '이웃의 한 젊은이를 위하여'와 〈너희 사랑〉의 '누이를 위하여'가 그 방증이다. 이런 위로와 공감이 지금도 신경림 시인의 시를 많은 이들이 사랑하는 이유일지도 모른다. 그때뿐만 아니라 지금의 우리와 주변인들의 이야기이기 때문이다.

　경제 성장을 위한 급격한 근대화가 불러온 농촌 붕괴와 농민들의 모습을 담은 신경림의 또 다른 시집 《농무》도 함께 읽어 보고, 시대의 아픔을 직시하기 위해 노력한 시인의 마음을 폭넓게 알아보자.

심화활동

- 신경림 작품의 시대적 배경을 알아보고 이를 바탕으로 작품을 이해한 보고서를 작성해 본다.
- '민중시'의 특징과 유래를 조사하고, 신경림 시의 특징을 정리하여 보고서를 작성해 본다.

도서 분야	문학
관련 과목	국어, 통합사회, 한국사
관련 학과	국어국문학과, 사회학과

3월 5일

이육사 시집

이육사 | 범우사 | 2019

수감 번호 '264'번 시인 이육사

7월이 되면 생각나는 시 〈청포도〉. 그 시를 쓴 시인 이육사는 중국, 일본 등에서 독립운동을 하여 수없이 투옥되었다. 그가 한 글자씩 눌러 쓴 시구 또한 독립운동의 일종이라고 볼 수 있겠다. 이육사의 본명은 이원록으로, 이육사는 그가 투옥되었을 때의 수감 번호를 따 온 것이다.

《이육사 시집》에는 이육사의 시 36편, 산문 13편이 실려있다. 〈광야〉나 〈청포도〉, 〈절정〉, 〈소년에게〉 등 우리에게 낯익은 작품들을 찾을 수 있다. 그리고 그의 시가 가지는 특징은 바로 역동성과 강인함이다. 일제 강점기에는 앞에서 살펴본 한용운이나 김소월의 시처럼 여성적 어조의 시들이 다수 등장했다. 하지만 이육사의 시는 그의 삶이 보여주듯 행동하는 지성, 억압에 저항하는 투사의 면모가 더 눈에 띈다.

절망적 현실을 극복하고 밝은 미래를 염원하는 의지와 신념을 담은 〈광야〉, 극한의 상황에서 이를 극복할 수 있는 것은 자신의 의지임을 드러내는 〈절정〉 등의 작품에서 강렬한 저항 의지를 느낄 수 있을 것이다. 반면 〈청포도〉는 강렬한 저항 의지가 직접적으로 드러나지 않는다. 내면에 침잠한 의지와 평화로운 세계를 이루고자 하는 소망을 청색과 백색의 색채 대비를 통해 형상화하고 있다.

책에 실린 다양한 작품을 감상하며 적극적인 독립운동을 한 이육사가 자신의 시를 통해 전하고 싶은 이야기가 무엇인지 생각해 보자. 또 시인이나 독립운동가 이육사가 아닌, 그의 인간적인 모습을 느낄 수 있는 산문들을 읽으며 지금껏 몰랐던 모습도 찾아보자.

심화활동

- 이육사와 윤동주의 시의 특징을 비교해 그 공통점과 차이점을 주제로 보고서를 작성한다.
- '절정'에 사용된 역설적 표현을 찾아 그 의미를 생각해 보고 역설적 표현의 효과에 대해 알아본다.

껍데기는 가라

신동엽 | 시인생각 | 2010

도서 분야	문학
관련 과목	국어, 통합사회
관련 학과	국어국문학과, 사회학과

껍데기 안의 사람을 볼 차례

제목만 들어도 누구나 알 법한 시가 있다. 그리고 설령 시와 시인을 모두 모르더라도, 하나의 관용어처럼 익숙한 문구가 되어버린 시의 제목이 있다. 바로 신동엽 시인의 〈껍데기는 가라〉다. 시의 제목이자 시집의 제목이 된 《껍데기는 가라》에는 〈껍데기는 가라〉, 〈종로 5가〉, 〈산문시 1〉, 〈누가 하늘을 보았다 하는가〉 등 신동엽의 시 45편이 담겨있다.

시의 제목이 익숙해진 것처럼, 우리가 시인을 바라보는 관점도 그의 단편적인 모습에 머물러 있을지도 모른다. 교과서나 사람들이 말하는 신동엽 시인은 저항 시인이자 4·19시인이라는 이미지가 강하지만, 그의 간난신고한 삶에서 나온 다른 시를 읽다 보면 저항시뿐만 아니라 서정시까지 다양한 활동을 했다는 것을 알 수 있다.

〈껍데기는 가라〉는 그의 대표작 중의 하나로 이 시는 민족의 화합을 소망하는 화자가 직설적 표현과 명령적 어조로 저항 의지를 드러낸다. 〈종로 5가〉는 상경한 소년의 모습을 통해 근대화에 대한 비판과 그 과정에서 소외된 사람들의 모습을 담고 있으며, 〈산문시 1〉은 전쟁과 폭력이 없는 중립국의 평화로운 모습을 통해 화자가 소망하는 이상향을 나타내고 있다.

신동엽 시인을 더 자세히 알아보는 것도 추천한다. 지금껏 알지 못한 다양한 모습을 발견할 수 있다. 부인분께서 편집자로서 신동엽 시인의 유고집을 낸 이야기나, 신동엽 문학상이 배출한 수상자 속에 문학 시간에 배운 작가들도 있다는 점. 충청남도 부여에 있는 신동엽 문학관 등을 조사하면 신동엽과 그의 작품을 잘 이해할 수 있는 좋은 배움의 기회가 될 것이다.

심화활동

- 문학이 사회 문화적 가치를 담을 수 있음을 알고 그러한 작품을 찾아 보고 비교해 본다.
- '신동엽 문학관'을 방문한 후 시인, 작품, 시대적 배경 등에서 주제를 정하여 보고서를 작성해 본다.

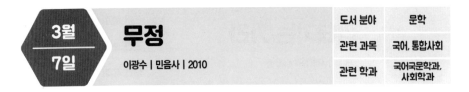

도서 분야	문학
관련 과목	국어, 통합사회
관련 학과	국어국문학과, 사회학과

3월
7일

무정

이광수 | 민음사 | 2010

자신의 운명을 능동적으로 결정하는 청년들의 이야기

《무정》은 한국 최초의 근대 장편 소설로 알려진 작품이다. 또 주인공들의 삼각관계는 한국 소설에서 최초로 다루어진 것이기도 하다. 기존의 상투적인 연애 소설에서 벗어나 '근대'나 '개화' 등의 의미를 담고 있으며 그 파격성은 당대의 문제작으로 불렸다. 연애 감정 앞에서 나약한 모습을 보여주던 인물이 깨달음을 얻고 민족의 주체로서 스스로 앞날을 개척하는 과정을 보여준다.

동시대의 문학 작품들이 봉건 사회에서 비슷한 모습을 보여주는 것도 흥미롭다. 한·중·일의 문학계 모두 사회의 전환 앞에서 자유연애와 도덕, 개인의 마음과 선택 등을 조명하고 있기 때문이다. 나쓰메 소세키의 《그 후》나 《마음》, 《우미인초》등을 읽으면 근대적 인물과 그 형성 방법을 바라보는 한·일의 차이도 알 수 있다. 소설의 인물들은 모두 스스로 자기 운명을 선택하고 있지만, 분명한 방법의 차이가 있다.

이광수가 선택한 근대적 개인의 운명은 작품의 후반부에 나타난다. 함께 유학길에 오르는 형식과 선형은 일본으로 가던 영채, 병욱과 기차에서 만나 비참한 수재민들의 모습을 목격하고, 교육으로 민족을 계몽하고 조국을 위해 일하자는 말을 주고받는다. 소설의 시작은 연애였지만 근대적인 삶과 개인의 모습, 그리고 끝내 민족 계몽으로 끝나는 것이다.

어떻게 본다면 지식인은 사람들을 계몽해야 한다는 저자의 자기주장으로 보일 수 있다. 하지만 거대한 시대의 변화 앞에서 그때의 사람들이 어떤 생각으로 변화를 마주했는지 알고 싶다면 일독을 권한다.

심화활동

- 등장인물들의 특성을 정리하고 근대적 인물이란 무엇인지에 대해 탐구한다.
- '무정'의 문학사적 의의를 다룬 보고서를 작성한다.

삼대

염상섭 | 문학과지성사 | 2004

도서 분야	문학
관련 과목	국어, 통합사회
관련 학과	국어국문학과, 사회학과

삼대의 갈등은 특정 시기에만 있는가

《삼대》는 제목에서 알 수 있듯이 삼대의 이야기이다. 할아버지 조 의관, 아버지 조상훈, 아들 조덕기는 각각 구한말 세대, 개화기 세대, 식민지 세대의 모습을 보여 준다. 조 의관은 봉건적 가치관을 지닌 인물로 재산, 명분 등을 중요하게 여긴다. 조상훈은 개화 주의자로 교육과 교회 사업에 힘쓰지만, 다른 쪽에서는 축첩, 노름 등을 하는 이중적인 모습을 가진 위선적인 인물이다. 조덕기는 지식 청년으로 정의 감을 가지고 있지만 소극적이고 우유부단한 모습을 보여준다.

이들 사이에는 재산 상속, 세대 간의 갈등, 가치관과 이념의 충돌 등이 끊이지 않는다. 그러나 이런 모습이야말로 1920년대~1930년대 서울의 중산층 집안의 사실적인 모습일지도 모른다. 덕기의 친구로 사회주의적 성향을 지닌 김병화, 서조모인 수원집, 상훈에게 버림받은 홍경애 등도 그 시대의 또 다른 모습이다. 말하자면, 《삼대》는 그 시대를 보여주는 증명사진의 모음일지도 모른다.

할아버지의 임종을 앞두고 재산 분배 과정에서 이 집안의 불화가 드러나게 된다. 특히 수원집과 수원집을 조 의관에게 소개한 최 참봉의 조 의관의 재산을 가로채기 위한 모략이 소설 속 삼대의 상황을 파국으로 이끈다. 상훈은 조 의관의 사인을 밝히기 위해 부검을 주장하지만 끝내 범인을 찾지 못한다. 그리고 재산의 권리가 아들 덕기에게 넘어가자 금고를 훔쳐 달아난다. 조 의관은 왜 아들보다 손자를 더 신뢰했을까? 그들이 보여주는 행동들을 통해 해답을 찾을 수 있을 것이다. 문학 수업 시간에 《삼대》의 일부분만 접했다면 전문을 통해 또 다른 감동을 알았으면 한다.

심화활동

- 삼대의 등장인물과 각 세대의 특징, 갈등이 일어나는 원인을 정리해 본다.
- 〈표본실의 청개구리〉, 〈만세전〉 등 염상섭의 다른 작품들을 읽고, 그 특징을 보고서로 작성한다.

천변풍경

박태원 | 문학과지성사 | 2005

도서 분야	문학
관련 과목	국어, 통합사회
관련 학과	국어국문학과, 사회학과

청계천 주변 우리들의 이야기

환한 조명과 함께 서울 시민의 휴식 공간이 된 청계천은 사실 많은 사연을 가지고 있다. 1976년 청계고가도로를 개통하며 지하로 사라졌다가 복원사업을 거쳐 2005년 지금의 모습으로 다시 우리 곁에 돌아온 것이다. 이런 청계천의 복잡한 사연만큼, 소설 《천변풍경》은 1930년대 청계천 주변 다양한 사람들의 이야기가 담겨 있다.

지금까지 알아본 많은 소설과 다르게 《천변풍경》에는 주인공이라고 할만한 인물이 없다. 심지어 줄거리를 정리하기도 힘들다. 이 소설에 등장하는 모든 인물이 다 주인공이라고도 볼 수 있다. 빨래터와 이발소부터 한약국, 여관, 당구장 등 다양한 공간에서 이발사, 금은방 주인, 한약국 주인, 포목점 주인, 미장이, 여관 주인, 카페 여급, 공녀 등 다양한 인물의 이야기. 돈이 최고라고 하는 민 주사, 허영심이 있는 포목집 주인, 유복한 환경으로 주변의 부러움을 사는 한약국집 젊은 부부, 카페 여급 하나코, 이발소 사환 재봉이, 한약국 집 사환 창수 등 청계천 주변에 사는 사람들의 이야기이다.

이렇게 어떤 특정 시기의 풍속이나 세태의 한 단면을 묘사하는 소설 양식을 '세태 소설'이라고 부른다. 세태 소설에 등장하는 인물들과 그들의 행동 양식 또한 특정한 시기만을 담고 있다. 《천변풍경》도 이러한 세태 소설로 평가받고 있다. 《천변풍경》에는 일정한 줄거리도, 주된 갈등도 없으나 1930년대 청계천 주변의 인물들이 보여주는 일상적인 삶을 통해 작가가 전하고자 하는 우리 사회의 모습을 이해하며 읽었으면 한다.

심화활동

- 청계천의 매립과 복개가 사회적으로 어떠한 의미를 지니는지 탐구하여 보고서를 작성한다.
- 작품 속 인물들의 이야기에서 관심있는 주제를 정하고 이를 탐구해 본다.

누군가의 태평천하는

'태평천하'라는 말을 사전에서 찾아보면 '태평스럽고 편안한 세상'이라고 설명한다. 그렇다면 소설《태평천하》에는 얼마나 태평스럽고 편안한 세상의 이야기가 담겨있을까?

'태평천하'는 일제 강점기, 경성에 사는 윤 직원과 그 가족의 이야기를 다룬다. 윤 직원은 개인과 가족의 이익만 생각하는 인물이다. 족보를 위조하거나 군수와 경찰서장의 자리에 손자들을 앉혀 권력을 차지하려고 한다. 또한 재산을 지키기 위해 일본에 적극적으로 협력하고 있다. 아들 창식과 큰 손자 종수는 집안의 돈을 축내고 악행을 일삼는다. 이 작품에서 유일하게 긍정적인 인물은 둘째 손자 종학이지만, 종학이 사회주의 운동을 하다가 체포되었다는 소식이 들려온다.

이 작품을 통해 풍자를 탐구하기도 하고 이 작품의 윤 직원을 놀부 심술과 비교하기도 한다. 이 작품은 타락한 가족주의라고 할 수 있는 윤 직원을 비롯한 인물들을 과감히 풍자하고 있다. 윤 직원은 일본이 조선을 지배하고 있는 지금의 상황이 자신의 재산을 불리고 잘 살 수 있는 좋은 조건이라고 생각하는, 식민지 현실에 대한 인식이나 민족에 대한 유대감 등이 없는 인물이다. 그래서 윤 직원은 자신의 안전과 재산을 보장해 주는 지금이 바로 '태평천하'라고 말하고 있다.

그러나 일제 강점기의 우리 민족 전체의 삶은 윤 직원의 말처럼 태평천하일까? 오히려 그 반대의 상황이라고 할 수 있다. '태평천하'는 이 소설을 관통하는 반어적 표현이다. 이 단출한 한 마디 제목과 외침으로 식민지 현실에 순응하는 윤 직원을 풍자하는 것이다. 고전 소설《흥부전》속 놀부의 모습과 윤 직원을 비교해 보자.

심화활동
- 채만식의 다양한 작품의 특징을 정리하고 공통으로 드러난 주제 의식을 탐구한다.
- 《태평천하》의 '윤 직원'과 《흥부전》의 '놀부'의 특징을 비교 분석해 보고서를 작성한다.

카인의 후예

황순원 | 문학과지성사 | 2006

도서 분야	문학
관련 과목	국어, 통합사회
관련 학과	국어국문학과, 사회학과

인간은 모두 '카인'의 후예인가

'카인'은 구약 성경 창세기에 등장하는 인물로 최초의 인간인 아담과 이브의 큰아들이자 아벨이라는 동생이 있다. 카인은 농사를 짓고 아벨은 양을 길러 하나님에게 제물을 바쳤는데, 동생 아벨의 제물만 반기자 카인은 질투심에 동생 아벨을 죽여 성경에 기록된 최초의 살인자가 된다. 이 책에는 총 세 편의 작품이 실려있으며 세 작품 모두 카인의 행동처럼 인간의 행동과 타락을 그린다.

가장 먼저 《카인의 후예》는 토지개혁을 소재로 인간이 타락하는 모습과 그러한 인간을 만드는 제도에 대한 비판이 담겨있다. 주인공 박훈은 할아버지와 아버지의 사망으로 지주가 된다. 양심적이며 전형적인 지식인의 모습을 보여주다가 작은아버지의 죽음과 토지개혁, 그를 둘러싼 인물들의 변화로 점차 바뀌게 된다. 도섭 영감과 그의 딸 오작녀, 오작녀의 동생인 삼득이가 박훈을 도와주거나 속이면서 인간의 심성과 악한 모습을 보여준다. 이런 복잡한 상황 속에서 과연 카인의 후예는 누구일까?

두 번째 작품 《너와 나만의 시간》은 전쟁이라는 극한 상황 속 세 사람의 이야기다. 다쳤지만 삶의 의지를 놓지 않는 주 대위, 의리를 지키는 김 일등병, 현실적인 인물 현 중위의 모습을 통해 다른 전후 소설이 보여주는 이념 갈등이 아닌 인간 존재의 의미를 생각해보게 된다. 《나무들 비탈에 서다》에서도 전쟁으로 상처 입은 젊은이들의 모습을 확인할 수 있다. 《소나기》로만 알고 있던 황순원의 다른 작품을 읽는 좋은 기회를 얻기를 바란다.

심화활동

- 전후 소설이란 무엇인지 알아보고 전후 소설들을 읽어본 후 특징을 파악한다.
- 양평 황순원 문학촌 소나기 마을을 방문하여 황순원과 그의 작품을 탐구하고 보고서를 작성한다.

광장/구운몽

최인훈 | 문학과지성사 | 2014

도서 분야	문학
관련 과목	국어, 통합사회
관련 학과	국어국문학과, 사회학과

이념 대립 속에서 우리는 무엇을 선택할 수 있을까

《광장》은 전쟁 후 남과 북으로 나뉜 비극적인 현실 속 이념 대립으로 방황하는 개인의 문제를 담고 있다. 소설의 주인공 이명준은 월북한 아버지를 두고 있어 끊임없이 수난을 당한다. 그런 괴로움 때문인지 남한을 개인들로만 이루어진 '밀실'로 묘사하며 자신이 이상적으로 생각하는 사회인 '광장'을 꿈꾼다

그러나 그의 아버지가 북한의 방송에 등장하고 명준은 경찰의 조사와 연인과의 서먹함, 체제에 대한 불만이 폭발해 결국 월북을 선택한다. 하지만 개인의 삶을 부정하는 '광장'의 모습을 발견하고 혼란에 빠진다. 방황 끝에 은혜를 만나 얼마간 안정을 찾지만, 전쟁이 터지며 명준과 주위 인물들의 삶은 더욱 진창으로 빠진다.

이념의 대립 속에서 자신이 원하는 것을 찾아 헤매는 개인은 어디에서도 진정한 인간의 삶을 찾을 수 없었다. 주인공에게 남한은 광장이 없는 밀실이었고, 북한은 밀실이 없는 광장이었다. 그런데 남한의 밀실은 온전치 못하고 북한의 광장은 자유가 없었다. 은혜는 명준에게 광장과 밀실이 어우러진 중요한 의미였으나 명준의 아이를 가진 채 전사하고 말았다. 결국 그는 제3국인 중립국으로 떠나는 것을 선택한다.

명준은 제3국으로 가는 배에서 갑판 위 두 갈매기를 감시자로 여길 만큼 몰려있었지만, 갈매기에서 아내 은혜와 태어나지 못한 딸을 보고 남과 북에서 찾고자 했던 참된 '광장'을 바다에서 발견한다. 책을 읽고 자신이 어떤 '광장'을 찾고 있는지 생각해보자.

심화활동

- 인물의 내면을 형상화하는 방법을 이해하고 등장인물의 심리 변화를 파악하여 보고서를 작성한다.
- '광장'에 반영된 시대적 상황을 이해하고 개인과 시대와의 상호 관계를 탐구한다.
- 이명준과 같은 상황이라면 '나'는 어떠한 선택을 할 것인지 근거를 들어 서술한다.

난장이가 쏘아올린 작은 공

조세희 | 이성과 힘 | 2000

도서 분야	문학
관련 과목	국어, 통합사회
관련 학과	국어국문학과, 사회학과, 경영학과

그때의 이야기는 지금도 계속된다

1970년대 산업화와 도시화로 도시 재개발 사업이 본격화되었다. 그 과정에서 삶의 터전을 잃고 몰락해 가는 도시 빈민들이 생겨났고, 가진 자와 못 가진 자의 대립이 격화했다. 《난장이가 쏘아올린 작은 공》은 이 시기의 이야기를 사실적으로 담아내고 있는 연작소설이다.

책에 실린 작품 중 하나인 《난장이가 쏘아올린 작은 공》은 문학 수업에서도 접했을 것이다. 가난하고 소외된 계층의 난장이(현재 표준어는 '난쟁이'임) 가족, 부당한 노동 조건에서 일하는 공장 근로자들, 횡포를 일삼는 투기업자들의 이야기를 통해 가진 자의 보이지 않는 폭력의 무서움을 그리고 있다.

《난장이가 쏘아올린 작은 공》은 1인칭 주인공 시점인데 1, 2, 3부의 서술자가 다른 것이 특징이다. 1부는 큰아들 영수, 2부는 작은아들 영호, 3부는 막내 영희가 주인공이자 서술자의 역할을 하고 있다. 그리고 제목의 '작은 공'은 이상향인 달나라로 가고자 하는 난쟁이 아버지의 염원을 나타낸 것임을 유념하면서 작품을 읽어보자.

요즈음도 소득 불균형 문제가 대두되고 있다. 또 아파트 단지의 재건축 문제도 시대를 가리지 않고 사람들의 초미의 관심사이자 격렬한 찬반 논의를 불러온다. 《난장이가 쏘아올린 작은 공》은 1978년 초판이 발행되어 100쇄가 넘도록 사람들에게 꾸준히 읽히고 있다는 것, 이 책에 나오는 이야기들을 지금의 우리 사회에서도 찾아볼 수 있다는 것은 무슨 의미일지 생각해보자.

심화활동
- 《난장이가 쏘아올린 작은 공》에 나타난 1970년대 사회 문제를 탐구하는 보고서를 작성한다.
- 전태일 분신과 광주대단지 사건을 조사하고 보고서를 작성한다.

황만근은 이렇게 말했다

성석제 | 창비 | 2002

도서 분야	문학
관련 과목	국어, 통합사회
관련 학과	국어국문학과, 사회학과, 심리학과

황만근은 과연 우리에게 무슨 말을 남겼을까?

이 책은 《황만근은 이렇게 말했다》, 《쾌활냇가의 명랑한 곗날》 등 성석제의 소설 일곱 편이 담겨 있다. 이중 《황만근은 이렇게 말했다》는 "황만근이 없어졌다"라는 문장으로 주인공의 실종을 알리면서 시작한다.

황만근은 동네 사람들에게 바보 취급을 당하면서도 마을의 궂은일을 도맡아 하는 성실하고 이타적인 인물이다. 민씨는 황만근을 바보 취급하는 마을 사람들과 달리 황만근의 훌륭한 성품을 알아보는 도시에서 귀농한 인물이며, 이장을 비롯한 마을 사람들은 황만근을 조롱하고 이용하는 이해타산적인 인물들이다. 농가의 부채 탕감을 촉구하는 궐기대회에 남들은 차를 타고 가는데, 황만근은 규정대로 경운기를 타고 갔다가 돌아오지 않는다.

이 작품은 1990년대 암울한 농촌의 현실을 바탕으로 사람들의 이기적인 모습을 풍자하고 있다. 향토적이고 구수한 방언을 주로 사용하고 인물의 행동을 우스꽝스럽게 표현한 풍부한 해학성, 이기적인 모습을 통한 풍자적 성격 등의 특성을 보여준다. 작가는 자신에게 이익이 없는 일에도 열성을 다하는 황만근과 이기적인 마을 사람들을 대조하면서 주제 의식을 선명하게 부각한다.

소설 속에서 황만근은 '농사꾼은 빚을 지면 안 된다', '제대로 된 농사꾼이 점점 없어진다' 같은 말을 한다. 비록 조금 모자란 것처럼 보일지라도, 그가 하는 말들은 우리가 자칫 놓칠 수 있는 바른길을 알려주고 있다. 그리고 민씨의 평가를 통해 우리에게 황만근이 보여주는 관용과 이타적인 면모가 필요하다고 지적한다.

심화활동

- 1990년대 경제 위기와 농민들의 부채 문제를 조사하고 보고서를 작성한다.
- 작품 속 사투리의 사용이 어떠한 효과를 가져오는지 생각해보고 다른 작품의 예들도 찾아본다.

도서 분야	문학
관련 과목	국어, 통합사회, 한국사
관련 학과	국어국문학과, 사회학과, 역사학과

3월
15일

시인 동주

안소영 | 창비 | 2015

청년 윤동주의 삶을 들여본다

앞서 윤동주의 시를 느껴보았다면 이제는 청년 윤동주의 삶을 들여다보아야 할 때다. 《시인 동주》는 윤동주 평전이 아닌, 윤동주의 이야기를 담은 실화 같은 소설이다. 윤동주와 경성과 일본 유학 생활을 함께한 고종사촌 송몽규, 소학교 친구 문익환 그리고 연희 전문학교 후배 정병욱 등 그 시대 청년들이 보여주는 진로에 대한 고민과 가족에 대한 걱정, 시대에 대한 불안 등을 볼 수 있다. 우리가 그들의 모습에 공감할 수 있는 것은 그들에게서 지금의 우리들의 모습을 찾을 수 있기 때문이다.

이 작품이 흥미로운 점은 소설을 읽으며 저절로 '윤동주가 이런 마음으로 이 시를 썼겠구나.'라는 생각이 든다는 것이다. 연희전문학교에 입학하여 교정을 거닐며 시 〈새로운 길〉을 쓰는 이야기, 유학을 가기 위한 창씨개명 이후 시 〈참회록〉을 쓰는 이야기 등 시의 창작 배경을 알고 나면 시 한 편 한 편이 더욱 귀하게 다가온다. 문인들이 변절하거나 절필했던 일제 강점기 속에서 꿋꿋이 시를 쓰던 청년 윤동주의 마음을 생각해보자.

윤동주를 탐구하면 문학과 함께 근현대사를 자연스럽게 익힐 수 있다. 책의 뒷부분 '주요 인물 소개'를 읽으면 근현대사를 헤쳐나간 등장인물들의 정보는 물론 시대와 작품에 대한 추가적인 이해가 가능하다. 윤동주를 또 다른 시선으로 관찰한 정병욱의 《잊지 못할 윤동주》도 읽어보길 추천한다. 소설과 현실을 넘나들며 윤동주의 삶과 작품을 느껴보자.

심화활동

- 종로의 윤동주 문학관, 연세대학교 윤동주 기념관을 방문해보고 윤동주의 생애에 대한 보고서를 작성한다.
- 윤동주와 그의 작품을 소재로 삼은 다양한 영상 매체를 보고, 이를 이용한 문학의 감상 방법을 정리한다.

땀 흘리는 소설

김혜진 외 8명 | 창비교육 | 2019

도서 분야	문학
관련 과목	국어, 통합사회
관련 학과	국어국문학과, 사회학과, 기계공학과

사회에서 땀을 흘릴 미래의 일꾼들을 위하여

《땀 흘리는 소설》은 단편 소설 여덟 작품이 실려있는 책으로, 제목에서 알 수 있듯 다양한 분야에서 일하는 사람들의 모습이 담겨있다. '미디어 콘텐츠 창작자'를 향한 우리의 시선은 어떠한가, 가짜 후기를 적는 마케팅 회사 직원의 고뇌, 취업준비생이라 불리는 청년 실업자의 모습, 슈퍼우먼처럼 육아와 업무를 동시에 해내야 하는 여성, 콜센터 직원의 감정 노동, 이주 노동자들의 고달픈 삶, 회사의 문제를 개인의 탓으로 몰아가는 산업 재해의 이야기, 파트타이머가 상실한 노동자의 권리 등 적나라한 일터의 모습이 고스란히 담겨있다.

학교에서 배우는 문학 작품은 으레 '유배지에 간 상황에서 쓴 작품이다', '일제 강점기를 배경으로 하고 있다', '독재 정권 시기임을 인지하고 작품을 이해해야 한다', '산업화 시대에서 소외된 사람들의 모습이다' 등 우리가 겪지 않았고 앞으로도 겪어보지 못할 이야기들이 많다. 그런데 《땀 흘리는 소설》은 생생한 노동 현장의 모습이 담겨있다. 어쩌면 졸업 후의 내가 겪게 될 일터의 이야기 말이다.

모든 작품은 땀 흘리는 노동의 현장 이야기라는 공통점이 있지만 각 작품은 다양한 주제를 담고 있다. 각 작품에서 말하려는 주제를 파악하고, 관심이 있는 분야의 이야기를 더 탐구하면 이 책에 담긴 것보다 더 많은 것을 얻을 좋은 기회가 될 것이다. 이 책에 실려있는 작품 중, 《저건 사람도 아니다》는 2021년 6월 전국연합학력평가 고2 국어영역에 나오기도 했다. 기출 문제를 통해 작품을 어떻게 이해하고 풀어나갈지 파악하는 시간도 가져 보자.

심화활동

- 작품들이 다루는 것 중 관심 있는 주제(노동 기본권, 산업 재해, 청년 실업 문제 등)를 선정해 토론한다.
- 로봇이 노동을 전담할 때의 장단점을 생각하고, 그 미래를 위해 어떠한 준비가 필요한지 보고서를 작성한다.

불편한 편의점

김호연 | 나무옆의자 | 2021

도서 분야	문학
관련 과목	국어
관련 학과	국어국문학과, 사회학과, 의예과

'편의'점이 불편한, 그 불편한 진실

2019년 겨울에 처음 등장해 전 세계에서 수많은 확진자와 사망자를 기록한 코로나19는 우리 삶에 많은 변화를 가져왔다. 학교에 가지 못하고, 특정 시간 이후에는 가게 문을 닫아야 했으며, 의무적으로 마스크를 착용해야 했다. 그러한 상황에서 우리는 어떠한 삶을 살았는지 생각해보자. 각자의 일을, 사업체를, 역할을 해내며 어려운 시기를 이겨내고 있었다. 《불편한 편의점》은 그 시기 우리들의 모습이 담겨있다.

편의점이라는 공간의 익숙함, 우리가 겪었던 초기 코로나19의 상황, 그리고 수익이 나지 않는 편의점을 계속 운영하는 사장, 편의점의 밤을 지키는 독고 씨. 마지막이라는 생각으로 글을 쓰는 작가, 편의점에서 혼술을 하는 회사원, 편의점을 팔길 원하는 사장의 아들, 독고 씨의 뒤를 캐는 탐정 등 편의점을 중심으로 한 사람들의 이야기들은 평범한 듯 평범하지 않다. 저절로 '독고 씨는 과연 어떤 사람인가'라는 질문을 품으며 이 작품을 읽게 된다. 작품의 후반부에서 '역시 독고 씨는 그런 사람이었구나'라는 감탄과 더불어 안쓰러움도 느껴진다. 그리고 독고 씨의 마지막 행보는 우리에게 '각자의 사회적 역할을 다해야 한다'라는 메시지를 던진다.

손님이 많지 않으니 물건을 다양하게 갖출 수 없고, 찾는 물건이 없어서 손님들은 불편한 편의점. 불편한 것은 사실이지만 더 많은 무언가를 얻을 수 있는 곳이라는 생각이 든다. 작품에 등장하는 다양한 인물들을 통해 관심 있는 탐구 주제를 찾으며 읽으면 한다.

심화활동

- 노숙인들의 실태를 조사하고 그들을 위한 개인과 지역, 국가의 역할을 주제로 보고서를 쓴다.
- 코로나19를 겪으며 바뀐 우리 사회의 모습을 파악하고 개선점을 친구들과 토론해 본다.

눈길

이청준 | 문학과지성사 | 2012

도서 분야	문학
관련 과목	국어, 통합사회, 심리학
관련 학과	국어국문학과, 사회학과, 역사학과

그 새벽 눈길의 서글픈 동행

이 책에는 이청준의 중·단편 소설 아홉 편이 실려있다. 각각 역사와 사회, 사람, 예술 등에 대해 생각해보게 되는 작품들이다. 이 책에 실린 작품 중 대표작인 《눈길》은 교과서에도 수록되고, TV 드라마로도 만들어져 사람들에게 감동을 주었다.

《눈길》에는 가난 때문에 어쩔 수 없이 소원해진 어머니와 아들이 등장한다. 어머니는 아들에게 하고 싶은 말도 주저하고, 아들은 스스로 어머니에게 '빚이 없다'라며 속으로 되뇐다. 이런 아들에게 어머니의 옷궤는 그저 거슬리는 물건이다. 과거 자신이 공부를 위해 멀리 떠났던 고등학교 1학년 때, 집이 파산했다는 소식을 듣고 옛집을 찾아간다. 하지만 하룻밤 만에 쫓겨나듯 고향을 등지게 된다. 그리고 그때부터 어머니의 옷궤는 그 기억을 떠올리게 하는 불편한 물건이 된 것이다.

하지만 사실 어머니는 팔려버린 집의 새 주인에게 사정해 이불 한 채와 옷궤 하나를 남겨 아들을 기다렸고, 이튿날 새벽 K시로 돌아가는 아들과 함께 눈길을 걸어 배웅한 것이다. 아들은 잠결에 아내와 어머니의 대화를 통해 그 이후의 이야기를 듣게 된다. 돌아갈 집도 없이 아들과 함께 걸어간 눈길을 혼자 되돌아간 어머니의 이야기를 말이다.

《눈길》은 작가의 자전적 작품이자, 우리 사회의 힘들었던 시기와 소외된 사람들의 이야기를 고스란히 담았다. 이야기의 연속성이 느껴지는 이청준의 《새가 운들》과 함께 읽어보자.

심화활동

- 인물 간의 관계를 정리해 아들이 어머니를 '노인'이라고 칭하는 이유를 찾고 보고서를 작성한다.
- 1950년대 후반과 1960년대 우리 사회의 모습을 조사하여 보고서를 작성한다.
- 이청준의 《새가 운들》을 읽고 《눈길》과 연결해 인물들의 상황을 파악해 보자.

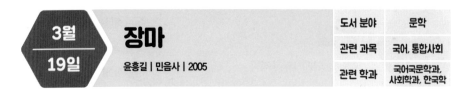

도서 분야	문학
관련 과목	국어, 통합사회
관련 학과	국어국문학과, 사회학과, 한국학

3월
19일

장마

윤흥길 | 민음사 | 2005

소년의 시각으로 본 가족의 비극과 극복

이 책에는 《장마》, 《땔감》, 《기억 속의 들꽃》 등 윤흥길의 소설 열 편이 실려있다. 시대에 대한 통찰력을 바탕으로 전쟁과 산업화 등으로 소외된 사람들의 모습, 인간의 근원적인 갈등과 그것을 극복하려는 모습을 담아내고 있다.

이 중 《장마》는 6·25 전쟁 속 국군 아들을 둔 외할머니와 인민군 아들을 둔 할머니가 함께 지내며 생기는 대립과 갈등을 소년의 눈으로 보여준다. 외삼촌의 전사 소식 이후 생긴 할머니 간의 갈등, 삼촌을 기다리는 할머니 앞에 구렁이가 나타나는 사건, 그리고 그 사건의 해결을 통해 이데올로기에서 비롯된 아픔은 가족애와 민족애로 치유할 수 있다는 메시지를 전한다.

《기억 속의 들꽃》도 6·25 전쟁 이야기를 담고 있다. 전쟁 중에 부모를 잃은 명선이는 금반지를 내밀며 '나'의 집에 얹혀살게 된다. 금반지에만 관심을 보이는 어른들의 모습에서 전쟁으로 삭막해진 이들의 물질만능주의를 비판하고 있다. 자신을 지키기 위해 남장하고, 금반지를 숨겨두고 하나씩 꺼내야만 했던 명선의 심정을 생각해보자. 그리고 만경강 다리에서 본 '쥐바라숭꽃'의 의미를 생각하며 작품의 여운을 느껴보자.

《장마》는 2001학년도 대학수학능력시험에는 소설로, 2010학년도에는 시나리오로 각색해 출제되었다. 이 책에 실린 작품은 아니지만, 대학수학능력시험에 출제된 윤흥길의 또 다른 작품인 《아홉 켤레의 구두로 남은 사내》와 《매우 잘생긴 우산 하나》도 함께 읽어보자.

심화활동

- '장마'의 마지막 문장을 살펴보고 작품 내용을 바탕으로 그 의미를 해석해 본다.
- 인상 깊은 등장인물을 선정하여, 그 인물의 특징을 정리하고 그 인물을 통해 무엇을 말하고자 하는지를 고찰한 보고서를 작성한다.

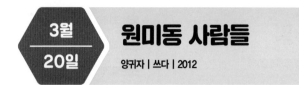

원미동 사람들

양귀자 | 쓰다 | 2012

도서 분야	문학
관련 과목	국어, 통합사회
관련 학과	국어국문학과, 사회학과

멀고 아름다운 동네, 원미동의 이야기

《원미동 사람들》은 1980년대 경기도 부천시 원미동에 사는 사람들의 이야기 열한 편이 실려있다. 서울 주변부에 살며 서울을 갈망하는 사람들과 서울에서 밀려난 사람들의 이야기로 소시민의 모습과 이기적인 세태를 잘 보여준다.

서울을 떠나 원미동에 도착하는 과정을 다룬 《멀고 아름다운 동네》, 땅이란 어떤 존재인지 생각하게 하는 《마지막 땅》, 일곱 살 소녀의 시각으로 보여주는 착한 청년 '몽달 씨'와 형제 슈퍼 '김 반장'의 이야기 《원미동 시인》, 힘든 삶 속에서 소중한 추억에 대한 그리움을 담은 《한계령》 등 우리 주변의 소소한 이야기를 통해 세상을 알고 나를 성찰하게 해준다.

1980년대는 빠르게 산업화와 도시화가 진행되며 도시로 인구가 집중됐다. 이는 부동산 투기와 주택난의 심화를 불러왔다. 그렇게 서울 근교에 아파트 단지를 조성하고 신도시를 개발하게 된 일련의 욕망의 과정은 《마지막 땅》은 땅을 삶의 기반이자 근원이라고 생각하며 농사짓는 땅을 지키려는 '강 노인'과 땅을 개발의 대상이자 이익 창출의 수단으로 생각하는 사람들 사이의 이야기로 그려진다. 그런데 우리는 그 작품 속에서 젊은이들은 일자리를 찾기 위해 서울로 몰리고, 서울의 집값은 높아만 가는 지금 우리 사회의 모습을 찾을 수 있다.

문학은 미적인 기능만 하는 것이 아니다. 우리 공동체가 중요하게 여기는 사회·문화적 가치를 담아내어 독자의 가치관에 따라 평가하고 수용하도록 한다. 《원미동 사람들》을 통해 우리 사회의 모습을 다시 한번 생각하는 시간을 가지길 바란다.

심화활동

- '원미동'은 '먼 아름다운 동네'라는 의미다. 작품을 읽고 이 의미의 이유를 탐구해 본다.
- 《마지막 땅》의 강 노인은 땅을 팔았을지 인물의 특성을 가지고 예측해 본다.

관촌수필

이문구 | 문학과지성사 | 2018

회고담 형식의 수필 아닌 소설을 만나다

《관촌수필》은 저자의 소설 여덟 작품이 실려있다. 오랜만에 고향을 방문하여 둘러보며 떠오른 감상이 이야기를 이끌고 있다. 어린 시절의 회상, 피란민에게 베푼 어머니의 인간애, 성실한 인물의 안타까운 죽음, 고향 친구 이야기 등이 담겨있다. 고향을 떠난 인물이 과거를 회고하고 있어 수필처럼 느껴지기도 한다.

1970년대에는 분단 상황에 대한 비판적 인식이 제기되기 시작하였고, 산업화 과정에서 농촌이 소외되는 사회 문제가 발생하였다. 《관촌수필》도 이 시기의 이야기를 다루며 변해 버린 고향의 모습에 실망하고 과거 고향에 대한 기억을 떠올리며 전통적인 삶에 대한 아쉬움을 드러낸다.

'일락서산'에서 '나'의 고향에 대한 기억에는 할아버지가 크게 자리하고 있음을 알 수 있다. '나'는 할아버지, 아버지, '나' 3대의 이야기를 어린 시절의 고향 풍경과 함께 회상한다. 할아버지는 전통적 가치관을 지닌 봉건적인 인물이고, 아버지는 사회주의 사상을 실천한 진보적인 인물이다. '나'의 할아버지에 대한 회상은 전통적인 질서에 대한 애착이며, 무분별한 산업화에 무너지는 농촌에 대한 비판도 담겨있다.

무엇이 얼마만큼 변했는가를 살펴보는 것도 중요하겠지만 왜 어떤 것은 변하지 않았는지를 아는 것도 중요하다. 이를 염두에 두고 책을 읽어보자. 《관촌수필》은 앞에서 읽어 본 염상섭의 《삼대》, 박태원의 《천변풍경》, 최인훈의 《광장》과 더불어 대학수학능력시험에 2회 이상 중복으로 출제되었다는 것을 기억해두자.

심화활동

- 《관촌수필》에 실린 작품들의 제목은 어떤 의미인지 살펴본다.
- 1940년대, 1970년대 우리 사회의 모습을 조사하고 작품 속 내용과 연관 지어 보고서를 작성한다.

방망이 깎던 노인

윤오영 | 범우사 | 2000

장인의 솜씨란 이런 것일까

다듬이질을 알지 모르겠다. 옷이나 옷감 따위를 방망이로 두드려 반드럽게 하는 일로 다듬잇돌과 나무로 만든 방망이 한 벌이 필요하다. 요즈음은 다리미나 의류관리 기기 등이 그 역할을 대신하고 있어서 다듬이질을 모를 수도 있다.

이 책은 윤오영의 수필집이다. 방망이 깎는 노인과의 일화를 통해 장인 정신을 예찬하는《방망이 깎던 노인》, '더우면 더울수록 기쁨으로 참는다'라며 여름을 이야기하는《하정소화》, '생활에서 행복을 느낀다는 것은 예술에서 미를 발견하는 것과 같다'라는《생활과 행복》등 소소한 일상의 경험 속 소중한 깨달음을 주는 작품들이 담겨있다.

특히 책의 대표작인《방망이 깎던 노인》은 문학 시간에 접해봤을 것이다. 바쁜 일상 속 방망이를 깎는 노인의 행동을 이해하지 못한 자신의 태도를 반성하며 '옛날 사람들은 흥정은 흥정이요 생계는 생계지만, 물건을 만드는 그 순간만은 오직 아름다운 물건을 만든다는 그것에만 열중했다. 그리고 스스로 보람을 느꼈다. 그렇게 순수하게 심혈을 기울여 공예 미술품을 만들어 냈다.'라는 구절을 통해 이익과는 상관없이 물건을 만드는 일에 정성을 다하는 옛사람들의 장인 정신을 말하고 있다.

이런 노인의 일화는 수많은 매체에서 다양한 생산 주체에 의해 재생산되고 있다. 그만큼 주제 전달도 잘 되고 감동을 주어 여러 사람에게 읽히고 사랑받고 있다는 방증이다. 이처럼 인상 깊은 작품을 재생산해보길 추천한다.

심화활동

- 《방망이 깎던 노인》의 패러디들을 읽고, 자신만의 주제를 담아 재창작해 본다.
- 《방망이 깎던 노인》에 나오는 '숙지황', '구증구포'가 무엇인지 알아보고 무엇을 전달하기 위해 이 소재들을 사용했는지 탐구해 본다.

문학의 숲을 거닐다

장영희 | 샘터 | 2022

도서 분야	문학
관련 과목	국어, 통합사회
관련 학과	국어국문학과, 사회학과

문학과 함께하는 생활

고등학교 교육과정 중 국어 과목에는 '주체적인 관점에서 작품을 해석하고 평가하며 문학을 생활화하는 태도를 지닌다.'라는 성취기준이 있다. 이 책을 읽으며 바로 '문학의 생활화'라는 그 말이 떠올랐다. 위대한 문학 작품들의 기본 주제는 '같이 놀래?'인지도 모른다는 작가의 말에 문학과 같이 논다는 것이 이런 것이라는 기분도 느꼈다.

문학은 우리에게 삶의 다양한 경험을 제공하는 대리 경험이자, 인간이기에 느낄 수 있는 상처와 고뇌를 이해하는 능력을 기르는 일이다. 그리고 허구의 문학 작품에서 시공간을 초월해 우리의 모습을 발견할 수도 있다는 것이 놀랍기도 하다.

이 책에는 《위대한 개츠비》, 《멋진 신세계》, 《호밀밭의 파수꾼》, 《오만과 편견》, 《이방인》 등 '오랫동안 많은 사람에게 널리 읽히고 모범이 될 만한 문학이나 예술작품'인 고전(古典)들이 등장한다. 그러나 저자는 그 작품의 설명이나 분석이 아닌 자신에게 어떤 감동을 주었는지, 그 작품으로 삶이 얼마나 풍요로워졌는지를 쓰려고 노력했다고 말한다. 여러분도 '문학의 힘'을 믿고 문학의 숲을 거닐며, 문학과 같이 놀면서 문학을 생활화해보자.

심화활동

- 《문학의 숲을 거닐다》에서 가장 인상적인 글과 해당 작품을 읽어 보고, 감상문을 작성한다.
- 자신에게 영향을 준 문학 작품을 선정하고 그 작품이 삶에 어떠한 영향을 주었는지에 대한 내용을 담은 수필을 창작한다.

3월
24일

인연

피천득 | 민음사 | 2018

그저 수필가가 쓴 단순한 글

오해의 여지가 있겠지만, 위 제목은 수필을 깎아내리는 것이 아니다. 그저 이 책의 《수필》이라는 제목의 글에 나오는 말일 뿐이다. 저자는 '수필은 정열이나 심오한 지성을 내포한 문학이 아니요, 그저 수필가가 쓴 단순한 글이다'라고 하며 수필은 특별한 목적 없이 담담하게 쓰는 글이라고 말하고 있다.

은전 한 닢을 갖기 위해 오랜 시간 노력한 거지의 모습에서 연민이 느껴지는 《은전 한 닢》도 마찬가지다. 왜 그렇게까지 애를 썼느냐는 질문에 그저 이 돈 한 개가 갖고 싶었다고 말하는 결말에는 어떤 사족도 없다. 설명도 논평도 덧붙이지 않고 시릴 정도로 담담하게 끝나는 결말은 주제를 함축적으로 드러내고 독자에게 여운을 느끼게 한다.

말과 이야기의 필요성을 담은 《이야기》에서는 우리의 일반적인 사고와는 다른 면을 보여준다. '침묵은 금이다'라는 격언에 찬란한 침묵은 있을 수 없다고 하고, 이야기를 재미있게 하기 위한 약간의 거짓말은 나쁜 일이 아니며, 이해관계 없이 다른 사람의 험담을 하는 것은 재미있는 일이라고 하는 등 작가의 개성적인 견해가 담긴 글이라고 할 수 있다.

'아사코'와의 세 번의 만남을 통해 인연의 의미를 생각하게 하는 《인연》에서 세 번째는 아니 만났어야 좋았을 것이라는 저자의 말은 쓸쓸하기도 하다. 마지막으로 《나의 사랑하는 생활》에는 사랑스러운 것들로 가득하다. 그가 사랑한다고 나열한 것들은 우리가 당연하다고 여겨 지나칠 수 있는 만큼 소박한 것들이다.

이렇듯 피천득은 우리 일상의 삶 속에서 일어나는 소소하고 아름다운 일들을 수필에 담아왔다.

심화활동
- 2002년 'TV, 책을 말하다'에 '인연'을 주제로 한 방송을 보고 소감문을 작성한다.
- 가장 인상 깊은 작품을 선정하여 작가가 전하려고 하는 주제가 무엇인지 생각해 본다.

한국 현대희곡선

김우진 외 9명 | 문학과지성사 | 2021

도서 분야	문학
관련 과목	국어, 통합사회, 연극학
관련 학과	국어국문학과, 사회학과

희곡으로 시대를 읽다

우리나라의 전통극은 판소리라고 볼 수 있다. 이는 개화기에 들어온 서양의 연극과 결합해 창극으로 변모했다. 이 창극이 인기를 끌자 신극이나 신파극 등 근대적인 양식의 극이 속속 등장했다. 1920년대에는 근대적인 희곡 창작이 활발해졌고, 1930년대에는 일제 강점기 시대의 모순을 비판하는 작품들이, 광복 이후에는 실험적인 시도와 전통극을 현대적으로 계승하는 등 다양한 발전을 이루고 있다.

《한국 현대희곡선》에는 1920년대부터 1980년대의 희곡 중 대중성과 작품성을 지닌 희곡 작품들이 담겨있다. 식민지 지식인의 좌절과 새로운 삶에 대한 모색을 이야기하는 김우진의 《산돼지》, 극빈층인 토막민의 삶과 궁핍한 농촌의 모습으로 비참한 현실을 사실적으로 보여주는 유치진의 《토막》, 최신식 건물과 낡은 한옥을 대조하며 근대화 과정 속 몰락하는 가족의 모습을 담은 차범석의 《불모지》, 친일행각으로 부를 쌓은 이중생의 이야기를 다룬 오영진의 《살아있는 이중생 각하》, 탐욕스러운 아버지와 이에 불만을 가진 일곱 명의 아들들의 갈등을 그린 이강백의 《봄날》 등 대표적인 희곡 작품들을 만날 수 있다.

소설과는 다른 희곡만의 특징을 찾아보며 책을 읽어보자. 그리고 소설을 희곡으로, 희곡을 소설로 바꿔보면 장르별 특징을 빠르게 이해할 수 있을 것이다. 이외에도 문학 수업에서 많이 다뤄 온 유치진의 《소》, 이강백의 《만선》, 오영진의 《맹 진사 댁 경사》 등도 함께 읽어보길 추천한다.

심화활동
- 희곡과 소설의 차이점과 공통점을 알아보고 장르의 특성에 대한 보고서를 작성한다.
- 가장 인상 깊은 작품을 선택해 작가가 전달하고자 하는 의미를 파악하고 보고서를 작성한다.

3월
26일

이근삼 전집 1

이근삼 | 연극과인간 | 2008

도서 분야	문학
관련 과목	국어, 통합사회
관련 학과	국어국문학과, 사회학과

모순으로 빚어낸 비참함

책의 저자 이근삼은 미국 유학 시절 연극학과 희곡 창작을 공부했다. 이 시기 서사극과 부조리극이라는 새로운 연극 양식을 접하고 연극의 발판조차 없는 우리나라로 돌아온다. 귀국 후 왕성한 극작 활동을 펼쳤고 그의 실험적 방식의 연극은 한국 연극계에 큰 충격과 자극을 선사했다.

이 책에는 그런 이근삼의 연극 중 《원고지》, 《대왕은 죽기를 거부했다》 등의 희곡이 담겨있다. 특히 《원고지》는 문학 시간에 접해본 작품일 것이다. 과거의 꿈과 이상을 잃어버린 채 돈 버는 기계처럼 살아가는 중년 교수의 이야기로, 일반적으로 생각하는 연극과는 많은 부분이 다르다.

《원고지》는 등장인물이 해설자로 관객에게 직접 말을 건네는 것도 독특하며, 교수가 사용하는 공간과 입고 있는 양복이 원고지 무늬인 것, 기계적이고 유사한 행동과 무미건조한 대사가 반복되는 것은 규격화된 틀 속에서 인간성을 상실한 무의미하고 삭막한 삶을 반영하고 있다. 그리고 이 작품은 특별한 사건 전개나 뚜렷한 갈등이 드러나지 않고 극중 상황만 보여주는 실험적 기법을 활용하여 삶의 가치와 의미를 잃어버린 현대인을 풍자하고 있다. 이러한 기법은 그가 미국에서 접한 부조리극의 형식을 실험한 것으로 평가받는다. 인간의 상황을 부조리로 보고 그것을 극의 계기로 삼고, 극을 진행하며 부조리함을 설명한다.

《이근삼 전집 2》의 현대인의 속물적인 욕망을 다룬 '국물 있사옵니다'도 읽어보길 추천한다.

심화활동

- '부조리극'을 조사하고 대표적인 작품들을 정리하여 보고서를 작성한다.
- '원고지'의 장녀는 해설자의 역할을 하고 있다. 장녀가 말하는 대사의 특징과 효과를 탐구해 보고서를 작성한다.

화랑의 후예, 밀다원 시대

김동리 | 교보문고 | 2013

도서 분야	문학
관련 과목	국어, 통합사회
관련 학과	국어국문학과, 사회학과

깊은 울림을 주는 그 무엇

김동리는 조선일보 신춘문예에서 시 〈백로〉로 입선, 중앙일보 신춘문예에서 소설 《화랑의 후예》로 당선, 동아일보 신춘문예에서 소설 《산화》가 당선된 위대한 이력을 가지고 있다. 《화랑의 후예, 밀다원 시대》는 그의 소설 여덟 작품이 담겨있다.

과거의 권위에 집착하는 시대착오적인 몰락 양반에 대한 풍자를 담은 《화랑의 후예》, 복 바위를 갈면 소원이 이루어진다는 토속적인 믿음을 담은 《바위》, 무녀인 어머니와 기독교인 아들을 통해 샤머니즘과 기독교의 대립을 그린 《무녀도》, 역마살이라는 운명의 순응을 통한 생의 의지 회복을 말하는 《역마》, 전쟁을 피해 부산으로 간 예술인들이 모이는 밀다원 다방의 이야기를 담은 《밀다원 시대》, 소신공양(燒身供養, 자기 몸을 태워 부처 앞에 바침)을 하고 불상이 된 사연을 통해 깨달음을 얻는 《등신불》 등 김동리의 문학적 특징을 잘 보여주는 작품들을 만날 수 있다.

김동리는 전통이나 민속, 종교에 관심을 두고 탐구하며 인간의 운명을 이해하려 노력했다. 그래서 우리는 그의 작품에서 토속적인 것과 샤머니즘, 기독교, 불교, 도교, 유교 등의 종교, 지식인의 고민, 인간의 운명에 대한 고뇌 등을 찾을 수 있다.

김동리는 자신의 글만이 아니라 다른 사람의 글을 이끄는 것도 능통했다. 앞에서 읽었던 《관촌수필》의 작가 이문구의 재능을 알아보고 제자로 받아들이거나, 박경리와 강신재 같은 작가들도 김동리의 추천으로 등단했다.

이 책은 '김동리 탄생 100주년 기념 소설그림집'이라는 부제처럼 소설뿐 아니라 그림도 함께 실려있다. 소설의 이해를 돕는 그림과 함께 감상해 보길 바란다.

심화활동
• 《화랑의 후예》 속 '황 진사'의 특징을 정리하고 그 의의를 설명한다.
• 이 책에는 실리지 않은 김동리의 작품들을 읽어보고 정리해 본다.

시용향악보

작자미상 | 지식을만드는지식 | 2011

도서 분야	문학
관련 과목	국어, 통합사회
관련 학과	국어국문학과, 사회학과

우리 선조들이 즐긴 음악

문학 시간에 고전 운문을 공부하다 보면 작품의 출처에 《악장가사》, 《악학궤범》, 《시용향악보》라는 조금은 생소한 이름을 보았을 것이다. 이 책들은 우리나라 전통 음악서라고 할 수 있다. 《시용향악보》에는 〈사모곡〉, 〈서경별곡〉, 〈정석가〉, 〈청산별곡〉 등 26곡의 노래 가사와 악보가 실려있다. 다른 문헌에도 수록된 작품도 있지만, 《시용향악보》에만 수록된 곡들이 있어, 우리 문학과 음악계에 중요한 자료가 되고 있다.

'불가능한 상황을 설정하여 그 상황이 이루어지면 임과 이별하겠다고 말하며 임과의 영원한 사랑을 소망하고 있음을 노래하는 〈정석가〉, 삶의 고뇌와 비애를 노래하는 〈청산별곡〉, 임과의 이별을 노래하는 〈서경별곡〉, 자식에 대한 어머니의 사랑을 노래한 〈사모곡〉, 임과 이별하는 심정과 재회에 대한 소망을 노래하는 〈귀호곡〉, 부모님에 대한 효심을 노래하는 〈상저가〉 등 우리가 문학 시간에 접한 작품들을 볼 수 있다. 이중 〈귀호곡〉은 악장가사에 〈가시리〉로도 전해지고 있다.

《시용향악보》를 현대적으로 해석한 이 책은 작품의 현대어 풀이와 원문을 소개한다. 또 책의 뒷부분에 악보도 실려있는데, 원전의 방식대로 오른쪽에서 왼쪽으로 읽어야 한다. 우리에게 익숙한 오선지가 아닌 악보가 낯설지만, 작품이 전해지고 있는 방식을 확인하는 기회가 되시길 바랍니다.

심화활동

- 《시용향악보》에서 기억에 남는 작품을 골라 전문을 찾아보고 작품의 소개 글을 작성해 본다.
- 《악장가사》, 《악학궤범》을 조사하고 이 책들의 의의를 알아본다.

호질 양반전 허생전

박지원 | 범우사 | 2014

도서 분야	문학
관련 과목	국어, 통합사회
관련 학과	국어국문학과, 사회학과

풍자와 비판이 담긴 이야기

박지원은 실학을 추구하고 신학문을 배우고 취한 조선 시대의 실학자이다. 이 책은 《호질》과 《양반전》, 《허생전》 등 박지원의 풍자와 비판이 담긴 작품을 모아 두었다.

《호질》은 '호랑이의 질책'이라는 뜻으로 학식이 높은 북곽 선생과 열녀로 알려진 동리자의 표리부동(表裏不同)한 모습으로 양반의 위선적인 삶과 부도덕성을 비판하고 있다. 《양반전》은 부자가 된 평민과 가난한 양반이 양반 증서를 사고파는 과정을 통해 양반의 특권 의식과 횡포에 대한 비판의식을 알 수 있다. 《허생전》은 허생의 비범한 행적을 통해 조선 시대의 취약한 경제 구조와 양반들의 허례허식을 비판한다. 《광문자전》은 지위나 신분보다 성실하고 훌륭한 인품의 사람이 필요하다는 작가의 의식을 느낄 수 있다. 《예덕선생전》은 천한 일로 여겨진 똥장군을 직업으로 삼은 엄행수의 청렴한 태도를 통해 양반들의 허위의식을 비판하고 있다.

박지원의 작품은 현대의 우리에게도 많은 깨달음을 주고 있다. 명분만 내세우는 위정자들이나 외모나 신분으로 사람을 평가하는 인식, 돈과 권력으로 어떠한 문제도 해결할 수 있다는 생각 등이 시대를 막론하고 찾아볼 수 있다는 것이 안타까울 뿐이다. 박지원이 이러한 작품을 쓴 시기의 사회상을 탐구하고 작품을 읽으면 그 속에 녹아 있는 작가의 의식을 이해하기 쉬울 것이다.

심화활동

- 조선 후기 사회상을 조사하고 박지원의 작품이 어떠한 의미를 지니는지 보고서를 작성한다.
- 가장 인상적인 작품을 선정하여 오늘날 우리는 그 작품을 어떻게 평가할 수 있을지 친구들과 의견을 나눈다.

열하일기

박지원 | 보리 | 2010

해학과 실학으로 바라본 당대의 선진국 이야기

조선 사신이 나라의 명을 받아 다른 나라로 가는 일을 사신 행차, 줄여서 '사행'이라고 말한다. 조선 시대에 사신 행차는 다른 나라의 앞선 문물을 접하고 경제와 문화를 교류하는 몇 안 되는 기회였다. 중국으로 떠나는 사신 행차는 동짓날과 새해, 황제와 황후 생일을 축하하러 가는 정기 사행과 기쁜 일이나 감사할 일이 있을 때, 조문할 일이 있을 때 가는 임시 사행이 있었다.

박지원의 친척 박명원은 청나라 황제의 생일을 축하하는 사행단의 정사(正使, 황제에게 보내는 표문을 관리하는 사행의 최고책임자)였다. 그 덕분에 당시 평범한 선비였던 박지원도 중국으로 떠나게 되었다. 사행은 보통 황제가 있는 북경까지 가는데, 당시 황제인 건륭제가 열하에 머물고 있어서 그곳까지 가게 되었다. 《열하일기》는 그때의 중국 기행문으로 자연 풍경은 물론 박지원이 관찰한 문명과 그곳 사람들의 이야기가 담겨있다.

박지원은 백성들의 생활 개선에 힘써야 한다고 생각하는 사람이었는데, 이를 위해 수학, 과학에 관심을 가지고 백성의 삶을 넉넉하게 만들 방안을 연구해야 하며, 청나라의 것도 우리에게 이로운 것이라면 배워야 한다고 주장했다. 이 글을 통해 조선을 혁신하려는 실학자로서의 박지원의 면모를 볼 수 있다.

지금의 우리도 더 나은 삶을 위해 우리 것과 외국의 문물 사이에서 균형을 잡고, 좋은 것을 선별하여 다룰 수 있는 지혜를 가져야 한다.

심화활동

- 이용후생 학파를 조사하고 이들이 이루고자 하는 것이 무엇인지 보고서를 작성한다.
- 《열하일기》 중 인상 깊은 사건과 이야기를 떠올려 정리한다.

도서 분야	문학
관련 과목	국어, 통합사회
관련 학과	국어국문학과, 사회학과

3월
31일

금오신화

김시습 | 민음사 | 2009

'신화(神話)'가 아닌 '신화(新話)'

김시습은 조선 시대의 문인이자 사상가, 지식인이다. 생육신의 한 사람으로 세조가 조카 단종의 왕위를 찬탈하자 출세의 길을 단념하고 전국을 방랑하며 많은 시를 남겼다. 그리고 경주 금오산에 머물며 《금오신화》를 지었다.

금오신화에는 《만복사저포기》, 《이생규장전》, 《취유부벽정기》, 《남염부주지》, 《용궁부연록》의 다섯 작품이 있다. 이 작품들은 죽은 여인과 사랑하고, 선녀와 만나고, 저승을 여행하고, 용궁으로 초대받는 등 현실적이지 않은 신비로운 이야기를 담고 있다. 이처럼 초현실적인 이야기를 담은 소설을 '전기(傳奇)소설'이라고 부른다.

전기소설은 비현실적이지만 의도적으로 설정한 장치 속에 작가의 사상이 잘 담겨있다. 김시습의 전기소설 속에는 주로 현실에서 행복을 느끼지 못하는 주인공들이 등장하는데, 이는 부조리한 현실에 좌절한 지식인의 고뇌이자, 생육신이라 칭해질 만큼 괴로운 현실을 살았던 김시습의 생애로 비친다. 비현실적인 이야기를 다루지만 결국 현실의 이야기를 하고 있다는 점에 주목하여 작품을 감상해 보자.

책 뒷부분에는 한시 원문과 작가 연보가 있다. 다섯 작품 속에 들어있는 시의 원문과 현대에 맞게 고친 시를 비교하며 읽어보자. 또 작가 연보를 통해 승려의 모습과 행적을 취했지만, 유(儒), 불(佛), 도(道)의 사상을 모두 보여주는 김시습의 발자취를 확인할 수 있다.

남원에는 소설에 등장한 만복사 터가 있다. 만약 방문하게 된다면 만복사저포기에서 주인공들이 저포놀이하는 모습을 상상해 보자.

심화활동
- 전기 소설의 특징을 알아보고 전기적 요소를 가지고 있는 다른 작품들을 찾아 읽어본다.
- 김시습은 생육신의 한 사람이다. 사육신과 생육신을 조사하고 이들이 남긴 작품을 읽어보며 그들이 작품을 통해 전달하고자 하는 내용이 무엇인지 보고서를 작성한다.

4월

4월	Dead Poet's Society	도서 분야	영미문학
1일	**죽은 시인의 사회**	관련 과목	영어, 국어, 문학
	N. H. 클라인바움	서교출판사	2004	관련 학과	교육 계열, 인문 계열

청춘에 고하는 용기의 말 '현재를 즐겨라!'

이 책은 큰 성공을 거둔 동명의 영화 대본을 소설로 재구성한 것이다. 명문대 진학을 위해 공부하는 미국 사립 고등학교 학생들의 이야기로, 입시라는 공통분모를 통해 우리나라 청소년들에게도 공감을 얻었다.

소설의 배경은 졸업생의 70% 이상이 명문 대학에 입학하는 미국 최고의 사립 고등학교 웰튼 아카데미이다. 화려한 외관을 가지고 있지만, 학생들은 '전통, 명예, 규율, 최고'라는 교훈 아래 엄격한 학풍과 부모님들의 무거운 기대에 눌려 학업을 이어간다.

새 학년이 시작되고 웰튼 아카데미 졸업생 출신 국어 교사, 존 키팅이 새로 부임한다. 그는 교과서를 찢고, 교탁 위에 우뚝 서고, 운동장을 걷게 하는 등 웰튼 아카데미와는 전혀 어울리지 않는 색다른 방법으로 수업을 진행한다. '현재를 즐겨라!'라는 그의 말은 부모의 꼭두각시로 지내던 학생들의 생각과 행동에 변화를 일으킨다.

학생들은 키팅 선생님의 영향을 받아 '죽은 시인의 사회'라는 비밀 클럽을 만들고, 시 낭송이나 소소한 일탈을 시도한다. 그리고 그 과정에서 점점 자신의 감정과 내면의 자아를 발견하고, 주도적인 삶이 무엇보다 중요하다는 것을 깨닫는다.

자신을 억누른 채 부모가 원하는 대로 살지 않겠다는 '죽은 시인의 사회'의 학생들의 용기를 배워보자. 목적 없이 미래를 위해 내달리는 것이 아닌, 지금 내가 바라는 것이 무엇인지 찾아보는 계기가 되길 바란다. 한 번뿐인 내 인생의 방향키는 '자신의 마음'임을 기억하고 스스로 생각하고 자신 있게 내린 판단과 결정을 사랑하자.

심화활동

- 나의 진정한 꿈은 무엇이고 '자아의 신화'를 이루는 데 중요한 요소는 무엇인지 보고서를 작성한다.
- 꿈을 이루기 위한 여정에서 나의 가장 큰 두려움은 무엇인지 살피고 극복 방법을 생각한다.
- 이 책에서 내면을 나타내는 상징을 찾고, 그 상징을 따를 때의 장단점을 주제로 보고서를 작성한다.

Fahrenheit 451

화씨 451

레이 브래드버리 | 황금가지 | 2009

도서 분야	영미문학
관련 과목	영어, 국어, 문학
관련 학과	인문 계열

화염에 싸인 책, 재가 되어버린 인간의 생각

현란한 영상과 미디어에 익숙해 있는 현대인들에게 책은 지루하기 짝이 없다. 수백 장 넘는 책보다 자극적이고 재미있는 영상, 더 짧게 압축된 정보, 즉각적인 답을 찾는 것이 더 편하다. 우리 모두 이런 숏폼 콘텐츠을 더 편하게 느낀다면, 미래에 책의 자리가 있을까? 저자는 지금 우리 앞에 놓인 질문을 무려 70여 년 전에 제시했다.

소설 속 사회는 통제로 만들어진 모형정원과 같다. 미디어는 지식의 창고가 되었으며 책은 금지되었다. 집의 벽면은 텔레비전으로 대체되었고 온종일 자극적이고 짧은 영상이 넘친다. 사람들은 영상 속의 인물들을 가족으로 여길 지경이다. 사회 활동이란 그저 함께 모이는 것일 뿐, 공감이나 사랑, 연민 등의 감정은 찾아볼 수 없다. 생각도 메말라서 즉흥적인 쾌락에서 벗어날 수 없다.

이런 사회 속 주인공 몬태그의 직업은 금지된 책을 태우는 것이다. 자기 일을 당연시하던 그는 자연과 행복에 대한 호기심이 넘치는 소녀 클라리세를 만나 조금씩 바뀌게 된다. 불태우기만 했던 책을 읽으며 사회에 의구심을 품고, 책을 기억하는 노인들을 만나 인간의 사유 가치의 회복을 꿈꾸며 통제된 문명사회에 저항하기 시작한다. 인간의 '생각'을 통제하는 사회와 인간애를 잃어버린 사람들, 그 속에서 생각의 자유를 갈구한다.

우리는 인터넷 발달로 정보가 넘쳐나는 시대에 살고 있다. 책을 읽고 미디어가 주는 정보를 아무 생각 없이 받아들이는 것은 아닌지 생각해보자. 그리고 소설 속 인물들이 영상 속 인물을 친숙하게 여기는 것처럼 스마트폰 속에서 감정 없이 관계를 이어가고 있는지 되돌아보자.

심화활동

- 이 소설의 중심이 되는 사회를 이해하고 '책'이 상징하는 의미를 작성한다.
- 정보 과부하, 사회 통제 등 소설이 전하는 문제를 해석하고, 배울 점을 보고서로 작성한다.
- 소설을 통해 미디어의 영향력을 이해하고, 자신의 미디어 소비 형태에 대한 에세이를 작성한다.

The Kite Runner
연을 쫓는 아이
할레드 호세이니 | 현대문학 | 2022

도서 분야	영미문학
관련 과목	영어, 국어, 세계사
관련 학과	사회 계열, 인문 계열

아프가니스탄의 역사 속 두 소년의 감동적인 성장 스토리

아프가니스탄 출신의 미국 작가가 쓴 책이다. 다사다난한 아프가니스탄의 현대사와 그 안에서 살아가는 사람들의 모습, 그리고 후회로 점철된 유년기의 기억을 이겨내는 한 사람의 성장기가 그려져 있다. 믿음과 갈등, 죄의식, 용서, 구원에 대한 서사가 마음을 울릴 것이다.

함께 성장하며 추억을 공유한 친구 아미르와 하산. 둘 사이에는 신분과 재산 등 다양한 장벽이 뛰어넘는 유대감이 있었다. 둘은 아버지에게 인정받기 위해, 그리고 친구를 돕기 위해 연날리기 대회에 참가해 우승을 거둔다. 하지만 이날의 영광은 비극으로 돌변한다. 아미르는 자신을 위해 연을 쫓다가 폭행당한 하산을 외면하고, 죄책감에 휩싸여 절교를 통보한다.

책의 후반부는 성인이 된 아미르가 자신의 죄를 갚기 위해 다시 아프가니스탄으로 돌아가는 것에서 시작한다. 이 '속죄를 위한 여행' 중 아미르가 마주하는 고민과 죄책감, 그리고 두 친구의 복잡한 운명은 아프가니스탄의 현실에서 비롯한 것이다. 역사를 관통하며 겪는 민족과 종교 문제, 아미르가 자기 고백하는 감정 묘사는 소설에 현실감을 부여한다.

저자는 아프가니스탄의 비참함을 개인의 비극적인 삶의 모습으로 표현했다. 하지만 동시에 고통을 이겨내고 구원받는 결말을 적으며 희망을 놓지 않았다. 지금도 진행 중인 아프가니스탄의 아픔에 공감하며 책을 읽기를 바란다. 그리고 책을 대표할 문구, '젠다기 미그자라(삶은 계속된다)'의 의미를 곱씹어 보자.

심화활동

- 아미르의 후회와 그에 따른 책임을 살피고, 나의 삶과 연관하여 배울 점을 작성한다.
- 이 소설의 배경이 되는 아프가니스탄의 역사를 조사하고 보고서를 작성한다.
- '젠다기 미그자라'는 소설에 등장하는 아프가니스탄의 속담이다. 이 말이 상징하는 의미를 쓴다.

Lord of the Flies
파리대왕
윌리엄 골딩 | 문예출판사 | 1999

도서 분야	영미문학
관련 과목	영어, 국어, 문학
관련 학과	사회 계열, 인문 계열

인간의 잔인한 본성을 적나라하게 보여주는 책

노벨 문학상 수상자 윌리엄 골딩의 첫 번째 장편 소설로, 저자가 제2차 세계대전의 참혹한 전장에서 목격한 인간의 절망과 광기, 전후 영국의 우울한 시대상과 냉전에 대한 공포를 그러모아 탄생한 소설이다. 우리에게 인간의 본성과 이성, 사회의 질서와 권력에 대한 고민을 안겨준다. 적나라한 표현과 사실적인 스토리텔링의 충격은 강력한 인상을 남기며 이 책이 '고전'의 반열에 오르는 것을 도왔다.

소설은 핵전쟁을 피해 이동하던 영국 소년들이 섬에 불시착하는 것에서 시작한다. 문명에서 야생으로의 격변 이후 소년들은 잠깐의 자유를 누리지만, 시간이 지날수록 생존의 고단함 앞에 인간의 본성이 드러난다. 사회적 질서와 규범을 만들려는 랠프, 그에 맞서 비열하고 폭력적인 본성을 이용해 권력을 장악한 잭은 생존 앞에서 나락으로 떨어지는 인간의 사악한 본능을 여실히 보여준다.

소설 속에서 '파리 대왕'은 미지의 공포 앞에 제물로 바친 멧돼지 머리, 그 머리에 꼬인 파리들을 의미한다. 잔인한 살생의 결과물이란 것을 인식하지 못하고 단지 먹기 위해 달려든 파리들은 자애나 연민 없이 폭력적 야만성으로 무장하며 괴물로 변해가는 소년들의 또 다른 모습일 것이다.

순진한 소년들의 원시적 타락은 더욱 잔혹하게 느껴진다. 하지만 그 안의 추악한 권력 투쟁, 정치적 모략, 사회적 분열과 대립, 내재적 폭력성은 다분히 현실적이다. 소년들의 비극적인 모험 이야기가 지금 주변에서도 일어나고 있지 않은지 고찰해 보길 바란다.

심화활동

- 이 작품이 표현한 모든 인간에 내재한 두 가치가 충돌한 또 다른 사례를 찾아 보고서를 작성한다.
- 섬에서 구조된 랠프의 입장에서 무인도에서 지낸 날들을 돌아보는 회고록을 작성한다.
- 갈등 이후 소년들의 후회와 비슷한 경험이 있는지 나의 삶과 연관하여 배울 점을 작성한다.

평범해서 더 특별하게 다가오는 스토너의 삶

유명하다는 소설에는 긴박한 장면과 극적인 사건이 등장한다. 감정의 극단적인 진폭은 독자의 몰입을 돕기 때문이다. 항상 갈등의 중심에는 주인공이 존재하며, 긴장감을 쌓아 올린 끝에 클라이맥스를 맞이한다. 주인공은 고난 앞에 좌절하더라도 이를 극복해내며 종지부를 찍는다.

이러한 통상적인 소설과 달리 이 소설에는 긴장과 자극을 위한 어떤 장치도 없다. 그저 '스토너'라는 한 사람의 일생을 담담히 적어 내렸을 뿐이다. 이야기는 지극히 평범하고 초라해 보이기까지 한다. 60여 년이라는 시간 동안 그에게는 중대한 사건도, 성공을 향한 목표도 없었다. 자연스럽게 생기는 갈등을 파훼하려는 의지마저 존재하지 않는다.

우리는 우리 인생의 '순간'을 평가하는 것이 익숙하다. 학교, 수능, 연애, 취업, 결혼이라는 일련의 코스에서 바로 옆에 있는 사람을 이기지 않으면 안 될 것처럼 치열하게 살아가고, 그때마다 우월감을 느끼거나 열패감을 느낀다. 하지만 우리 삶을 돌아봤을 때, 그 감정은 절대로 오래가지 않는다. 그래서 스토너의 삶은 소설로서 평이하고, 그렇기에 우리가 공감할 수 있는 특별함이 있다.

작가는 영웅담이 아니어도 한 인간으로서의 존재감과 소중함을 담백하게 보여 주고 있다. 저항이 아닌 인내, 해결이 아닌 타협, 분노가 아닌 무심함 속에서 삶이란 무엇인지 배울 수 있을 것이다. 잔잔한 서사에 내재한 강인한 문학의 힘을 느껴보자.

심화활동

- 주인공 스토너의 삶과 일, 사랑, 인간관계를 통해 어떤 가치를 찾을 수 있는지 서평을 작성한다.
- 인상적인 문장을 꼽고, 다른 소설과 다른 존 윌리엄스만의 기술 방법 특징을 분석한다.
- 스토너는 수동적인 삶을 살았다. 만약 위기가 왔을 때 다른 선택을 했다면 어땠을지 토론해본다.

Pride and Prejudice

오만과 편견

제인 오스틴 | 민음사 | 2003

도서 분야	영미문학
관련 과목	영어, 국어, 문학
관련 학과	인문 계열

200년 넘게 사랑받는 러브스토리

영국의 여류 작가인 제인 오스틴이 1813년에 출간했으며, 영국인이 좋아하는 소설 중 하나이자 200년 넘게 전 세계인을 매료한 연애 소설이다. 작가의 섬세한 필치와 묘사 덕분에 소설을 읽는 내내 당시 영국 시골 마을을 머릿속에 그려낼 수 있다. 또한 남녀 사이의 갈등과 오해, 흥미진진한 사랑 이야기는 시대를 막론한 보편적인 정서이기에 끊임없는 생명력을 자랑한다.

젠트리 집안인 베넷 일가의 첫째 딸 제인과 둘째 딸 엘리자베스, 상류계급인 다아시와 빙리 4명이 난관을 헤치고 결혼에 성공하는 내용이다. 우리에게 서민 여성과 부잣집 남성의 결혼은 수많은 통속극에서 봐 온 고루하고 지루한 주제다. 하지만, 여성은 노동조차 할 수 없고 결혼만이 지상 최대 과제였던 당시 시대 상황에서 제도를 탈피하고자 한 여성을 통해 저자의 비판적 시각을 볼 수 있다.

또한 그 안에는 독특한 인물들이 넘쳐난다. 자신의 가치관과 잘 짜인 논리에 따라 결혼을 거부하는 여성, 자기 잘못을 깨닫고 이를 고쳐나가는 상류층 남성은 당시 시대상에서 볼 수 없는 파격 그 자체다. 그리고 단순한 로맨스에서 그치는 것이 아니라, 두 남녀주인공이 서로를 성장시키는 전개도 매력적이다.

소설에 등장한 '오만'과 '편견'은 단순히 남녀 사이에서만 발생하지 않는다. 인간 관계에서 누구나 겪었을 법한 심리다. 책을 읽으며 '편견은 내가 다른 사람을 사랑하지 못하게 하고, 오만은 다른 사람이 나를 사랑할 수 없게 만든다'라는 명대사 속 의미가 현재에도 유효하다는 진리를 깨닫게 될 것이다.

심화활동
- 당시 시대상황과 사회 분위기를 파악하고 여성의 인권에 대해 보고서를 작성한다.
- 이 소설 속에서 등장하는 다양한 인물의 성격을 분석하여 보고서를 작성한다.
- 인간관계에서 '오만'과 '편견'이 일어난 자신의 경험을 찾아보고 에세이를 쓴다.

순수한 젊음의 방황을 따라가 보자

여기 고등학교에서 네 번째 퇴학을 앞둔 열여섯 살 소년, 홀든 콜필드가 있다. 변호사 아버지와 극작가 형을 둔 남부럽지 않은 집안에 태어났지만, 기성세대에 대한 환멸과 동급생에 대한 경멸, 사람들의 위선에 염증을 느끼는 혼란스러운 10대의 표상이다.

그는 퇴학통지서가 아버지에게 전달하기 전 학교 기숙사를 나와 방황한다. 호텔에서 만난 매춘부와 포주로부터 어이없는 사기를 당하고, 믿었던 옛 선생님에게는 성추행을 당하고 만다. 현실에 절은 친구들, 무미건조한 택시 기사, 사회적 성취만 강조한 선생님들은 홀든에게 거짓과 부조리로 찌든 사회의 민낯을 적나라하게 보여준다.

하지만 청소년과 성인의 문턱에 서 있는 홀든의 마음 한구석엔 순수함이 남아있다. 친구의 작문 숙제를 해주며 죽은 남동생과의 일화를 떠올리고, 여동생 피비가 꿈을 묻는 장면에서 '어린 아이들이 호밀밭에서 뛰어 놀고 있을 때 떨어지지 않게 지켜주는 파수꾼이 되고 싶다'라고 말한다. 홀든의 방황과 순수함은 모두 그의 예민한 감수성의 발로일지도 모른다.

책의 구절마다 위선으로 가득한 세상에서 청소년의 심리적 압박, 불안, 고민, 방황이 담겨 있다. 기성세대가 보기에 발칙한 소재와 비속어투성이의 대화는 많은 젊은이의 가슴을 울리며 공감을 얻었다. 순수함을 지키고 싶은 아이에서 사회에 적응하며 사는 어른의 사이에 있는 홀든에게 감정 이입이 됐기 때문이다. 누구나 아이의 천진함을 벗으며 어른이 되는 것처럼 홀든의 방황은 여러분의 이야기이기도 하다.

심화활동

- 홀든의 내면과 행동에 나타난 '아이'와 '어른'의 차이를 설명하고, 그의 성장에 맞추어 감상문을 작성한다.
- 소설 속 홀든의 성격을 이해하고 나와 비교하며 비슷한 점과 다른 점을 찾아 에세이를 작성한다.
- 홀든이 되고 싶어 한 '호밀밭의 파수꾼'이 갖는 의미를 생각해보자.

The Giver
기억 전달자
로이스 라우리 | 비룡소 | 2007

도서 분야	영미문학
관련 과목	영어, 국어, 문학
관련 학과	인문 계열

늘 같은 상태의 삶은 행복할까?

안정을 원하는 것은 인간의 본능이다. 그리고 어쩌면 이 책의 배경은 그런 본능을 충족하기에 완벽할지도 모른다. 다음은 소설 속 배경이 된 커뮤니티가 갈등과 분쟁을 방지하기 위해 취한 조치들이다.

1. 특정한 나이가 되거나, 규칙을 3번 이상 어기면 임무에서 해제되어 외부로 이동한다.
2. 가족 구성은 4인(부모님, 아들, 딸)만 허용, 예외적으로 노인은 1인 가구만 허용한다.
3. 배우자나 자식 또한 커뮤니티의 지정에 따르며, 산모는 평생 3명의 아이를 낳아야 한다.
4. 구성원의 외모, 의류, 식사량 또한 규정에 따른다.
5. 차이를 언급하거나 자랑할 수 없다. 또한 거짓말은 허용되지 않는다.
6. 물건을 본래 용도 이외의 방식으로 사용할 수 없다.
7. 밤에는 집 밖으로 나갈 수 없다.
8. 모든 책은 사전과 설명서, 규정집만 허용된다.

이 책의 주인공이자 기억 전달자인 조너스는 이런 안정적인 사회에서 홀로 불안정하다. 고통, 굶주림, 외로움, 사랑은 조너스에게만 '허용'됐기에 아무도 그를 이해하지 못한다. 감정을 느낀다는 것을 숨기기 위해 거짓말까지 해야 한다. 하지만 다채로운 감정을 가진 인간의 면모를 경험하며 진정한 인간의 삶은 무엇인지 느낄 수 있었다.

인간 사회는 톱니바퀴가 맞물려 움직이는 기계들의 모임이 아니다. 관계 속에 미움이 있을지라도 공감, 사랑, 자유는 인간 존재의 핵심이다. 이 책을 통해 희로애락을 느끼는 인간의 감정이 얼마나 소중한지 깨닫기를 바란다.

심화활동

- 현실에서 비슷한 제약이 있는 집단의 사례를 찾아보고, 평가와 감상을 보고서로 작성한다.
- 특정한 단어나 외래어를 사용하지 않고 일정 시간 동안 토의한 뒤, 감상문을 작성한다.
- 비슷한 주제를 다룬 영화 〈이퀼리브리엄〉을 보고, 어떤 점에서 비슷하고 다른지 토의해본다.

4월
9일

The Alchemist
연금술사
파울로 코엘료 | 문학동네 | 2001

도서 분야	스페인문학
관련 과목	영어, 국어, 문학
관련 학과	인문 계열

인생의 빛나는 보물을 찾아서

'연금술'은 구리나 납 등의 금속을 금으로 만드는 기술이다. 하지만 이 책에서 의미하는 연금술은 그런 신비스러운 마술이 아니다. 불가능이 눈앞에 있더라도 인간 영혼의 잠재력을 믿고, 삶의 과정에서 각자의 참된 운명을 깨닫는 데 그 의미가 있다.

이 책의 주인공은 '자아의 신화'를 찾아서 떠나는 청년 산티아고다. 그는 '무언가를 온 마음으로 다해 원한다면, 반드시 그렇게 된다'라는 늙은 왕의 말을 믿고 꿈에서 본 보물을 찾아 떠난다. 보물로 가는 길은 평탄하지 않다. 도둑을 만나거나 죽음과 거친 환경이 그를 막는다. 하지만 포기하지 않고 열심히 일해 여비를 모으고 사랑하는 연인과 만나기도 한다. 그리고 마침내 연금술사를 만나 자신의 보물을 찾아낸다. 난관과 두려움을 떨치고 꿈을 이루기 위한 그의 발걸음은 우리에게 꿈과 삶에 대한 깊은 깨달음을 준다.

산티아고의 순례를 따라가다 보면 자신의 꿈에 대한 용기가 생길 것이다. 자신만의 보물을 찾고 이전보다 나은 삶을 막는 것은 실패할지도 모른다는 두려움뿐이라는 것, 진정한 보물은 가까운 곳에 있다는 것, 그리고 꿈을 향해 가는 과정마다 모두 의미가 있다는 교훈을 얻게 될 것이다.

이 책의 문장과 이야기 안에는 의미가 숨어있다. 주인공 산티아고는 짧게 등장하는 조연, 한순간의 사건 속 언어와 교훈을 놓치지 않고 자신만의 보물을 찾았다. 여러분도 나의 삶에 소중한 보물은 무엇인지 살피고, '자아의 신화'를 어떻게 찾아갈지 고민했으면 한다. 자신의 마음에 귀를 기울여 보자.

심화활동

- 나의 진정한 꿈은 무엇이고 '자아의 신화'를 이루는 데 중요한 요소는 무엇인지 보고서를 작성한다.
- 꿈을 이루기 위한 여정에서 나의 가장 큰 두려움은 무엇인지 살피고 극복 방법을 생각한다.
- 책에서 말하는 내면의 소리는 무엇인지 이해하고, 내가 이를 따랐을 때의 장단점을 생각한다.

Of Mice and Men
생쥐와 인간
존 스타인벡 | 비룡소 | 2009

도서 분야	영미문학
관련 과목	영어, 국어, 문학
관련 학과	인문 계열

두 사나이의 우정과 꿈을 그린 슬픈 스토리

이 책은 노벨 문학상, 퓰리처상 수상의 영예를 누린 미국의 대표 작가 존 스타인 벡의 초기작이다. 단짝인 두 사나이의 이야기 속에는 우정과 인간관계, 꿈, 소외감, 상실감 등의 주제가 녹아있다. 비교적 쉬운 어휘를 사용해 읽기는 쉽지만, 간결한 문체와 상반되는 진중한 주제의 무게가 일품이다.

미국 대공황 시기, 캘리포니아의 농장에서 일하는 이주노동자 조지와 레니가 있다. 이 둘은 늘 붙어 다니지만, 체격도 성격도 정반대다. 레니는 거구의 체격이지만 정신 장애가 있어 어수룩하고 말썽을 일으키기 일쑤다. 정규교육을 받지는 못했지만, 몸집이 작고 영리한 조지는 그런 레니를 타박하면서도 살뜰하게 챙긴다. 둘은 서로 의지하며 언젠가 자기 땅에 정착하고자 하는 소박한 꿈을 꾼다.

이외의 등장인물들도 저마다의 지적, 경제적, 사회적 한계와 함께 작은 소망들을 품고 있다. 사고로 손을 잃은 노인 캔디는 레니와 조지의 꿈에 힘을 실어주며 함께 안정적인 삶을 소망한다. 인종차별 때문에 고립된 흑인 크룩스는 레니를 보며 자유 롭게 어울리는 삶을 희망한다. 작은 체구의 프로 복서였던 농장 주인의 아들 컬리 와 배우가 되고 싶었던 컬리의 아내 등 소설 속 등장인물들은 소외감 속에서도 저 마다의 꿈을 열망한다.

등장인물 모두 저마다의 밝은 미래를 꿈꾸지만, 소설은 비극으로 끝난다. 이 소 설의 제목은 로버트 번스의 시 〈생쥐에게〉에서 따왔는데, '생쥐와 인간이 아무리 계 획을 잘 짜도 일은 제멋대로 어그러져'라는 시의 구절은 꿈의 상실이라는 주제를 대 변한다. 저자의 다른 명작 《분노의 포도》도 비교하며 읽어보길 추천한다.

심화활동

- 조지와 레니를 통해 작가가 말하려는 주요 메시지는 무엇일지 유념하며 서평을 적는다.
- 이 소설 속 등장인물들의 다양한 핸디캡과 소망은 무엇인지 분석하며 각각의 인물들 의 성격을 파악한다.
- 제목이 상징하는 의미는 무엇일지 생각해보고 꿈과 현실이 충돌하는 이유와 해결 방 안에 대해 토론한다.

To Kill a Mockingbird
앵무새 죽이기
하퍼 리 | 열린책들 | 2015

도서 분야	영미문학
관련 과목	영어, 국어, 세계사
관련 학과	인문 계열

어린이의 눈으로 보는 차별과 편견

소설의 배경은 1930년대 대공황의 여파가 남아있는 미국 남부의 작은 마을이다. 시대상을 반영하듯 이곳에서 흑인의 인권은 무시되며 계층 간의 차별 또한 공공연히 일어나고 있다. 서술 방식이 매력적인데, 성인이 된 주인공이 여섯 살일 때의 자신을 회상하는 식이다. 덕분에 편견과 혐오, 차별 같은 어두운 사회 문제를 아이의 순수한 눈으로 바라보며 복잡한 사건과 인물을 객관적으로 묘사할 수 있었다.

소설의 주요 등장인물은 마을에 사는 여섯 살 소녀 스카웃, 오빠 젬, 아빠 애티커스다. 애티커스는 변호사라는 자신의 직업 윤리에 따라 백인 여자를 성폭행했다는 누명을 쓴 흑인 톰을 변호한다. 하지만 마을 사람들은 흑인의 편에 섰다는 이유만으로 폭언과 총을 이용한 협박을 일삼는다. 모든 정황과 증거는 명백하게 무죄를 가리키지만, 법원과 배심원은 흑인에게 죄를 뒤집어씌우기에 바쁘다.

아무 이유 없이 마을에서 두려움의 존재가 된 부 래들리 또한 이 소설 속의 핵심 인물이다. 그는 자신을 놀리는 아이들을 묵묵히 도와주고, 목숨의 위협을 막아주기도 한다. 그 사실을 알고 점점 변화하는 아이들의 모습을 통해 삶의 방식이 다르다고 해서 무작정 무시하기보다, 인간 대 인간으로 편견을 버리고 존중의 자세를 가져야 한다는 가르침을 준다.

앵무새는 사람들에게 어떤 해도 입히지 않는다. 이를 알려주기 위해 애티커스가 아이들에게 총을 주며 말한 '결국 우리가 잘만 보면 대부분의 사람은 모두 멋지단다'라는 말은 당시와 현대의 증오를 꿰뚫는다. 책을 읽으며 지금은 차별과 편견이 없는 사회인지 점검해보자. 그리고 차별과 맞서는 정의와 양심은 무엇인지 생각했으면 한다.

심화활동

- 소설의 시대상을 조사하고 현재의 인종차별과 사회적 불평등에 대한 보고서를 작성한다.
- 호소력 있는 주제 전달을 위해 저자가 채택한 문학 장치를 더 자세히 분석하고, 보고서를 작성한다.
- 인상 깊은 구절을 찾아 필사하고, 자신은 편견 없이 사람을 대하고 있는지 사례를 들어 성찰한다.

The Midnight Library

미드나잇 라이브러리

매트 헤이그 | 인플루엔셜 | 2021

도서 분야	영미문학
관련 과목	영어, 국어, 문학
관련 학과	인문 계열

후회되는 순간에 다른 삶을 살아본다면?

　살면서 정말 후회되는 선택을 떠올려보자. 누구나 '이때 이 선택을 했다면 더 나았을 텐데'라는 상황이 있을 것이다. 그렇다면 그때로 돌아가 다른 선택을 한다면 지금보다 행복하고 완벽한 삶을 살 수 있을까? 그 답을 이 소설에서 찾아보길 바란다.

　주인공 노라 시드는 어머니의 죽음, 직장에서의 해고, 사랑하는 이와의 파혼, 반려 고양이의 죽음 앞에서 죽기로 결심한다. 자살을 시도하고 눈을 뜨자, 낯선 곳에서 일어난다. 시간은 고정되어있고, 출구조차 없는 도서관에 도착한 그녀는 사서인 엘름 부인의 안내로 자신의 '후회의 책'을 만나게 된다. 그리고 책 속 가장 후회되는 순간으로 돌아가 다른 삶을 살 기회를 얻는다.

　노라는 연인과의 파혼을 돌려 결혼에 성공했을 때의 삶, 수영을 포기한 순간을 돌려 수영 선수로 활약하며 성공하는 삶, 좋아하던 음악 활동에 용기를 내지 못한 순간을 돌려 스타가 된 화려한 삶 등을 경험한다. 그렇게 수없이 많은 삶을 경험하며 그것들이 완전한 삶은 아니라는 깨달음을 얻는다. 그리고 자신의 선택을 존중하며 현재의 삶을 사랑하게 된다. 묵직한 주제에도 불구하고 한 편의 영화를 보듯 흥미진진하게 책장을 넘길 수 있다.

　작가는 주인공 노라처럼 20대에 심한 우울증을 겪고 스스로 생을 포기하려 했다. 하지만 가족의 도움으로 건강을 회복하고, 자신의 경험과 기발한 상상력을 엮어 '살아있는 것 자체가 살아야 할 이유'라는 진심을 환상적으로 전하고 있다. 여러분도 선택의 기로에서 고민할 때 자신의 선택을 믿고 희망의 빛으로 살아갔으면 한다.

심화활동

- 이 소설의 주제를 생각하며 삶의 가치와 성공의 상관관계에 대한 자신의 생각을 쓴다.
- 살면서 가장 후회하는 순간 다른 선택을 했다면 어떤 삶을 살았을지 에세이를 작성한다.
- 저자가 삶의 의미와 가치를 탐험하는 데 도서관을 상징적인 장소로 설정한 이유를 생각해본다.

The Great Gatsby
위대한 개츠비
F. 스콧 피츠제럴드 | 문학동네 | 2009

도서 분야	영미문학
관련 과목	영어, 국어, 세계사
관련 학과	인문 계열

1920년대 아메리칸드림의 결정체, 개츠비

미국은 제1차 세계대전의 전쟁 특수를 누리며 급속한 경제 성장을 이뤘다. 누구나 자가용을 타고 다니고, 클럽에서는 재즈의 선율을 타고 향락이 끊이지 않았다. 그 화려함의 뒤에선 범죄조직이 극성을 부리며 떼돈을 번 광란의 1920년대. 이 책은 개츠비의 일생을 통해 화려하고 무절제한 당시 미국의 사회상을 보여준다.

무일푼의 개츠비는 옛 연인인 데이지를 잊지 못해 수단과 방법을 가리지 않고 부자가 된다. 그리고 데이지의 저택이 보이는 곳에서 매일 밤 성대한 파티를 열며 데이지와의 재회를 기다린다. 둘이 재회하며 개츠비의 소원이 일부 이루어지지만 데이지는 이미 유부녀가 되었고, 개츠비는 더 위험한 도박에 몸을 던진다.

하지만 '위대한 개츠비'라는 제목과는 반대로 개츠비의 꿈은 실현되지 않는다. 물질적 풍요는 사랑을 채울 수 없었고, 넘쳐나는 부 뒤엔 진심을 나누는 사람은 아무도 없었다. 속물적인 꿈과 욕망 뒤에 남겨진 허무함은 개츠비가 정말 위대한지 물음을 남긴다.

물론 이런 치정극만으로 이 소설의 위대함을 설명할 수는 없다. 개츠비의 삶은 1920년대 화려하게 빛나다가 꺼져버린 아메리칸드림의 허상을 그대로 보여준다. 성공을 위해 도시로 떠나는 청년들, 하룻밤 만에 주식으로 부자가 된 이들의 소문처럼 실제 황금만능주의의 환상적인 사회를 살았던 저자의 삶이 투영되었기 때문이다. 당시의 살아있는 시대상을 곱씹으며 읽어보길 바란다.

심화활동

- 이 소설의 배경이 되는 시대 상황을 조사하고 물질만능주의, 배금주의에 대한 보고서를 작성한다.
- 개츠비의 데이지를 향한 사랑의 의미는 무엇인지 자신의 생각을 쓴다.
- 저자의 생애를 조사하고 작품과의 연관성을 찾아 보고서를 작성한다.

4월 14일	The Five People You Meet in Heaven	도서 분야	영미문학
	천국에서 만난 다섯 사람	관련 과목	영어, 국어, 윤리와 사상
	미치 앨봄	살림출판사	2010	관련 학과	인문 계열

인연과 삶의 가치를 깨닫게 하는 책

이 책의 서두는 죽음으로 시작한다. 평생 놀이공원의 정비공으로 일하던 80대 노인인 에디가 그 주인공이다. 그는 전쟁에서 얻은 상처로 다리를 절고, 스스로 별 볼 일 없는 삶을 산다고 생각한다. 하지만 어느 날 고장 난 놀이기구에서 사고를 당한 아이를 구하려다 죽게 된다.

에디는 죽음 이후 천국에서 다섯 명의 사람을 만나게 된다. 생전에 만난 사람도 있고, 그렇지 않은 사람도 있다. 에디의 의도와 상관없이 그들은 서로의 삶과 죽음, 상처와 오해로 각자의 삶 속에 영향을 주고받았었다. 그리고 에디는 그들을 만나는 여정 속에서 이해와 화해를 통해 마음속 깊이 박혀 있던 아픔을 치유한다. 초라하기만 했던 자신의 삶을 용서하고 소중히 여기게 된 것이다. 죽음으로 시작한 에디의 이야기는 세상과 이어지는 삶으로 끝이 난다.

저자인 미치 앨봄은 삶과 죽음의 가치를 따스한 시선으로 그려낸다. 전작인 《모리와 함께한 화요일》에서 죽음을 앞둔 모리 교수가 삶의 지혜와 의미를 일깨워준 것처럼, 이 소설에서도 고난 속에서도 용기를 주는 감동은 궤를 같이한다. 또 실존 인물에 영감을 얻어 만들어진 주인공 또한 누구든 이렇게 될 수 있다는 공감을 불러일으킨다.

책을 읽으면 그동안 우리 곁을 지나간 크고 작은 관계와 '인연, 희생, 용서, 사랑, 화해'의 소중함을 깨달을 수 있다. 상처로 가득한 삶을 한탄하기 전에 자신과 타인에게 이해의 손을 내밀어 보자. 그리고 앞으로 내가 타인과 어떤 영향을 주고받을지, 앞으로 이어질 수많은 인연의 소중함을 마음에 품고 살길 바란다.

심화활동

- 이 소설의 주인공 에디가 천국에서 겪은 다섯 명과의 조우가 의미하는 바를 요약, 정리한다.
- 소설 내용 중 '왜 살았고 무엇을 위해 살았는가?'에 대한 자신의 답변을 생각하고 에세이로 써본다.
- 크고 작은 인연 속에서 타인과 영향을 주고받은 경험에 대해 에세이를 작성한다.

도서 분야	문학
관련 과목	영어, 문학, 통합사회
관련 학과	영어영문학과, 국어국문학과

4월 15일

노인과 바다

어네스트 밀러 헤밍웨이 | 민음사 | 2012

고난에 맞서는 늙은 어부의 불굴의 의지

《무기여 잘 있거라》,《누구를 위하여 종은 울리나》 등을 쓴 어네스트 헤밍웨이는 《노인과 바다》로 퓰리처상을 받았다. 또한 이 작품은 영화로 만들어질 정도로 전 세계 많은 사람들에게 사랑받는 작품이다.

오랫동안 물고기를 잡지 못한 늙은 어부 산티아고는 사람들의 비웃음을 사고, 함께 배를 타던 소년 마놀린은 부모님의 성화에 다른 배를 타게 된다. 그러나 노인은 절망하거나 포기하지 않고 홀로 바다에 나가 거대한 물고기와 사투를 벌인다. 돌아오는 길에는 상어도 만나게 된다. 그 고된 과정에서 보여주는 노인의 모습에서 우리는 인간 존재의 의미, 삶에 대한 강한 의지를 느낄 수 있다.

'고기가 고기로 태어났듯이 자신은 어부로 태어났고, 인간이 파괴될 수는 있지만 패배하지는 않는다'고 노인은 말한다. 실패할 확률이 높은 상황에서도 포기하지 않는 노인의 태도는 고기잡이에 최선을 다하고, 절망하거나 포기하지 않는 어부의 숙명과도 같은 것이다. 결국 노인이 배에 매달고 온 뼈와 지느러미만 남은 물고기를 본 사람들은 감탄하기에 이른다.

우리는 살면서 수많은 좌절과 실패를 겪게 된다. 누구도 예외일 수 없다. 이 책을 통해 우리는 좌절과 실패를 딛고 일어서는 진정한 용기를 얻을 수 있을 것이다. 노인이 보여준 백절불굴(百折不屈)의 모습처럼 희망차고 강인한 마음을 가져보자.

다시 한번 고기잡이를 나가자고 약속하고 잠이 든 노인은 사자 꿈을 꾸었다. 여러분은 오늘 어떤 꿈을 꾸길 원하는가?

심화활동
- 헤밍웨이와 그의 작품들을 탐구하고 작가와 작품의 특징을 보고서로 정리한다.
- '퓰리처상'에 대해 알아보고 역대 수상자들을 조사해본다.

4월 16일 단테의 신곡

단테 | 황금부엉이 | 2016

영혼의 구원을 노래하다

이탈리아의 시인 단테는 어린 시절부터 수사학, 고전문법을 공부하는 등 박학다식했다. '신곡'은 지옥, 연옥, 천국으로 되어 있고, 시작부터 완성까지 10년이 넘는 시간이 걸린 것으로 알려져 있다. '신곡'은 사후 세계를 여행하며 그 경험을 담은 여행기인데 그리스도교 사상과 그리스 로마 신화를 융합하여 중세 유럽의 철학, 신학, 문학, 자연과학, 정치, 역사, 천문, 전설 등 인간의 삶과 지식에 관련된 거의 모든 분야의 내용을 담고 있다.

《단테: 영혼의 구원을 노래한 불멸의 고전》은 건축, 음악, 문학 등 다방면에 실력을 인정받은 '다니구치 에리야'가 방대한 기존의 '신곡'을 재구성한 것이다. 당시의 시대상이나 문학적 해석을 도와주어 이해에 많은 도움이 될 것이며, 19세기 최고의 일러스트레이터 '귀스타브 도레'는 단테의 '신곡' 전편의 주요 장면을 모두 그려 그 생동감과 깊이를 더했다.

우리는 사후 세계에 대해 궁금증을 가지고, 가끔은 보이지 않는 그 세계를 상상해 보기도 한다. 동양적 사고로 저승, 황천, 염라대왕 등을 떠올릴 수 있는데, 이를 다룬 《신과 함께》라는 웹툰과 영화가 떠오르기도 한다. 두 작품을 비교해 보는 것도 꽤 흥미로울 것이다.

단테가 살았던 14세기와 지금의 21세기는 사회구조나 가치관 등에서 커다란 차이를 보인다. 그럼에도 여전히 '신곡'이 빛을 발하는 이유는 인간의 가장 기본적인 감정이 작품에 절묘하게 녹아 있기 때문이 아닐까?

심화활동
- 가장 인상적인 장면을 골라 그 의미를 해석하고, 자신만의 삽화를 그려본다.
- 웹툰 《신과 함께》에 나타난 사후 세계에 대한 우리의 인식을 정리해 본다.

4월
17일

아Q정전

루쉰 | 창비 | 2010

문학가인가, 사상가인가, 혁명가인가

루쉰은 중국 내에서는 물론이고 국내 독자들에게도 널리 알려진 작가다. 그의 단편 소설 32편, 중편소설 1편 중 《아Q정전》에는 단편 소설 8편, 중편 소설 1편이 실려있다.

근대 중국 민중의 자화상이라는 평을 받고 있는 《아Q정전》은 청나라 말, 신해혁명 전후의 '아Q'라는 인물의 인생을 보여주고 있다. 아Q는 건달들에게 놀림을 당하고 나서도 '그들과 싸워 무엇하겠냐'며 합리화한다. 현실을 제대로 바라보지 못하는 소위 '정신승리법'은 당시 중국인들이 가지고 있던 자기 위안을 말한다.

'광인일기'는 피해망상증을 앓는 친구의 일기라고 되어 있는데, 그의 망상이 심각해지면서 그것이 진실을 담고 있음이 드러나게 된다. 광인은 계몽자를 나타낸다고 하는데, 봉건에 빠져있는 사람들의 눈에는 '계몽자'가 '미치광이'로 보였을 수도 있었을 것이다.

'고향'은 고향에서의 상실감, 어린 시절 친구와의 재회에서 느낀 실망감과 거기에서 비롯되는 알 수 없는 희망을 보여주기도 한다.

신해혁명의 상처는 루쉰의 작품에 어둡게 깔려있다. 작품을 통해 정치, 경제적 변혁은 물론 가치관, 풍속 등의 넓은 변혁을 이루고자 했으며, 이런 루쉰이기에 문학가, 사상가, 변혁가의 모습을 두루 가지고 있다는 평을 얻은 건지도 모르겠다.

중국 상해에는 '루쉰 공원'이 있는데, 윤봉길 의사의 의거가 있었던 홍커우 공원이 바로 그곳이다. 우리에게도 의미가 깊은 루쉰 공원에 대해서도 더불어 조사해보기를 추천한다.

심화활동

- '신해혁명'이 루쉰의 작품에 어떠한 영향을 주고 있는지 탐구해본다.
- 작품을 통해 전하고자 하는 루쉰의 메시지를 찾아보고, 보고서로 작성한다.

수레바퀴 아래서

헤르만 헤세 | 민음사 | 2001

도서 분야	문학
관련 과목	국어, 문학, 세계사
관련 학과	인문계열, 독어교육과

전통과 권위에 맞서는 소년의 이야기

　정부의 의대 정원 증원 계획이 구체화 되면서 입시를 앞둔 고등학교 재학생은 물론 대학생, 직장인들까지도 의대 입학에 관심을 보이고 있다. 더욱 놀라운 것은 사설 교육 기관에 '초등 의대 준비반'에 대한 문의가 이어지고 있다는 것이다. 다시 말해, 의대에 진학하기 위해 초등학생들이 고등학교 수학을 공부하고 있다는 것인데 이는 과연 그들이 스스로 원한 것일까? 그들을 피폐한 교육의 현장으로 내몰고 있는 사람들은 누구일까?

　《수레바퀴 아래서》는 본인 의지와 관계없이 어른들의 강요로 공부하다가 점점 파괴되어가는 한 인간의 모습을 보여준다. 명예욕이 많은 아버지와 교장 선생님의 강요로 공부에 몰입하여 신학교에 차석으로 입학한 '한스'가 바로 그 주인공이다. 신학교의 규율을 이겨내지 못한 채 신경쇠약 증세로 학교에서 나오게 되고 고향에 돌아와 공장의 견습공이 되나 이 또한 쉽지만은 않다.

　인간의 창의성과 의지를 짓밟는 교육을 강요받으며, 꿈도 목적도 없이 원하는 것을 포기한 채 삶의 목적을 잃어가는 헤르만 헤세의 십 대 모습이 《수레바퀴 아래서》에 투영되어 있다. 이 작품 속에서 오늘날 우리의 모습을 찾을 수 있다는 것은 시간이 지나도 변하지 않는 무언가를 떠올리게 해 씁쓸함을 더한다. 제목의 '수레바퀴'는 주인공을 누르는 삶의 무게를 의미한다고 할 수 있는데, 그 아래에서 끌려다니는 힘든 삶의 이야기를 찾을 수 있을 것이다. 이 책을 통해 자신을 짓누르는 것으로부터 조금씩 멀어져 보자.

심화활동

- 19세기 말 독일의 교육 환경과 현재의 교육 환경을 비교, 조사한다.
- 헤르만 헤세가 작품을 통해 전달하고자 하는 것이 무엇인지 정리한다.
- 청소년 우울증의 실태에 대해 알아보고, 해결 방안을 모색해본다.

도서 분야	문학
관련 과목	국어, 문학, 세계사
관련 학과	인문계열

4월 19일

돈키호테

미겔 데 세르반테스 | 열린책들 | 2014

성서 다음으로 가장 많은 언어로 번역된 명작

《돈키호테》는 기사도 정신을 추구하는 인물인 돈키호테가 시대에 적응하지 못하고 이상을 실현하려다 현실과의 충돌로 패배를 겪는 모습을 담은 작품이다. 돈키호테와 그를 따르는 산초가 겪는 모험을 희극이라고 해야 할지 비극이라고 해야 할지 단정하기 어렵다. 독자들에게 재미와 눈물을 동시에 안겨주는 이유이기도 하다.

돈키호테의 모험은 과대망상, 미친 사람의 기행으로 여겨졌지만 시간이 흐른 뒤 억압받는 민중을 해방하고 세상을 바꾸고 싶어 하는 인물이라 평가하여 새롭게 주목을 받기도 했다. 마드리드 에스파냐 광장에 세르반테스와 돈키호테, 산초의 동상이 있다고 하니 스페인에서 이들을 어떠한 존재로 여기는지 짐작할 만하다.

정의롭고 교양도 있고 예의 바르지만 현실에 적응하지 못하고 제멋대로 행동하며 과대망상적인 이상을 꿈꾸는 인물을 '돈키호테형 인간'이라고 한다. 뒤에서 뒤에 나올 《햄릿》의 '햄릿형 인간'과 '돈키호테형 인간' 비교해보는 것도 흥미로울 것이다.

사람들은 돈키호테를 어떤 인물로 기억하고 있을까? 돈키호테라는 인물에 대해서는 많이 들어봤겠지만, 작품의 결말이 어떻게 되는지는 잘 모르는 경우가 많을 것이다.

유쾌한 해학과 웃음을 선사하는 그저 우스꽝스러운 작품에서 인류의 바이블이 되기 까지, 《돈키호테》는 지금까지도 꾸준히 읽히며 사랑받는 진정한 고전으로 자리매김했다. 이번 기회에 작품의 결말까지 긴 호흡으로 읽어보자.

심화활동

- 돈키호테와 산초에 대해 알아보고, 이를 보고서로 작성한다.
- '기사도'에 대한 자료를 조사해 보고 이를 바탕으로 《돈키호테》를 어떻게 해석할 수 있을지 생각해본다.
- 뮤지컬 《맨 오브 라만차》와 돈키호테, 세르반테스의 연관성을 찾아 정리해 본다.

독자들의 비판 의식을 일깨우기 위한 정치적 소설

뉴스에서는 하루가 멀다 하고 사건 사고 소식을 보도한다. 그러면서 사건 당시의 모습이 찍힌 감시카메라의 영상을 보여주기도 한다. 2010년 국가인권위원회가 조사한 감시카메라 노출 빈도는 한 사람당 1일 최대 110회로 집계되었다. 지금은 그 빈도가 더 높아졌을 거라고 한다.

《1984》에서는 빅 브라더의 독재 체제 유지를 위해 텔레스크린이라는 장치로 사람들을 감시하는 내용이 나온다. 1940년대에 쓰인 작품 속의 이야기가 지금 우리 사회에서 너무나 비슷하게 일어나고 있는 것은 주목할 만한 현상이다. 감시카메라에 노출되고, 어떤 통화를 하는지, 나의 위치가 어디인지, 내가 어떤 것을 검색하는지 등의 정보를 다른 사람이 볼 수도 있다는 것이다. 정보통신기술의 발전이 우리를 편리하게 해주지만 동시에 불편하게도 하는 현실 속에서 우리는 어떻게 해야할지 그 해답을 《1984》에서 찾을 수 있을 것이다.

《1984》는 디스토피아 소설이라고 평가받는 작품이다. 디스토피아는 '현대 사회의 부정적인 모습을 허구로 그려냄으로써 현실을 날카롭게 비판하는 문학 작품, 또는 그런 사상'(국립국어원 표준국어대사전)을 말한다. 그러나 《1984》가 단순히 부정적인 미래의 모습만 보여주는 것은 아니다.

지배 체제에 저항을 시도하기로 하지만 아무것도 바꾸지 못하고 파멸해 가는 인간의 모습을 통해 앞으로 우리는 무얼 해야 하고, 어떤 방향으로 나아가야 하는지 살펴보자.

심화활동

- 기술 발전의 긍정적, 부정적인 면을 정리하고 우리가 어떠한 자세를 지녀야 하는지 탐구하여 보고서를 작성한다.
- 《1984》에서 예상한 미래의 모습과 현재 우리가 살고 있는 사회의 모습을 비교해 보고, 공통점과 차이점을 확인해본다.

도서 분야	문학
관련 과목	국어, 문학, 세계사
관련 학과	인문계열, 의학

4월
21일

페스트

알베르 카뮈 | 민음사 | 2011

부조리에 맞서는 인간의 의지

전 세계적으로 코로나19를 겪으며 우리는 카뮈의 소설 《페스트》에 다시 주목하게 되었다. 우리가 마주한 상황, 직면한 현장들의 이야기와 많이 닮아 있기 때문일 것이다. '페스트'라는 절망적 상황에서 의지를 가지고 대결하는 사람들의 모습은, '페스트'가 단순히 질병으로서의 의미뿐만 아니라 우리 사회에 존재하는 모든 부조리한 상황을 의미한다는 것을 말해주기도 한다.

'페스트'에 맞서는 등장인물들의 모습은 부조리한 상황에서 우리는 어떻게 행동해야 하는가를 보여준다고 할 수 있다. 잔혹한 현실의 부조리함 속에서, 희망을 잃고 죽음을 기다리는 것이 아니라 인물들 간의 연대를 통해 집단적인 저항력을 키운다. 작가는 연대를 통한 유대감 형성의 중요성을 작품의 입을 빌려 말하고 있다.

다양한 직종의 인물이 작품 속에 등장하는데, 그들이 보여주는 모습으로 우리는 의료인, 종교인, 언론인, 공무원 등 각자의 사회적 역할이 무엇인지에 대해서도 다시금 생각해 볼 수 있다. 코로나19를 겪으며 내가 지켜야 할 것, 내가 해야 할 것들에 대해 생각하고 실천했기에 그 공감대는 더 크게 형성될 것이다.

'인간에게는 경멸해야 할 것보다는 찬양해야 할 것이 더 많다는 사실만이라도 말해두기 위하여, 지금 여기서 끝맺으려고 하는 이야기를 글로 쓸 결심을 했다.'

이 이야기의 서술자가 누구인지는 작품의 뒷부분에서 밝혀진다. 그 서술자가 누구일지 생각하며 차근차근 작품을 읽어 나가길 바란다.

심화활동

- 《페스트》의 상황과 '코로나19'의 상황을 비교해 보고 문학의 기능에 대해 정리한다.
- 팬데믹 상황에서 개인이 할 수 있는 일, 지역사회가 할 수 있는 일, 국가가 할 수 있는 일을 각각 정리해보고 이를 보고서로 작성한다.

하늘의 무지개를 볼 때마다

윌리엄 워즈워스 | 민음사 | 2017

도서 분야	문학
관련 과목	국어, 문학, 세계사
관련 학과	인문계열

'어린이'는 '어른'의 아버지

《하늘의 무지개를 볼 때마다》는 영국 시인 윌리엄 워즈워스의 시집이다. 워즈워스는 사람들이 실제로 사용하는 언어, 일상생활의 소재들을 시에 활용하는 것으로 널리 알려져 있다. 그는 '모든 훌륭한 시는 강력한 감정이 저절로 흘러넘치는 것'이라고 말하며 저절로 흘러넘치는 감정을 '자연스럽게 표현하는 것'을 지극히 중요하게 여겼다고 한다.

시인은 무지개를 보면서 설렜던 어린 시절, 즉 동심(童心)이라는 인간의 근원적 심성의 소중함을 이야기하며 여러 소재 가운데서도 특히 대자연에 대한 경건한 마음을 갖게 한다. 자연에 대한 경건한 마음을 갖게 되는 것도 어쩌면 동심의 눈으로 모든 대상을 바라보기 때문이 아닐까?

'어린이는 어른의 아버지(The Child is father of the Man)'라는 시구에서 알 수 있듯 시인은 '어린이의 순간'들을 포착한다. '수선화'는 영국 전역에서 피는 평범한 꽃인데, 그런 수선화를 보며 자연과의 교감, 자연이 주는 기쁨, 치유의 힘을 느낀다. 고독한 상황의 화자가 자연을 통해 고독감을 다스리고, 나아가서는 고독마저 긍정적으로 인식하게 된다.

〈뻐꾸기에 부쳐〉, 〈웨스트민스터 다리 위에서〉 등도 역시 평범한 소재, 일상의 풍경에서 느낀 감정을 시로 표현한 작품이다.

워즈워스는 '계관시인(桂冠詩人)'이다. 이는 17세기부터 영국 왕실에서 국가적으로 뛰어난 시인을 이르는 명예로운 칭호이다. 계관시인이란 어떤 의미를 갖고 있는지, 그리고 워즈워스 외에 또 다른 계관시인에는 누가 있는지 살펴보자.

심화활동

- '호수 시인'이라고 불리는 워즈워스, 새뮤얼 테일러 콜리지, 로버트 사우디와 그들의 작품을 조사하고 보고서 형태로 작성한다.
- '계관시인'이 무엇인지 알아보고 대표적인 계관시인들에 대해 조사하여 정리한다.
- 문예 사조 중 '낭만주의'에 대해 알아보고 그 내용을 정리한다.

변신

프란츠 카프카 | 문학동네 | 2005

도서 분야	문학
관련 과목	국어, 문학, 세계사
관련 학과	인문계열

현대문학의 신화가 된 카프카의 불멸의 단편

카프카는 인간의 불안과 실존에 대해 쓴 작품들을 통해 실존주의 작가라는 평을 얻었다. 가족들을 위해 일하던 그레고르가 어느 날 벌레로 변신한 이야기를 담은 《변신》은 그중에서도 최고의 역작으로 꼽힌다.

그저 타성에 젖어 살아가며 정말 내 삶이 과연 한 마리 벌레보다 나은 게 무엇인지, 생각했을 때 뚜렷한 답을 찾지 못한다면 이는 또 다른 거대한 공포일 것이다. 그런 맥락에서 카프카의 《변신》은 단지 기괴한 이야기인 것만은 아니다. 인간 실존의 허무와 절대 고독을 주제로 하는 《변신》은 바로 이렇게, 사람에서 벌레로의 '변신'을 이야기하고자 한다.

가족들에 대한 애정을 유지하려 애쓰는 가족들은 벌레로 변신한 그의 말을 이해하지 못한다. 결국 그레고르를 따뜻하게 대하던 가족들마저 벌레로 변신한 그를 구박하고 소외시켰고, 그레고르는 가족을 위해 희생해온 지난날에 대한 회의를 느낀다.

벌레로 변신한 후 겪게 되는 소통의 부재, 고독, 식욕부진, 열등감, 불면 등은 현대인들이 삶 속에서 겪는 정신적 증상과 유사하다. 벌레로의 변신은 가족과 주변 사람들로부터 소외됨은 물론 사회로부터도 격리된 삶을 의미한다고도 볼 수 있다.

작가는 결국 인간 사회의 모습을 표현하기 위해 '변신 모티프'를 사용한다. 인간 관계의 단절과 소외를 말하기 위한 '변신'이라면, 그 형태가 어떨지 궁금해지는 것도 사실이다.

소설가 밀란 쿤데라는 카프카의 작품을 '검은색의 기이한 아름다움'이라고 표현했다. 이 책의 그로테스크한 삽화를 보면 이 말을 어느 정도 이해할 수 있을 것이다. '검은색의 기이한 아름다움'의 의미를 생각하며 삽화와 함께 작품을 읽어보길 권한다.

심화활동
- 벌레로의 '변신'이 무엇을 의미하는지 친구들과 의견을 나누고 내용을 정리한다.
- 실존주의 문학을 조사하고, 실존주의 문학의 특징을 보고서 형식으로 작성한다.

삶은 시작도 없고 끝도 없는 거대한 원이다

《나는 왜 너가 아니고 나인가》는 인디언의 연설문을 모아 류시화 시인이 엮은 책이다. 이 책에는 북아메리카 대륙에서 살아온 아메리카 원주민들의 삶과 문화가 담겨 있다. 월등한 성능의 무기, 인디언들이 면역력을 갖추지 못한 전염병, 속임수와 거짓, 인디언들을 미개하고 야만적인 이교도로 보는 백인들의 편견, 아메리카 대륙 정복, 이들에게 터전을 빼앗기고 물러나며 남긴 인디언들의 연설 등은 우리에게 많은 교훈과 가르침을 준다.

자연은 질서에 순종하지만, 문명은 그 질서를 깨우기 위해 노력한다. 우리는 대지의 일부분이며 만물은 서로 연결되어 있다. 모든 사람을 존중하고 누구에게도 비굴하게 굴어선 안 되며 그 까닭은 그들은 삶의 기준을 돈에 두고 있기 때문이다. 진심이 담겨 있지 않은 좋은 말은 오래 가지 못한다.

이런 말들은 뻔하면서도 동시에 지혜롭다. 이 책은 백인 문명의 허구와 위선을 꼬집고, 우리의 정신세계를 지적하며 우리에게 생각할 요소를 마구 던져준다. 미국 워싱턴 주에 있는 도시 '시애틀'은 수쿠아미쉬 족과 두와미쉬 족의 '시애틀 추장'의 이름에서 유래되었다는 설이 있다. 그는 백인과의 공존을 추진한 인물로, 환경에 대한 의견을 담은 연설문은 우리로 하여금 많은 생각을 하게 해줄 것이다.

백인들의 침략, 자연 파괴, 미래에 대한 의견, 백인들의 종교인 '기독교'에 대한 비판적인 내용을 읽으며 그들의 사상과 문화를 이해하고 그들의 사회가 유지되었다면 지금 어떠한 모습일지, 또 우리의 가치관과 생활 방식은 옳은 것인지 고찰해 보자.

순서대로 읽지 않고 관심 있는 주제의 글을 골라 먼저 읽어도 좋으니, 책의 두께에 당황하지 말고 천천히 읽어 보길 바란다.

심화활동

- 가장 인상 깊었던 연설문을 정리하고 친구들과 의견을 공유하며 인디언들의 문화와 철학을 탐구한다.
- 인디언의 역사에 대해 조사하고 그들의 삶이 우리에게 주는 교훈은 무엇인지 정리해 본다.
- 문명 발달에 대한 의견을 모아, 그 내용을 보고서 형식으로 작성한다.

4월	도서 분야	문학
25일	관련 과목	국어, 문학, 세계사
	관련 학과	인문계열

안나 카레니나

레프 톨스토이 | 민음사 | 2009

인간이 처한 삶의 문제

톨스토이는 러시아 소설가이자 사상가로 알려져 있다. 세상을 떠난 지 100년이 훌쩍 지났지만 《전쟁과 평화》, 《안나 카레니나》, 《부활》 등 그의 작품들은 아직도 많은 사람에게 널리 읽히며 사랑받고 있다. 어린이용 도서로 각색되어 대중들의 큰 관심을 받았던 《사람은 무엇으로 사는가》도 톨스토이의 작품이다. 이러한 유명 작품 중에서도 그가 진정한 첫 소설로 꼽는 작품이 있었으니, 우리가 살펴볼 《안나 카레니나》다.

《안나 카레니나》는 고위 관리의 아내 안나의 이야기와 시골 농장을 운영하며 살아가는 레빈의 이야기가 담겨 있다. 특히 레빈은 톨스토이 자신의 모습이 많이 반영되어 있다고 하니 톨스토이를 표면적으로만 알고 있었던 학생들은 꼭 읽어보길 권한다.

'행복한 가정은 모두 모습이 비슷하고, 불행한 가정은 모두 제각각의 불행을 안고 있다.'라는 문장으로 시작하는 《안나 카레니나》는 결혼, 가족 문제 등의 보편적인 이야기를 흥미롭게 풀어간다. 더불어 귀족 계급의 생활, 계급 간의 갈등, 농민 문제, 전쟁 등 19세기 러시아의 사회 모습도 반영한다.

스스로 만든 제도와 구조 속에서 고민하고 갈등하는 사람들의 내면이 잘 표현되어 있어 사람의 심리를 다루는 통찰이 뛰어나다는 평을 받고 있으며, 그러한 인물들을 통해 삶의 진실과 사랑의 본질, 나아가 인간 존재의 문제를 이야기하려고 한다.

작품이 길고, 등장인물도 많아 쉽게 읽을 수 있는 책이 아닌 것이 사실이지만, 오랜 시간 동안 사람들에게 잊히지 않는 데는 다 그럴 만한 이유가 있을 테니 이번 기회를 통해 톨스토이의 진면모를 발견해보길 바란다.

심화활동

- 《안나 카레니나》에 등장하는 인물의 특징을 정리해본다.
- '톨스토이'에 대해 조사하고 톨스토이의 다른 작품들도 고찰해본다.
- 《안나 카레니나》는 영화, TV드라마, 발레, 연극, 오페라 등으로도 만들어졌다. 소설이 다른 장르의 예술 작품이 될 때 어떠한 차이가 있는지 알아보고 보고서를 작성해본다.

목걸이

기 드 모파상 | 소담출판사 | 2002

도서 분야	문학
관련 과목	국어, 문학, 세계사
관련 학과	인문계열

허영심과 욕망의 덧없음

기 드 모파상은 정확한 어휘 선택과 간결한 문체, 사실적 묘사, 탁월한 구성 등으로 널리 인정받는 프랑스의 대표적인 자연주의 작가이며, 《목걸이》는 '목걸이', '비곗덩어리', '두 친구' 등 모파상의 작품이 담긴 소설집이다.

'목걸이'는 인간의 헛된 욕망이 불러온 시련에 대한 이야기로, 인간의 삶이 하찮은 계기로 달라질 수 있음을 적나라하게 보여준다. 읽는 순간순간 우리가 얻고자 하는 것, 도달하고자 하는 것이 어쩌면 가치 없는 것일지도 모른다는 생각을 하게 될 것이다.

'비곗덩어리'에서는 사람들의 위선과 이기적인 면모에 대한 강렬한 비판을 느낄 수 있고 '두 친구'에서는 전쟁의 냉혹함, 불합리함 등을 다시 한번 생각해 볼 수 있을 것이다. '달빛'에서도 '감정의 대상이 무엇인지 인식해야 한다'라는 심리학 처방과도 같은 이야기를 만나볼 수 있다.

문예를 창작하는 근원이 되는 사상의 흐름을 '문학사조(文學思潮)'라고 한다. 모파상은 사물을 있는 그대로 정확하게 관찰하여 객관적으로 묘사하는 '사실주의'와, 인간도 자연물처럼 유전인자와 환경에 의해 결정된다는 사상을 배경으로 하는 '자연주의' 사조에서 그 맥을 찾아볼 수 있다. 이 책과 함께 문학사조를 탐구해 봐도 유익한 경험이 될 것이다.

1월에 읽은 《미디어 리터러시, 세상을 읽는 힘》에 '목걸이'에 대한 내용이 나오니 '미디어', '정보'라는 영역에서 이 작품을 어떻게 보고 있는지 연결해 살펴보는 것도 꽤 흥미로울 것이다.

심화활동

- 프로이센 프랑스 전쟁에 대해 알아보고, 당시의 시대상을 바탕으로 모파상에 대해 면밀하게 조사해본다.
- 문학사조의 하나인 '자연주의'에 에 대해 알아보고 자연주의 작가에 대한 보고서를 작성한다.
- 《목걸이》에 담긴 작품 중 가장 인상적인 작품을 골라 소개하고 친구들과 공유한다.

4월 27일	햄릿		도서 분야	문학
	월리엄 셰익스피어 | 민음사 | 2001		관련 과목	국어, 문학, 세계사
			관련 학과	인문계열

삶과 죽음, 인간의 모든 문제를 담고 있는 극문학의 정수

토머스 칼라일의 《영웅 숭배론》에는 '인도 제국은 언젠가 잃게 될 것이지만 셰익스피어는 결코 사라지지 않으니, 우리는 셰익스피어를 포기할 수 없다'라는 내용이 나온다. 영국의 극작가 셰익스피어의 위상이 어느 정도인지 짐작할 수 있는 말이다. 셰익스피어는 극작가로 활동한 20여 년 동안 우리가 잘 알고 있는 《로미오와 줄리엣》, 《베니스의 상인》을 비롯해 4대 비극으로 꼽히는 《햄릿》, 《오셀로》, 《리어왕》, 《맥베스》 등 30편이 넘는 작품을 발표했다.

'햄릿'의 원제목은 '덴마크 왕자 햄릿의 비극'이다. 모두 5막으로 이루어진 장막극이며 복수를 위해 고뇌하고 갈등하는 햄릿의 내적 갈등이 독백에 잘 드러나는데 현실적인 울분, 죽음과 삶에 대한 고뇌가 동시에 느껴진다. 유명한 대사 'To be or not to be, that is the question'에 담긴 햄릿의 심정도 헤아려 보는 재미가 있을 것이다.

우리는 1월에 《열두 발자국》을 읽으며, '햄릿 증후군'과 '햄릿형 인간'이라는 용어를 알게 되었다. 이러한 용어가 왜, 어떻게 쓰이게 되었는지 《햄릿》을 통해 다시금 생각해 보자.

사실 '햄릿형 인간'이라는 말은 《햄릿과 돈키호테》의 저자인 러시아의 소설가 이반 세르게이비치 투르게네프가 이 둘에 대해 분석하며 '햄릿형 인간'과 '돈키호테형 인간'을 구분한 것으로 알려져 있다. 앞서 《돈키호테》도 읽어 보았으니, 두 인물을 우리의 관점으로 비교해 보는 것도 흥미로울 것이다.

심화활동

- 이반 세르게이비치 투르게네프가 말하는 '햄릿형 인간'과 '돈키호테형 인간'에 대해 정리한 후 보고서 형식으로 작성해본다.
- 셰익스피어의 다른 작품들도 읽어보고, 가장 인상 깊은 작품을 골라 소개해본다.

60년간 손에서 놓지 않은 대서사시

괴테는 10대 때 첫 희곡을 썼으며, 20대 초반에는 우리가 잘 아는 《젊은 베르테르의 슬픔》을 발표해 유명세를 타기 시작했다. 《파우스트》는 괴테가 20대에 쓰기 시작해 80대에 완성한, 거의 전 생애를 바친 대작이라고 볼 수 있으며 괴테의 문학성은 물론 철학의 세계가 한데 어우러진 명실상부한 역작이다.

세상의 지식을 아무리 섭렵해도 인간의 능력으로 여전히 알 수 없는 것이 많아 지적 좌절을 느끼고 있던 노학자 파우스트에게 메피스토펠레스가 나타나 그의 소원을 들어주겠다고 한다. 그렇게 파우스트는 악마 메피스토펠레스와 계약을 하게 된다. 메피스토펠레스가 보여주는 환상에도 파우스트는 개간 사업을 진행한다. 긍정적인 인물이라고 단정 지을 수도, 부정적인 인물이라고 단정 지을 수도 없는 복합적인 모습을 묘사하는 매력은 여느 전집을 압도한다.

그렇게 파우스트는 메피스토펠레스에게 영혼을 주게 될까, 아니면 구원을 얻게 될까? 우리가 앞에서 읽은 《돈키호테》나 《햄릿》이 특정 인간 유형을 가리키는 말로 쓰이는 것처럼, '파우스트' 역시 '호기심 해결을 위해서라면 위험도 감수하는 인간 유형'을 가리킨다고 하니 파우스트가 어떠한 인물이고, 그 호기심이 어떤 결말을 낳게 되는지 가늠해 보는 것도 이 책을 읽는 또 다른 묘미일 것이다.

《파우스트》는 운문으로 된 희곡이다. 작품의 분량이 많긴 하나, 시를 읊듯이 대사 한 행 한 행을 읽어 보면서 한 인간이 평생을 두고 쓴 '대작'의 깊이를 음미해 보도록 하자.

심화활동

- 파우스트의 심리에 대한 이해를 바탕으로 인물의 특징을 정리한다.
- 괴테의 다른 작품을 읽어 보고 그의 문학적 업적에 대한 보고서를 작성한다.
- 서정 갈래와 극 갈래의 특징을 이해하고 운문으로 쓰인 희곡 《파우스트》의 특징을 정리한다.
- 여러 작곡가에 의해 다양한 장르의 곡으로 만들어지기도 한 《파우스트》에는 어떠한 곡이 있는지 조사하고 이를 보고서로 작성한다.

기탄잘리

라빈드라나트 타고르 | 열린책들 | 2010

도서 분야	문학
관련 과목	국어, 문학, 세계사
관련 학과	인문계열

신(神)에게 바치는 노래

노벨상은 물리학, 화학, 문학, 생리학·의학, 평화, 경제학의 분야에서 매년 수상자를 발표한다. 2023년 노벨문학상 수상자는 노르웨이 작가 '욘 포세'이며, 우리가 앞에서 읽은 책들의 저자인 헤르만 헤세, 어니스트 헤밍웨이, 알베르 카뮈 등도 노벨문학상을 수상했다.

오늘 우리는 노벨문학상을 받은 또 한 명의 작가의 책을 보려 한다. 바로 아시아 최초로 노벨문학상을 수상한 인도의 시인 라빈드라나트 타고르의 《기탄잘리》이다. 라빈드라나트 타고르는 여덟 살 때 처음 시를 쓰기 시작하며 어린 시절부터 예술 분야에 재능을 보였다. 그는 한국을 위한 시를 전하기도 했는데, "For the illumi-nation in the East"라는 시구를 매체를 통해 접해본 학생들도 있을 것이다.

《기탄잘리》에는 총 103편의 시가 담겨 있다. 신과 인간의 관계를 '사랑하는 사람들 사이의 관계'로 설정하여 소박하고 담담하게 쓴 시들이다. '기탄잘리'는 '노래'라는 뜻의 'git', '바침'이라는 뜻의 'anjali'를 합친 것으로 '노래를 바치다'라는 뜻을 가졌다. '바침'의 대상을 '신'이라고 할 수 있으니, 이를 '신에게 바치는 노래'로 이해하면 될 것이다. 절대자에 대한 끊임없는 찬양의 노래를 통해 삶의 고통과 혼란스러움을 극복하게 된다.

책의 앞부분에는 윌리엄 버틀러 예이츠가 쓴 서문이, 책의 뒷부분에는 타고르가 영어로 번역한 원문이 실려 있다. 함께 살펴보며 타고르와 그의 작품에 대해 알아보는 시간을 가져 보자.

심화활동

- 타고르의 노벨상 수상 연설문을 읽어 보고, 그가 전하고자 한 내용이 무엇인지 정리해 본다.
- 타고르가 양자 역학에 대해 아인슈타인과 토론한 내용을 조사해 본다.
- 한용운의 시와 《기탄잘리》의 유사점을 찾아보며 작품을 읽어본다.

가지 않은 길

로버트 프로스트 외 14명 | 창비 | 2014

도서 분야	문학
관련 과목	국어, 문학, 세계사
관련 학과	인문계열

미국 시의 전개와 흐름을 읽다

《가지 않은 길》은 미국의 대표 시인 15명의 시가 담겨 있다. '에드거 앨런 포우', '월트 휘트먼', '에밀리 디킨스', '로버트 프로스트', '월러스 스티븐즈', '윌리엄 칼로스 윌리엄스', '에즈라 파운드', 'T.S. 엘리엇', '랭스턴 휴즈', '앨런 긴즈버그', '존 애시베리', '에이드리엔 리치', '개리 스나이더', '씰비아 플래스', '캐시 송' 등 시대와 문예 사조, 성별, 인종 등 다양한 기준으로 시인들을 선별했다.

'T.S. 엘리엇' 하면 "4월은 가장 잔인한 달"로 시작하는 〈황무지〉가 가장 먼저 떠오르는데, 이 책에는 〈황무지〉가 아닌 다른 작품이 실려 있다. 지나치게 난해하고 실험적이거나 배경 지식이 많이 요구되는 어려운 시 대신 이해하기 쉽고 길지 않은 작품들을 선정하여 실었기 때문이다. 한국계 아버지와 중국계 어머니 사이에서 태어난 '캐시 송'도 눈에 띈다.

소설 《검은 고양이》를 쓴 '에드거 앨런 포우'의 시 〈애너벨 리〉는 죽음을 초월한 순수하고 영원한 사랑을 노래한다. 선택하지 못한 인생 길에 대한 아쉬움을 담은 '로버트 프로스트'의 〈가지 않은 길〉은 평범한 소재와 평이한 일상어를 통해 삶에서의 선택의 의미를 생각해 보게 하고, 〈눈 오는 저녁 숲가에서〉는 세상을 조용히 바라보는 여유와 인생에 대한 명상을 통해 신비로운 정서를 품게 만든다. '에즈라 파운드'의 〈지하철역에서〉는 두 행으로 압축된 시로 지하철역에서 본 장면을 생생한 이미지로 제시한 이미지즘의 대표적인 시라고 볼 수 있다.

시가 어렵다는 고정관념을 버리고 차분히 읽어 보자. 미국 시의 흐름을 살펴볼 수 있는 좋은 계기가 될 것이다.

심화활동

- 가장 인상적인 작품을 골라 작품의 특징과 감상을 정리하고 친구들과 내용을 공유한다.
- 미국 시의 시대적 흐름을 이해하고 시인의 특징들을 정리해 본다.

5월

지리의 쓸모

전국지리교사모임 | 한빛라이프 | 2021

도서 분야	한국지리
관련 과목	한국지리
관련 학과	지리학과

지리 학습의 필요성에 대한 명쾌한 답변, '지리의 쓸모'

　지리라는 과목은 어렵다. 수많은 지도부터 산경도, 도농복합지역, 하천 직강화 등 어려운 한자 용어, 과학과 역사 등 다양한 과목과의 연계까지 고려해야 하기 때문이다. 자연스럽게 마음 한구석에는 '왜 우리는 지리를 배워야 하나?'라는 의문도 생길 것이다. 내비게이션이 탑재된 스마트폰의 보급률이 약 90%를 웃도는 오늘날, 지리의 쓸모에 대한 이런 의구심은 점점 더 커지고 있다.

　이에 답하기 위해 〈전국지리교사모임〉의 교사들이 힘을 모아 '지리 학습의 필요성'을 정리해 책으로 출간하였다. 이름부터 직관적인 《지리의 쓸모》는 사회 문제의 원인을 진단하고 사건의 흐름을 명확하게 파악하려면, 가장 먼저 지리를 이해하는 것이 필요하다고 강조한다. 그리고 땅 위의 정보를 파악한다는 협소한 의미에서 벗어나 장소와 현상, 사람의 관계를 살피는 매개로써 지리의 쓸모를 재발견했다. 이러한 통합적인 사고는 현대 사회에 대한 이해는 물론이거니와 미래 상황을 예측하는 데 도움을 줄 것이다.

　'한국지리 교양서'를 표방하는 부제에 걸맞게, 교과서에서 접하기 힘든 다양한 지도 이미지를 삽입한 것이 눈에 띈다. 이런 풍부한 자료는 학습자의 자연스러운 이해를 도울 뿐만 아니라, 같은 공간이라도 주제에 따라 전혀 다른 식으로 해석할 수 있는 한국 지리의 다채로운 면도 함께 살펴볼 수 있게 한다.

　앞서 언급한 대로 이 책은 단순히 '지리 정보'에만 국한해 개념을 설명하는 것이 아니다. 정치 · 경제 · 역사 · 문화 등 다양한 분야와 연계해 현상을 분석한 일종의 융합교과도서다. 지리와 연관이 있는 최근 이슈와 쟁점을 25개의 주제에 녹여냈으며, 각 주제의 끝에서 저자가 준비한 독자들이 궁금해할 질문과 그에 대한 답변도 만나볼 수 있어 즐거웠다.

심화활동
- 지리적 사고력을 확장할 방법에 대해 생각해 본다.
- 책 내용 중 가장 인상 깊은 주제 한 개를 꼽고, 이를 선정한 이유를 서술한다.

세계 시민을 위한 없는 나라 지리 이야기

서태동 외 6명 | 롤러코스터 | 2022

도서 분야	청소년 사회
관련 과목	세계지리
관련 학과	지리학과

'없음'에 주목한 지리 교양서, 번뜩이는 재치로 흥미를 더하다

한 사람을 소개할 때 그의 출신지에 대한 설명은 빼놓을 수 없다. 사람이 나고 자란 지역의 특성과 그로 인해 파생된 문화의 특징은 인간의 삶과 가치관에 큰 영향을 주기 때문이다. 우리는 모르는 나라를 알아볼 때도 이런 방식을 적용하곤 한다. 내가 가보지 못한 다른 나라가 궁금할 때, 그 나라에 어떤 특징이 '있는'지 먼저 찾아보고 이를 바탕으로 그 나라를 이해했던 기억이 떠오른다.

하지만 이 책은 '있는 것'이 아니라 '없는 것'에 주목했다. 제목부터 주제까지 여타 지리책과는 사뭇 다른 느낌을 받았다. 저자들은 기존에는 특정 지역에서 발생한 지리적 현상들에만 주목해왔음을 깨닫고, 그와 반대되는 관점이 필요하다고 주장하고 있다. '있다'와 '없다'는 동전의 양면과 같아서 한쪽의 관점만으로 지역과 문화를 이해하면, 단편적인 이해를 불러오기 때문이다.

이 책은 4장, 22부로 구성되어 있다. 1장은 '환경과 기후적인 없음'에 초점을 맞추었다. 인위적으로 해결하기 힘든 곳이나 주어진 상황에 적응하며 살아가는 사람들과 그로 인해 형성된 특징을 다루고 있다. 2장은 '지형 등의 환경적 이유와 정치, 경제 등 인위적 이유의 결합을 통한 없음'을 조명하며 인프라의 부재가 수용된 배경을 설명한다. '인류가 만들어낸 없는 역사'에 주목한 3장은 식민 지배를 받지 않은 태국, 세계 절반의 승인이 없는 나라 코소보 등을 서술했다. 4장은 '없는 것 같지만 있으며, 흔한 것도 없는 나라'에 집중하며 야생 포유류가 없는 나라 뉴질랜드 등을 다루고 있다.

청소년을 대상으로 서술된 책답게 학생들이 소화할 수 있는 적절한 지식의 양을 친절하게 설명한 것이 인상 깊다. 다채로운 지도와 시원한 사진을 담았지만, 적절한 배치를 통해 시인성을 높였다. 지리에 대해 새로운 관점으로 접근하고 싶은 분들이라면 일독을 권한다.

심화활동

- 책에는 소개되지 않았으나 '없다'라는 주제에 부합하는 지역이 있는지 찾아본다.
- 소개된 지역 중 한 곳을 선정하여 해당 지역의 '없는 것'으로 특화된 주제를 바탕으로 여행 계획을 세워본다.

구멍가게 이야기

박혜진, 심우장 | 책과함께 | 2021

도서 분야	사회문화
관련 과목	사회문화, 한국지리, 한국사
관련 학과	사회학과, 지리학과, 사학과

사람 사는 냄새로 가득한 그곳, 구멍가게 이야기

나의 국민학교 시절, 학교 앞에는 무려 세 곳이나 구멍가게가 있었다. 학년별로 한 학급밖에 없는 작은 학교 앞 구멍가게들이었지만 등교 시간에는 준비물을 사러 온 학생들로, 점심시간에는 컵라면을 먹으러 온 친구들로, 하교 시간에는 오십 원과 백 원짜리 동전을 들고 신중히 과자를 고르던 꼬마들로 가득한 그곳은 언제나 아이들에게 가장 인기 있는 장소였다.

거리 곳곳에 기업형 슈퍼마켓과 대형 마트가 있고 온라인 상품 구매가 일상화된 오늘날, 구멍가게는 모두의 기억 속에서 점차 사라져 갔다. 하지만 '레트로' 문화의 유행과 함께 구멍가게는 다시 눈길을 끌기 시작했다. 비록 그 관심이 젊은 세대에게는 유행에서 뒤처지지 않기 위한 일회성 흥미이며, 구멍가게와 함께 살아온 세대에게는 일종의 '추억팔이'에 그치는 것일지라도 이는 구멍가게가 살아남을 이유로 충분했다.

이 책은 저자 박혜진, 심우장이 전라남도 지역 오십여 구멍가게의 사람 냄새 나는 진한 이야기를 담은 르포르타주이자 사소하지만 정겹고, 포근하지만 모진 풍파를 겪은 이들의 생활사다. 저자는 농촌으로 대표되는 지역 사회에서 구멍가게가 단순한 소매점 이상의 의미를 지닌다는 점에 주목했다. 다양한 역할을 맡으며 바뀌어 온 구멍가게를 그 속의 담긴 사람들의 삶과 함께 엮어 우리 근·현대사의 한 단면을 보여준다.

농촌에서 구멍가게의 현주소를 말해주는 1부, 본격적인 근대화의 바람 속에서 슈퍼, 편의점 등과 경쟁하며 이어온 구멍가게의 역사인 2부, 개성적인 내부구조와 판매 상품들의 변천사를 보여주는 3부, 주인장들과 손님들의 삶을 그린 4부 안에는 햇수로 4년에 걸친 현지답사의 성과가 담겨 있다. 특히 가게들의 외관뿐만 아니라 내부의 구조물들과 물건, 낙서, 기발한 장치에 대한 묘사와 이를 잘 살려주는 사진들을 보고 있자면 현장으로 들어간 듯한 기분이었다. 또한 가게 사장님들의 구수한 사투리를 그대로 살린 문장들에서 날 것 그대로의 생명력을 느낄 수 있었다.

심화활동
- '구멍가게'를 포함한 레트로 문화 연구가 내포한 사회학적 의미를 생각해 본다.
- 현대 사회에서 구멍가게의 이미지는 무엇인지 생각해 본다.

'세상을 담는 여행지리'와 함께 떠나는 방구석 세계여행

여행을 좋아한다면 '여권 파워'라는 말을 들어봤을지도 모른다. 여권을 발행한 국가의 영향력 등에 따라 무비자로 방문할 수 있는 국가의 수를 의미하는 단어로, 2023년 기준 대한민국 여권 소지자는 전 세계 227개 국가 중 191개 국가에 무비자 방문이 가능하다. 〈헨리앤파트너스〉라는 영국의 국제교류 전문업체가 발표하는 국제 여권 순위가 이 여권 파워를 의미하며, 독일, 프랑스 등과 함께 공동 3위에 올라 있다. 여행에 대한 각별한 사랑으로 유명한 우리나라 사람들에겐 희소식이 아닐 수 없다.

2015년 개정교육과정부터 고등학교 진로선택과목으로 '여행지리'가 신설되었다. 이미 지리와 관련된 많은 과목이 있는데 왜 지리를 주제로 새로운 과목이 개설되었는지, 왜 '여행'이라는 주제와 결부되었는지 궁금해하는 이들이 많았다. 이에 대한 답은 현직 중·고교 교사 6인과 교수 1인이 준비한 이 책으로 알아볼 수 있었다.

저자는 지리학계가 오래전부터 지리의 대중화와 지리 교과에 대한 학생들의 흥미를 끌어올리길 원했고, 그 해결책으로 나온 것이 교육과정 개편과 '여행지리'의 신설이라고 말한다. 단순히 먹고 마시는 유흥으로의 '관광'에서 벗어나, 살아온 길을 되돌아보고 현지인과의 교감을 통해 세계관을 넓히는 등 삶의 중요한 기점으로 변화하고 있다는 점도 '여행지리'라는 과목의 존재 이유가 될 것이라고 덧붙였다.

이 책은 교육 과정의 취지에 따라 기후, 지형, 문화, 도시, 성찰이라는 다섯 개의 주제를 다룬다. 각 주제에 부합하는 24곳의 장소에 대한 다채로운 묘사와 친절하고 명쾌한 배경지식 설명을 읽다 보면, 실제 여행지에서 그 장면을 직접 보고 느끼는 기분이었다. 책 한 권으로 흥미진진한 방구석 테마 여행을 떠난 것이다. 최근 유행하는 탁상 여행의 색다른 경험이 필요한 분들, 지리에 관한 기초 상식이 필요한 사람 모두 쉽게 접근하기 좋은 책으로 추천하고 싶다.

심화활동

- '테마가 있는 여행'의 의미를 알아보고, 구체적인 사례를 찾아본다.
- 여행지로서 매력 있는 장소 한 곳을 선정해 보고, 여행 계획을 세워본다.

아주 쓸모 있는 세계 이야기

남영우 외 4명 | 푸른길 | 2019

도서 분야	정치사회
관련 과목	세계지리, 한국지리, 세계사, 한국사, 사회문화, 정치와 법
관련 학과	사회학과, 지리교육과, 사학과, 정치외교학과

상식을 쌓고 싶은 이에게 추천하는 '아주 쓸모 있는 세계 이야기'

지리는 한자로는 地理로 땅의 이치를 연구한다는 의미이며, 영어로는 geography로 땅을 기술한다는 뜻이다. 이런 단어의 속뜻을 보면 지리학은 정치, 역사, 문화, 예술 등 땅 위에 살아가는 인류의 삶 전체에 영향을 미치는 학문에 가깝다. 그래서일까? 비교적 교양 있는 사람들에게 요구되는 상식은 대개 지리와 연관된 경우가 많다.

하지만 인터넷의 활성화, 스마트폰 보급의 확산, 사회관계망서비스의 확대는 사람과 정보를 더 쉽게 연결한 동시에, 사람들을 진위를 확인할 수 없는 가짜 정보, 맥락 없는 방대한 양의 무가치한 정보의 홍수 속에 던져넣었다. 이에 지리학자 5인이 지리학의 의미를 살려 다양한 범위에서 대중의 흥미를 유발할 주제를 고르고, 지리·역사·정치 등 다양한 시각을 통해 그 안의 '진짜 지식'을 풀어냈다.

책을 처음 펼치고 마주한 목차는 읽기만 해도 재미있고, 반전도 숨어있었다. 언뜻 보면 단순한 흥미본위의 목차처럼 보였지만, 실제 내용은 학자들의 학술적 견해와 다양한 사례를 추가해 짜임새와 깊이가 있었기 때문이다. 세계 전체를 관통하는 주제를 다룬 1장, 다양한 자연환경에 대한 궁금증을 해결해보는 2장, 국가 및 지역별 문화적 다양성을 설명한 3장, 경제 활동의 세계화와 자원 쟁탈전을 분석한 4장, 국가별 이슈를 다룬 5장을 읽으며 지식으로 허기진 마음을 채울 수 있었다.

바로 앞에서 알아본 우리나라의 여권 파워는 세계에서도 손으로 꼽을 정도로 강했다. 그러나 여권 파워가 무엇이며, 왜 우리나라의 여권 파워가 강한지 아는 사람은 드물 것이다. 그 이유가 궁금하다면 이 책을 한 번 읽어보길 바란다. 첫 장을 여는 순간 흡인력 있는 목차와 내용이 마음을 사로잡고, 배가 부를 만큼 교양을 밀어넣을지도 모른다.

심화활동

- 가장 인상 깊은 주제를 꼽고, 이를 최신 이슈와 연결하여 본인의 생각을 정리해 본다.
- 자연환경이 지역의 정치, 문화, 역사 등에 영향을 끼친 주제들을 뽑고, 그 이유를 정리해 본다.

문학 속의 지리 이야기

조지욱 | 사계절 | 2014

문학 속에서 지리를 접하다, 문학 속의 지리 이야기

문학은 우리 삶을 녹여낸, 인간의 사상이나 감정을 언어로 표현한 예술이다. 그러나 독자들은 작품에 등장한 인물들의 행동이나 사상에 주목할 뿐, 이야기가 벌어지는 공간 자체에는 큰 관심을 두지 않는다. 이야기의 배경은 스토리에 큰 영향을 주지 않는다는 편견 때문일지도 모른다.

저자는 공간은 단순한 배경이라는 생각에 반대하며, 공간이 문학에 미치는 영향력을 분석했다. 그리고 현직 고등학교 지리 교사라는 저자의 신분이 이 책을 집필한 시발점이 됐다. 평소 수업할 때 흥미를 유발하기 위해 주제와 관련된 문학 작품을 종종 인용했다고 한다. 그리고 '공간의 재해석'에 초점을 맞춰 영화와 소설을 접하고, 이를 수업에 적용하는 과정은 색다른 경험이 되었다고 말한다.

우리나라의 작품을 비롯해 전 세계적으로 유명한 동화나 소설 20개를 교통과 산업, 도시와 촌락, 기후와 지형, 인구와 사회 문제 등 총 4개의 주제로 구분했다. 특히 각 작품에서 드러난 공간적 특색에 대한 분석한 정보를 제공하며, 작품으로 떠나는 여행길을 더욱 풍성하게 가꿨다.

예를 들어 이효석 작가의 《메밀꽃 필 무렵》은 작품의 배경인 평창군 봉평면의 자연적 특색과 역사·문화적 환경이 작품에 드러난 인물들의 행동을 예상하고, 추론해 볼 수 있게 해준다. 《양치기 소년과 늑대》는 지리적 배경을 명확히 특정할 수 없지만, 작품이 제작된 시기를 고려해 알프스 산지라고 말했다. 또한 동화 탄생의 배경으로 고대 사회 열악한 아동 인권의 실태와 지중해식 이목 농법을 꼽았다. 이런 지리적 사고와 상상력의 결합으로 새로운 관점에서 문학 작품을 접해보는 것은 어떨까?

심화활동

- 책에서 소개한 소설 중 공간의 영향력이 가장 큰 작품을 선택해 그 이유와 함께 서술해 본다.
- 공간의 영향력을 이해할 수 있는 시 한 편을 꼽고, 그 이유를 서술해 본다.

지리의 힘

팀 마샬 | 사이 | 2016

도서 분야	정치사회
관련 과목	세계지리, 세계사, 정치와 법
관련 학과	지리학과, 사학과, 정치외교학과

인간의 과거, 현재, 미래를 관통하는 지리의 힘

과학 기술의 발달로 인해 과거와 비교하면 누구나 더 쉽고, 더 빠르고, 더 멀리 나아갈 수 있다. 하지만 이런 변화가 우리의 삶에서 지리가 미치는 영향력을 없앨 수 있을까? 단언컨대 불가능하다. 이 책은 앞에서 말한 것처럼 지리적 요인을 통해 국제적 현안을 이해하는 지정학을 다룬다. 단편적으로는 산맥 및 하천 등의 자연 지형물과 기후부터, 복합적으로는 문화와 인구, 천연자원에 대한 접근까지 말하며 지리의 중요성을 일깨운다. 그리고 과거부터 지금까지 지리는 인간의 삶에 어떤 영향을 미쳐왔고, 앞으로 어떤 영향을 미칠지도 언급하고 있다.

이 책은 구체적으로 해양 강국을 꿈꾸는 중국, 지리적 축복과 전략적 영토 구매로 초강대국이 된 미국, 이념과 지리적 분열 속에서 표류하는 서유럽, 광대한 영토를 보유했으나 지리적 열세인 러시아, 강대국의 경유지가 된 한국과 고립에서 탈피하고자 하는 일본, 유럽 주도 지정학적 정책의 피해자인 아프리카와 중동, 종교 대립과 영국의 지배 속에 분열된 인도와 파키스탄, 21세기 경제와 외교의 각축장이 된 북극 등 지정학적 영향력이 두드러지는 지역들에 대한 폭넓은 분석을 통해 전반적인 세계역사와 정치의 흐름, 결정적으로 지리가 우리 삶에 어떤 영향을 미치는지를 알 수 있게 해준다.

누군가 지리의 영향력을 다룬 베스트셀러 도서를 묻는다면, 한 자리를 차지할법하다고 답하고 싶다. 물론 아쉬운 점이 없지는 않다. 우리나라에는 2016년이 되어서야 들어와 최신 세계정세에 대한 정보는 부족하고, 분량 관계상 캐나다나 오스트레일리아, 인도네시아 등 특정 지역의 분석은 헐겁다. 또 영국 출신 저자가 쓴 책이라 내용상 많은 부분을 서구나 그와 연관된 국가 및 지역에 대한 설명에 할애한다는 한계도 있다. 하지만 분쟁 및 세계정세를 이해하기 위한 입문서로의 가치는 충분하다.

심화활동

- 아프리카를 약탈하고, 발전을 저해하는 주체와 그 내용을 과거와 현대로 나눠 각각 분석해 본다.
- 《지리의 힘2》를 읽고 서평을 작성해 본다.

왜 세계의 절반은 굶주리는가?

장 지글러 | 갈라파고스 | 2016

도서 분야	정치사회
관련 과목	사회문화
관련 학과	사회학과, 정치외교학과

따뜻한 인류애로 적은 굶주림의 현실

음식물 쓰레기가 넘치는 식량 과잉 시대, 하지만 이 순간에도 누군가는 자신의 책임이 아닌 이유로 굶어야만 한다. 이 책은 이런 모순적인 상황을 최대한 절제된 단어로 알리는 동시에, 아버지와 아들의 입을 빌려 따뜻한 인류애도 담아냈다. 우리가 알아야 할 차가운 현실을 따뜻하고 쉽게 말해서일까, 2007년 출간 이후 국내외 저명인사의 추천과 독자들의 꾸준한 관심을 모았다.

이 책은 전 세계 기아의 실태 소개, 기아의 발생 원인 분석, 기아 문제에 대한 대책 강구 등을 다룬다. 누구나 살면서 한 번쯤은 TV나 인터넷에서 기아에 처한 사람들의 모습을 봤을 것이다. 하지만 이런 광고는 기아의 뿌리를 뽑아내지 않는다. 오히려 시청자의 감정에 호소하고, 이를 상업적으로 악용하려는 일종의 '빈곤 포르노'라고 볼 수 있다. 기아에 대한 근본적인 이해를 위해서는 더 명확한 자료가 필요하지만, 읽기 어렵다는 한계가 있다. 하지만 책이 제시하는 다양한 사례와 객관적인 데이터를 따라온다면, 얽히고설킨 기아의 본질을 자연스럽게 이해할 수 있을 것이다.

기아의 형태는 발생 원인에 따라 경제적 기아와 구조적 기아로 나뉜다. 경제적 기아는 자연재해 등 돌발적인 사건들로 발생한 일시적 형태이다. 신속하고 적절한 긴급 구호가 이뤄진다면 충분히 해결할 수 있다. 문제는 구조적 기아인데, 이는 국가의 내부적 역량 부족과 국제적 고립으로 촉발되고, 장기간의 식량 공급 부족으로 표면적인 해결조차 불가능한 상태에 놓인다.

저자는 이런 기아 문제를 해결하기 위해 기아에 처한 국가 스스로 이를 해결하기 위한 강한 의지를 갖추고, 실질적인 기아 퇴치 정책의 실현을 위해 노력해야 한다고 주장하고 있다. 또한 국제사회는 빈곤 국가에 대한 '인간애'를 갖추고, 빈곤국에 대한 지속적인 관심을 유지해야 한다고 강조했다. '기아의 고통 앞에 무심해지지 말자'라는 저자의 외침을 기억하자.

심화활동

- 가장 심각한 기아의 사례를 소개하고, 그 이유를 설명한다.
- 현대 사회를 이른바 '풍요 속 빈곤'이라고 표현한 이유를 생각해 본다.

왜 세계의 가난은 사라지지 않는가

장 지글러 | 시공사 | 2019

도서 분야	정치사회
관련 과목	사회문화
관련 학과	사회학과, 사회복지학과

가난한 사람의 상속세는 가난 그 자체다

세계에서 가장 부유한 사람 85명의 재산이 지구인의 절반에 해당하는 40억 명의 가난한 사람들의 재산의 총합과 비슷하다. 부유층 상위 562명의 소득이 41% 증가할 때, 하위 30억 명의 재산 44%가 감소한다. 70,000원짜리 스웨터 한 장을 만든 방글라데시 봉제공의 수입은 321원에 불과하다. 67개 국적의 2,977명이 사망한 9.11 테러 당일, 어린이 3,500명이 기근으로 사망했다. 이 사례들의 공통점은 무엇일까? 이는 전 세계적으로 추앙하고 있는 신자유주의의 결과로, 전 세계의 부가 일부에게 편중되고, 세계인 대다수는 빈곤에 시달리고 있는 현실에 대한 통계자료다.

저자, 장 지글러는 이 책에서 신자유주의의 부당성을 해부한다. 20세기 이후 인류는 역사상 처음으로 물자의 풍족함을 누리고 있으며, 식량은 지금 인구의 두 배를 부양할 만큼 산출된다. 그럼에도 불구하고 여전히 빈곤은 전 지구적 해결 과제이며, 사람들의 의문이 이어지기 때문이다. 왜 가난은 사라지지 않는 것일까? 저자는 그 원인으로 자본주의를 지목하고 있다. 전작인 《왜 세계의 절반은 굶주리는가》에서 분배만 공정하게 이루어진다면 해결할 수 있는 기아 문제가 부 축적에 혈안이 된 다국적 기업, 선진국 등 권력 집단들의 이기적인 행태로 해결되지 못한다고 주장하는 것처럼.

빈곤 문제도 마찬가지다. 저자는 재산의 살인적인 불평등, 가난한 사람들을 상대로 벌이는 특권층들의 영구적인 전쟁 때문에 가난을 없앨 수 없다고 말한다. 그러나 한편으론 희망을 기대한다. 세계 경제를 주도하는 신자유주의의 한계를 정확히 인식하고, 이러한 문제를 해결하고자 분연히 일어서 행동하는 사람들이 많아진다면 양극화의 참혹한 현실 속에서도 희망을 찾을 수 있다고 주장한다. 이 주장에 공감하고, 지지하는 분들이라면 꼭 한 번 이 책을 읽어보길 권한다.

심화활동

- 지역별 다양하게 나타나는 빈곤의 양상과 그 원인을 분석해 본다.
- 빈곤 문제 개선에 있어서 교육의 역할을 논해본다.

5월 10일

공정하다는 착각

마이클 샌델 | 와이즈베리 | 2020

'공정'의 늪에 빠진 능력주의의 신화, 공정하다는 착각

우리 사회에서 가장 민감하고, 일종의 성역이 된 제도가 있다. 바로 '대학 입시'다. 경찰이 나서 수험생을 호위하고 직장인들의 출근 시간이 조정되며 영어 듣기평가 시간에는 비행기의 이착륙 시간까지 바꾸는 모습을 당연하게 여기는 것은, 대입만큼은 순수하게 개인의 실력만으로 결정되길 바라는 사회 구성원들의 절실함이 담겨 있기 때문이다. 그런데 우리는 여기서 한 가지 짚고 넘어가야 한다. 과연 '실력'만을 기준으로 삼는 것이 '공정'한 것일까? 이 책 《공정하다는 착각》은 능력주의가 지상 최대의 공정한 가치인 것처럼 숭배하는 사회에 의문을 던진다.

저자는 '능력주의 사회'란 개인의 능력에 따라 기회를 공평하게 부여하고, 그로 인한 결과는 오롯이 개인의 몫임을 구성원들이 암묵적으로 합의한 사회라고 설명한다. 이러한 사회에서 성공한 사람은 오만함을, 실패자는 굴욕을 느끼고, 사회가 요구하는 재능을 갖춘 사람은 절대 선, 그렇지 못한 사람은 절대 악으로 평가하는 비도덕적 관행의 고착이 일어난다고 평한다. 책에서는 이러한 능력주의의 본질과 등장 배경, 사상 자체의 공정성을 깊이 있게 다루고 있다. 나아가 현실에서 나타나는 능력주의의 폐해와 이를 해결하기 위한 현실적 대안을 제시하고 있다.

능력주의가 공정을 대표한다고 오인하는 사회에서 그로 인한 폭정을 넘고, 사회적 연대를 공고히 하기 위해서는 자신의 운명에 대해 겸손함을 갖고, 도덕적 논쟁을 지속하여 공공선을 추구해야 한다. 인간은 순수하게 자수성가적 존재가 아니라는 저자의 말처럼, 이 책을 읽고 나의 '능력'과 사회의 관계를 다시 생각해 보길 바란다.

심화활동

- 저소득층 지원 정책의 필요성을 공정성의 관점과 윤리적 측면에서 토의해 본다.
- 교육의 공정성을 높이기 위한 방안과 정책을 토론한다.
- 사회에서 다양성과 공정성 간 관계를 알아보고, 다양성 증진을 통해 공정성을 높이는 방법과 이를 실현하기 위해 필요한 조치에 대해 논의해 본다.

사이보그지만 괜찮아. 사이보그가 된 인간의 역설

장애를 다룬 이야기는 책부터 영화, 유튜브 등 다양한 매체에서 종종 마주할 수 있다. 그러나 이 중 대부분은 '장애'를 극복의 대상으로 묘사한 일종의 '인간 승리' 이야기로 '정상성'을 가지지 못한 장애인에 대한 동정을 끌어내기에 바쁘다. 이렇게 감동을 자극하거나 장애인에 대한 일방적인 이해만 강요할 때, 《사이보그가 되다》는 바로 지금 기술과 사회가 어떻게 바뀌어야 하는지 말한다.

제목부터 흥미로운 이 책의 결론은 단순명료하다. 바로 장애인을 있는 그대로 받아들이는 것. 비장애인의 관점에서 봤을 때 장애인은 다양한 도구를 사용하며 정상이 되길 원하며, 이를 위해 정부는 관련 기술 개발 및 보급에 힘써야 한다. 하지만 저자에겐 시력이 안 좋아 안경을 착용하는 사람들처럼 장애인도 심신 일부가 정상적인 기능을 하지 않아 보조 기구를 착용한 존재일 뿐이다. 따라서 장애인은 연민의 대상이 아닌 보통의 이웃이므로 비장애인과의 분리, 선의를 가장한 억압적인 언행을 거두어야 한다고 주장한다.

이런 관점의 변화 이외에도 시설 및 정책 분야에서 장애인에 대한 고려가 이루어져야 한다고 지적한다. 예를 들어 휠체어용 엘리베이터의 확대 보급 및 건물 출입구에 경사로 추가 설치, 음성지원과 문자 통역 서비스 및 자막 제공 의무화 등이 있다.

저자는 사이보그를 '기계과 결합한 유기체'라는 사전적 의미를 뛰어넘어, 인간과 기술 및 문화적인 구성 요소들이 상호 보완적인 관계 속에 재탄생한 존재라고 주장합니다. 이에 장애인은 일상의 편리를 위해 기술 문명을 몸에 장착한 인간이자 '사이보그 최전선에 있는 존재'라고 지칭하고 있다. 사이보그 장애인인 저자가 바라는 위계 없는 세상, 정상과 비정상을 나누지 않는 사회에 관한 이야기가 궁금하다면 꼭 한 번 읽어보길 바란다.

심화활동

• '장애 종식 낙관론'의 긍정적인 면과 부정적인 면을 알아본다.
• 장애인 보조 시설 의무화의 윤리적, 법적 근거를 알아본다.

도서 분야	정치사회
관련 과목	사회문화, 통합사회
관련 학과	사회학과, 행정학과, 정치외교학과

한국 사회의 젠더 문화에 대한 진지한 고찰, 젠더와 사회

제삿날 6살 남짓한 여자아이가 고사리 같은 손으로 상 주변을 정리한다. 그리고 이 모습을 본 한 어른이 너그러운 웃음과 함께 이런 말을 건넨다. "우리 ○○이는 엄마 도와주려고 벌써 집안일을 잘하는구나. 시집 잘 가겠어". 주변에서 쉽게 볼 수 있는 이러한 모습에서 우리는 알 수 없는 불편함을 느낀다. 위로나 격려라는 형태를 쓴 이러한 말들이 아이의 성인지 감수성 발달에 악영향을 끼치고 있다는 사실이 그 원인일 것이다.

이렇듯 과거에는 문제가 되지 않았던 언행들이 최근 지탄받고 있다. 바로 전 세계적으로 '젠더'에 대한 관심과 이를 주제로 사회 현상을 해석하려는 움직임이 퍼졌기 때문이다. 이런 노력을 알리기 위해 국내 연구자 15명이 우리나라의 상황에 맞게 풀어쓴 이 책은, 페미니즘과 동성애 등 젠더와 관련된 수많은 오해와 의문에 대한 답을 전한다.

가장 먼저 역사와 사회학, 인류학, 미디어 등 다양한 학문에서 젠더 체계가 만들어지는 과정을 분석한다. 뒤이어 페미니즘의 탄생과 역사, 젠더 이론과 생물학적 성에 대한 단상, 섹슈얼리티, 지구화 시대의 이주와 젠더 등 시계열에 따라 지금까지의 연구를 소개한다. 이런 논의를 따라가면 왜 젠더 불평등을 해소해야 하고, 소수자의 경험과 관점을 이해해야 하는지 알 수 있다. 다음은 일상 속 다양한 젠더 현상들에 대한 깊이 있는 통찰을 제시한다. 저자는 지극히 개인적이고 일상적인 영역인 연애, 몸, 가족 등에서 온전히 개인적인 일로만 치부될 수 없는 문제들을 뽑아내 분석했다. 마지막은 젠더 갈등 해소 및 성평등 확립을 위한 정부와 사회의 실제 노력 및 이에 대한 제안으로 이루어져 있다.

이 책은 비교적 중립적인 시각에서 젠더 문제를 다루고, 우리 주변에서 볼 수 있는 현상들을 학술적으로 재해석했다. 하지만 초보자에겐 다소 어렵게 느껴질 수 있다. 영역을 나눠 여러 번에 걸쳐 읽어보기를 권한다.

심화활동
- 영화, 드라마, 음악, 광고 등 대중문화가 젠더 문제에 미치는 영향에 대해 알아본다.
- 교육 시스템 내에서 성별에 따른 차별과 평등, 또한 젠더 다양성에 대한 교육과정에 대해 알아본다.

선량한 차별주의자

김지혜 | 창비 | 2019

도서 분야	정치사회
관련 과목	사회문화, 정치와 법
관련 학과	사회학과, 행정학과, 사회복지학과

우리는 모두 불평등한 세상의 '선량한' 차별주의자다

최근 몇 년간 우리 사회의 최대의 화두는 단연 '역차별'이었다. 그 말을 거꾸로 생각해 보면 차별은 고질적인 사회 문제이며, 일상생활 곳곳에서 발견될 정도로 다양하다고 볼 수 있다. 문제는 차별을 고치려는 시도를 자신의 권리를 침해한다며 비난하고, 이러한 모습이 점차 사회 곳곳에서 공격적으로 나타나고 있다는 것이다.

유행어가 된 '결정 장애', '호의가 계속되면 권리인 줄 안다'라는 문구들은 누군가를 비하하기 위해 만들어진 것은 아니다. 하지만 그 저변에는 '장애인'이나 '약자'에 대한 차별을 당연시하는 문화가 깔려있다. 비단 이런 문구가 아니더라도 보통 사람들, 심지어 '선량하다'라고 평가받는 사람들조차 소수자를 거리낌 없이 배제하거나 특별하게 취급한다. 그 이유는 차별받는 사람과 차별하는 사람이 늘 같은 범주에 있지 않기 때문이다.

특정 조건에서는 차별받는 사람이 다른 조건에서는 차별하는 자가 될 수 있다. 인종이나 성별, 종교 등을 포함한 수많은 조건에 따라 차별의 기준은 입체적이고 복합적으로 작용한다. 차별당하는 사람조차 그 구조 안에서 생각하고 행동하며 차별을 고착시킨다. 저자는 여러 가지 사례를 예로 들며 우리 사회에서 차별이 지워지거나 공정함으로 바뀌는 모습도 담아냈다.

저자는 우리가 불평등한 상황에서 평등을 추구하기 때문에 진정한 '평등'을 깨달을 수 없다고 말한다. 이 책을 읽고 주위를 둘러보자. 지금까지 내가 자연스럽게 누려왔던 시외버스 좌석이 누군가에겐 특권이 된다는 것을, 내게 편안한 제도와 구조가 누군가에게 장벽이 된다는 것을 발견할 수 있을 것이다. 왜곡된 시선이 아닌 객관적이고 따뜻한 시선으로 사회를 바라보며, '진짜' 평등한 세상을 꿈꾸시는 분이라면 꼭 한 번 읽어보시길 권한다.

심화활동

- 일상생활에서 흔히 보이는 차별적인 모습을 찾아보고, 그 이유를 같이 생각해 본다.
- '능력주의에 기반한 차별 정책은 공정하다'라는 주장에 대한 본인의 생각을 정리해 본다.

같은 일본 다른 일본

김경화 | 동아시아 | 2022

도서 분야	정치사회
관련 과목	세계사, 일본어
관련 학과	정치외교학과, 사학과

일본의 '현재'를 이해하는 책, 같은 일본 다른 일본

가깝고도 먼 나라, 일본은 우리나라 사람들에게 친숙하면서 동시에 이해하기 힘든 모습을 보여주는 이웃이다. 2011년의 동일본 대지진이 일어났을 때 정치권은 후쿠시마산 농산물 소비 운동을 주도했고, 민간은 이를 긍정적으로 수용하는 모습. 코로나 팬데믹에도 팩스로 늦디늦게 행정을 처리하지만, 각종 캐릭터와 강력한 IP를 가진 나라. 이러한 사건들을 보면서 우리는 '현대' 일본에 대한 깊은 이해가 필요하다고 느꼈다.

이 책은 일본 사회에서 '이방인'으로 살아가는 저자가 작성했다. 인터넷과 미디어 관련으로 일한 경력 덕분일까? 일본 사회와 관련된 기존 시선에 전통사회와 최신 현대 사회에 대한 분석과 탁월한 관점을 더한 것이 이해를 돕는다. 가장 먼저 우리가 가지고 있는 일본 사회·문화에 대한 인식과 오해를 11개 항목으로 나누어, 그 문화 안에서 살아가는 사람만이 알 수 있는 다양한 예시와 이유를 적었다. 내용을 읽다 보면 우리가 어떻게 그들을 바라봐야 하는지 알 수 있다. 문화에 대한 기초이해가 끝났다면, 다음은 한국과 일본을 비교하며 서로의 문화를 더욱 깊게 이해할 수 있다. 간단한 단어로 시작해 문화와 산업 등 다양한 영역에서 비슷하지만 다르고, 다르지만 비슷한 것들을 짚어준다. 사회 각 분야에 숨어있는 아주 조그마한 간극이 어떤 차이를 만드는지 알 수 있을 것이다. 마지막은 우리가 왜 서로를 혐오하는지, 그리고 이 혐오에 어떤 변화가 생기고 있는지 알 수 있다.

기본적으로 일본을 탐구하는 책이지만, 일본과 한국 두 나라를 비교하면서 우리가 지금 어떤 길을 가고 있는지도 알 수 있다. 세세한 사건들로 서로를 비교하고 거울로 삼은 탐구를 따라가다 보면 일본뿐만 아니라 우리나라를 보는 새로운 시각도 얻을 수 있을 것이다.

심화활동
- 일본 사회의 특징 중 우리가 배워야 할 점과 반면교사로 삼을 점을 생각해 본다.
- 루스 베네딕트의 '국화와 칼'을 읽고, 서평을 써 본다.
- 일본의 도쿄와 오사카, 스페인의 마드리드와 바르셀로나의 관계를 비교 및 대조해 본다.

지리학자의 인문 여행

이영민 | 아날로그(글담) | 2019

도서 분야	지리
관련 과목	세계지리, 여행지리
관련 학과	지리학과, 지리교육과

주변을 '낯설게 바라보기', 여행의 시작

우리나라 국민만큼 여행을 즐기는 사람들이 있을까? 코로나 팬데믹으로 여행이 힘들었을 때는 여행 유튜버를 보며 갈증을 달랬고, 그렇게 쌓여온 갈망은 팬데믹 해제 소식과 함께 여행시장의 급성장으로 표출됐다. 그러나 이에 대한 우려도 있다. 타인의 관심을 끄는 특이한 체험이나 고액의 비용으로 사치스러운 경험을 한 후 경쟁하듯 SNS에서 과시하는 풍조가 점차 퍼지고 있기 때문이다. 이런 유행에 맞서 이 책은 여행지 '선택'에만 치중하지 말고, '공간을 바라보는 시선'을 바꾸라고 강조한다.

저자는 여행은 '의도적으로 낯선 장소감을 느끼는 여정'이라고 이야기를 시작한다. 그리고 낯선 장소감을 느끼는 데 있어서 거리는 중요하지 않다고 강조한다. 평소에 자주 다니지 않던 길로 접어들었을 때 낯선 감정을 느낄 수 있고, 발걸음을 멈추고 늘 지나다니던 길 주변을 한 번 더 살피면서도 여행의 설렘을 느낄 수 있다는 것이다.

또한 정답은 없지만 어디를 향해 떠나든, 그곳의 지리를 알고 가는 것이 가장 중요하다고 말한다. 다양한 여행지에서 현지 주민과 만났던 이야기를 소개하며, 여행자, 여행지, 원주민으로 구성된 여행에서 현지인들과의 소통은 낯선 세계로 진입하는 첫 관문이라고 설명한다. 이때 지리는 그곳의 역사이자 살고 있는 사람들을 이해할 수 있는 단서가 된다. 이를 알고 떠난다면 단순한 구경으로 끝나는 것이 아니라, 그 속에 직접 참여하고 깊이 있는 여행을 즐길 수 있다는 것이다. 동시에 시장에 넘쳐나는 여행 콘텐츠들은 여행을 구성하는 외부 요인은 고려하지 않고, '나'에게만 주목한다고 꼬집는다.

유려한 문체와 독자의 시선을 끄는 독특한 삽화는 없지만, 여행의 의미를 생각해 볼 수 있도록 기본에 충실했다고 평가하고 싶다. 화려하고 현란한 시중의 '관광' 상품에 지쳤다면, 이 책과 함께 여행의 잔잔한 묘미를 느껴보면 어떨까?

심화활동

- 인생의 전환점이 된 여행지와 그곳에서 겪었던 일을 주제로 여행기를 작성해 본다.
- 일상에서 '낯설게 바라보기'를 실천해 보고, 그 경험을 서술해 본다.
- 나에게 있어 '여행'의 의미는 무엇인지 생각해 본다.

노후 파산

NHK 스페셜 제작팀 | 다산북스 | 2016

도서 분야	정치사회
관련 과목	사회문화, 통합사회
관련 학과	사회학과, 사회복지학과

장수는 더 이상 축복이 아니다. '장수의 악몽, 노후 파산'

　내가 할 수 있는 모든 준비를 했지만, 결과가 좋지 않다면 쉽게 좌절할 것이다. 심지어 그것이 내 잘못이 아니라면 더더욱. 짧게 본다면 시험이 그렇고, 길게 본다면 우리의 삶이 그렇다. 누구나 행복한 미래를 꿈꾸며 열심히 일하지만 그 결과가 좋지 않을 수 있다고 생각하지는 않는다. 이 책은 그런 기대를 부수며 적나라한 실상을 드러낸다.

　초고령 사회인 일본은 현재 우리가 직면한 고령화 사회, 노인빈곤율 문제를 십수 년 전 먼저 경험하였고, 일본의 공영방송국 NHK 제작팀은 이러한 상황에 주목했다. 최저생계비에도 미치지 못하는 연금과 예금으로 남은 인생을 버티고 있는 노인들의 상황과 그들이 파산에 이를 수밖에 없었던 원인을 분석하고, 이들을 구제하기 위한 국가와 사회의 노력과 그 한계를 담았다. 놀라운 것은 이런 노후 파산이 특별히 방탕한 삶을 살았던 사람들의 전유물이 아니라는 것이다. 노부모 봉양을 위해 본인을 희생했던 사람, 부부 중 한 명이 사망하여 연금액이 감액된 사람 등 보통의 사람들에게 찾아오는 재앙과도 같았다. 또한 외부의 도움을 받지 않고 자력으로 빈곤을 극복하려는 사람들에게도 정책적 지원이 불가한 기형적인 복지 시스템은 실망스럽기까지 하다.

　그리고 이러한 일본의 현실은 몇 년 안에 우리에게 닥칠 미래다. 2020년 OECD와 통계청의 결과를 토대로 분석한 결과 우리나라의 노인빈곤율은 OECD 37개국 중 1위인 40.4%로, 이는 주요 5개국의 평균인 14.4%의 3배에 가깝다. 게다가 고령화 속도는 더욱 빨라져 2045년에는 세계 1위인 일본을 추월하리라는 예측도 있다.

　이 책은 단순히 아픈 현실만 드러낸 것이 아니다. 외면하고 싶지만, 반드시 알아야 하는 문제를 알리며 고통 속에서도 이를 해결하기 위해 끊임없이 목소리를 높인 자기반성의 기록이다. 극단적 노인 빈곤 문제에 맞서고 있는 일본의 사례를 통해 앞으로 닥칠 우리의 문제를 현명하게 대처할 방안을 생각해 보자.

심화활동

- 노년층의 경제적 빈곤과 사회적 고립의 관계를 분석해 본다.
- 저출산과 노인 빈곤 문제의 연관성을 파악한다.

평균의 종말

토드 로즈 | 21세기북스 | 2018

도서 분야	정치사회
관련 과목	사회문화, 통합사회, 생활윤리
관련 학과	사회학과, 교육학과

'평균'을 지향하던 시대는 끝났다, 이제는 '개별성'의 시대다

　이제는 누구나 첫 만남에서 어색함을 깨기 위해 MBTI를 묻곤 한다. 소소한 재미로 시작된 MBTI에 관한 관심은 이제 사람의 성격을 규정짓는 '표준 성격 검사'의 대명사가 되었고, 이를 신뢰하지 않는 사람들은 고루하다는 평가까지 받는다. 그런데 전 세계 약 70억 명의 사람들을 고작 몇 개의 질문을 통해 단 16개의 성격으로 나눌 수 있을까? 위와 같은 질문의 답을 이 책에서 찾을 수 있었다.

　저자는 지금 하버드 교육대학원의 교수이자 교육신경과학 분야의 권위자다. 그러나 그의 고등학교 시절에선 지금 모습의 티끌도 찾을 수 없었다. ADHD 판정을 받고 성적 미달로 고등학교를 중퇴한 미운 오리 새끼에 불과했다. 하지만 자기 잠재력을 발휘할 방법을 발견하고 명문대 교수로 성장했다. 기존의 교육 및 사회 시스템이 본인에게 맞지 않았을 뿐, 능력이 부족하지 않았음을 깨달은 것이다. 이런 자기 체험을 바탕으로 저자는 우리 사회가 추구하는 '평균'의 허상을 지적하고, '평균' 지향 사회의 계층화, 불평등성, 획일성이 개개인의 잠재력을 앗아가는 현실을 견고한 과학적 이론과 함께 비판하고 있다.

　저자는 기존 교육방식과 시스템은 개개인의 자질과 능력을 객관적으로 평가할 수 없다고 주장한다. 그리고 '평균'은 특정 분야에 대한 사람들의 수치를 평균화한 값일 뿐, 조사 결과 평균에 근접하는 사람들은 거의 없다며 평균의 허점도 맹렬히 공격하고 있다. 지금도 우리 주변에는 이런 평균의 함정에 빠져있는 경우가 많다. 아이의 옹알이부터 걸음마, 학업 등 많은 것의 평균에 전전긍긍하고, 평균에 미치지 못하면 자기 자신을 타박할 때도 있다. 자신의 진짜 재능이 어떤 것인지 모른다면, 한 발짝 떨어져 이 책으로 숨을 골라보는 것이 어떨까?

심화활동

- 공교육에서 맞춤형 교육이 진행되기 위한 전제 조건에 대해 생각해 본다.
- 수월성 교육과 맞춤형 교육 각각의 장단점을 토의해 본다.

펭귄과 리바이어던

요차이 벤클러 | 반비 | 2013

도서 분야	정치사회
관련 과목	사회문화, 생활윤리
관련 학과	사회학과, 행정학과, 경영학과, 철학과

협력은 이기심을 이길 수 있을까? 협력과 이기심에 대한 고찰

　인간의 본성은 어떤 모습을 하고 있을까. 이익을 탐하는 가혹한 통제자의 모습일까 아니면 고통을 나누고 협력하는 조력자의 모습일까. 동양철학의 순자와 맹자부터 서양철학의 토마스 홉스와 장 자크 루소, 둘을 나눌 수 없다는 성무선악설까지 위와 같은 질문은 문명의 시작과 함께 줄곧 이어져 왔으나 그에 대한 명확한 정답은 알 수 없다. 인간은 일차원적으로 규정하기 어려운 존재이므로 그 속성을 명확히 파악하기 힘들기 때문이다.

　이러한 질문에 대한 답안으로 '인정'할만한 주장이 담긴 책이 있다. 바로 《펭귄과 리바이어던》이다. 저자는 오랜 시간 생물학과 사회학, 경영학을 아우르며 협력의 원칙을 강조해 왔다. 이 책에는 리눅스와 위키디피아 같은 오픈 소스 프로그램 개발부터 이타성에 기반한 사람들의 행동을 연구해 인간은 순수한 선의로 협력이 가능하단 내용을 준비했다. 제목의 '펭귄'은 협력을, '리바이어던'은 감시와 처벌로 인간의 이기심을 억제하려던 과거 통제 체제를 상징한다. 저자는 이론에 불과한, 자신이 말하려는 내용만 말하고 끝내지 않는다. 지금까지 인간의 본성을 설명한 시스템이 어떻게 무너졌는지, 인간의 이타심을 보여주는 협력 시스템이 실제로 얼마나 성공적이었는지 말하는 풍부한 사례를 함께 준비했다. 이 내용을 읽으면서 때로는 이론보다 더 효율적인 현실이 있다는 것에 기쁘기도 했다.

　사람은 각자가 처한 상황에 따라 다양한 모습을 보여준다. 인간의 본성을 이기적인 면과 이타적인 면 중 어느 한쪽이 우세하다고 섣불리 판단할 수도 없다. 그러나 사람들이 협력 시스템에 동조하고, 함께 노력해 상호연대와 협력에 기반한 문화를 정착시킬 수 있다고 주장하는 저자의 이야기를 읽다 보면 우리의 노력에 따라 정말 그럴 수 있겠다는 생각이 든다.

　책을 읽는 독자들에게 재차 묻고 싶다. 인간은 이타적인가, 이기적인가?

심화활동

- '인간은 이타적인가, 이기적인가?'라는 질문에 대한 본인의 생각을 책 내용을 근거로 정리해 본다.
- 오픈 소스 프로그램의 사회적 의미를 생각해 본다.

우리는 왜 개는 사랑하고 돼지는 먹고 소는 신을까

멜라니 조이 | 모멘토 | 2011

도서 분야	정치사회
관련 과목	사회문화, 생활윤리
관련 학과	사회학과

'맛있다'라는 면죄부를 산 육식주의

우리는 당연하다고 생각하는 것에 대한 고민을 멈춘다. 그러기엔 너무 생각해야할 것이 많고, 꼭 필요하다고 생각하기 때문이다. 저자는 이런 당연함에 반기를 들었다. 고민할 필요가 없다고 여겨지는 것의 이유를 탐색했고, 머리와 마음이 모두용납하는 식사의 껍질을 뜯었다. 그리고 그 내용을 책에 담았다.

'평범한' 식사를 해오던 저자는 햄버거를 먹은 직후 병원 입원실에서 눈을 떴다. 고기 패티 속에 생긴 식중독균 때문에 쓰러진 것이다. 이 사건으로 '육식'이 인간의 몸에 해로울 수 있음을 깨닫고 채식을 시작했지만, 이는 저자에게 또 다른 의문을 남겼다. 그것은 바로 이 책의 제목처럼 일종의 선택적 육식에 대한 의구심이었다. 오랜 연구 끝에 저자가 내린 결론은 학습을 통해 후천적으로 만들어진 '스키마'가 개인 또는 집단의 선택적 육식을 정당화한다는 것이다.

이 책이 내세우는 주제는 사실 육식은 본능적으로 불편한 행위라는 점이다. 하지만 부정, 회피, 일상화, 정당화, 대상화, 몰개성화, 이분화, 합리화, 해리라는 9개의 정신적 마비의 메커니즘이 작동해 식탁 위 소고기를 보고 불편하기는커녕 맛있다는 생각으로 바꾼다는 것이다. 또한 육식주의가 도덕적, 환경적, 윤리적, 경제적으로도 잘못된 행위라고 비판하며 실제 식용으로 활용되는 동물의 도축 과정을 낱낱이 파헤쳤다. 도축 과정에서 발생하는 폭력적인 모습을 고발하며, 목축이 농업보다더 많은 자본이 투입되는 비경제적 측면을 지적하고, 축산업 과정에서 발생하는 폐수 등은 토양과 지하수 오염을 초래한다는 점을 밝히고 있다.

지금까지 주류 사회는 인류가 하나의 시스템을 사회적으로 받아들이기 위해서는 정상(Normal)적이며, 자연스럽고(Natural), 필요(Necessary)한 이른바 3N이 필요하며 육식 문화 역시 그러한 과정을 거쳐 수용된 결과물이라고 말한다. 저자는 이는 '백인'을 위해 '흑인'을 도구화 한 흑인 노예제도를 정당화한 논리와 같은 것이라 꼬집으며, 육식에 대한 관점의 변화가 필요함을 다시 한번 역설한다.

심화활동
- '비건 문화'와 관련한 토론 주제를 생각해 본다.
- 성장기 자녀에게 비건 식단을 제공하는 것에 대한 찬반 의견을 알아본다.

이상한 정상 가족

김희경 | 동아시아 | 2022

도서 분야	정치사회
관련 과목	사회문화, 정치와 법
관련 학과	사회학과, 사회복지학과

'정상' 가족과 '비정상' 가족을 나누는 기준을 묻다

누구나 어린 시절 '가족'을 주제로 한 그림을 그려본 경험이 있을 것이다. 대부분은 그때마다 누가 시킨 것처럼 부모님과 본인, 형제나 자매를 그렸다. 분명 조손 가정, 한부모 가정 등 다양한 형태도 있을 텐데, 왜 우리는 '부'와 '모'가 모두 존재하는 가족 형태에 집착했을까? 이 책은 이런 궁금증에서 출발했다.

저자는 앞의 내용처럼 우리 사회가 혈연주의에 기반한 '정상 가족' 이데올로기에 잠식당해 있다고 말한다. 그리고 이런 편협한 사고가 만드는 가장 큰 문제가 '아동 학대'라고 주장한다. 아동이 가장 안전하다고 여기는 부모는 정상이 되기 위해 자녀를 소유물로 생각하고, '훈육'이라는 이름으로 '폭력'까지 자행한다는 것이다. 또 다른 문제는 이른바 '비정상 가족'에 대한 정부의 무관심과 사회의 편견이다. 혼외 출산에 대한 부정적인 시선으로 양육권을 포기하는 수많은 미혼모와 미혼부, '입양' 사실을 함구해야 하는 입양 가정, 배타적 민족주의 아래 상처받는 다문화 가정은 결국 잘못된 가족주의의 결과라고 볼 수 있다.

공권력은 그동안 가정 관련 문제를 사적 영역으로 치부해왔다. 그 때문일까, 지금까지 이런 문제에 대한 공권력의 개입은 미온적이었다. 그러나 가족에 관한 사회의 일반적인 통념은 단시간에 바뀌기 힘들고, 그로 인해 사회 문제가 심각해지고 있다. 저자는 이제라도 국가가 적극적으로 관련 문제에 개입해야 한다고 주장하고 있다. 사회의 가장 작은 단위인 가정의 다양한 형태가 사회에서 인정받을 때, 일상적 민주주의가 정착하고 사회는 질적으로 성숙할 것이다. 다양한 가정과 그로 인해 파생되는 사회 문제에 관심이 있다면 꼭 한 번 읽어보길 권한다.

심화활동

- 아프리카 속담 '아이 한 명을 키우는 데 온 마을이 필요하다'의 의미를 현대적으로 해석해 본다.
- 출산율을 높이기 위해 혼외 출산에 지원 정책 시행, 대안적 결혼 제도의 법제화에 대한 실리성을 논한다.

어느 대학 출신이세요?

제정임, 곽영신 | 오월의봄 | 2021

도서 분야	정치사회
관련 과목	사회문화, 정치와 법
관련 학과	사회학과, 교육학과

출신 대학이 나의 모든 것을 증명하는 사회를 고발한다

수능 결과가 나올 때면 어김없이 각 학교의 교문엔 큰 현수막이 위풍당당하게 걸린다. 학생들의 대입 결과를 홍보하는 이 현수막의 내용은 대부분 비슷하다. '서울대 O명'을 위시해, 소위 서울에 있는 '명문대' 합격생들의 숫자만 적혀있다. 지방 대학 입학 소식은 본인이나 가족에게 직접 물어보지 않고서야 알 길이 없다. 이러한 현상의 원인은 바로 '대학 서열화'다. 수백 개의 대학을 1등부터 꼴찌까지 줄 세워 수험생들이 맹목적으로 '1등 대학'을 희망하도록 유도한다.

이를 비판한 《어느 대학 출신이세요?》는 직관적인 제목만으로도 독자들의 시선을 끌고, 내용 유추를 돕는다. 이는 세명대 〈저널리즘연구소〉와 독립언론 〈단비뉴스〉가 약 2년간 '지방대 위기와 혁신'을 주제로 쓴 기사를 엮은 것이다. 그러나 이 책이 정말 흥미로운 점은 사회 문제에 대한 고루한 비판의 나열이 아니라는 것이다. 실제 현실에서 벌어지고 있는 '지방대 혐오'의 민낯을 적나라하게 드러내고, 실제 논의 중인 공영형 사립대, 대학통합네트워크 등 다양한 정책을 대안으로 제시하고 있다. 특히 지방대 회생은 지방 경제 활성화와 밀접한 관련이 있다고 주장하며, 지방대와 지방 경제의 부활을 위해서 단순한 일자리 창출이 아닌 '좋은 직업'을 쉽게 구할 수 있는 환경이 조성되어야 한다고 강조한다.

이를 위해 공·사기업 모두 학벌주의에 기반한 채용 방식을 대대적으로 개혁하여 개인의 능력만으로 평가받을 기회를 제공해야 한다고 말한다. 전국 각 곳의 학생들이 열심히 공부해 지역 대학에 입학하고, 그곳에서 적성과 흥미에 맞는 일자리를 구해 안정적인 삶을 구가하는 것은 우리가 꿈꾸는 이상적인 미래일 것이다.

심화활동

- 지방대의 회생으로 지방 경제 활성화가 이뤄진 해외 사례를 알아본다.
- '지방대 활성화 정책은 수도권 명문대학에 대한 역차별'이라는 주장에 대한 본인의 생각을 정리해 본다.

우리는 왜 인종차별주의자가 될까?

이즈마엘 메지안느 외 2명 | 청아출판사 | 2021

도서 분야	정치사회
관련 과목	사회문화, 통합사회, 정치와 법
관련 학과	사회학과, 정치외교학과

인종차별의 사회적, 심리학적 매커니즘을 알아본다. 우리는 왜?

2018년 제주도에 500여 명의 예멘인들이 입국하여 우리 정부에 난민 신청을 하였다. 하지만 우리나라는 아시아 최초로 '난민법'을 제정했음에도, 다수의 여론에 따라 이들 중 2명 정도만 난민으로 인정하고 대다수는 인도적 체류 허가에 그쳤다. 왜 중동 난민 캠프의 열악한 환경에는 마음 아파하던 사람들이 인도적 측면으로 해결하자는 소수의 입장을 묵살하고 난민 문제에 배타적인 태도를 보였을까.

이 책 역시 위와 같은 의문에서 태어났다. 저자는 프랑스에서 중동계 이민자로 살아가며 받은 차별과 실상을 담담하게 그려나갔다. 저자의 자전적 주인공은 자신을 테러 집단의 일원으로 바라보는 증오의 시선들에 위축되고, 내면에서 이러한 시선에 대한 억울함과 분노가 점차 폭발하고 있음을 느낀다. 그리고 이런 갈등을 정신과 의사에게 고백함으로써 자신을 옭아맨 굴레에 직면하고자 노력한다. 여기에 인종차별의 실상을 전달하거나 차별적인 행동에 대해 시민 사회가 연대하여 저항해야 한다는 식의 당위적인 주장 따위는 없다. 그저 프랑스에 사는 가상의 중동 출신 이민자가 자신의 정체성에서 비롯된 내면의 갈등에 주목하고, 전문가들과의 대화를 통해 인종차별의 매커니즘은 범주화 · 계층화 · 본질화임을 명쾌하게 설명한다.

이 책은 역사가 인종차별을 만들었다고 단언한다. 인종차별로 이득을 본 사람이 점점 더 단단한 구조를 만들고, 그 구조가 공동체를 대변하고, 끝내 국가로 차별이 번져나간 것이다. 증오의 연쇄가 개인의 눈을 가리는 방법은 국가, 민족, 종교, 문화 등 나와 타인을 구분하는 구조에 '나'를 집어넣는 것이다. 난해한 전공 서적이 아니기에 쉽지만, 내용은 가볍지 않은 인종차별의 민낯을 알아볼 수 있다.

심화활동

- 교육에서 인종차별로 비롯된 부당한 영향을 알아보고, 포용적인 교육 방안과 교육 기회 평등을 실현하기 위한 대책에 대해 논의한다.
- 미디어의 인종차별적 표현이 사회적인 인식과 태도에 미치는 영향에 대해 알아본다.
- 인종차별에 대응하는 데 필요한 제도적 장치를 알아보고, 기존 제도의 한계를 지적해 본다.

왜 세계화가 문제일까?

게르트 슈나이더 | 창비 | 2019

도서 분야	정치사회
관련 과목	사회문화, 정치와법
관련 학과	사회학과, 행정학과, 사회복지학과, 정치외교학과

세계화의 명암을 진단한다. '왜 세계화가 문제일까?'

우리는 인도네시아에서 제작한 미국 브랜드의 신발과 이탈리아산 원단을 모로코에서 재단한 독일 브랜드의 청바지를 입고 에티오피아산 원두를 가공한 다국적 브랜드의 커피를 마실 수 있다. 이렇게 우리는 일상에서 지구가 마치 하나의 국가인 것처럼 느껴지는 세계화의 편익을 누리고 있다. 그러나 과연 일상화된 '세계화'가 모든 지역, 모든 사람에게 긍정적인 경험을 제공할까?

이 책은 우리 일상의 모든 행위는 세계화의 일부이며, 그 안엔 빛과 그림자가 함께 있다고 설명한다. 기술 발달로 운송비가 저렴해져 식품 가격이 안정화됐다면, 그 이면엔 가난한 나라의 농업구조 파괴와 21세기 플랜테이션이 있다. 글로벌 통신망의 발달에 힘입어 세계 각국의 상품을 자유롭게 선택할 수 있지만, 제3세계 노동자의 혹사와 다국적 기업의 독과점문제가 발생한다. 누워서 외국 대기업의 주식도 살 수 있지만, 우리는 국제 금융이 만든 IMF 환란이라는 쓴 교훈을 이미 맛보았다. 더 큰 문제는 FTA를 비롯한 신자유주의 이념이 세계 경제의 주류가 되면서 다국적 기업과 국제 금융 자본의 이기적 이익 추구에 국민의 건강과 복지 등 기본적인 인권이 침해받는다는 것이다.

그렇기에 저자는 우리가 더 나은 삶을 살기 위해서 세계화에 대한 고민과 지식이 필요하다고 강조한다. 무엇보다 중요한 것은 이 모든 것을 국가와 거대 기업에 일임하지 말고, 개개인이 현명한 소비자이자 양심 있는 세계 시민으로서 꾸준히 관심을 두는 것이라고 강하게 피력한다.

다소 딱딱하고 어렵지만, 우리 삶과 깊은 연관이 있는 세계화의 문제를 인터뷰와 스토리 텔링 등 다양한 방식으로 설명하고 있다. 세계화의 과정과 혜택, 문제점과 해결까지 무엇하나 놓치지 않은 이 책을 읽고, 여러분이 세계화가 마주치는 모든 순간 올바른 결정을 내렸으면 한다.

심화활동

- 세계화로 심화된 불평등 문제를 무역, 지식 이전, 개발 지원 영역으로 나눠 해결책을 제시한다.
- 세계화가 지역 문화에 미치는 영향에 대해 분석하고, 문화적 다양성과 세계화의 관계를 파악한다.
- 정보 기술의 발달이 세계화에 미치는 긍정적인 영향과 부정적인 영향을 알아본다.

시선의 폭력

시몬느 소스 | 한울림스페셜 | 2016

도서 분야	정치사회
관련 과목	사회문화, 통합사회
관련 학과	사회학과, 특수교육과, 사회복지학과

장애 인권의 확립, '있는 그대로' 바라보는 자세가 중요하다

특수교육법 2조 6항은 '특수교육대상자가 일반 학교에서 장애 유형 및 정도에 따라 차별받지 않고 또래와 함께 개인의 교육적 요구에 적합한 교육을 받을 수 있는 권리'에 대한 규정이다. 이에 따라 대부분의 학교에는 특수학급과 통합학급이 모두 존재하며, 장애 아동을 둔 부모 중 다수는 자녀가 또래 비장애 아동과 어울리며 사회 속에 '통합'되기를 바란다.

그러나 현실과 이상의 괴리는 기대만으로 넘어가기엔 너무 험난하다. 이는 단순히 교육과정이나 학교 정책, 교사 역량의 문제가 아니다. 장애인에 대한 비장애인들의 편견과 동정, 폭력적인 시선이 뿌리 깊은 원인이다. 이 책은 바로 이러한 사회의 편견을 낱낱이 밝혔다. 정신분석학자로 20여 년 동안 장애인과 그 가족을 지원해 온 저자는 사회 구성원들이 장애인들의 요구에 직면하기를 촉구하면서, 장애에 대한 관점의 전환이 필요하다고 강조한다.

모든 인간은 다르면서 닮아있다. 인종, 성별, 키, 몸무게처럼 수많은 다른 요소가 하나로 묶여 닮은 모습의 '사람'을 만든다. 그러나 많은 사람이 장애를 보면서 자신의 '온전함'에 안심하고, 그들과 '닮기'를 거부한다. 이러한 시선이 장애인을 사회에서 분리하고, 소외 현상을 조장한다. 그렇다면 나와 그 사람은 정말 닮지 않은 것일까?

저자가 말하는 것처럼 장애와 비장애를 구분하지 말고 유일성의 시선으로 바라보자. 유일성은 타인을 배제하지도, 특정 사회에 통합하게도 만드는 것이 아닌 인간 그 자체로 인정해 주는 '존엄의 시선'이다. 장애에 대한 편견에 직면하고, 더불어 사는 삶의 가치를 깨닫고 싶다면 나의 유일함으로 다른 사람의 유일함을 끌어안아 보자.

심화활동

- 장애인의 임신, 출산 문제를 인권의 관점에서 논의해 본다.
- 장애인들의 사회 참여 확대를 위한 정책과 이를 대하는 사회의 태도와 인식 변화에 대해 알아본다.

인구의 힘

폴 몰랜드 | 미래의창 | 2020

도서 분야	정치사회
관련 과목	사회문화
관련 학과	사회학과

사람 수보다 중요한 것은 없다, 인구의 힘

우리나라의 출산율은 매년 하락하고 있다. 2022년에는 가임기 여성 1명당 출산율이 0.78을 기록했고, 이런 상황에 대한 위기감을 조장하듯 매년 미디어에서는 역대 최저의 출산율이라는 우려 섞인 기사를 쏟아낸다. 출산율을 높이기 위한 홍보는 어느 지자체가 더 파격적인 정책을 내놓는지에 달려있다. 그만큼 인구 문제는 이미 우리의 삶 속에 깊숙이 스며들었다.

이 책은 이러한 인구에 대한 고민이 지금을 살아가는 우리나라만의 문제가 아니라, 과거부터 지구촌 전체가 함께 고민해 온 거대 과제임을 알려준다. 국가별로 조금씩 변화의 양상이 다를 수 있지만, 민족이나 지역의 특수성을 초월한 인구 변동에 영향을 미치는 공통 요소들에 대한 이해가 중요하다는 것을 암묵적으로 전달하고 있다.

산업 혁명기 영국을 시작으로 유럽과 미국, 오세아니아, 아시아, 아프리카의 인구 변동과 원인, 미래의 인구 양상에 대한 예측을 읽다 보면 모든 역사의 변화에는 '인구'가 개입하는 것을 알 수 있다. 시기와 양상에 차이는 있지만, 국가 대부분은 산업 혁명이나 전쟁 직후 '인구 폭발'을 겪는다. 그리고 시간이 지날수록 경제력 향상, 여성의 교육 수준 향상 및 사회 진출 증가, 의료 기술의 발달 등으로 출산율과 영아 사망률이 감소하고 노인 인구가 증가한다. 이런 인구 구조의 변화는 분쟁, 실물 경제, 금융, 식량, 환경 등에서 다양한 변화를 불러온다. 한 가지 예를 들자면, 산업 혁명으로 전 세계에 인구를 '수출'한 영국 때문에 영어는 세계 곳곳으로 퍼져나갔다. 그리고 인구에 따라 그 역학관계가 뒤바뀌었다는 사실은 '인도계' 영국 총리의 당선으로 알 수 있다.

내용은 조금 어렵지만 비교적 간결한 서술로 적힌 다양한 사례를 읽다 보면, 이 책은 앞으로 인류와 사회가 어떻게 변할지 그 실마리를 어렴풋이 보여줄 것이다.

심화활동
- 국가 주도 '가족 계획'을 도덕적 측면과 실리적 측면으로 나누어 평가해 본다.
- '이민 확대'로 인해 파생된 문제를 생각해 본다.
- 우리나라 인구 문제의 특성을 파악하고, 이에 대한 대응 방안을 생각해 본다.

그녀가 말했다

조디 캔터, 메건 투히 | 책읽는수요일 | 2021

도서 분야	정치사회
관련 과목	사회문화, 정치와 법
관련 학과	사회학과, 신문방송학과

침묵을 깨고, 진실을 말하다, '그녀가 말했다'

2018년, '미투(Me too)'라는 단어가 우리나라를 뜨겁게 달궜다. SNS에 'Me too'라는 해시태그를 달아 자신이 겪었던 성범죄를 고백함으로써 그 심각성을 알리는 캠페인으로, 미국 〈타임스〉의 조디 캔터와 매건 투히가 할리우드 유명 영화제작자 하비 와인스타인이 오랫동안 저질러 온 성폭력 사건을 조사하고 2017년 10월 이를 기사화하며 시작됐다. 우리나라에서도 2018년 법조계를 시작으로 문화예술, 정치계까지 퍼지며 큰 파문을 일으켰다.

이 책은 두 기자의 취재를 재구성한 것으로, 한 장 한 장이 처절한 추적의 기록이라고 볼 수 있다. 두 기자와 〈타임스〉 취재팀이 하비의 과거 범죄 행적들을 추적한 생생한 과정과, 하비가 자본과 권력을 이용해 그들의 취재를 방해한 압박에 대해 낱낱이 서술하고 있다. 이런 집념 덕분에 결국 미국에서 하비 와인스타인의 성범죄를 철저히 조사하라는 여론이 들끓었고, 미연방수사국의 조사로 그는 징역 23년형을 선고받았다.

얼마 지나지 않은 사건이고, 그 여파도 커서 대부분 결과를 알고 있을 것이다. 하지만 그런데도 책을 읽는 내내 저자들이 위험한 상황에 노출될까 초조하고, 서둘러 책장을 넘기고 싶을 것이다. 회상하고 싶지 않은 고통이 피해자들의 입을 통해 줄기차게 전달되고, 반복되는 그들의 아픔이 날 것 그대로 전해지기 때문이다.

이 책에서 인상 깊었던 점은 기사화될 수 있는 정보를 끌어내기 위한 두 기자의 진실한 설득과 거대 권력에 굴하지 않고 소속 기자를 보호한 언론사 〈타임스〉의 모습이었다. 두 기자는 노고에 보답받듯 이 기사로 퓰리처상 수상이라는 영광을 안았다. 수상의 이유로 사람들 대부분은 그들이 보도한 기사의 사회적 영향력을 꼽겠지만, 이 책을 읽었다면 그들이 탐사 과정에서 보여준 언론인으로서의 사명감도 크게 기여했다는 것을 잊지 말자.

심화활동

- 《상냥한 폭력들: 미투 이후의 한국, 끝나지 않은 피해와 가해의 투쟁기》를 읽고 성범죄와 관련한 우리 사회의 대응 모습을 살펴본다.
- '성매매는 성범죄이다'라는 주장에 대한 본인의 생각을 정리해 본다.

도서 분야	정치사회
관련 과목	사회문화, 한국지리, 한국사
관련 학과	사회학과, 지리학과, 사학과

5월 27일 강남의 탄생

한종수, 강희용 | 미지북스 | 2016

'강남'은 어떻게 대한민국의 중심 지역이 되었을까?

약 10년 전, '강남 스타일'이라는 노래가 전 세계적으로 유행했다. 내가 스페인을 여행하고 있을 때, 수많은 외국인에게 "Do you know Kang-Nam style?"이라는 질문과 호의를 받게 해준 고마운 노래이기도 하다. 생각해 보면 작사가는 왜 '서울'이 아닌 '강남'이라는 지명을 넣었을까? 서울 안에 넣을 수 없는 '강남'만의 무엇이 있기 때문이었을까?

강남하면 떠오르는 이미지는 일반적으로 부동산 불패 지역, 사교육 1번지, 사치와 환락의 중심지로, 모두 '돈'과 관련되어 있다. 그리고 누구나 쉽게 강남을 외치지만 그 역사를 아는 사람은 흔치 않고, 알고는 싶으나 적당한 수준의 정보를 제공해 주는 책도 없었다. 이 책은 강남에 얽힌 막연한 감상과 현실을 진단하고, 개발 초창기부터 지금까지 우리나라의 현대사와 맞물린 강남의 역사를 다룬다.

우리나라의 역사가 아닌, 우리나라의 현대사라고 말하는 이유는 강남의 개발이 현대사의 방점을 찍기 때문이다. 조선 시대에 사대문 안으로 규정되었던 수도 서울이라는 개념은 시간이 흐를수록 그 밖으로 확장되었다. 그렇기에 대한민국이 되고 나서 서울로 편입한 강남에는 현대사의 욕망과 정책, 제도가 한데 어우러져 있다. 그리고 책을 읽다 보면 급격한 변화가 불러온 지금의 강남 이미지에 대한 그늘도 함께 알 수 있다. '도시 개발의 역사'에 초점을 맞춘 책이라 철학적 담론이나 정치적 쟁점과는 거리가 있지만, 그만큼 쉽게 접근할 수 있으며 가볍게 읽기에 적합하다. 서울과 강남이라는 지리적 특성으로 현대사를 알아보고 싶다면 시도해보자.

심화활동
- 강남의 개발 방식에서 나타난 문제점들을 찾아본다.
- 강남의 개발 방식이 다른 도시의 개발에 미친 영향을 알아본다.

5월
28일

대한민국의 시험

이혜정 | 다산4.0 | 2017

도서 분야	교육
관련 과목	사회문화, 정치와 법
관련 학과	사회학과, 교육학과

정해진 답을 고수하는 대한민국의 시험을 고발한다.

전 세계 어디를 가도 우리나라만큼 교육에 몰두하는 나라는 찾아보기 힘들다. 자칭 타칭 교육 전문가가 난립하고, 사회 곳곳에서 교육과 관련된 다양한 의견을 발의한다. 그 결과 지나치게 잦은 교육정책 개정으로 학부모에게 혼란을 일으키고, 일선 교육 현장은 몸살을 앓고 있다. 하지만 가장 큰 문제가 생기는 영역은 바로 '평가'다. 이 책은 우리 사회의 고질적인 문제 '평가'의 현실을 진단하고, 대안을 제시한다.

우리나라 대입에서 평가하는 항목은 크게 네 개로 나뉜다. 사고력 평가를 표방하는 논술, 교과 이해정도를 정량적으로 평가하는 내신, 독서·자율·동아리 활동 등을 포괄하는 비교과, 전국 단위 시험정책 수능이 바로 그것이다. 이 외에도 대학별로 요구하는 영역이 별도 존재해 일부 학군지에서는 대입 코디네이터가 존재할 정도로 대입 정책은 점차 복잡해지고 있다.

저자는 이에 맞서, 비판적이고 창의적인 학생이 높은 성적을 거둬야 한다고 말한다. 그런 시험을 새롭게 만들어내면 학교는 사고력을 키우는 수업을, 학생도 자신의 재능을 키우는 공부를 한다는 것이다. 핀란드나 독일 등 교육으로 유명한 국가들은 이미 창의적인 사고를 기준으로 시험을 치르고 있다. 이런 시험도 있다는 것을 알리기 위해 저자는 IB(International Baccalaureate)와 IGCSE(International General Certificate of Secondary Education)을 현행 대입 시험의 모범으로 제안했다. 이 두 시험 제도는 국제 공인 평가 방식이라는 점에서 공신력이 있으며, 평가 영역에 한국어 과목이 있어 이에 기반한 새로운 대입 시험 제작이 가능하다고 주장한다. 결국 저자는 배움의 '양'이 아닌 배움의 '질'로 학습의 정도를 측정해야 한다고 끊임없이 피력하는 것이다.

지금의 대입 시험에 지쳤다면 앞으로의 교육에 대한 이런 담론을 보며, 잠시 숨을 고르고 나는 창의력을 위해 어떤 노력을 할 수 있을까 생각해 보자.

심화활동

- 저자의 또 다른 책 《서울대학교에서는 누가 A+를 받는가》를 읽고, 서평을 써 본다.
- 교육과정과 교육평가의 일관성을 위해 필요한 조건에 대해 생각해 본다.
- 학습자의 창의적인 사고력 육성을 목표로 한 교육과정과 평가 방식을 생각해 본다.

학교, 민주시민교육을 실천하다!

교육정책디자인연구소 시민모임 | 맘에드림 | 2020

도서 분야	정치사회
관련 과목	통합사회, 정치와 법
관련 학과	정치외교학과, 교육학과

학교라는 작은 사회는 사회의 예방접종이 되어야 한다

2019년 말 공직선거법 개선으로 투표권 행사 가능 연령이 만 18세로 하향 조정되었다. 다양한 사회 문제에 청소년들이 적극적으로 목소리를 내는 현실을 반영했다고 볼 수 있다. 실제로 몇 년간 청소년들은 굵직한 정치·사회 문제에 다양한 방식으로 참여하였고, 유의미한 결과 도출에 이바지하기도 했다. 하지만 이런 변화와 달리 학교 현장에서 민주시민교육의 영향력은 약하다. 이 책은 그 원인으로 정치적 중립성이란 이름 아래 방향성을 상실한 교육과정과 자료 부족 탓에 일회성으로 그친 단발적 수업 시수를 꼽았다.

그렇다면 왜 학교에서 실천적 시민교육을 해야 할까? 청소년을 수동적인 학습 대상자로만 인식하고, 일방적인 지식 전수에만 급급했던 기존 교육방식에서 탈피할 필요가 있기 때문이다. 저자는 학생들이 현실을 직시하고, 그 속에서 다양한 문제를 성찰해보는 살아있는 교육 내용과 방식을 지향해야 한다고 말한다. 구체적으로 학교라는 작은 사회는 학생들에게 시민으로서 크고 작은 문제의 해결을 위한 가치 판단과 대안을 실천해 보는 경험을 제공해야 한다는 것이다. 특히 최근 사회 문제로 대두되고 있는 혐오, 젠더, 다문화, 평화와 통일, 미디어 등은 기존의 주입식 교육으로는 배울 수 없는 주제다. 직접 문제를 직시하고, 해결해보는 형태의 교육 방식이 필수인 이유다.

앞으로 세계 시민으로 살아가야 하는 세대의 학교 모습은 달라져야 한다. 민주시민교육은 다양한 모습과 갈등이 혼재된 사회 속에서 살기 위한 필수 요소로, 교실에서부터 충분히 경험해야 한다고 생각한다.

심화활동
- 민주시민교육과 관련해 토론할 수 있는 세부 주제를 생각해 본다.
- 해외 민주시민교육의 성공 사례를 알아본다.

5월	도서 분야	사회문화
30일	관련 과목	사회문화, 정치와 법

나는 미디어 조작자다

라이언 홀리데이 | 뜨인돌 | 2019

관련 학과	사회학과, 신문방송학과, 정치외교학과

조작된 미디어의 실체를 파헤치다, '나는 미디어 조작자다'

뉴스 사이트에서 '아이스크림과 불임의 연관성은?'이라는 자극적인 제목을 봤을 때 여러분은 어떤 행동을 취할 것인가? 아마 대부분은 바로 해당 기사를 클릭하고 실제 내용은 제목과 다르다는 사실에 실망할 것이다. 그렇다면 이런 클릭 한 번의 대가가 얼마나 달콤하기에 기자들이 과대 포장에 기를 쓰는 것일까? 저자는 전 세계적 미디어 전략가로, 자신은 지금까지 위에서 말한 것처럼 여론을 조작하는 가짜 뉴스를 만들었다고 고백한다. 이 책은 이런 가짜 뉴스의 실체와 영향을 소개한다.

진위를 확인하기도 전에 쏟아지는 정보의 홍수 속에서 우리는 내용과 관련 없는 과도한 사진, 자극적인 제목, 교묘히 편집된 맛보기식 영상들에 홀린 듯 가짜 뉴스를 클릭한다. 그리고 이를 만드는 사람들은 책임 소재를 피하고, 화제성만 얻기 위해 '들은 바에 의하면', '진짜일지 모른다'라는 식의 교묘한 추측성 단어를 사용해 뉴스를 제작하고 있다. 그러나 독자들 대부분은 기사에 대한 이의제기는커녕 사실 여부를 확인하지도 않고, 이렇게 날조된 이야기는 날개 돋친 듯 팔려나가 여론을 형성한다.

책에서는 미디어 조작과 관련된 주체를 블로그에 초점을 맞추고 있지만, 우리나라에서는 유튜브 등 SNS가 더욱 심각한 상태다. 더 큰 문제는 몇몇 유명한 언론사조차 종종 사기성 정보를 사실 확인 없이 기사화한다는 것이다. 물론 정보에 접근하기 수월해진 것은 국민의 알 권리 면에서는 긍정적이다. 하지만 최근 드러난 미디어의 양상은 황색 언론의 표본이라고 할 수 있다.

이 책은 미디어가 대중을 속이고 시간을 훔치는 방법에 대해 낱낱이 밝히고 있지만, 대비책을 알려주지는 않는다. 그러나 이 책을 통해 우리는 가짜 뉴스 속에서 살아남기 위해서는 나만의 해법이 필요하며, 이를 위한 다양한 분야에 대한 학습, 영역을 넘나드는 사고의 확장이 필요함을 깨닫게 될 것이다.

심화활동

- 뉴스 보도에 있어 기자의 역할은 어디까지인지 생각해 본다.
- 황색 언론(옐로저널리즘, yellow journalism)의 위험성을 구체적으로 생각해 본다.

세상을 읽는 새로운 언어, 빅데이터

조성준 | 21세기북스 | 2019

도서 분야	사회문화, 미디어
관련 과목	사회문화
관련 학과	사회학과, 경영학과, 산업공학과

빅데이터가 이끌어가는 사회의 모습을 읽어본다.

바야흐로 '빅데이터의 시대'가 도래했다. 매일 아침 사람들은 지루한 출근길을 견디고자 유튜브 창을 켜고, 재미있어 보이는 동영상을 시청한다. 한 편만 보고 끝내려 한 본인의 의지를 비웃듯 유튜브 알고리즘은 구독자의 취향을 반영한 다양한 콘텐츠들을 끝도 없이 추천하고, 결국 목적지에 도착할 때가 되어서야 동영상을 멈추곤 한다.

이렇듯 인터넷, 스마트폰과 함께 생활하는 우리 삶의 대부분은 데이터라는 흔적을 남긴다. 이런 데이터들은 차곡차곡 쌓여 '나'에 대한 거의 모든 정보로 가공되고, 그 정보가 필요한 사람에게 제공된다. 그리고 마침내 그는 데이터를 바탕으로 '나'의 '의사결정'에 개입한다. 유튜브 알고리즘처럼 말이다.

이 책은 빅데이터의 홍수 속에서 살아남기 위한 가이드와 같다. 빅데이터라는 듣기에 익숙하지만, 잘 알지 못하는 현상의 기초 개념을 친절하게 설명한다. 이해를 돕기 위해 빅데이터가 탄생하기까지의 큰 흐름을 짚어주고, 분석된 데이터는 어떤 가치를 가졌는지 보여준다. 마지막으로 이를 의사결정에 활용하는 과정을 설명해 빅데이터에 대한 지식이 전무한 사람들도 쉽게 알아갈 수 있도록 돕는다.

저자는 이런 복잡한 빅데이터의 개념을 데이터의 양, 입출력 속도, 데이터의 다양성이라는 3V(Variety, Volume, Velocity)로 정리해 설명한다. 그리고 무엇보다 저자가 강조하는 것은 데이터를 통해 가치를 창출할 줄 알아야 한다는 점이다. 데이터의 활용과 인사이트를 뽑아내는 과정에서 실무를 담당하는 사람들이 의사결정자로 참여하고, 데이터를 가치화하는 방법을 숙지하고 있어야 한다고 주장한다. 결국 데이터를 이용해 가치를 창출하는 방식에 숙달한 사람이 자신의 업에 대한 이해가 높은 인물로 평가받는 시대가 도래했다고 볼 수 있다. 이 책과 함께 지금까지 경험을 통해 암묵적으로만 알고 있던 데이터의 중요성과 가치를 생각해봤으면 한다.

심화활동

- 빅데이터 수집 및 분석 과정에서 발생할 수 있는 개인 정보 보호 및 데이터 보안 문제 해결법을 생각해 본다.
- 빅데이터가 사회적 불평등에 미치는 영향에 대해 생각해 본다.

6월

가려진 세계를 넘어

박지현, 채세린 | 슬로비 | 2021

도서 분야	정치사회
관련 과목	정치와 법, 한국사, 통합사회
관련 학과	정치외교학과, 사학과

두 명의 여성이 전하는 북한 '사람'에 대한 이해

2018년 남북한의 두 정상이 판문점에서 만나 두 손을 맞잡고, 북한 영토로 걸어 갔을 때 사람들은 '통일 한국'을 꿈꾸며 환호했다. 하지만 지금 이런 온기는 사라지고, 서로에게 엄혹한 대립의 칼날을 매섭게 겨누고 있다. 이런 칼날 밑으론 '살기 위해' 남한으로 탈출하는 탈북민이 급증하는 역설적인 상황이다. 하지만 탈북 뉴스를 대대적으로 보도했던 2000년대 초반과 달리, 급증하는 탈북민의 반작용으로 관련 보도는 줄어들었다. 또 시청률을 위해 북한의 실상을 자극적으로 묘사한 미디어로 인해 대중들의 관심도 시들해졌다.

이런 상황에서 이 책은 1960년대 남한과 북한에서 태어난 서로 다른 성장 과정을 겪은 두 명의 여성이 서로를 이해하는 과정을 담담하게 보여준다. 지금까지 우리가 봐 왔던 북한의 실상을 고발하거나 비참함만을 강조한 내용이 아니다. 자신의 삶을 살아온 한 평범한 여성의 일상을 재구성했을 뿐이다. 그리고 그 삶을 바라본 렌즈가 같은 시대를 살아온 남한 여성이라는 점이 이 책을 특별하게 만든다. 언어만 통할 뿐 묘한 경계심으로 마주한 그들은 5년이라는 시간을 통해 점차 서로를 이해하고, 자신들의 경험과 문화를 비교하며 아픔을 공유하게 되었다.

'개인'은 없고 '공산당'만 존재하며, '인권'은 없고 '복종'만 존재하는 북한에서의 삶은 억압 그 자체이며, 생계유지조차 불가능한 것이 현재 북한의 모습이다. 적나라한 묘사에 다소 불편할 수도 있겠으나 책을 통해 북한의 인권 문제에 진지하게 고민해 볼 수 있는 시간을 갖길 바란다.

심화활동

- 탈북민이 최종 정착지로 남한이 아닌 제3국을 선택하는 이유에 대해 생각해 본다.
- 탈북민이 국경을 넘어가는 과정에서 겪는 인권 침해에 대한 대책을 알아 본다.

6월 2일

정의란 무엇인가

마이클 샌델 | 와이즈베리 | 2014

도서 분야	정치사회
관련 과목	사회문화, 정치와 법, 윤리와 사상
관련 학과	정치외교학과, 철학과, 행정학과

대한민국 정의의 향방을 가늠해 본다. 정의란 무엇인가

　2016년 대통령 측근 자녀의 대학 부정 입학으로 촉발된 탄핵 촉구 시위, 2020년 인천국제공항 비정규직의 정규직화 논란 등은 최근 몇 년 새 우리 사회에서 큰 화제가 된 사건이다. 언뜻 보면 공통점이 없어 보이지만 국민이 분노하고, 비판했다는 점이 같다. 이 사건들에 대해 '정의롭지 못하다'라고 생각한 것이다. 이렇듯 공정하지 못하고, 불평등한 사건이 등장할수록 사회에서 '정의'에 대한 갈망은 깊어진다. 그것은 《정의란 무엇인가》가 출간 후 약 10년 동안 줄곧 우리나라에서 베스트셀러로 자리매김했다는 사실에서 알 수 있다.

　이 책은 '정의'라는 철학적인 주제를 다루면서도 실생활에서 접할 수 있는 문제들을 토론의 주제로 삼았다. 그러기 위해 가장 먼저 정치 철학사에 족적을 남긴 사상가들은 어떻게 생각했고 어떤 한계가 있는지 설명한다. 단순히 학파를 나열하고 무슨 생각을 했는지 적은 것이 아니다. 사상가들의 생각을 바탕으로 스스로 '정의'에 대한 비판적인 사고를 갖추고 판단의 기준을 세워, 사회 현상을 어떻게 바라봐야 하는지 알려주고 있다. 책을 읽었을 뿐이지만 저자의 강연을 직접 듣는 것처럼 흥미로웠다.

　그러나 분명 책의 명성만큼 내용을 이해하기는 까다롭다. 정의에 대한 여러 사상을 정리하고, 이를 저자 본인의 정의론과 비교·분석하며, 자신의 사고에 녹여내야 하기 때문이다. 책 전체를 온전히 소화하는 데 다소 긴 시간이 필요하다. 하지만 '정의'의 진정한 의미를 알기 위해 인내심을 갖고 한 장 한 장 책장을 넘긴다면 그만큼 가치있는 시간은 없으리라 생각한다.

심화활동
- 책을 읽고 '정의'와 관련한 유의미한 토론 주제를 생각해 본다.
- 마이클 샌델의 '돈으로 살 수 없는 것들'을 읽고 저자의 주장을 더욱 심도 있게 이해해 본다.

국경 전쟁

클라우스 도즈 | 미래의 창 | 2022

도서 분야	정치사회
관련 과목	정치와 법
관련 학과	정치외교학과, 사회학과

가시영역에서 불가시영역까지, 치열한 땅따먹기 공방전

우리에게 '국경'은 철조망으로 뒤덮인 장막과 중무장한 군인들의 모습이다. 반대로 EU 회원국 간 '국경'은 길 가운데 그어진 선에 국경임을 설명한 문구나 표지판이 있을 뿐이다. 무비자 통행이 가능해지면서 삼엄한 경비가 사라진 게 가장 큰 이유일 것이다. 이처럼 지역마다 국경의 모습은 다르지만, 여전히 그 안에는 중요한 영향력이 있다.

이 책은 전 세계에서 벌어지고 있는 국경 관련 상황과 영향을 9가지 관점으로 분석했다. 민족, 자원, 환경 등 다소 익숙한 주제부터 해양, 상공, 우주, 디지털 영역에까지 이어지는 다양한 주제를 국경과 연관해 설명하며, 국경 분쟁이 가시적인 영토 분쟁만을 의미하지 않는다는 것을 강조한다.

지정학적 관점 상 국경은 가변적이다. 과거 강대국들의 협의로 만들어진 세계 일부 지역의 국경은 분쟁의 소지가 되었고, 국경의 변경을 위해 실제 전쟁을 벌이기도 한다. 또한 지형을 매개로 한 국경선 재설정 문제도 있다. 눈이 사라지고 있는 스위스나, 해수면 상승으로 국토가 사라지는 아세안 지역과 섬나라들이 그렇다. 이처럼 많은 국가가 자국의 생존을 위한 국경 전쟁에 적극 참여하고 있다. 우리나라 역시 DMZ나 독도에 대한 일본의 도발 등 피할 수 없는 국경 전쟁 속에 놓여있다.

저자는 수많은 국경의 갈등 속에서 자원 쟁탈의 민낯을 적나라하게 고발하고, 국경을 넘어선 협력과 상생의 중요성을 강조한다. 단순한 국가 간의 경계라는 의미를 넘어 다양한 방면에서 국경의 과거와 현재, 미래에 대해 생각해 볼 수 있었다.

심화활동

- 사회, 문화, 종교적 차이가 국경 분쟁을 격화시키거나 완화 시킨 사례를 알아본다.
- 범세계적으로 해결해야 할 과제는 무엇이며, 이를 위해 국가와 국제기구에게 요구되는 행동을 생각해 본다.

다수를 위한 소수의 희생은 정당한가?

표창원 외 4명 | 철수와영희 | 2016

도서 분야	정치사회
관련 과목	사회문화, 정치와 법
관련 학과	사회학과, 법학과, 정치외교학과

다수결 원칙의 한계, 인권이 해답이다

'민주적 의사 결정'은 전 세계 수많은 조직의 운영 원리다. 이를 실현할 구체적인 방법으로 수많은 단체에서 선택한 것은 '다수결'이고, 이는 현재까지 구성원들의 의견을 모으는 가장 합리적인 방법으로 평가받아 왔다. 그러나 최근 다수결의 '정당성'에 의문을 품는 사람들이 많아졌다. 다수결은 소수의 희생은 개의치 않으며, 이는 민주주의 이념과 어긋난다고 주장하는 것이다.

이 책은 다수의 이익을 위해 소수에게 희생을 강요하는 우리나라의 현실을 폭력, 민주주의, 철학, 세계, 평화를 주제로 분석한다. 언뜻 보면 서로 관련이 없어 보이지만, 책 내용을 자세히 살펴보면 다섯 주제 모두 한 가지 목표를 향해 있다는 사실을 알 수 있다. 바로 '인권'이다. 책에는 다양한 모습으로 위장해 갈등을 유발하는 다수결의 횡포가 등장한다. 그리고 이를 해결하기 위한 교육학자, 윤리학자, 역사학자, 이슬람 문화 전문가, 정치인 등 각 분야의 전문가의 의견을 담았다. 각자의 의견을 읽으며, 왜 인권이 갈등을 풀어낼 열쇠인지 생각해 볼 수 있었다. 또 대화체의 문장 구조와 쉬운 설명, 다양한 사례 제시로 난해한 주제도 쉽게 읽을 수 있어 좋았다.

자, 여기 브레이크가 고장난 트롤리 한 대가 양쪽으로 갈라지는 레일을 향해 질주하고 있다. 한쪽 레일 위에는 5명의 인부가, 반대쪽 레일 위에는 한 명의 인부가 일을 하고 있다. 트롤리를 한 곳으로 보내야만 한다면, 당신은 어떤 선택을 할 것인가?

심화활동

- 다수결의 원칙을 양적 공리주의와 질적 공리주의 입장에서 각각 평가해 본다.
- '오리엔탈리즘은 다수결의 횡포다'라는 주장에 대한 본인의 생각을 써 본다.

착한 민영화는 없다

이광호 | 내일을여는책 | 2019

효율성이라는 포장지 속 탐욕, 민영화의 그림자

2008년 개봉한 영화 'Sicko(식코)'의 등장인물 릭은 약지와 중지가 절단되어 병원을 찾지만, 고액의 치료비에 결국 약지만 봉합하기로 한다. 이는 미국의 민간 의료보험제도의 폐해를 적나라하게 비판한 영화로, 당시 의료보험 민영화로 시끄러웠던 우리나라에서는 민영화 반대에 힘을 실어주기도 했다.

의료, 철도, 전기, 물 등 인프라에 대한 민영화 논의는 IMF 구제금융 이후로 우리 사회의 큰 논쟁거리였다. 이 책은 의료, 전기, 물 등을 공공재적 성격이 강한 영역으로 규정하며, 민영화에 비판적인 입장을 견지한다. 많은 사람들이 이런 인프라를 공공재라고 인식하지만, 왜 전 세계적으로 민영화 논란이 계속 점화될까? 인간의 삶에 필수적인 요건인 만큼 큰 수익을 기대할 수 있기 때문이다. 민영화 지지층은 국가 주도 공공재 사업은 독점적 공급으로 상품의 질이 떨어지고, 구성원에 대한 과도한 복지 등 방만한 운영으로 세금이 낭비된다고 비판한다. 이에 대해 저자는 운영 주체의 청렴성이나 운영 효율 제고는 필요하지만, 이를 위한 대안이 '민영화'는 아니라고 강하게 주장한다. 민영화를 통해 운영 효율을 높이려면 시장에서 소비자의 영향력이 공급자보다 높아야 하기 때문이다. 그러나 공공재 공급은 공급자가 절대적으로 우위에 서 있고, 민영화가 되면 공공의 희생으로 일부의 배만 불려주는 결과를 초래할 것이다.

이전부터 유명한 민영화 반대 논리를 정리했기에 크게 신선한 느낌은 아니다. 하지만 이런 논의를 처음 접한다면 주요 논쟁점을 일목요연하게 정리한 이 책이 좋은 입문서가 될 것이다.

심화활동

- 서울 소재 인제대 백병원 폐원에 대한 정부와 사회의 반대 논리와 그 근거가 무엇인지 알아본다.
- 민영화 사업의 단점을 개선하기 위한 정부와 사회의 대처 방안을 알아본다.

그런 세대는 없다

신진욱 | 개마고원 | 2022

도서 분야	정치사회
관련 과목	정치와 법, 사회문화
관련 학과	사회학과, 경영학과, 정치외교학과

세대론적 담론의 허를 찌르다, 나는 어떤 세대인가요?

지금까지 우리는 각종 미디어가 말하는 수많은 세대로 우리를 나눠왔다. 하지만 이런 무분별한 '세대'의 사용은 '청년에게는 희망이 없고, 기성세대가 이들의 앞길을 막는다'라는 식의 프레임을 확대 재생산하고, 주요 매체 및 소셜 네트워크 등에서는 이를 사실인 양 연일 이슈화하고 있다. 이 책은 근래 소비되고 있는 '세대 담론'의 위험성을 지적한다.

저자는 분명 세대 차이나 세대적 독특성이 없진 않지만, 특정 연령대를 같은 세대라고 묶을 수 없다는 전제로 시작된다. 지금 나오는 세대 담론의 허점은 다양한 격차와 그에 따른 갈등으로 분열된 사회에서 한 세대의 구성원들을 'XX세대'라고 규정하고, 사회 문제의 주요 원인을 세대의 갈등과 차이라고 인식하는 것이라고 볼 수 있다. 이러한 논리에 따르면 기성세대는 이른바 '부동산으로 쉽게 돈을 번 안정 계층'이며 청년 세대는 '취준생, 알바생 등 경제적 취약계층'이다. 그러나 그 안에는 수많은 삶의 모습이 교차한다. 부모님께 많은 재산을 물려받은 20대와 학자금대출에 허덕이는 20대는 같을 수 없다. 80년대에 대학을 나온 10%의 장년층과 단순노동으로 생계를 꾸려온 장년층도 마찬가지다. 지금까지 우리의 '특정 세대는 이렇다'라는 생각은 그 세대 속 일부분의 모습을 일반화한 것은 아닐까?

'임대생활자는 주거안정 대책을 요구할 수 있으나 20대의 이름으로 요구할 수 있는 정책은 없다'라는 저자의 표현에서 우리는 세대를 규정짓는 프레임의 한계를 알 수 있다. 지금까지 우리는 이런 허상을 보며 변화를 외쳤다. 하지만 이는 공허한 외침에 불과하다. 진짜 변화를 원한다면, 아주 조금씩이라도 바뀌길 원한다면 이제는 갈등의 실체를 봐야 한다.

심화활동

- 이른바 '계급배반투표' 양상의 변화가 세대 담론의 한계를 보여주는 이유를 설명해 본다.
- '이대남', '이대녀'를 통해 알 수 있는 청년 세대 내 갈등을 파악한다.

지정학이 국가의 미래를 결정한다, 지정학의 힘

중고등학교 사회, 역사 수업 시간에 자주 등장하는 말이 있다. 그것은 바로 '강대국 사이에 낀 우리나라의 설움'이라는 가슴 아픈 문장이다. 수없이 들어본 이 말은 사실 '지정학'과 관련된 문장으로, 우리나라가 강대국이 탐낼 만큼 지정학적 위치가 중요하다는 사실도 내포한다. 그렇다면 우리나라는 지정학에서 어떤 강점을 찾아야 할까.

지정학은 한 국가의 지리적 위치가 그 나라의 정치 및 외교에 영향을 미친다는 이론이다. 이 책은 지정학의 중요성을 알기 위해 유명한 학자들의 이론을 소개하고, 이론이 실제로 적용된 역사와 최근 국제 관계, 지정학적 동향을 분석했다. 책에 소개된 학자들이 모두 유럽 및 미국 출신이라는 한계를 극복하기 위해, 중국과 러시아, 일본 및 우리나라에 관한 내용은 별도의 주제로 묶은 것도 독자의 이해를 돕는다. 상기한 각국의 지정학적 현실을 냉철히 비판하고, 냉혹한 국제 질서에서 살아남기 위한 전략에 대한 조언도 충실했다.

책에서 주목한 학자는 총 4명이다. 18세기~19세기 영국의 흥망과 미국이 시파워(sea power) 대국으로 성장하는 데 기여한 마한, 랜드파워(land power) 연구자 매킨더, 나치의 팽창을 뒷받침했던 하우스호퍼, 제 2차 세계대전 후 미국의 대외 전략 방향을 제시한 스파이크다. 지정학의 중요성을 알고 누구보다 잘 사용한 미·중 수교의 일등공신 키신저, 21세기 국제 질서를 예견한 브래진스키도 책에서 주요 인물로 소개하고 있다.

저자는 줄곧 국가 안보 및 이권 획득의 수단으로 지정학의 중요성을 강조하며, 이념과 역사적 질곡에 사로잡힌 우리나라의 문제점을 질타한다. 이 책을 통해 강대국들의 입맛대로 재단된 지정학적 구도를 명확히 인지하고, 이에 대한 주체적인 대응이 무엇인지 생각해 보자.

심화활동

- 지정학적 이론을 고려하여 한반도 통일의 시나리오를 작성해 본다.
- 지정학적 이론이 성공적으로 적용된 모델을 찾아본다.

동·남중국해, 힘과 힘이 맞서다

마이클 타이 | 메디치미디어 | 2020

도서 분야	정치사회
관련 과목	정치와 법, 세계사, 세계지리
관련 학과	정치외교학과, 사학과, 지리학과

동·남중국해, 패권을 차지하려는 자들과 이를 막는 자들의 무대

최근 중국이 남중국해 스프래틀리 제도(중국명 난사 군도)에서 필리핀 해양경비대를 향해 물대포를 쏜 것을 계기로 미국과 중국 간 갈등이 격화되었다. 이 외에도 중국은 동중국해 센가쿠 열도(중국명 댜오위댜오)를 두고 일본과 끊임없이 영유권을 다투고 있다. 그렇다면 왜 중국과 일본, 베트남, 필리핀, 말레이시아는 물론이고 지리적으로 멀리 떨어진 미국까지 이곳의 영유권을 주장하는 이유는 무엇일까? 이 책은 분쟁의 역사를 통해 이러한 질문을 해소할 실마리를 제공했다.

저자는 역사적 맥락과 정치, 경제적 힘의 논리라는 시각에서 동·남중국해의 갈등을 분석했다. 동·남중국해는 과거부터 동양과 서양을 잇는 교역의 통로며, 그렇기에 이곳에 있는 국가는 약속된 번영과 침탈이 뒤섞여있었다. 이권을 놓고 투쟁해 온 역사는 관계국 모두의 머리에 각인되어있고, 영유권을 놓고 벌어지는 갈등이 지금까지 이어지는 것이다.

비교적 변방의 역사로 치부되던 동남아시아의 역사를 다양한 역사적 사료를 통해 포괄적으로 배울 수 있다는 점에서 긍정적인 평가를 내리고 싶다. 그러나 '화교'를 비롯해, 중국과 관련된 내용을 중심으로 내용을 구성한 것이 이 책의 가장 큰 한계라고 볼 수 있다. 특히 동남아시아를 비롯해 국제무대에서 중국의 행보 중 부정적인 면은 소거하고, 긍정적인 부분을 주로 서술했다는 점 때문에 친중적이라는 평가를 배제하기는 어려울 것 같다.

그러나 이런 단점에도 불구하고 중국, 일본과 영유권 분쟁을 벌이고 있는 우리에게 국제 관계는 여전히 힘과 이익의 논리에 따라 진행된다는 점만은 확실하게 보여준다. 다른 나라의 갈등을 통해 우리가 마주한 문제를 이해하는 데 큰 도움이 될 것이다.

심화활동

• 이어도를 둘러싼 우리나라와 중국 간 갈등에 대해 알아본다.
• 동·남중국해 지역 분쟁이 지역 분쟁에 어떤 영향을 끼치는 지 알아본다.

6월

9일

쉽게 믿는 자들의 민주주의

제랄드 브로네르 | 책세상 | 2020

도서 분야	정치사회
관련 과목	정치와 법, 사회문화
관련 학과	정치외교학과, 사회학과, 신문방송학과

음모론에 빠진 자들의 위험한 민주주의

우리는 음모론의 시대에 살고 있다. 많은 학술 기관이 표어로 사용하는 '진리가 너희를 자유케 하리라'는 기대와 다르게, 왜 상당수의 국민이 고등교육을 받고 있음에도 음모론은 줄지 않을까? 이 책은 SNS 속 음모론이 정치적인 결정에 영향을 미치는 지금, 민주주의의 비합리성과 편향된 사고를 깨운다.

민주주의는 대중에게 알 권리와 말할 권리, 결정할 권리를 부여한다. 하지만 모두가 동등한 권리를 행사할 수 있기에 역설적으로 음모론에 취약하다. 교육 수준이 향상되면 음모론이 줄어들리라 낙관하는 사람들의 바람과 달리, 현실에서는 '정보 버블'이라는 기술의 함정이 민주주의를 취약하게 만들고 있다. 물론 이 또한 민주주의의 모습이고, 저자는 이런 모습을 책의 제목인 '쉽게 믿는 자들의 민주주의'라고 말한다. 인지의 한계 때문에 생기는 이런 확증 편향은 자신의 신념을 강화하는 정보만 취해 원래의 신념을 키워가는 것이다. 결국, 쉽게 믿는 자들의 민주주의는 의사소통의 장이 아니라 자기가 챙겨온 것만 먹고 마는 일종의 포트럭 파티로 전락해 역사로부터 버림받을 것이라고 경고한다.

책에는 경고뿐만 아니라 여러 대책도 제시하고 있는데, 그중 인상적인 것은 언론의 책임이었다. 저자는 언론 스스로 음모론에 굴하지 않으려는 책임감과 함께, 인지적 결함에서 벗어나기 위한 교육에 꾸준히 참여함으로써 음모론의 덫에서 대중을 구해야 한다고 주장한다.

현대 민주주의의 위기와 그에 대한 해결책을 제시한 이 책은 프랑스와 미국의 구체적 사례와 다양한 사회 심리학적 연구 결과가 소개되어 진지하면서도 흥미롭게 읽어 볼 수 있었다. 민주주의가 나아가야 할 방향이 궁금하다면 읽어보기를 바란다.

심화활동
- 비 언론기관이나 유튜브 등 1인 미디어에 대한 허위 정보 규제 방법을 생각해 본다.
- 미디어에 자주 등장하여 대중에게 익숙한 이미지를 형성한 지식인이 왜곡·과장된 정보를 제공한 사례를 찾아보고, 이와 같은 사건에 대해 대중들이 보였던 반응을 분석해 본다.

그건 내 건데

이선배 | 내일을여는책 | 2022

도서 분야	정치사회
관련 과목	정치와 법, 경제, 통합사회
관련 학과	사회학과, 행정학과, 법학과, 경제학과

모두가 찾아서 누려야 할 권리, 그건 바로 기본소득!

우리나라 사람들은 대부분 직업을 선택할 때 '생계 유지에 필요한 비용 확보'를 최우선으로 고려한다. 그래서 부당하고 열악한 근로 환경에 놓여있어도 제대로 저항하지 못하며, '돈' 때문에 이루지 못한 '꿈'에 대한 아쉬움에 눈물을 삼키는 경우도 많다. 만약 국가에서 국민 개개인에게 '최저생계비'에 해당하는 금액을 정기적으로 제공한다면 어떨까. 적성과 흥미에 맞는 직업을 선택하는 사람들이 많아져 사회는 질적으로 발전하지 않을까?

이 책은 지금까지 기본소득을 복지의 한 영역이라고 보던 관점에서 벗어나, 누구나 당연히 누려야 할 권리라는 것을 강조한다. 그리고 기본소득의 개념과 철학, 관련 사례를 적절하게 연결해 설명하고 있다. 기본소득을 자신의 권리라고 받아들일 때 기본소득의 다섯 가지 원칙을 이해할 수 있다고 말하며, 여기서부터 자신이 원하는 세상을 직시하고 그려나갈 수 있다고 말한다. 또한 개개인의 자립은 사회 문제를 자신의 문제라고 받아들이는 여유와 해결책의 탐구로 이어진다고 덧붙인다.

그동안 우리는 시민으로서 누려야 하는 정치적 권리의 중요성은 인식했지만, 경제적 권리에 대한 인지는 다소 부족했고 이에 대한 정책도 미비했다. '기본소득, 모두가 조건 없이 찾아야 할 권리'라는 이 책의 부제처럼 기본소득이 무엇인지, 그것이 왜 정당한 권리이며, 이 권리 행사를 통해 사회가 어떻게 질적으로 성숙할 수 있는지 알고 싶다면 꼭 한 번 이 책을 읽어보길 바란다.

심화활동

- 기본소득이 개인의 자유와 자기 존중감, 사회적 공평성 등에 어떤 영향을 끼치는지 알아보고, 윤리적 측면에서 기본소득의 가치를 탐구해 본다.
- 기본소득 제도 시행이 노동 시장 및 노동의 가치 변화에 끼치는 영향을 탐구해 본다.

판결문을 낭독하겠습니다

도우람 | 시공사 | 2020

도서 분야	정치사회
관련 과목	정치와 법, 사회문화, 통합사회
관련 학과	사회학과, 경영학과, 법학과

판사의 하루를 낱낱이 파헤쳐 본다

불특정 다수에 대한 무차별적인 살인 사건, 끔찍한 아동 학대, 스토킹과 살인으로 얼룩진 데이트 폭력 등 알고 싶지 않은 소식들이 매일 약속이나 한 듯 뉴스와 신문을 뒤덮고 있다. 그리고 그때마다 범죄자의 '형량'에 사람들의 관심이 모이고, 사건을 판결하는 법조인에게 관심의 무게는 부담감으로 돌아온다. 그러나 늘 여론은 범죄인이 언도받은 형량에 부정적이며, 법의 효용성에 의구심을 품는다.

이 책은 이러한 여론에 대한 일종의 항변이자 사회의 점진적 변화에 기여하는 법의 유용성에 대한 긍정의 메시지다. 이미 시중에 전·현직 법조인들이 쓴 책이나, 실제 사건에 허구적인 상상을 보태어 소설 및 각본으로 출간돼 인기를 끈 작품은 많다. 그러나 이 책은 정의를 부르짖는 감정주의적 서술이 아니다. 실제 판결을 위한 법리적 쟁점들과 이를 다루는 법조인의 사고 과정을 논리정연하게 서술했다. 저자는 크게 세 부분으로 나누어 법조인의 역할과 재판, 그리고 오해를 설명한다. 1부는 기본적인 재판과 직업인으로서의 판사, 2부는 실사례를 통해 사건이 결론에 도달하는 과정, 3부는 판결문 작성 이유와 방법 등을 자세하게 소개한다.

저자가 서문에 밝힌 것처럼 '한 권으로 읽는 재판 실무 해설서'나 '판사 직업 소개서'란 표현이 이 책의 특징을 가장 잘 표현했다. 자신이 법조인을 꿈꾸며 모의재판이나 법정 방청 등 다양한 활동을 하더라도, 실제 판결 과정이나 고뇌는 알 수 없다. 그에 대한 대안으로 이 책을 적극 추천하고 싶다.

심화활동

- 법률 해석 및 적용 등 전반적인 영역에서 인공지능의 대체 가능성에 대해 토론해 본다.
- 재판이 사회의 법 감정을 수용해야 하는 근거에 대해 토의해 본다.

도서 분야	정치사회
관련 과목	정치와 법, 사회문화, 통합사회
관련 학과	사회학과, 경영학과, 법학과

6월 12일

법의 이유

홍성수 | arte(아르테) | 2021

교양으로서 접하는 법의 기초 입문서

초중등학교에서는 사회, 통합 사회, 정치와 법 과목으로, 대학교에서는 교양 과목으로 반드시 개설되는 것은 바로 '법학'이다. 이렇게 법치주의 사회에서 법에 대한 이해는 시민의 교양이자 기본적인 덕목이다. 하지만 그 무게감 때문일까? 여전히 사람들 대부분은 '법'이라는 단어만 들어도 긴장하는 경우가 부지기수다.

이 책은 장기간의 교육에도 불구하고 여전히 법을 무서워하는 사람들을 위한 일종의 기초 법학 교양서다. '영화로 이해하는 시민의 교양'이라는 부제처럼 법과 관련된 유명한 영화를 다수 선정하여, 영화의 간략한 줄거리와 함께 법의 개념을 가볍게 설명하고 있다. 출간 이전 강의를 통해 책 내용 대부분이 공개되었으며, 당시 수강생들의 큰 호응을 얻었던 만큼 책의 내용은 쉽고 이해하기 편하게 적혀 있다.

저자는 영화야말로 당사자의 구체적인 상황과 사건의 진행, 법의 한계, 창작자의 상상력까지 효과적으로 보여주는 교재라고 말한다. 영화를 보는 법학 연구자의 시선과 영화의 다양한 사례를 통해 법과 현실의 관계, 그리고 법의 역할과 중요성을 알 수 있다. 저자가 서문에 밝혔듯 이 책은 법의 이념 및 근본 원리, 법의 지향점 등 '기초적인 법'을 주로 설명한다. 그렇기에 서술 구조나 내용이 다소 딱딱하게 느껴질 수 있지만, 여기서 다루는 다양한 문제들은 우리가 일상에서 마주하는 갈등의 기본이며, 우리가 늘 관심을 가져야 할 주제이기도 하다.

법을 어렵게만 생각하고 자신의 문제가 아니라고 생각하는 학생에게는 법을 알아갈 첫걸음으로, 이전부터 법에 근본적인 의문이 들었거나 관심이 있었다면 더 넓은 이해를 위해 한 번쯤 읽어보길 권한다.

심화활동

- 역사부정죄를 실정법으로 적용하는 데 있어 독일과 우리나라의 상황을 비교, 대조해 본다.
- 도덕과 법의 입장이 상충하는 상황 발생 시 합리적인 선택을 위해 고려해야 할 점을 알아본다.

6월 13일	**딸에게 들려주는 헌법 이야기** 이득진 | GIST PRESS | 2021

도서 분야	정치사회
관련 과목	정치와 법
관련 학과	법학과

선의 평범성을 꿈꾸며, 아빠가 들려주는 헌법 이야기

'법'이라고 하면 '어렵다'는 생각이 얼른 드는데, 이 책은 아빠가 딸에게 헌법과 관련된 내용을 친절하게 알려주는 방식으로 서술되어 있어 법에 대해 잘 모르는 사람도 비교적 쉽게 이해할 수 있다. 각 챕터 도입부에 실린 아빠와 딸의 대화나 소설, 영화 이야기가 덧붙여져 있어 지루하지 않게 읽힌다. 헌법이 무엇인지, 헌법은 어떻게 시작되었는지, 성문헌법과 불문헌법의 차이점이 무엇인지, 헌법의 적용 범위는 어떻게 되는지, 평소에 궁금했지만 어디서 찾아야 할지 몰랐던 내용에 대해 자세히 설명해준다. 그뿐만 아니라 국군의 정치적 중립의무, 직업공무원 제도, 법치주의 원리, 사회국가 원리, 문화국가 원리와 인권에 대한 내용도 많은 도움이 될 것이다.

종류	내용
자유권	국가의 간섭과 통제에서 벗어나 개인이 주체적으로 행동하고 결정할 수 있는 권리
평등권	동등한 대우를 요구할 수 있는 권리
생존권	최소한의 생활을 할 수 있도록 국가의 도움이나 급부를 요구할 수 있는 권리
참여권	국민이 대표자를 선출하거나 직접 대표자가 되어 국가 운영에 참여할 수 있는 권리
청구권	권리의 침해를 막고 회복을 요구할 수 있는 권리

기본권은 절대적 권리가 아니며 제한을 가진다. 세 가지 이유로 제한이 가능한데, 국가 안전의 보장을 위해, 질서의 유지를 위해, 공공복리를 위한 경우가 이에 해당한다. 그러나 이런 제한이 있더라도 기본권의 본질을 침해하는 제한은 금한다.

심화활동

- 헌법 전문은 헌법의 이념과 가치를 축약해 담아놓은 개괄의 역할을 한다. 헌법 전문을 찾아 읽어본다.
- 국가의 역할에 대해 생각해보기 위해 소설 《파리대왕》을 읽고, 느낀 점을 정리한다.
- 기본권의 종류와 한계에 대해 정리해본다.

도서 분야	정치사회
관련 과목	정치와 법
관련 학과	법학과

법이 된 사람들을 위한 변론

어떠한 상황과 관련된 사람의 이름을 법의 이름으로 만드는 경우가 있다. 개인의 일이지만, 사회 구성원들의 슬픔과 분노로 이어져 법으로까지 만들어지는 과정을 자세히 다룬다.

상황	문해력 내용
김용균법	1990년 이후 전부 개정된 산업안전보건법이다. 김용균은 화력발전소에서 석탄 설비를 운영하는 비정규직 노동자로, 입사한 지 3개월이 되지 않아 컨베이어 벨트에 끼여 사망했다.
태완이법	살인죄에 대해 공소시효를 적용하지 않는 형사소송법 규정을 말한다. 여섯 살 태완이는 학원 가는 길에 누군가가 뿌린 황산에 화상을 입고 사망했다.
구하라법	자식에 대한 부양의무를 다하지 않은 부모에게 자식의 재산이 상속되는 것을 막자는 취지로 입법 추진 중인 법안이다. 연예인 구하라의 친모가 구하라의 상속금을 요구한 것이 발단이 되었다.
민식이법	어린이보호구역 내 안전시설을 강화하고, 어린이 치사상 사고에 대해 가중 처벌하는 개정 조항을 말한다. 민식이는 어린이 보호구역에서 교통사고로 사망했다.
임세원법	의료행위를 하는 의료인 등을 폭행해 상해, 중상해 또는 사망에 이르게 하면 가중 처벌하는 내용의 법률이다. 임세원은 정신과 의사로, 진료하던 환자에게 살해당했다.
사랑이법	미혼부가 단독으로 아이의 출생신고를 하는 것이 불가능하지는 않았으나, 매우 복잡한 절차를 걸쳐야 했다. 사랑이 사연을 계기로 신청 절차를 간소화하였다.
김관홍법	세월호 구조와 수습 과정에서 피해받은 이들이 손해배상을 받을 수 있도록 발의되었다. 김관홍은 민간잠수사로 적극적으로 활동하였으나, 정부의 지원을 제대로 받지 못했다.

심화활동

- 책에서 제시한 것 외에 이름을 따서 만들어진 다른 법이 있는지 조사해본다.
- 가장 기억에 남는 사건 하나를 정해 법이 만들어지는 과정을 정리해본다.
- 이름을 따서 법을 정할 때의 장점과 조심해야 할 점이 무엇인지 생각해본다.

이상한 재판의 나라에서

정인진 | 교양인 | 2021

도서 분야	정치사회
관련 과목	정치와 법
관련 학과	법학과

베테랑 법조인이 바라본 가장 뜨거운 사법 이슈

판결문은 우리가 흔히 읽는 글과는 그 성격이 매우 다르다. 내면의 고백, 보고서, 문학 작품이 아닌 사건에 대한 결과이기 때문이다. 이 공문서는 한 사람의, 혹은 다른 많은 사람들의 인생에 지대한 영향을 미친다.

일생 동안 송사를 한 번도 겪지 않은 사람들도 있겠지만, 판사들은 매일같이 법정에 선 다양한 사람들을 만나게 된다. 누가 더 억울하고 누가 덜 억울한지, 누가 더 나쁘고 누가 덜 나쁜지를 가려야 하는 일은 사명감 없이는 결코 할 수 없는 '날선 노동'이다.

저자는 판사로 일하며 겪은 많은 일들을 감당해 내기가 쉽지 않았고, 마음에 하나둘 포개어 놓았다가 몇 해가 지난 다음에야 글로써 풀어놓을 수 있었다. 판사로 지낼 때는 열심히 일하지 않는 변호사들이 마음에 들지 않아 싸웠는데, 변호사가 되고서는 오히려 판사에 대한 불만이 생겼다고 한다. 그리고 변호사가 된 후에야 비로소 우리나라 법의 다양한 모습을 볼 수 있었다고 저자는 말한다.

이 책에서는 판사의 모습을 세세히 다루고 있는데, 특히 인상적인 부분은 판사는 자신의 의견을 드러내지 못한다는 것…. 판사는 판결에 해설을 붙이지 않고(만약 해설이 필요하다고 판단되면 판결문에 씀), 판결하기에 앞서 사건의 결론을 미리 예단하는 발언도 하지 못하며, 구체적인 사건이나 법률문제에 대해 의견을 달라는 부탁에도 응하지 않는다. 의견이 다른 판결이 나오면 당사자가 판결에 승복하지 않기 때문이다. 의사들이 자신이 진료한 환자들에 대해서는 비밀을 유지해야 하는 의무가 있는 것처럼, 판사들에게도 자신의 의견을 함부로 내지 못하는 조항이 있는 것이다.

심화활동

- 판사, 검사, 변호사의 역할이 무엇인지 정확하게 이해한다.
- 책에 등장하는 여러 법 관련 용어들을 찾아보고 의미를 이해한다.
- 법과 관련된 일을 하면서 겪게 되는 어려움에 대해 생각해본다.

THE GOAL 더 골

엘리 골드랫, 제프 콕스 | 동양북스 | 2019

도서 분야	경제경영
관련 과목	경제
관련 학과	경제학부

1,000만 부 이상 팔린 경영 필독서

《더 골》은 진정한 기업의 목표와 함께 팀워크의 개발, 문제 해결 능력, 정보 공유의 가치, 발상의 전환 등 업무 개선에 필요한 지식을 소설의 형태로 제시한 책이다. 존폐 위기에 놓인 베어링턴 공장의 공장장 알렉스 로고와 그의 직원들이 자신들에게 닥친 위기의 원인을 되짚으며 문제를 하나씩 해결해나가는 과정을 그렸다. 위기를 극복해나가는 과정의 이론적 배경은 다름 아닌 TOC(제약이론, Theory Of Constraints)인데, 이는 종속적 사건과 통계적 변동이라는 두 가지 현상을 기반으로 하며, 기업 내에서 발생하는 병목 자원을 해결하여 성과를 향상시킨다. 또한 TOC를 도입한 기업들은 매출액과 순이익의 증가, 생산성 개선, 납기 준수율 향상 등의 성과를 거두게 된다.

이 책은 TOC를 경영서에 국한하지 않고 인생 철학으로 확장하여 다양한 관점에서 문제 해결과 목표 달성에 대해 생각하도록 한다. 엘리 골드랫의 사고 방식은 철학적이고 유연하며 인간 중심적이다. 책에 등장하는 병목(bottleneck)은 시스템 내의 효율성을 저해하는 주요 제약 요소로, 시스템 전체에 영향을 미친다. 다른 요소들이 잘 이루어지게 하는 것도 중요하지만, 병목을 찾아 그것을 해결하는 것도 전체 작업의 효율성을 높여주는 데 도움이 된다.

우리 삶에서도 이런 병목들이 없는지 살펴봐야한다. 자신이 어떠한 일을 이루기 위해서 노력하고 있는데도 뭔가 마음대로 일이 잘 풀리지 않는다면, 그 일을 달성하는 데 방해되는 요소들이 있는지 생각해보고, 그것을 해결할 수 있는 방법을 찾을 필요가 있다. 기업 관련 용어가 낯설고 어려울 수 있지만, 이 책은 소설 형식이기에 읽는 데 큰 무리가 따르지는 않을 것이다.

심화활동

- 제약 이론에 대해 정리해보고, 기업에 어떤 방식으로 적용하면 좋을지 생각해본다.
- 병목에 대한 이해를 바탕으로, 자신의 현재 목표를 이루는 데 병목은 없는지 확인해본다.
- 이 책의 내용을 다른 사람들에게 전달한다는 방식으로 프레젠테이션을 해본다.

나이키 창업자 '필 나이트' 자서전

전 세계 어디서나 사람들이 쉽게 알아보는 브랜드는 흔하지 않다. 그 가운데서도 가장 유명한 로고를 가진 브랜드는 단연 나이키다. 이 책에는 필 나이트라는 인물과 나이키의 역사가 낱낱이 소개되어 있다.

"세상 사람들이 나에게 미쳤다고 말해도 신경 쓰지 말자. 그곳에 도달할 때까지 멈추는 것은 생각도 하지 말자. 그리고 그곳이 어디인지에 관해서도 깊게 생각하지 말자."

필 나이트는 이러한 포부를 가지고 자신이 꿈꾸던 미래를 만들어내기 시작했다. 처음에는 아버지에게 50달러를 빌려 저가의 일본 러닝화를 수입하는 '블루 리본 스포츠'(나이키의 전신)를 설립했다. 첫해에는 자동차에 신발을 가득 싣고 다니며 운동화를 팔았고, 그렇게 해서 올린 매출이 8,000달러였다(오늘날 나이키 연간 매출액은 300억 달러 정도)

필 나이트는 안정적인 직장 대신 자신의 삶을 스스로 개척할 수 있는 새롭고 역동적인 삶을 원했고, 원하는 것에 그치지 않고 일단 도전하고 부딪혔다. 나이키의 슬로건인 'Just do It' 정신이 잘 드러나는 대목이다. 하지만 나이키를 세계적인 기업으로 만드는 데까지는 그리 순탄하기만 한 것은 아니었다. 그가 겪어야 했던 위기와 좌절, 경쟁, 자금, 의혹, 비난 등은 이 책이 우리에게 주는 가장 강력한 메시지가 되어줄 것이다.

나이키는 필 나이트 혼자서 이뤄낸 결과물이 아니다. 그의 스승인 빌 바우어만 코치, 창업 초기의 동료들과 직원들… 필 나이트는 그들과 함께 스포츠가 세상을 변화시키는 힘을 갖고 있다고 믿으며, 나이키를 세상 모든 것을 바꾸는 브랜드이자 하나의 문화로 만들었다.

심화활동
- 필 나이트가 나이키라는 세계 유명 기업을 만들 수 있었던 계기를 찾아본다.
- 필 나이트의 경영 철학에 대해 생각해본다.
- 동료들과 함께 이룬 업적이라 말하는 필 나이트에게 배울 수 있는 덕목을 살펴본다.

챗GPT 거대한 전환

김수민, 백선환 | 알에이치코리아 | 2023

도서 분야	경제경영
관련 과목	기술가정, 사회
관련 학과	경영학과, 사회학과, 경제학과, 행정학과

챗GPT로 읽는 대격변의 인사이트

2022년 12월 1일, 챗GPT라는 혁신적인 존재가 등장하며 출시 한 달 만에 1억 명의 사용자를 확보했다. 스마트폰의 등장과 비견될 만한 이 생성형 AI는 이미 우리 주변에서 상당한 영향력을 행사하고 있다.

챗GPT는 오픈AI사에서 출시한 대화형 인공지능 서비스로 흔히들 이야기하는 AI 챗봇 서비스다. 이는 텍스트를 기반으로 사람과 소통하는 인공지능 서비스임에도 이미 상당한 완성도를 갖추어 놀라움을 안겨주었다. 이 책은 이러한 인공지능 분야에 대한 전문적 해설과 함께 이를 둘러싼 환경과 전망을 다룬다.

《챗GPT 거대한 전환》은 IT 전문가가 아니더라도 인공지능 기술 전반에 관심 있는 학생이라면 누구나 쉽게 읽을 수 있다. 저자는 챗GPT를 알아야 하는 이유를 다음과 같이 말한다. 첫째, 챗GPT는 확장성과 효율성이 높아 의료, 금융, 교육, 고객 서비스 등 다양한 산업을 재편할 수 있을 정도로 그 파급 효과가 크다. 둘째, 마음만 먹으면 누구나 알고리즘을 이용하여 원하는 분야에서 활용이 가능하다. 셋째, 챗GPT로 인해 기존의 직업군이 사라지거나 새로운 일자리가 창출되는 직업 지형도에 대지진이 일어난다. 넷째, 우리의 예상을 뛰어넘는 압도적인 성능을 갖추고 있어 그 활용도가 무궁무진하다.

이 책은 생성형 AI의 본질과 함께 우리 사회 전반에 가져올 실질적인 변화, 즉 AI 시장과 산업 구조를 아주 구체적이고 분석적으로 소개하는 데 그 의의가 있다. 챗GPT의 가치는 기술을 활용하는 창의성에 의해 더욱 빛나기에, 학생들이 대담한 용기를 가지고 새로운 시도를 통해 새 시대를 이끌어가길 바란다.

심화활동

- 챗GPT를 비롯한 생성형 AI의 활용도를 자신의 관심 진로 분야와 연계해보자.
- 생성형 AI가 가지고 있는 다양한 문제를 살펴보고, 해결 방안을 탐구해보자.
- 교내의 다양한 활동에 챗GPT를 사용해보고, 그 후기를 소개해 쓰임새를 되짚어보자.

이것은 작은 브랜드를 위한 책

이근상 | 몽스북 | 2021

도서 분야	경제경영
관련 과목	경제
관련 학과	경제학과, 경영학과, 미디어학과

광고계 혁신의 아이콘, 이근상의 마케팅 인사이트

소비 경제가 양적으로 급격히 성장함에 따라 기업과 브랜드는 더 이상 예전처럼 급성장하지 못한다. 다양한 소비 패턴을 충족시키고 질적인 만족도를 높이기 위한 작은 브랜드의 역할이 점점 더 커지고 있는 까닭이다. 이 책은 작은 브랜드가 추구해야 할 방향과 성공할 수 있는 길을 제시한다.

저자는 성공한 마케팅·광고 기획 전문가다. 그가 남긴 수많은 브랜드 광고 캠페인과 브랜딩 작업 중에는 여전히 사람들의 뇌리에 남아 있는 것들도 많다. 하지만 시대가 바뀌고 소비자의 생각이 변화하는 만큼 브랜드의 성장 방식도 변해야 한다고 저자는 말한다. 과거에는 광고를 통해 브랜드의 메시지를 일방적으로 수용했다면 이제는 소비자가 직접 정보의 생산과 탐색의 주체가 되어 브랜드를 찾아내고 선택하는 것이다. 이러한 시대의 흐름에 발맞춰 작은 브랜드가 성공하기 위해서는 큰 브랜드와 같은 방식이 아닌, 자신만의 새로운 방식을 찾아야 한다.

작은 브랜드는 진정성을 갖추어 자신만의 원칙과 철학을 지켜나가는 것이 무엇보다 중요하다. 느리더라도 자신이 옳다고 생각하는 것을 실행하고, 브랜드의 본질을 소비자가 사랑하게끔 만드는 것이다. 이 책은 청소년들에게 전달하고픈 메시지와 그 맥을 같이 한다.

넘쳐나는 정보와 복잡한 생활 방식과 맞물려 한창 예민한 시기의 학생들은 자신의 본질을 잃어버린 채 다른 사람의 방식을 따라가기 쉽다. 진정한 자기 내면의 모습을 돌아보고 자신만의 철학을 만들어, 깊이 있는 존재로 성장하는 모든 과정에 이 책이 힘을 보태주길 기대한다.

심화활동

- 책에서 소개된 다양한 작은 브랜드의 예시를 통해 성장 방식을 탐구해보자.
- 사회구조의 변화에 따라 달라진 소비자들의 관점과 소비 트렌드를 탐색해보자.
- 작은 브랜드의 성공 전략을 자신과 학급의 가치를 높이는 방법에 적용해보자.

스틱!

칩 히스, 댄 히스 | 웅진지식하우스 | 2022

도서 분야	경제경영
관련 과목	경제
관련 학과	경제학과, 경영학과, 사회학과

기억에 딱 달라붙는 강력한 메시지

발표 과제로 프레젠테이션을 만들면서 어떻게 하면 내용을 효과적으로 잘 전달할 수 있을까 고민해 본 학생들이 있을 것이다. 체육 대회 때 응원 문구를 눈에 띄게 만든다든지, 교내 글짓기 행사나 포스터 제작에 참여하면서 어떤 메시지를 담아야 좋은 평가를 받을지 머리를 싸매 본 적도 있을 것이고…. '왜 나는 번뜩이는 창의력이 없는 걸까?' 하고 한 번쯤 좌절에 빠져 본 경험이 있는 학생들에게 희망을 주는 책이 여기 있다.

저자는 타고난 창의성과는 관계없이 누구나 강력한 메시지를 만들 수 있다고 말하며 무서운 괴담이나 이솝 우화, 충격적인 뉴스처럼 한 번 들으면 쉽게 잊히지 않는 메시지의 원리를 찾아 소개한다. 이러한 스티커 메시지를 만드는 데 필요한 과정은 두 가지다. 첫째는 핵심을 찾는 것, 둘째는 그 핵심을 SUCCESs 체크리스트를 이용해 다른 언어로 옮기는 것이다.

여기서 말하는 SUCCESs 체크리스트는 Simplicity(단순성), Unexpectedness(의외성), Concreteness(구체성), Credibility(신뢰성), Emotion(감성), Story(스토리), 총 6가지 원칙으로 구성되이 있다. 이 원칙들은 다양한 사례와 함께 쉬운 이해를 돕고 메시지 클리닉 과정을 통해 설득력 있는 메시지를 선별하는 능력을 길러준다. 우리가 평소에 이 원칙을 알아채지 못하는 것은 머릿속에 '지식의 저주'라는 악당이 존재하기 때문이라고 저자는 말한다. 이 악당의 존재를 알아채기만 해도 스티커 메시지에 한 걸음 더 다가설 수 있을 것이다. 나의 메시지를 알리고, 누군가를 설득할 강력한 방법이 필요하다면 지금 이 책을 펼치고 연습해보자!

심화활동

- SUCCESs 체크리스트 원칙에 대해 사례 한 가지씩을 들어 소개해보자.
- 메시지를 활용하는 프레젠테이션 기법을 익히고 발표 준비 과정에 적용해보자.
- 교내 행사에서 전달할 메시지와 스티커 아이디어를 창출해보자.

로지컬 씽킹

데루야 하나코, 오카다 게이코 | 비즈니스북스 | 2019

도서 분야	경제경영
관련 과목	사회
관련 학과	사회학과, 행정학과, 경제학과, 경영학과

논리적 사고와 구성의 기술

학교 수업 과제로 제출한 보고서가 좋은 평가를 받지 못했다면 그 원인을 분석해 볼 필요가 있다. 선생님이 제시한 의도가 제대로 반영되지 않았을 수도 있고, 보고서의 전체적인 구성이 논리적이지 않았을 수도 있기 때문이다. 논리적인 의사전달 기술은 과제물을 작성할 때뿐만 아니라 발표, 토론, 평상시의 의사소통 등 상대방을 설득하는 과정에서 매우 중요하게 작용한다.

저자는 논리적으로 이해하기 쉬운 메시지에는 영역이나 주제를 불문하고 일정한 법칙과 핵심이 있다는 사실을 알려준다. 더불어 경영컨설팅사의 에디팅을 담당하며 익힌 노하우와 비즈니스 사회에서 조직의 의사를 알기 쉽게 전달하여 의도대로 움직이게 하는 '로지컬 커뮤니케이션'의 방법을 제시한다. 본문에 나오는 주요 기술은 'MECE'(이야기의 중복, 누락, 혼재를 없애는 기술)와 So What?/Why So?(이야기의 비약을 없애는 기술), 그리고 이러한 기술을 이용하여 메시지를 논리적으로 구성하는 방법 등이 있다.

주로 기업 경영과 비즈니스에 초점을 두고 있어 다양한 현장의 사례들이 학생들에게는 조금 낯설 수도 있지만, 경영·마케팅 분야의 진로에 관심을 두고 있는 학생이라면 책에 나온 집중 트레이닝 과정을 통해 해당 사례를 미리 연습해보는 것도 좋다. 무엇보다 이 기술이 학습이나 연구는 물론 일상생활에도 크게 도움이 될 수 있다는 점에서 깊이 공감할 수 있을 것이다.

한 단계 더 높은 목표로 도약할 수 있게 해주는 의사소통 능력, '로지컬 커뮤니케이션'의 기술을 지금 만나보자!

심화활동

- 로지컬 커뮤니케이션의 기술을 정리하여 사례와 함께 소개해보자.
- 교내 행사나 과제에 본문의 전략을 활용할 수 있는 방법을 탐색해보자.
- 찾아낸 학술 자료 및 보고서의 내용이 논리적인지 직접 분석해보자.

6월 22일	새로 쓴 원숭이도 이해하는 자본론	도서 분야	경제경영
	임승수 | 시대의 창 | 2016	관련 과목	경제
		관련 학과	경제학과, 경영학과, 사회교육과

우리 사회가 안고 있는 문제의 본질은 무엇인가

《새로 쓴 원숭이도 이해하는 자본론》은 카를 마르크스의 저서 《자본론》을 이해하기 쉽게 강의 형식으로 재구성한 책이다.

'마르크스' 하면 공산주의, 사회주의 이미지가 먼저 떠오르는데, 마르크스의 《자본론》은 우리가 속한 '자본주의'라는 사회 시스템을 체계적으로 분석한 책이다. 갈수록 심각해지는 빈부 격차, 청년 실업, 비정규직 문제, 물질만능주의, 산업재해, 환경 파괴 등과 같은 문제의 원인을 150년 전에 나온 《자본론》에서 찾을 수 있다고 저자는 말한다. 《자본론》을 처음 접할 당시 받았던 충격과 전율을 더 많은 사람이 느끼기를 바라는 마음에서 이 책을 쓴 것이다. 그렇다면, 마르크스는 자본주의 사회를 과연 어떻게 설명하고 있을까?

이 책에서 설명하는 가장 큰 핵심은 바로 '잉여가치론'이다. 자본주의 사회에서 자본가의 이윤은 노동자의 '빼앗긴, 착취당한 노동(잉여가치)'에서 나온다고 설명한다. 자본가는 더 많은 이윤을 남기고 잉여가치를 늘리기 위해 다른 회사와 경쟁하고 기술을 개발하며, 성과급제 도입 등의 방법을 강구한다. 자본주의 사회가 겪을 수밖에 없는 문제와 현상, 자본주의에 반영된 인간성, 노동자의 가치와 역할, 자본주의를 대체하는 마르크스의 대안 등을 다루지만 결국 《자본론》의 일부만을 담고 있으므로 관심이 가는 학생들은 직접 《자본론》을 구해서 읽어보기를 권한다. 이 책을 통해 사회가 안고 있는 문제들에 대해 좀 더 깊은 관심을 가지고 자본주의의 본질을 고민해보며, 지금보다 넓은 시각을 가지게 되었으면 한다.

심화활동

- 자본주의에 대한 핵심 질문들을 탐구하여 답을 찾고 소개해보자.
- 부모의 높은 교육열과 고용 문제 등을 마르크스의 《자본론》 관점으로 설명해보자.
- 사회 문제 해결을 위한 대안을 다방면으로 찾아 제시해보자.

도서 분야	경제경영
관련 과목	경제
관련 학과	금융경제학과, 경영학과, 경제학과

6월
23일

자본주의

정지은, 고희정 | 가나출판사 | 2013

쉬지 않고 일해도 가난을 벗어나지 못하는 이유

"어휴, 내 월급 빼고 다 오르네.", "이 빚을 도대체 언제 다 갚지." 어른들의 이런 한탄 섞인 말을 들어본 적 있을 것이다. 자본주의 사회에서는 누구나 '돈'에 엮인 다양한 문제들을 안고 있다. 학생들은 크게 체감하지 못할 수도 있지만 뉴스나 여러 매체에서 전하는 빈부 격차에 따른 불평등, 물가 상승, 서민들의 경제적 어려움은 어제오늘의 문제가 아니다. 학교에서 다루지 않고 주변에서 쉽게 들을 수 없는 실물경제, 자본주의에 숨어있는 비밀을 살펴보자.

《자본주의》는 지난 2012년 방영된 'EBS 다큐프라임 〈자본주의〉 5부작'을 통해서 기획, 취재되었던 내용을 엮은 책이며, 자본주의의 실체와 우리의 역할, 나아가야 할 방향을 제시한다. 1, 2부는 은행의 역할과 영향이 자본주의 사회에서 어떻게 작동하는지, 그리고 금융지능의 필요성을 설명한다. 우리가 몰랐던 금융자본주의의 충격적인 실체를 알게 될 것이다. 3부에서는 소비 마케팅에 숨어있는 비밀을, 4부에서는 경제 이론의 역사를 통해 위기를 헤쳐갈 수 있는 단서를 알려준다. 5부에서는 자본주의가 안고 있는 본질적 문제인 소득의 불균형을 해결하기 위한 '복지자본주의'의 필요성을 설명한다.

지금 우리에게 필요한 것은 '돈'이 아닌 '사람'들의 고통을 생각하고 그것을 덜어주는 따뜻한 마음이다. 경제를 다시 보고 재구축해 나가는 것도 그러한 마음으로부터 시작된다. 이 책을 통해 자본주의 속에서 지혜롭게 살아갈 수 있는 통찰력을 얻길 바란다.

심화활동

- 금융자본주의 사회에서 사람들이 겪는 경제적 어려움의 원인을 분석해보자.
- 과소비에 빠지는 원인을 찾아보고, 이와 관련된 소비 마케팅 전략을 탐색해보자.
- 책에서 소개된 역사적인 경제 사상가들의 아이디어와 이론을 소개해보자.

나쁜 사마리아인들

장하준 | 부키 | 2023

도서 분야	경제경영
관련 과목	경제
관련 학과	경제학과, 무역학과, 국제관계학과

부자 나라는 어떻게 부자가 되었는가?

제목부터 성경에 나오는 기존의 용어를 비틀어 표현한 이 책은 선진국이 주장하는 신자유주의 정책의 모순과 폐해를 비판한다. 특히, 보호 무역과 산업 정책으로 이미 경제 발전을 이루어 낸 선진국이 이제는 후진국에게 자유 무역을 해야 한다고 설교하는 것은, 곤경에 빠진 나그네를 돕는 '착한 사마리아인'이 아니라 남을 돕는 척하면서 해코지하는 위선적인 '나쁜 사마리아인'이라고 지적한다.

저자는 한국인으로는 최초로 케임브리지대학교에 경제학과 교수로 임용되었고, 현재 런던대학교에서 교수로 재직 중이다. 세계적인 경제학자로서 명성을 얻고 있는 그의 저서는 세계 여러 나라의 언어로 번역·출간되었고, 이 책 역시 영어로 먼저 출간되었다가 한국어로 번역되었다.

프롤로그에서는 저자의 어린 시절을 통해 한국의 경제 기적이 어떻게 이루어졌는지 설명하고 1, 2장에서는 영국과 미국이 신자유주의 경제학자들의 주장과는 다르게 보호 관세와 보조금 정책을 통해 거둔 성과를 설명한다. 이를 토대로 경제 개발에 성공한 개발도상국들이 정부 개입을 활용하는 민족주의적 정책을 통해 성공을 거두었다는 사실 역시 알 수 있다. 신자유주의에서 내세우는 국제 무역, 외국인 투자 규제, 민영화, 특허 등의 지식재산권 보호, 거시경제 정책 분야에 관한 날카로운 비판과 개발도상국의 경제 발전을 위한 제언 또한 아끼지 않는다.

이 책을 통해 학생들이 우리 사회 경제를 분석하는 방법을 익히고 생각하는 힘을 길러, 세상을 좀 더 입체적으로 바라볼 수 있길 기대한다.

심화활동
- 신자유주의 정책과 보호무역주의 정책의 효과를 비교하고 토론해보자.
- 선진국과 개발도상국의 무역 정책과 관세 제도의 변화 과정을 탐구해보자.
- 우리나라 경제 발전 과정을 돌아보고, 국가 경쟁력을 위해 개선할 점을 알아보자.

1달러의 세계 경제 여행

다르시니 데이비드 | 센시오 | 2020

도서 분야	경제경영
관련 과목	경제
관련 학과	경제학과, 경영학과, 국제통상학과

세계 경제를 움직이는 돈과 권력의 흐름

미국의 달러는 무역에 사용되는 범세계적 핵심 통화이며, 거의 모든 통화 가치가 달러와 연계되고, 각 나라의 달러 보유량에 따라 그 나라의 경제력과 통제력이 달라진다. 이 책은 달러의 흐름에 입각한 세계 경제의 작동 원리를 알려준다. 달러가 이끄는 대로 여러 나라를 여행하고 금융과 관련한 이해관계를 파헤치다 보면 어느새 어렵다고 느꼈던 세계 경제가 여러분의 머릿속에 정립될 것이다. 책을 읽고 나면 미국이 왜 중국을 그렇게 견제하는지, 유럽 국가들이 한데 묶여 있으면서도 왜 서로 다른 경제력을 지니는지 깨우치게 된다.

딱딱한 경제 지식과 용어를 이야기로 재밌게 풀어낸 이 책은 소비자가 마트에서 지출한 1달러가 어떻게 중국인민은행으로 들어가는지, 그 돈이 먼 길을 달려 나이지리아의 해안 철도 사업에 투입되는 이유를 설명한다. 나이지리아에 필요한 쌀을 사기 위해 지불된 달러가 인도에 도착한 뒤, 인도중앙은행을 거쳐 이라크의 석유 거래에 사용되는 과정 역시 흥미진진하다. 결국 이 1달러는 무시무시한 러시아의 무기 거래 현장으로 달려갔다가 독일의 큰 부동산 시장에 투자, 마침내 영국의 세계적인 금융 중심지인 런던을 거쳐 다시 미국으로 돌아오는 여정으로 모든 여행이 마무리된다. 학생들은 이 과정에서 생산과 교역, 투자와 환율, 거래와 경제기구, 금융과 조세, 부동산과 주식 등 다양한 금융 지식을 익히게 될 것이다.

경제는 더 이상 학생들과 동떨어진 현상이 아니다. 우리의 일상 이야기이며, 뉴스에 나오는 세계 여러 나라의 소식을 귀 기울여 듣고 이해할 수 있다면 미래를 준비하는 데 많은 도움이 될 것이다. 지금부터라도 경제와 친해져 보자!

심화활동

- 학생들의 소비 활동이 세계 경제 흐름과 어떻게 연결될 수 있는지 탐구해보자.
- 인도의 사례를 통해 한 나라의 산업구조의 특징을 분석해보자.
- 달러를 중심으로 한 세계 경제의 이슈와 나라별 주요 쟁점을 소개해보자.

도서 분야	경제경영
관련 과목	경제
관련 학과	경제학과, 경영학과, 금융경제학과

6월 26일

브라질에 비가 내리면 스타벅스 주식을 사라

피터 나바로 | 에프엔미디어 | 2022

거시경제의 흐름을 통해 기르는 투자 안목

경제 뉴스를 종종 보는 학생들이라면 '동학개미'라는 표현을 들어본 적 있을 것이다. 이는 코로나19로 인한 경기 충격 이후 유례없는 경제 금융 정책으로 주식시장에 자본과 사람들이 대거 몰리면서 출현한 신조어다.

요즘엔 과거보다 주식에 관심을 가진 고등학생들이 많이 보이는데 이러한 청소년들에게는 눈앞의 이익에 연연하지 않게끔 올바른 경제 지식과 장기적 안목을 길러주는 것이 바람직하다. 이 책은 거시경제 흐름을 분석하고 이를 바탕으로 거래와 투자를 결정하는 방법을 알려주며, 거시경제적 사건이 증시에 미치는 영향력을 체계적으로 이해하도록 안내한다. 책의 제목처럼 브라질에 비가 내리면 커피콩 생산량이 늘고, 커피콩 가격이 급격히 떨어지면 스타벅스의 이윤 폭이 늘어나 주가도 오르리라 판단하는 것이다.

책에서 말하는 거시적 파동에는 인플레이션, 불경기, 생산성 하락, 전쟁, 가뭄, 무거운 정부 규제 등이 포함된다. 1부에서는 이와 같은 거시경제 변수들의 상관관계를 파악하도록 돕고 있는데, 사회나 경제 수업 시간에 시장 경제와 금융 관련 지표를 관심 있게 공부한 학생들이라면 충분히 도전해볼 만한 내용들이다. 2부와 3부에서는 실전적 투자 방법이 소개되어 있다. 학생들은 조금 힘들더라도 1부의 거시경제 구조와 정책, 경제지표에 관한 용어를 집중적으로 학습하고 이해하기 위해 노력해야 한다. 1부의 내용을 충분히 알고 나면 나머지 투자 원칙과 적용 등은 어렵지 않게 읽어나갈 수 있을 것이다. 장차 성공한 투자자가 되고 싶다면 책을 통해 기초를 다지고, 숲을 바라보며 나무를 가꾸는 '거인'의 안목을 길러내길 바란다.

심화활동

- 거시경제적 사건이 증시에 미치는 영향을 살펴보고, 역사적 예를 찾아 소개해보자.
- 거시경제의 다섯 학파를 참고하여 각 학파의 사상적 차이와 특징을 탐구해보자.
- '탑 다운(top-down)' 분석 기법과 '바텀 업(bottom-up)' 전략의 차이를 설명해보자.

도서 분야	경제경영
관련 과목	경제
관련 학과	경제학과, 세무학과, 금융경제학과

'유럽의 머니 트레이너'가 알려주는 부자가 되는 길

독일어권에서 오랫동안 경제 분야 베스트셀러의 자리를 지키고 있는 책으로서 원제는 《Der Weg Zur Finanziellen Freiheit》, 우리말로 번역하면 '경제적 자유로 가는 길'이다. 저자는 서른 살에 이미 자신이 가진 돈의 이자만으로 살 수 있을 만큼 머리가 비상했고, 현재는 유럽 각국을 돌며 재테크 주제의 세미나를 진행하고 있다. 이 책은 돈으로부터 자유로워지기 위한 '신념'을 기르고 실천적 방안을 제시하는 자기 경영서라고 볼 수 있다.

우리 사회에는 돈을 지나치게 밝히거나, 돈에 집착하는 사람을 '속물'로 간주하는 풍조가 있다. 실제로 돈을 싫어하는 사람은 거의 없음에도 말이다. 저자는 사람들이 돈에 대한 자신의 깊은 속마음을 들여다볼 것을 권하며 돈에 대한 부정적 신념을 바꾸어야 부를 쌓을 수 있다고 말한다. 더불어 우리가 이루는 모든 것은 신념 위에만 세울 수 있으며, 경제적 목표를 달성하려면 굳은 믿음을 가지고 실천할 것을 당부한다. 학생들은 이 책에서 거론하는 '돈'을 '학업'이나 '진로에 대한 목표'로 바꿔 읽어도 큰 도움이 될 것이다.

1장~5장에서는 사람들이 지닌 돈에 대한 가치관, 신념, 삶의 목표와 자세 등을 언급하며, 기적을 불러일으키기 위한 행동 양식 중 '책 읽기'와 '성공 일지 쓰기'는 특히 눈여겨볼 만하다. 6장 이후는 경제 활동과 재테크에 대한 실천적 방법이 제시되어 있는데, '저축으로 자신에게 대가를 지불하라' 같은 주제는 지금부터라도 실행할 수 있는 내용이다. '경제적 자유로 가는 길'을 학교생활에서 이루고 싶은 목표 달성에 대한 지침으로 여기고 실천한다면 책이 한층 유익하게 다가올 것이다.

심화활동

- 계획을 실천에 옮기는 방법과 기적을 일으키는 행동전략을 탐구하여 발표해보자.
- 경제적 신념의 확립 과정을 살펴보고 직접 실천해보자.
- 저축의 올바른 의미를 알아보고 복리를 통한 자본 증식 과정을 소개해보자.

부의 추월차선

엠제이 드마코 | 토트 | 2022

도서 분야	경제경영
관련 과목	경제
관련 학과	사회학과, 경제학과, 사회교육과

부자들이 결코 말해주지 않는 부의 법칙

경제적 자립을 토대로 자발적인 조기 은퇴를 도모하는 '파이어족'이 늘고 있으며, 이른 나이에 '일'과 '돈'으로부터 해방된 성공한 사람의 이야기는 충분히 매력적이다. 저자가 이야기하는 성공 방식은 어쩌면 그동안 학교나 부모님에게 배웠던 내용과는 조금 다를 수 있다. 청소년들은 아직 정서적, 도덕적, 사회적으로 성숙기에 있으며 경제적 관념이 형성되는 시기이기 때문에 '돈'의 가치를 막연히 숭배해서는 안 되겠지만, 성공한 사람의 가치관과 '부'에 대한 다양한 시각을 배울 수 있다는 측면에서 이 책은 그 쓰임새가 다양하다.

저자는 부자가 되는 공식을 설명하며 부를 향해 나아갈 길을 세 가지 유형으로 소개한다. '인도'로 가는 길, '서행차선'으로 가는 길, '추월차선'으로 가는 길이 바로 그것이다. 각각의 지도의 이면에는 모두 행동을 지시하는 신념체계가 작용하며, 더불어 추월차선으로 진입할 수 있는 사고방식과 집중해야 할 요소, 구체적인 수행 지침 등을 소개한다.

아마 대부분의 학생이 부자를 꿈꿀 것이다. 그런 학생들은 특히 본문에 나오는 여러 원칙 중에서도 '추월차선을 달리는 사람들'의 이야기를 눈여겨보았으면 좋겠다. 인도를 걷는 사람과 서행차선을 달리는 사람들은 의사결정에 있어 돈을 유일한 기준으로 여기지만, 부자들은 돈보다는 시간을 더 중히 여긴다. 또한 그들은 배움을 끊임없이 추구하고 자신의 인생에 대한 책임감과 통제력을 지니고 있다. 부를 얻는 것은 하나의 사건이 아니라 일련의 과정이다. 이 책이 지금 여러분 앞에 놓인 시간과 자유를 소중히 여기는 계기가 되었으면 한다.

심화활동

- 부의 추월차선을 통한 성공 사례를 찾아보고, 이들의 사고방식을 탐구해보자.
- 추월차선의 직업군을 탐색하고 각각의 진로 과정을 구체적으로 조사 · 발표해보자.
- 올바른 선택을 위한 '가중평균 의사결정 매트릭스'를 이해하고 일상에 적용해보자.

도서 분야	경제경영
관련 과목	경제
관련 학과	경제학과, 경영학과, 사회학과

젊은 부자들이 꼽은 최고의 '부자 입문서'

학교에서는 왜 부자가 되는 방법은 배우지 않을까? 부자가 되는 방법이 너무 많아서, 확실한 방법이 없어서, 혹은 가르칠 수 있는 사람이 드물기 때문인지도 모른다. 하지만 우리 사회에는 부자라고 칭하는 사람들이 존재하고 그 부자들은 '돈의 본질'에 대해 누구보다 잘 알고 있는 것은 분명해 보인다. 저자는 이러한 돈의 본질을 이야기하는 문화의 부재를 깨닫고, 이를 자유롭게 나누는 계기를 만들고자 집필을 시작했다.

《부자의 그릇》은 저자의 실제 경험을 바탕으로 집필한 소설 형식의 경제경영 교양서이며 등장인물의 삶을 통해 돈의 본질, 부자의 그릇에 대한 의미를 다시금 생각해볼 수 있다. 본문에서 조커가 한 말을 몇 가지 소개한다.

"돈은 그 사람을 비추는 거울이야."

"사람에게는 각자 자신이 다룰 수 있는 돈의 크기가 있거든."

"돈은 신용이 모습을 바꾼 것이야. 신용도라는 건 그 사람의 인격에 비례한다고 보네."

돈 자체를 다른 어떤 가치보다 우선시하는 태도를 보이는 학생들이 있다. 그런 학생들에게 저자는 '돈에 지배를 받을 때 놓치게 되는 소중한 것들'을 통해 경고한다. 더불어 돈은 신용이 있는 사람에게만 전달되고 이 신용은 지난 행동들의 결과이며, 지난 행동은 하루하루 사고해온 생각의 결과라고 말한다. 학교에서 공부하고, 친구들과 약속을 지키고, 직장에서 착실하게 일하는 것도 어쩌면 신용을 쌓기 위한 행동이다. 학생들이 책을 통해 돈에 대한 지식을 올바르게 깨우치고, '돈의 교양'을 쌓는 소중한 경험이 되길 바란다.

심화활동
- 등장인물이 한 말 가운데 가장 인상 깊은 구절을 찾아 그 의미를 탐색해보자.
- 돈의 역사는 곧 신용의 역사라는 말을 통해 화폐의 생성과 발달 과정을 살펴보자.
- 책을 읽은 후 금융 지식과 돈에 대한 생각이 어떻게 변화했는지 발표해보자.

도서 분야	경제경영
관련 과목	경제
관련 학과	경영학과, 사회학과, 경제학과

6월 30일 생각의 비밀

김승호 | 황금사자 | 2015

'상상'과 '기록'과 '외침'의 결과물

사업에 성공하고 원하는 만큼의 부를 획득한 사람은 생각의 방식부터 다르다. 그들의 생각과 태도를 배울 기회가 생긴다면 누구라도 주저하지 말고 배우기에 힘써야 한다. 이 책은 삶에 대한 교훈을 비롯해 생각의 힘으로 우리가 얼마나 달라질 수 있는가를 명확하게 알려준다.

저자는 《김밥 파는 CEO》라는 책을 통해 널리 알려진 성공한 사업가이자 경영인으로서 최근까지도 여러 권의 책을 출간하며 경영과 자신의 인생 철학을 대중에게 전달해왔다. 미국으로 건너가 사업 실패의 쓴맛을 본 후 원하는 목표를 끊임없이 되뇌어 마침내 상상을 현실로 이뤄 냈고, 그 성취와 깨달음을 전하고자 하는 것이다.

저자는 자신을 '생각사'라 칭한다. 생각을 통해 자신의 사업을 만들고 가족관계를 유지하며 꿈을 이루고 친구들을 만들기 때문이다. 그는 독자들에게 '원하는 바가 있으면 그것을 매일 100번씩, 100일 동안 외치라'고 말한다. 그 결과로써 성공한 자신의 사례를 소개하며 강한 설득력을 보이는 것이다.

여러 경영 철학도 소개되는데, 사업가뿐만 아니라 학업에 임하는 학생들이 지녀야 할 자세와 진로를 선택에도 큰 도움이 되리라 확신한다. 슬럼프에 빠진 학생이 있다면 이 책과 더불어 저자의 다른 책들도 함께 만나보길 바란다. 실패에 굴하지 않고, 새로운 목표를 가지고 끊임없이 성장해 나가는 저자의 삶은 많은 이들의 의지를 북돋아 줄 것이다.

심화활동

- 저자를 비롯한 성공한 사업가들의 특징을 탐구하고 공통점을 찾아 소개해보자.
- '생각의 힘'이 가진 원리를 찾아보고, 생각이 결과에 미치는 영향을 탐구해보자.
- '자기결정권' 확보의 진정한 의미를 찾아 발표해보자.

7월

7월 1일

전태일 평전

조영래 | 아름다운전태일 | 2020

도서 분야	한국사, 정치사회
관련 과목	한국사, 정치와 법
관련 학과	사회학과, 경영학과, 정치외교학과, 경제학과

영원한 '횃불'이 되어버린 아름다운 청년, 전태일

한국전쟁 이후 우리나라는 오로지 살아남기 위한 '경제 개발'에만 몰두했다. 이 과정에서 노동자들의 처우는 '선성장 후분배'라는 개발의 논리 아래 '노예' 그 이상도 이하도 아니었다. 이런 살인적인 노동 환경에 분노한 이들이 하나둘 등장하고 그들의 행동은 훗날 '노동 운동'이라 불리게 된다. 이 책은 한국 노동 운동의 시작이라 평가받는 전태일의 격정적인 삶과 죽음을 있는 그대로 보여준다.

전태일은 22살이라는 짧은 인생의 절반을 노동자로 살았다. 제대로 된 공교육도 받지 못하고 생계를 위해 신문팔이와 구두닦이를 전전했지만, 서울 평화시장의 재단사로 일하며 열악한 노동 환경과 불평등한 노동 구조에 눈을 뜨게 된다. 그리고 이에 항거하며 인생의 후반부를 시작한다. 평화시장 내 노동자들과 '바보회'와 '삼동친목회'를 창설, 비인간적인 노동 환경을 알리고, 개선에 힘썼다. 또 고된 노동과 투쟁 속에서도 근로기준법을 독학해 법적 기반을 쌓고, 노동 환경 개선을 위한 합리적인 대안을 고안하는 등 누구보다 치열한 삶을 살았다고 말하고 싶다.

저자는 전태일의 사상과 구체적인 활동 내용만이 아닌 '인간' 전태일에도 주목했다. 스스로 재단사가 되어 여공과 시다들의 처우를 개선해 주려 노력한 점, 성실했으나 심약하여 가정을 지키지 못한 아버지에게 보인 연민 등을 통해 우리는 그가 가진 사상의 밑바탕에는 '인간애'가 있었음을 알 수 있다. 전태일이 산화한 지 50여 년이 지났지만, 여전히 사회 곳곳에서 '경제 민주화'를 주장하는 목소리가 끊이지 않고 있다. 그 목소리를 더 잘 듣기 위한 마중물로 이 책을 추천한다.

심화활동
- 전태일을 한국 노동 운동의 선구자라고 평가한 이유를 생각해 본다.
- 전태일 산화 후 노동 운동 및 노동 환경의 변화에 대해 조사하고, 그가 미친 영향에 대해 분석해 본다.

문명과 식량

루스 디프리스 | 눌와 | 2018

도서 분야	문명사
관련 과목	경제, 세계지리, 세계사
관련 학과	지리학과, 인류학과, 사학과

'식량 확보'를 위한 인간의 끊임없는 노력의 역사

최근 발발한 러시아와 우크라이나 간 전쟁은 경제뿐만 아니라 먹거리 가격에도 큰 충격을 미쳤다. 두 나라 모두 밀과 해바라기씨의 최대 수출국이자 전 세계 식량 공급의 보고였기 때문이다. 해바라기씨 품귀 현상은 식용유 가격 폭등으로 이어졌고, 그 결과 대표적인 식용유 생산 국가인 인도네시아가 자국 내 식용유 전용을 이유로 수출을 중단하기도 했다. 이렇듯 기술과 유통, 공급이 치밀하게 엮인 현대에도 우리는 식량에 대한 고민을 이어가야 한다. 이 책은 지금까지 인류가 식량을 구하기 위해 노력한 모습과 그 시간을 정리했다.

식량을 좇는 과정에서 문명이 탄생, 진화하였고 이는 '역사'라는 이름의 발자취가 되었다. 인류는 채집과 사냥이라는 단순한 방식으로 식량을 구하다 우연한 기회로 농경을 접하면서 농경과 목축을 중심으로 한 정착 생활로 진입하였다. 이후 농경과 목축, 그리고 교역이 일상화되면서 본격적으로 식량 생산 증대를 위해 노력한다. 무수한 실험과 시행착오를 거치며 비료, 육종, 관개, 기계, 살충제 등 농업과 관련된 다양한 분야에서 성과를 거두었고, 이는 산술적으로 전 세계 인구가 모두 먹고 남을 정도의 식량을 생산하고 있다는 결과로 이어졌다.

그러나 우리의 문명과 식량에 밝은 면만 있는 것은 아니다. 저자는 발전된 농법은 환경 오염을 초래하고 그 혜택은 부유한 국가에게만 돌아가, 가난한 국가의 국민은 여전히 전근대적인 농법에 의존한다는 어두운 현실을 지적한다. 그럼에도 불구하고 인류의 노력은 이제 식량 생산의 '양적 향상'이 아닌 생산 방법의 '질적 향상'을 향해 변화하고 있다고 책을 마무리하고 있다. 이에 우리는 다소 가벼운 마음으로 책의 마지막 장을 덮을 수 있을 것이다.

심화활동

- 친환경 농법, 유기농 제품에 대한 인식 변화의 원인과 결과를 고민해 본다.
- 아마존 지역의 대규모 화전 농법에 대해 아마존 인접 국가와 국제사회 간 갈등에 대해 분석해 본다.

서양이 강제한 동양의 민낯, 오리엔탈리즘

2024년 1월 9일 『개의 식용 목적의 사육·도살 및 유통 등 종식에 관한 특별법』이 국회 본회의를 통과하며, 개고기를 조리한 '보신탕'은 2027년부터 찾아볼 수 없게 되었다. 과거부터 이어져 온 식문화지만 보신탕에 대한 갈등은 끊이지 않았다. 이전에도 갈등이 없던 것은 아니지만, 본격적으로 대두된 것은 2001년, 프랑스 배우 브리짓 바르도의 발언이 시작이다. 그녀는 우리나라의 개고기 식용 문화만 보고 한국 문화는 저급하다며 맹비난하였고, 심지어 다른 외국인이 개고기를 먹었다는 사실에 대해 '문명화된 서양인'이 그럴 리 없다며 인종차별적 발언도 일삼았다. 우리는 이런 타국 문화에 대한 날 선 비판의 근본적인 원인을 이해하기 위해 에드워드 사이드의 《오리엔탈리즘》을 읽어볼 필요가 있다.

저자가 말하는 오리엔탈리즘은 '동양에 대한 서양의 사고방식이자 지배방식'이다. 서양의 제국주의와 결부되어 20세기 유럽 열강의 식민지 지배, 현대 미국의 아시아·남미·아프리카에 대한 대외정책에까지 영향을 미친 오리엔탈리즘의 기능은 사이드가 강력하게 비판하는 부분이자 이 책의 시사점이라고 볼 수 있다. 또 오리엔탈리스트들은 동양이 독자적인 민족적, 문화적, 인식론적 경계와 내적 정합성의 원리를 모두 갖추었다고 강조하며, 동양에 대한 서양의 지식이 서구에 편향된 것이 아니라고 말하지만, 이것을 기만이라고 비판한다. 그리고 결국 오리엔탈리즘 담론은 서구를 지배하고 동양에 대한 서구의 시각을 강요할 수 있었던 강력한 힘이라고 분석했다.

전문적 용어, 학술적 성과를 정리한 내용, 방대한 분량은 읽기를 시작할 때 큰 부담일 것이다. 그러나 우리 안에 숨어있는 '기만적 동양학'의 실체를 깨닫고, 지식과 권력의 양면성을 이해하기 위한 시작으로 이 책을 추천하고 싶다.

심화활동

- 오리엔탈리즘과 문화적 인식, 권력과 지식, 문화 간 상호작용을 키워드로 토론 주제를 생각해 본다.
- 저자의 다른 책 '문화와 제국주의'를 읽고 서평을 써 본다.

거꾸로 읽는 세계사

유시민 | 돌베개 | 2021

도서 분야	세계사
관련 과목	세계사, 사회문화, 정치와 법
관련 학과	사회학과, 사학과, 정치외교학과

거꾸로 바라봐야 '진실'과 마주한다, 거꾸로 읽는 세계사

지금 보면 믿기지 않겠지만 해외로 자유롭게 여행을 떠난 것은 오래되지 않았다. 1989년 1월 1일, '해외여행자유화'의 발표로 사람들 대부분에게 미지로 남았던 외국이 가까워졌고, 이는 세계 역사에 대한 지적 호기심으로 확대되었다. 이러한 사회적 흐름 속에서 독자들은 오랫동안 한 권의 책을 탐닉했다. 바로 《거꾸로 읽는 세계사》다. 이 책은 이제 막 민주화에 접어들었던 그 시절, 20세기 세계사의 굵직한 사건들을 비판적인 시각으로 분석하고 새로운 관점을 제시했기에 대중들의 관심을 한 몸에 받은 것이다.

저자는 '그토록 많은 것이 사라지고 생겨난 100년은 없었다'라며 20세기의 결정적인 순간들을 분석한다. 지금 우리는 다음 세기를 살아가고 있지만, 20세기가 만든 변화의 연장선상 위에 서 있다. 초판에서 아쉬웠던 점과 시간이 흘러 바뀐 역학관계를 수정한 개정판이기에, 그때 사람들이 열광한 것처럼 지금의 우리가 읽을 가치는 충분하다. 책은 민주주의와 인권에 대한 중요성을 역설한 '드레퓌스 사건'으로 시작해 제1차 세계대전의 효시인 '사라예보 사건', 제1차 세계대전이 만들어낸 '히틀러'를 포함해 정치, 경제, 인권 등 다양한 분야의 11개의 사건을 여러 소주제로 나눠 독자들이 이해하기 쉽게 서술했다.

이후에 다룰 책이지만 《역사란 무엇인가》에는 저자 E. H. 카의 유명한 금언, '역사는 과거와 현재의 끊임없는 대화'라는 말이 있다. 책의 내용은 20세기를 살았던 사람들이 생각지도 못했지만 결국 벌어진 역사라는 것을 유념하며, 21세기를 살아가는 우리가 어떤 자세로 사회의 변화를 바라봐야 하는지 탐구해 보자.

심화활동

- 이스라엘과 팔레스타인 간 주요 갈등을 다양한 입장에서 분석해 본다.
- NPT(Non-Proliferation Treaty, 비핵화조약)의 문제점에 대해 탐구해 본다.

도서 분야	한국사
관련 과목	한국사
관련 학과	사학과, 역사교육학과

조선의 딸, 총을 들다

정운현 | 인문서원 | 2016

나라를 지키는 데 남녀유별이 웬 말이냐, 조선의 여성 독립운동가들

2015년 개봉한 영화 '암살'은 1,000만 관객을 동원할 정도로 큰 인기를 끌었고, 많은 관객이 극 중 여성 혁명가 안옥윤이라는 인물에 매료되었다. 그리고 그녀가 실제 독립운동가인 남자현을 모델로 만들어졌다는 소식에 또 한 번 화제가 되었다. 이를 계기로 사회에서는 여성 독립운동가에 관한 관심이 고조되었고, 이 책은 지금까지 홀대받았던 여성 독립운동가 24인을 조명하며 그 갈증을 해소해 주었다.

《조선의 딸, 총을 들다》는 우리나라의 광복을 위해 헌신한 24명의 여성 독립운동가의 삶을 생생하게 전달한다. 저자는 양반댁 아녀자, 학생, 해녀, 기생, 노동자 등 다양한 계층의 여성들이 남성에 비해 사회적 활동에 제약이 많던 시대적 한계 속에서도 나라를 사랑하는 마음을 다양한 방식으로 분출한 점에 주목했다. 이에 우리는 만세 시위 주도, 사회주의 활동 및 노동 쟁의 주도, 임시정부 의정 활동, 의열 활동, 무력 투쟁 등 여성 독립운동가들의 주체적인 활동을 책에서 찾아볼 수 있다. 의병장 윤희순, 함경도 '유관순'으로 불린 동풍신, 의열 활동가 안경신 등의 삶을 엿보면서 여성을 남성의 '보조자'로만 인식했던 것이 얼마나 우매한 생각이었는지 알 수 있을 것이다.

수많은 순국선열과 조상님들이 나라 잃은 비통함에 일제에 저항하며 스러져 간 지 올해로 78년이 되었다. 이들 중 운 좋게 국내에 소개되어 정부로부터 훈·포상을 받은 분은 2023년 기준 1만 7천 명에 불과하며, 그중 여성은 640명으로 전체 포상자 중 약 3.5%밖에 되지 않는다. 640명 중 유관순 열사 이외에 떠오르는 이름이 없다면 이번 기회에 책을 읽고, 치열했던 그녀들의 인생을 따라가 보는 것은 어떨까?

심화활동
- 독립운동가 서훈 기준과 관련한 쟁점을 서술하고, 그에 대한 본인의 생각을 정리해 본다.
- 가장 인상 깊은 여성 독립운동가를 꼽고, 그 이유와 함께 서술해 본다.
- 독립유공자 후손에 대한 정부의 정책 및 사회적 인식에 대해 평가해 본다.

7월 6일	**두 얼굴의 조선사** 조윤민 | 글항아리 | 2016	도서 분야	한국사
		관련 과목	한국사
		관련 학과	사학과, 역사교육학과

조선의 민낯을 낱낱이 파헤쳐 보는 냉철한 시간

몇 년 전 인기리에 방영된 사극 '이방원'은 OTT의 등장으로 고전을 면치 못하던 공중파 프로그램의 한계를 뛰어넘어 대중들에게 큰 관심을 받았다. 생각해 보면 수십 년간 제작된 드라마 중 역사적 고증이 부족하고, 편파적 내용이 있음에도 높은 시청률을 자랑했던 것들은 대개 '조선'을 소재로 삼고 있다. 그만큼 우리나라 사람들에게 조선은 가장 가까운 역사이자 친근한 과거라고 볼 수 있다. 하지만 이 책은 대중들에게 익숙한 조선의 민낯을 보여준다.

대중들의 조선에 대한 이미지는 유학적 지식을 쌓은 청빈한 선비가 왕을 도와 왕도정치를 지향한 성리학적 사회다. 그러나 저자는 이러한 생각은 대중들이 원하는 일종의 이상 국가이자 '만들어진 이미지'로 규정하고, 실상은 위선적이며 탐욕적인 사회라고 평가한다. 또한 조선의 지배 철학인 유학은 대동, 민본, 위민을 표방하며 공론을 중시하고, 건강한 상호 비판체제에 기반한 왕도정치 구축에 기여했다는 일부의 평가와 달리 이를 위선이라고 날카롭게 비판한다. 유학의 이론 자체에는 열광했으나 그것의 도덕적 가치 실현에는 관심이 없었으며, 공론 정치를 추구했으나 실제는 가문과 개인의 이익을 중시한 계급정치였다는 것이다. 또한 지배 질서 유지를 위해 지배층들은 끊임없이 피지배층을 수탈하고, 이를 합리화하기 위한 정책 개발에만 열을 올렸다고 덧붙인다.

사실 책을 읽다 보면 다소 불편함을 느낄 수도 있다. 우리 역사에 대한 부끄러운 내용들이 주를 이루고 있기 때문이다. 그러나 우리 역사에 대한 비판적인 인식이 선행되어야 사회의 질적 발전이 이뤄진다는 점을 되뇐다면, 책의 내용이 조금 더 유익하게 느껴질 것이다.

심화활동
- 조선의 지배 정책 중 고려 및 이전 시대보다도 퇴보한 정책이 있다면 그 이유와 함께 서술해 본다.
- 현대 사회에 귀감이 될만한 조선의 정치·사회 제도를 그 이유와 함께 서술해 본다.

죽음의 역사

앤드루 도이그 | 브론스테인 | 2023

'죽음'을 아는 자가 '삶'을 아는 자다

생명체라면 누구나 죽음을 피할 수 없다. 그러나 시간의 흐름에 따라 우리가 사는 방식이 달라졌듯, 죽음도 그 모습을 점차 바꿔왔다. 묵시록의 네 기사 중 질병, 전쟁, 기아가 절대적인 죽음의 원인이었던 과거와 다르게, 현대인은 영양 과다로 인한 성인병과 암, 뇌졸중 등을 더 경계하고 있다. 과거에는 환갑이 장수의 상징이었지만, 현대는 환갑에 돌아가신 분을 보면 너무 빨리 돌아가셨다며 위로한다. 지금 우리의 죽음은 어떤 변화를 거쳐온 것일까.

이 책은 방대한 자료를 바탕으로 시대별 죽음의 원인과 배경을 정리했다. 덧붙여 지금까지 인류를 죽음으로 몰고 간 특정 사망 원인을 선정하고, 이를 획기적으로 줄인 처절한 노력을 전한다. 어느 사망 원인도 그냥 사라진 것은 없다. 사회의 발전과 이로 말미암은 과학의 발전, 그리고 사소한 것을 파고든 사람들의 열정이 있었기에 가능한 위업이다. 과거부터 두려움의 상징이었던 병과 문제의 얼굴을 똑바로 직시하고, 문제를 해결했기에 지금의 시대를 맞이할 수 있었다.

죽음의 역사와 의과학의 발전사를 다룬 이 책은 독자에게 죽음은 피할 수 없다는 것을 상기시키지만, 동시에 이를 낙관적으로 바라볼 수 있게 시야를 넓혀준다. 죽음이 인류의 역사에서 어떤 긍정적인 역할을 맡았는지 알고 싶다면 이 책을 읽어보길 권한다.

심화활동

- 알코올 섭취, 마약 사용에 대한 범법 행위 여부를 판단해 본다.
- 전염병 확산을 막는 것과 전염병 감염자의 개인정보 보호가 충돌할 때 국가가 취해야 할 합리적인 방법을 생각해 본다.

삶에 최선을 다한 사람들에게 전하는 찬사

'타산지석'이라는 고사성어가 있다. 남의 말이나 행동이 자신의 지식과 인격 수양에 도움이 될 수 있음을 이르는 말이다. 실제로 인생을 살다 보면 성공한 사람들의 경험보다 실패한 이들의 시나리오에서 더 많은 것을 배우고, 미래를 준비할 수 있다는 것을 알 수 있다. 그런 의미에서 유필화의 《위대한 패배자들》은 때로 패배에서 모든 것을 배울 수 있다는 것을 시사한다.

인문경영사 장르의 선구자인 저자는 역사적 승리와 거리가 먼 인물 중 인생의 성패를 떠나 오롯이 자신의 신념에 따라 행동했던 8인을 선정했다. 그리고 이들의 철학과 전략, 삶을 동·서양의 고전과 역사적 사건에 빗대어 재해석했다. 동·서양과 과거부터 근현대까지 망라한 8명의 주인공은 모두 뛰어난 통찰력과 리더십으로 큰 성과를 이루었지만 결국 최후의 순간 모두 실패했다는 평가를 받고 있다. 그러나 역사적 사건은 승패의 잣대로만 평가할 수 없듯, 당시에는 패배자로 기록되었지만 결국 그들이 이뤄낸 성과 덕분에 역사는 한 단계 진보할 수 있어 저자는 이들을 '위대한 패배자'라고 말하고 있다.

다소 딱딱한 내용이지만 승자 위주의 기록이 아닌 패배자의 시각이라는 색다른 관점, 결말이나 클라이막스를 앞에 배치하는 등 다양한 구성, 맹목적인 찬양이 아닌 이들과 비견될 만한 또 다른 리더를 함께 분석하여 인물을 보다 입체적으로 생각해 볼 수 있게 한 서술 구조 등은 책의 매력을 한 층 더 끌어낸다.

심화활동
• 책 내용 중 가장 인상 깊었던 문구 2개를 꼽고, 그 이유를 제시한다.
• 책에서 언급된 위인 중 가장 매력적인 인물을 꼽고, 그 이유를 제시한다.

도서 분야	일본사
관련 과목	세계사
관련 학과	사학과, 일본어문학과

에도로 가는 길

에이미 스탠리 | 생각의힘 | 2022

'주목받지 못한 사람들'의 역사 이야기

오랜 시간 역사학의 주류는 정치·경제 위주의, 커다란 사건과 인물을 다루는 '거시사'였다. 그러나 포스트모더니즘의 유행으로 역사학에서도 새로운 시도가 이루어졌고, 그 결과 '미시사'가 탄생했다. 《에도로 가는 길》은 미시사의 대표적인 사례로, 19세기 일본에 살았던 여성 쓰네노와 그 가족이 남긴 문서와 편지를 분석해 당시 그들의 삶을 재구성한 일종의 논픽션 소설이다.

19세기 초~중반의 에치고와 에도를 무대로 삼은 쓰네노의 삶은 당시 일본 여성들의 삶에 비해 다사다난했다. 오랜 역사를 지닌 절에서 태어나 비교적 부유한 어린 시절을 보냈고, 첫 번째 결혼까지는 누구나 예견할 수 있는 평범한 삶을 구가했다. 그러나 자신의 의지와 상관없이 이혼당하고, 그 이후 두 번의 결혼과 이혼을 반복하게 된다. 이는 그녀가 원하던 삶의 모습이 아니었기에 그녀는 변화의 희망이 담긴, 생동감이 넘치는 에도로 발걸음을 옮긴다. 그러나 에도에서의 삶은 더 참혹했다. 절망적인 빈곤에 허덕이며 간신히 몸을 뉠 셋방에 거주하고, 주변의 멸시를 한 몸에 받았다. 그러나 그녀는 자신의 선택을 거두지 않았다. 그리고 죽을 때까지 자신은 무엇이든 될 수 있고, 무엇이든 가능하다고 믿으며 최선을 다해서 살아간다.

책장을 넘길 때마다 그녀의 고단한 삶에 대한 연민과 쓰네노의 주체적인 모습에 매력을 느꼈다. 동시에 그녀의 삶을 통해 당시 일본의 정치·경제·사회·문화의 면면을 생동감 있게 간접 경험할 수 있었다. 어렵고 딱딱한 전문 지식으로 가득 찬 역사서에 지쳤다면, 편안한 마음으로 책장을 넘길 수 있는 이 책을 읽고 다른 이의 삶에 빠져보는 것은 어떨까.

심화활동

- 책 내용 중 19세기 일본 정치의 변화를 느낄 수 있는 구절을 꼽고, 그 이유와 함께 서술해 본다.
- 책 내용 중 19세기 일본의 경제, 사회, 문화의 모습을 엿볼 수 있는 구절을 꼽고, 그와 같은 모습이 나타나게 된 배경을 생각해 본다.

잊힌 북방의 역사에 주목하다. '절반의 한국사'

고조선 건국 이후 우리나라에서 다양한 국가가 갈등과 경쟁, 통합을 이어갔지만, 최소한 '한민족'으로서 정체성을 공유하고, '통일'의 당위성만큼은 공감하였다. 그러나 분단 이후 남·북한 정부는 각 정권의 정통성을 주장하기 위해 해당 지역에 연고를 둔 역사를 강조하였고, 그 결과 우리는 북쪽의 역사를 잊어가고 있다. 이 책은 지금까지 소홀했던 '절반'의 역사에 주목했다.

저자는 고대부터 현대까지 북쪽에서 진행된 사건 중 시대별 주요 주제를 뽑고, 다양한 사료를 함께 선사한다. 사실적인 설명과 함께 북쪽에서 성장한 최초의 국가 고조선을 시작으로 동북아시아의 강자로 우리 민족의 기상을 떨친 고구려와 발해의 역사, 고려의 호방한 사회 모습과 실용적 외교 노선을 통해 드러난 자주 국가로서의 모습을 알 수 있다. 역설적으로 가장 많은 분량을 할애한 조선은 통치의 중심을 남쪽에 두고, 정치·사회적으로 북방을 홀대했다는 주제로 시작한다. 그러나 오히려 이런 홀대를 통해 주류 문화의 압박이 줄어들어, 북쪽 사람들이 개방적이고 유연한 사고를 갖추고 새로운 문화를 적극적으로 수용할 수 있었다고 분석한다. 이는 구한말과 일제강점기에 해당 지역에서 자산가와 기독교인이 많이 배출되었다는 사실로 연결된다.

우리는 중국과 일본 등 주변 국가의 역사 왜곡에는 날카롭게 비판해왔다. 그러나 내부에서 진행되고 있는 역사 은폐에 대해서는 줄곧 눈을 감았다. 은폐된 역사를 재조명하여 우리 역사의 저변을 넓히고, 한국사에 대한 새로운 시각을 틔우기 위해 이 책을 읽어보면 어떨까.

심화활동

- 책 내용 중 가장 인상 깊었던 주제 한 개를 꼽고, 그 이유를 설명한다.
- 조선 왕조가 서북지역을 차별한 이유를 생각해 본다.

정약용과 그의 형제들

이덕일 | 다산초당 | 2012

도서 분야	한국사
관련 과목	한국사
관련 학과	사학과, 정치외교학과

정약용과 형제들의 삶을 통해 시대를 읽는다

최근 방영된 사극의 등장인물 중 가장 매력적인 이는 단연코 정약용이라고 말하고 싶다. 영상 속에서 정약용은 그의 삶을 투영하듯 학식과 신념, 행동력까지 완벽한 주인공으로 그려지고 있으며, 그때마다 대중들은 그의 매력에 열광했다. 아마도 이런 호응은 그가 조선의 정계를 이끌었다면 더 나은 나라로 만들었으리란 맹목적인 믿음이 아닐까. 이 책은 미디어에 비친 정약용의 단편적인 모습들이 아닌 입체적인 시각에서 그와 형제들의 삶을 그리고 있다. 또한 형제들이 겪었던 사건과 시련을 통해 당시 시대상까지 보여준다.

우리는 책을 통해 실학자 혹은 수많은 책의 저자로만 알고 있었던 정약용이라는 인물이 사실은 급진적 개혁가였으며, 전 세계 어느 나라의 지식인과 견주어도 손색이 없을 만큼 출중한 능력의 소유자였음을 알게 될 것이다. 그리고 단순히 천재라는 수식보다, 어느 때라도 자신을 갈고닦으며 노력했기에 많은 성취를 이뤘단 것도 알수 있다. 정약용의 성장과 곡산 부사로 활동할 때까지를 그린 1편은 다양한 사건의 연속과 박진감 넘치는 전개로 흥미를 돋운다. 그에 반해 2편은 유배 생활하는 동안 정약용의 고뇌와 고난에도 굴하지 않는 의지를 조명한다. 기득권층인 양반으로 태어나고 왕의 총애를 받았지만, 자유로운 사회와 믿음을 위해 목숨을 바치는 모습에서 큰 울림을 받을 수 있다.

스스로 재야사학자라고 칭하는 저자의 사관은 분명 주류 사학계와 다른 부분이 있다. 하지만 새로운 시선이란 것을 감안하고 책의 내용을 이해한다면 지금까지 알지 못했던 정약용의 삶을 마주할 것이다.

심화활동

- 대중들이 정약용에게 열광하는 이유를 분석해 본다.
- 영화 '자산어보'를 보고, 정약용의 '목민심서'와 정약전의 '자산어보'가 상징하는 바를 비교·대조한다.

다크 투어, 슬픔의 지도를 따라 걷다

김여정 | 그린비 | 2021

도서 분야	세계사
관련 과목	세계사, 한국사
관련 학과	사학과, 정치외교학과

제노사이드의 현장에서 잊힌 자들을 기억하다

2007년의 '화려한 휴가', 2017년의 '택시 운전사'. 두 영화는 모두 관객과 비평가들의 호평과 상업성과 완성도 측면에서 높은 점수를 받았다. 그리고 대중들이 광주 민주화항쟁을 '사태'나 '소요'가 아닌 '민주화 항쟁'으로, 또 국가 권력이 저지른 집단 학살임을 암묵적으로 받아들이는 데 크게 기여했다.

이 책은 상기한 대로 공권력이 자행한 제노사이드 현장을 둘러본 르포 형식의 수필이다. 이러한 고통스러운 역사를 그린 책은 보통 담담한 어조로 서술한 경우가 대부분이다. 건조한 어조는 사실을 과장 없이 전달하기 쉽기 때문이다. 그러나 작가는 자신의 경험담을 포함해 일종의 여행기 형식의 글로 독자들에게 피해자와 유족에 대한 '공감'을 불러일으킨다. 그리고 공감을 바탕으로 외면하고 싶은 어두운 과거를 직시하는 것을 돕는다.

글을 읽어나갈수록 휴양지의 아름다운 모습은 학살이 벌어진 장소로 덧칠되고, 화려한 번화가 한구석에는 위령비가 보인다. 똑같은 장소를 걸어도 누군가는 아름다운 여행 사진을 남기지만, 저자의 사진기와 글에는 아픈 기억이 켜켜이 쌓여있다. 책장을 넘길 때마다 고뇌가 마음속에 박히고 눈을 돌리고만 싶다. 그렇게 우리는 종종 반인륜적인 범죄가 난무했던 과거를 기억 한편에 애써 밀어낸다. 조지 스타이너가 말한 것처럼 '계획된 기억상실'에 가깝다.

그러나 기억에 대한 책임은 산 자의 몫이다. '나'와 '우리'를 위해 끊임없이 되짚어보고, 이야기한다면 가해자 중의 일부라도 죄책감을 느끼고, 피해자들이 가진 원통함도 어느 정도 해소될 수 있다고 생각한다. 잊히지 않고자 기록해 달라는 피해자들의 기원에 답하고 싶은 분들이라면 한 번쯤 읽어보길 권한다.

심화활동

- 제노사이드의 사전적 의미를 파악하고, 발생 배경을 알아본다.
- 소설 '연을 쫓는 아이(The Kite Runner)'을 읽고, 책에서 묘사된 제노사이드의 모습을 분석해 본다.

진실을 영원히 감옥에 가두어 둘 수는 없습니다

조영래 | 창비 | 1991

도서 분야	한국사, 정치 사회
관련 과목	한국사, 정치와 법
관련 학과	사학과, 정치외교학과

강대한 권력에 맞선 따스한 영혼의 발자취

앞에서도 설명했지만 《전태일 평전》은 우리나라 현대사와 노동계에 큰 족적을 남겼다. 그리고 이 책의 표지에는 전태일과 더불어 우리가 반드시 기억해야 할 이름이 하나 더 있다. 바로 저자의 이름이다. 익숙하지 않은 그 이름, 조영래. 그는 과연 어떤 인물일까? 우리는 시대의 양심 조영래의 삶을 이 책을 통해 엿볼 수 있다.

우리는 중요 사건의 변론문 속에서 권력에 항거하는 의지를, 일기와 편지에서는 시대에 맞서는 개인의 고통과 미안함이, 시에는 현실에 대한 울분을 볼 수 있다. 그리고 마지막의 추모사에서는 '인간' 조영래의 따스한 모습을 기리고 빈자리에 대한 아쉬움을 토로하는 모습에서 한 사람이 누군가에게 어떻게 기억되는지 알게 될 것이다.

경기도 수석 졸업, 서울대 법대 수석 입학, 사법고시 합격이라는 이른바 엘리트 코스를 밟아온 그는 부유하고 평탄한 삶을 버리고 인권변호사로서 활동하며 어렵고 약한 이들의 손을 주저 없이 맞잡았다. 특히 무보수로 참여해 배수 갑문 설계 이상이라는 판결을 받아낸 '망원동 수해 배상 사건'은 사법 사상 초유의 대규모 집단 행정 소송이었다. 집단 소송의 개념조차 낯설던 당시, 끈질긴 법정 투쟁 끝에 호우 피해는 천재가 아닌 국가의 책임임을 입증해 낸 것이다.

좋은 변호사의 요건으로 해박한 법 지식과 의뢰인에 대한 신뢰감을 꼽은 조영래는 사물을 내 편에 서서 보는 것이 아니라 남의 편에 서서 볼 때 비로소 신뢰감이 싹튼다고 말했다. 이제 인권변호사 조영래가 던지는 마지막 질문을 곱씹어보자. '여러분이 진정 바라는 세상은 무엇인가?'

심화활동

- 조영래의 삶이 법조인들에게 끼친 영향은 무엇인지 생각해 본다.
- 대한민국의 노동운동사와 민주주의의 발전 과정의 연관 관계를 논해본다.

7월
14일

쟁점 한일사

이경훈 | 북멘토 | 2016

도서 분야	한국사
관련 과목	한국사, 세계사
관련 학과	사학과, 정치외교학과

'진실'을 마주하고, '분노'에 속지 말자

　정치, 외교, 스포츠, 예술 및 모든 영역에서 한국과 일본은 서로를 단순한 경쟁자가 아닌 '숙적'이라고 표현한다. 이렇게 서로를 '강한 원한 관계'라고 말하는 데는 해결되지 않은 과거 문제가 깔려있다. 이 책은 이런 갈등의 원인을 정확하게 알고, 문제를 직시하자는 것으로 시작한다.

　현직 고등학교 역사 교사인 저자는 의외로 많은 학생이 정확한 이유를 모르고 '학습된 분노'를 토해내는 것을 지켜봤다. 그래서 한류에 관심은 많지만 민감한 역사 문제에는 무관심한 일본인, 일본에 무조건적인 적대감이 있으나 양국 간 역사 문제와 갈등 해결에는 소극적인 한국인이라는 역설적인 상황을 '해소'하는 것이 이 책의 목적이라고 밝힌다. 특히 '분노하기 전에 알아야 할'이라는 부제가 이 목표를 명확히 표현하고 있다. 이는 가해자, 피해자라는 단순한 관계에서 오는 울분을 토하기 전에 역사가 가져온 현실을 명확히 직시해야 함을 강조한다.

　저자가 뽑은 9개의 쟁점은 일본군위안부, 강제동원, 사할린 한인, B·C급 전범, 야스쿠니 신사, 재일한국인, 문화재 환수, 독도 영유권 문제, 일본의 역사교과서 왜곡 문제이다. 고대부터 근대까지의 한일 관계 중 일부를 왜곡한 일본의 몇몇 역사 교과서 문제를 제외한 8개 쟁점은 모두 일제강점기 전후에 발생한 사건이다. 냉철히 판단하면 이것 역시 갈등이 아닌 은폐와 조작, 왜곡이라고 평가할 수 있다.

　책의 가장 큰 장점으로 읽기 쉬웠다는 것을 꼽고 싶다. 어려운 단어를 지양하고 간결하게 쓴 문장을 따라가다 보면 내용을 자연스럽게 이해할 수 있었다. 또 문제 해결을 위해 한국과 일본 정부, 시민 단체와 개인에게 필요한 덕목을 짚으며, 실천적인 자세도 독려하는 것도 생각할 거리를 선사한다.

심화활동
- 책에서 소개한 쟁점 사항을 주제로 한 영화, 책, 다큐멘터리를 보고 감상평을 써 본다.
- 책에 소개되지 않은 한일 양국 간 역사 쟁점에 대해 알아 본다.

우리도 '미를 보는 눈'을 키워 봅시다

예술이라고 하면 어떤 느낌을 받는가. 장르에 따라 다르겠지만 왠지 모르게 어렵고 고상하다는 느낌을 받을지도 모른다. 이 책의 저자인 유홍준은 대중과 유리된 예술을 친근하게 느끼도록 노력해왔고, 누구나 들어봤을 《나의문화유산 답사기》시리즈가 그 결실이라고 볼 수 있다. 하지만 예술이 친숙해진 만큼 '제대로 보는 방법'에 대한 갈증도 늘어났다. 그런 사람들을 위해 이 책, 《안목》을 추천하고 싶다.

'안목'의 사전적 의미는 '사물과 현상을 보고 분별하는 견식'으로 역사의 흐름이나 정치 및 경제 동향, 인간성 등 사회문화적 현상에 대한 분석이나 평가라는 의미로 사용한다. 반면 예술 분야의 안목은 '미를 보는 눈'이자, 일반인들은 쉽게 획득하기 어려운 능력이라고 오해받고 있다. 저자는 이런 오해는 예술품을 감상하고 평가하는 행위가 고도의 학술적 활동이라는 편견에서 비롯되었다고 말하고 있다.

책은 총 4개의 주제에 걸쳐 안목을 키우는 방법을 알려준다. 1장은 건축과 불상, 청자와 백자처럼 우리의 전통 유물에 담긴 아름다움을 이야기하고, 이어서 화론, 평론, 감식, 서화 감정, 한국 미술사로 나누어 그 아름다움을 알아보고 보존하고 알리려는 대안목(大眼目)들을 소개한다. 2장은 이러한 아름다움을 지닌 작품들을 수집하고 소장하려는 애호가들에 대해, 3장은 유명 예술가들에 대한 회고전 순례, 마지막 4장은 예술가 및 예술품에 대한 평론을 싣고 있다.

사실 한 권의 책으로 없던 안목이 갑자기 생길 수는 없다. 미련하다는 말을 들을 정도로 그저 많이 보고, 읽고, 생각하고 느낀 점을 적어야 나만의 안목이 자란다. 하지만 이 책은 그 시간을 줄여줄 지도라고 생각한다.

심화활동

- 가장 관심 있는 예술품을 선정하고, 이에 대한 감상평을 써 본다.
- 일제강점기 '문화재 보호 및 해외 반출 금지' 노력을 독립운동의 일환으로 평가하는 이유를 생각해 본다.

비이성의 세계사

정찬일 | 양철북 | 2015

도서 분야	세계사
관련 과목	세계사, 통합사회
관련 학과	사학과, 정치외교학과

광기가 이성을 지배할 때, 역사는 퇴보하는가?

이성에 기반한 합리적인 사고와 행동은 사회 발전의 기본조건이다. 하지만 인간은 불완전하기에 본인의 신념이나 주변의 영향에 따라 비이성적이고 합리적이지 않은 선택을 하기도 한다. 따라서 인류의 역사는 늘 전쟁이나 학살 같은 광기와 함께였고, 당시에도 이러한 현상은 사회 발전을 저해한다는 평가를 받았다. 그러나 '집단 지성'에 의한 자성의 목소리가 커질 때마다 '집단 광기'는 수그러들었고, 사회는 한 층 더 진일보한 모습을 보여줬다.

이 책은 인류의 역사 속에서 이성이 특정 사상이나 이념에 잠식당해 광적인 행동으로 번진 사건들을 소개한다. 저자는 사회가 위태롭고 지배체제가 흔들릴 때마다 어김없이 '마녀사냥'이 등장했다고 말한다. 그리고 사회 불안 속에서 권력자들은 그 원인을 직시하고 해결하기보다 자신들의 권력을 유지하기 위해 여론을 조장한다고 지적한다. 대중들의 판단력을 흐리기 위해 희생양을 만들고, 대중들이 도덕과 양심에 구애받지 않고 비난과 힐난을 가할 수 있는 사회적 환경을 조장한다는 것이다. 그 결과 평범하고 양심적인 사람들도 진실로 위장한 거짓을 믿고, 우리의 이웃, 친구였던 사람들을 서슬 퍼런 칼로 찌르게 된다. 이렇게 평범한 소시민들이 잘못된 신념에 잠식되어 일으킨 사건을 '비이성적 행위'로 규정하고, 그 사례로 홍위병과 문화대혁명, 관동 대지진과 조선인 대학살, 미국의 매카시즘을 아우른 총 10개의 사건을 소개한다.

과거의 잘못으로부터 올바른 행동을 배운다는 '반면교사'의 자세로 이 책을 읽고, 집단 광기의 전조 증상이 나타났을 때 문제의 본질을 명확히 파악하자. 그리고 잘못된 신념에 휘둘리지 않도록 주변에 조언할 수 있는 책임감을 갖추기를 바란다.

심화활동

- 책에서 소개하지 않았으나 인간의 광기가 발현된 또 다른 사건을 조사해 본다.
- 현대 사회에서 '마녀사냥'을 조장하는 것은 수단이 무엇인지 그 근거와 함께 생각해 본다.

미술관 옆 사회교실

이두현 외 6명 | 살림Friends | 2013

도서 분야	미술사학
관련 과목	세계사, 미술
관련 학과	사학과, 미술사학과

알면 보이고, 보이면 사랑하게 된다. 예술의 세계

기본적인 욕구는 대개 풍족한 의식주가 제공되면 채워진다. 그렇다면 '마음의 허기'는 무엇으로 채울 수 있을까? 정답은 바로 문명이 탄생하기 이전부터 인간이 몰두했던 행위, '예술'이다. 과거에 예술은 소수의 특권층만이 누릴 수 있는 고급문화로 여겨졌다. 그러나 사회가 경제적으로 안정되고 기술이 발전하자 진입 문턱은 상대적으로 낮아졌다. 예술을 더 자세히 알기 위해 관련 지식을 탐독하는 사람들까지 속속 등장하고 있을 정도다.

이 책은 독자들의 수요와 독자층을 정확히 파악하여 제작했다. 가장 큰 특징은 저자인 현직 중·고등학교 선생님들이 독자층을 청소년으로 상정하고 집필해, 서술구조와 내용이 비교적 단순하고 이해도 쉽다. 또 일상에서 쉽게 접할 수 있는 예술가 7인을 선정하여 그들의 삶과 작품, 그리고 그들이 활동했던 시대에 대한 설명으로 구성했다.

시대상을 포함한 이유는 회화나 건축, 음악 등 예술 작품은 제작자의 의도와 당대의 정치, 경제, 문화적 배경의 영향이 합쳐져 나오는 사회적 산물이기 때문이다. 어찌 보면 작가 단독의 '순수한 창조물'은 허상에 가깝다. 예술품을 깊이 이해하기 위해서는 예술가가 살았던 시대와 작품을 제작한 작가의 의도 모두를 파악할 필요가 있다.

정신적으로 심약한 자신의 내면을 강렬한 색채로 표현한 고흐와 그의 작품들, 고향 카탈루냐에 대한 지극한 애정을 작품에 표현한 가우디와 기존 건축 양식의 기법을 거부한 그의 건축물, 19세기 스페인의 혼란한 정세를 작품 속에 그대로 녹인 고야, '황소' 그림을 통해 우리 민족의 저항 정신을 표출하려 했던 이중섭 등 친근한 예술가와 작품 이야기를 경험하고 싶은 분들께 이 책을 적극 추천하고 싶다.

심화활동
- 예술가의 사회 활동 참여에 대해 찬성과 반대로 나뉘어 토론해 본다.
- 시대의 과제에 가장 충실했던 예술가 한 명을 꼽고, 그 이유와 함께 서술해 본다.

이슬람의 눈으로 본 세계사

타밈 안사리 | 뿌리와이파리 | 2011

도서 분야	세계사
관련 과목	세계사
관련 학과	사학과, 정치외교학과

알코올과 천문학, 의학의 근간, 이슬람을 제대로 알아보자

여성 인권이 사라진 사회, 도축부터 조리 방법까지 제한한 할랄 음식, 테러의 온상지 등은 우리가 이슬람 사회와 구성원을 보는 일반적인 이미지다. 전 세계 인구의 25%를 차지하는 이슬람교도에 대한 이런 왜곡은 어떻게 만들어진 걸까? 그리고 그들의 진짜 모습은 무엇일까? 그에 대한 실마리를 이 책을 통해 접할 수 있을 것이다.

이 책의 주제는 제목 그대로 이슬람의 시각에서 본 세계사다. 유서 깊은 이슬람 가문 출신 아버지와 미국 출신 어머니를 둔 저자는 어린 시절부터 미국에서 생활했고, 줄곧 서구 중심의 세계관과 이슬람 문화에서 오는 묘한 이질감을 느껴왔다고 회고한다. 저자의 이런 성장 배경은 이슬람에 대한 사람들의 오해를 해소하고, 이슬람의 시각에서 세계사를 이해하기 위한 집필 활동으로 이어졌다.

저자는 일반적인 이슬람 지역권을 지칭하는 표현인 '중동'은 다분히 서구 중심적이라고 지적한다. 그리고 이 지역들은 유라시아 대륙의 중간에 있어 '중간 세계'라는 표현이 적합하다고 주장한다. 또한 이슬람 사회는 특별한 계기가 아니면 외부에 관심을 가질 필요가 없을 정도로 부유하고 번성했다는 점을 강조한다. 실제로 꽤 오랫동안 유럽의 문화 수준은 이슬람에 비해 조악했으며, 중국 문화권과는 지형적으로 교류하기 어려웠다. 이에 무슬림은 그들의 세계를 세상 전부라고 인식할 수밖에 없었고, 상당 기간 그들은 그럴만한 자격을 갖추고 있었다는 것이다.

현상을 해석하는 시각은 학자마다 다를 수 있으나 기존 세계사의 주류 사관이 서구 중심인 점을 생각하면, 이 책은 세계 역사를 바라보는 균형적인 시각을 갖추는 데 도움이 될 것이다.

심화활동

- 우리나라 세계사 교과서의 문제를 진단하고, 보완책으로 제시된 동아시아사의 의미를 생각해 본다.
- '이슬람 사'에 대해 한쪽에서는 세계사로 인식하고, 다른 쪽에서는 지역사라고 명명한다. 각 입장의 내용을 정리해 본다.

한 장의 사진에 담긴 역사의 모든 것

최근 몇 년 동안 만난 학생들은 모두 '긴 지문'에 취약했다. 하지만 역사 과목은 과거 사실을 설명하기 위해 긴 지문과 떼려야 뗄 수 없는 관계다. 교과서나 참고서를 펼칠 때마다 장문의 글이 여러분을 반기고, 선생님의 설명 또한 장황하기 그지없다. 이런 문제를 타파하기 위해 현직 교사 10인이 힘을 모아 이 책을 내놓았다.

책의 특징은 제목 그대로 줄글보다 이미지에 익숙한 청소년들의 눈높이에 철저히 맞췄다는 것이다. 전근대부터 개항기, 일제강점기, 현대 등 총 4개의 대단원과 145개의 소주제로 나뉘어, 해당 테마를 보여주는 상징적인 사진 한 장(경우에 따라 여러 장)과 그에 대한 간략한 설명으로 이루어져 있다. 역사의 현장을 실제로 확인하고 그 사진이 품고 있는 시대상을 읽다 보면, 사진을 지도로 삼아 지금까지 멀리 있는 줄로만 알았던 한국사와 만날 수 있을 것이다.

또 저자들이 고등학교 역사 교과서를 집필한 경험이 있는 만큼, 교육과정에 대한 철저한 분석과 이해를 바탕으로 필요한 내용만 담겨 있다는 점도 좋았다. 특히 장황한 설명글 외에도 교과서의 문제를 누구보다 잘 알고 있는 저자들은 그 한계를 보완하고자 노력했는데, 이전과는 다른 시각으로 사건 살펴보기, 역사책에 실리지 못한 억울한 이들의 사연 들어보기, 잊혀진 사건 다시 보기 등이 바로 그 노력의 결실이라고 볼 수 있다.

다만 주요 소재인 사진의 특성상 전근대 시기에 대한 분량이 부족하고, 근현대 관련 내용이 대부분인 점은 아쉬울 따름이다. 그럼에도 불구하고 사진 한 장으로 당시의 상황을 생생하게 느낄 수 있다는 점, 쉽고 친절한 설명은 흥미를 끌 만하다.

심화활동
- 책 내용 중 가장 인상 깊은 사건과 사진을 꼽고, 그 이유를 설명해 본다.
- 책의 내용 중 영화나 연극으로 재조명할 수 있는 주제를 꼽고, 이를 바탕으로 시나리오를 작성해 본다.

히틀러에 붙이는 주석

제바스티안 하프너 | 돌베개 | 2014

도서 분야	세계사
관련 과목	세계사, 통합사회
관련 학과	사학과, 정치외교학과

깊은 통찰력으로 히틀러의 삶을 톺아 보다

우리는 유튜브에서 역사 속 수많은 독재자의 연설을 찾아볼 수 있다. 무솔리니, 마오쩌둥, 스탈린처럼 유명한 이들의 연설은 자막까지 붙어있다. 하지만 단 한 사람의 연설만은 전문을 찾아볼 수 없다. 바로 히틀러다. 히틀러는 세계사에서 유례를 찾아볼 수 없는 재앙과도 같은 인물로, 20세기 최악의 사건인 제2차세계대전 및 유대인 홀로코스트를 주도했다. 전쟁이 끝나고 세계 곳곳에서 이와 같은 슬픈 역사가 반복되지 않도록 히틀러를 연구했고, 그 내용은 지금까지 책이나 영화 등으로 만들어지고 있다.

이 책은 1978년 출간되었지만, 독일에서 가장 많이 팔렸고 지금도 생명력을 가진 히틀러 관련 도서다. 250여 쪽이라는 분량은 기존 히틀러 관련 서적들에 비해 다소 빈약하나, 분량을 이기는 깊은 통찰력으로 히틀러의 인생에서 유의미한 부분을 짚어가며 독자들이 품은 의문을 해소해 준다. 또한 딱딱한 학술서라기보다 '교양 역사서'로서 본질에 충실하다는 평가를 받고 있다.

저자는 생애, 성과, 성공, 오류, 실수, 범죄, 배신 등 총 7개의 주제로 나눠 히틀러의 삶을 조명한다. 그 속에서 특히 주목해야 할 키워드는 '결핍'이다. 히틀러와 비견되는 나폴레옹, 레닌, 마오쩌둥 등과 다르게 그는 인간에게 품위를 부여하는 교육과 직업, 사랑, 우정, 결혼 등에 일말의 관심조차 없었다.

히틀러가 대두되는 과정을 보는 시각도 기존의 것과 다소 차이가 있다. 히틀러의 업적에 주목해 나치에 반대했던 독일인들조차 그의 구체적인 성과에 홀려 범죄 행위에 제동을 걸지 못했다고 분석하며, 히틀러 악행의 가장 큰 피해자는 다름 아닌 독일이라고 결론짓는다. 새로운 시각에서 문제적 인간 히틀러를 알아볼 책으로 조심스레 추천하고 싶다.

심화활동
- '오늘날의 세계는 분명히 히틀러의 작품이다'라는 저자의 주장을 재해석해본다.
- 히틀러가 살던 시대에 대해 저술한 작가의 다른 책 《어느 독일인 이야기》를 읽고, 서평을 써본다.

고전소설 속 역사여행

신병주, 노대환 | 돌베개 | 2005

도서 분야	한국사
관련 과목	한국사
관련 학과	사학과, 국어국문학과

고전 소설 속으로 떠나는 역사 여행

문학 작품을 통해 시대를 이해하는 방식은 꽤 오래전부터 선호되는 학습 방식이다. 우리는 《상록수》로 일제강점기 농촌계몽에 헌신한 독립운동가들의 행적을 파악할 수 있고, 《난쟁이가 쏘아올린 작은 공》을 읽으며 1970년대 산업화에서 밀려난 도시 빈민의 참상에 가슴 아파할 수도 있다. 그렇다면 고전 소설도 이렇게 읽을 수 있을까?

제목에서 짐작할 수 있듯 이 책은 고전 소설을 시대적 상황이 반영된 역사적 사료라고 제시한다. 소설 속 인물의 행적을 통해 당시 사회 모습을 파악하고, 소설 속에서 발생한 사건들을 역사적 사실과 비견해 설명하고 있다. 2002년 첫 출간됐을 때는 총 16개의 고전 소설이 실렸으나, 2005년에 4편의 작품을 추가한 개정증보판이 발행되었다. 흑백에서 컬러로 바뀌고 내용도 충실해진 개정판을 읽는 것을 추천하고 싶다.

이 스무 편의 소설은 대부분 잘 알려진 작품으로, 저자가 독자들의 눈높이를 고려해 작품을 엄선하여 수록했음을 알 수 있다. 각 장의 앞부분은 소설의 시대 배경 및 제작 의도를 간략하게 서술한 작품 설명, 본격적으로 작품을 톺아볼 때는 작품 전체가 아닌 필요한 부분을 발췌했고 이를 역사적 시대상과 연관해 해석하고 있다. 마지막은 작가에 대한 설명과 함께 역사적 사고력 확대를 위한 심화 자료가 수록되어 있다.

소설에 따라 소설적 요소나 사실적 요소가 도드라질 때도 있지만, 모두 당시 시대상을 이해하는 것에 필요하므로 작가의 설명과 함께 읽어나간다면 무리 없이 흥미롭게 책에 빠져들 수 있을 것이다. 딱딱한 수업이 아니라 부드러운 이야기로 역사를 알고 싶다면 꼭 읽어봤으면 한다. 친숙한 작품과 더불어 쉽고 재미있는 해석은 읽는 내내 즐거움을 선사할 것이다.

심화활동

- 책에 수록된 소설 중 가장 인상 깊은 작품 한 개를 온전히 읽고 서평을 작성해 본다.
- 문학과 역사의 융합 교과적 학습 방식의 유의미한 효과에 대해 생각해 본다.

역사란 무엇인가

E. H. 카 | 까치 | 1997

도서 분야	역사학
관련 과목	세계사
관련 학과	사학과

역사학에 대한 근원적인 질문, 역사란 무엇인가?

우리는 역사학을 정의할 때, 주로 '역사는 과거와 현재의 끊임없는 대화이다'라는 문장을 인용한다. 역사학과 관련한 가장 유명한 금언이자, 다양한 상황에 인용되는 이 문장은 에드워드 핼릿 카(Edward Hallett Carr/ 이하 E.H.카)의 저서《역사란 무엇인가》에서 등장했다. 하지만 사람들은 책에 수록된 수많은 명언에만 관심을 가지고 자신에게 적용하기에 급급해 원래의 뜻을 왜곡하는 실수를 범하곤 한다. 우리는 저자의 원래 의도를 이해하고, 문장 속에 담긴 사상과 철학을 이해하도록 노력해야 한다.

이 책은 1961년 1월부터 3월까지 영국 케임브리지대학교에서 진행한 E.H.카의 강의를 책으로 재구성한 것이다. 책이 출간될 당시 유럽은 세계 무대에서 주도권을 상실했으며, 빅토리아 시대라는 영광의 그늘에서 벗어나지 못한 영국의 역사학계는 불신과 회의에 잠식당한 상태였다. 저자는 이런 상황을 지켜보며 역사적 사실들이 순수한 형태로 존재할 수 없으며, 역사를 기록한 사람이 처한 상황에 따라 굴절된다는 점을 깨닫게 된다. 즉 역사는 단순한 역사적 사실로 이루어진 것이 아니라, 역사가들에 의해 선택되고 정리된 하나의 저작물로 인식해야 한다는 결론에 도달한 것이다. 그렇기 때문에 저자는 역사 연구에 있어 역사책에 기록된 '사실'보다 그 책을 쓴 역사가에 관심을 두고, 그가 역사적 사실에 접근하여 기록하는 방식을 파악하는 것이 중요하다고 주장한다.

우리가 배우고 있는 역사도 누군가에 의해 재생산되고 편집된 기록물이라는 점을 명확하게 알아야 한다. 그리고 그러기 위해 '역사학'의 의미와 '역사 학습의 목적'을 먼저 이해하는 것이 필수다. 그 과정에서 이 책은 훌륭한 길잡이가 되어 주리라고 생각한다.

심화활동

- 역사가에게 '사실'이란 어디까지를 의미하는가?
- 역사가와 역사적 사실 간 '상호작용'이 의미하는 바는 무엇인가?
- 현재와 과거 사이에 발생하는 '끊임없는 대화'의 의미를 생각해 본다.

100가지 물건으로 다시 쓰는 여성 세계사

매기 앤드루스, 재니스 로마스 | 웅진지식하우스 | 2020

도서 분야	세계사
관련 과목	세계사, 사회문화
관련 학과	사학과, 사회학과

여성의 시선에서 바라본 세상은 어떨까?

'Herstory(허스토리)'라는 단어를 들어본 적 있는가? 이는 여성에 의해 쓰여진 역사로, 여성의 관점과 경험을 기록하는 사관이다. 20세기 후반, 지금까지의 역사 기록과 교육이 남성 중심적이고 가부장적이었다는 것에 문제의식을 느낀 일부 페미니스트들이 기존 학계를 풍자하고 보완하기 위해 고안해 냈다. 박물관이나 전시회, 영화를 관람하는 것처럼 과거와 현대를 넘나들며 역사의 역동성을 간접 체험할 수 있는 이 책도 허스토리의 결과물이라고도 볼 수 있다.

이 책은 영국 여성의 참정권 획득 100주년을 기념하여 출간되었고, 저자도 이를 서문부터 짚고 넘어간다. 여성은 참정권을 획득하며 남성의 보조자로서만 존재하던 과거에서 탈피해 주체적인 인간으로 인정받았고, 이를 기점으로 여성들의 사회 참여가 진작되었다. 그러나 이후 100여 년 동안 역사 속 여성의 활약상을 연구한 사례는 거의 없었다. 이에 두 명의 저자는 여성들의 삶에 영향을 끼쳤거나, 여성에 의해 만들어졌으며, 오늘날까지도 여성을 억압하고 있는 물건들을 중심으로 여성의 사회적 역할이 발달해 온 과정을 기록했다.

여성의 몸부터 사회적 역할의 변화, 기술의 진보, 미의식과 소통, 노동과 문화, 정치 등 총 여덟 가지 분야에 걸쳐 100가지 물건을 다루며 광범위한 여성사의 전말을 담아내 읽는 동안 지루함을 느낄 새가 없었다. 오랫동안 여성의 역사를 연구한 저자가 자유롭고 다채롭게 수집한 이 100가지 물건들의 서사 속에서, 독자들은 시공간을 초월한 여성들의 연대감을 발견할 수 있을 것이다.

심화활동

- 책에서 소개된 물건 중 '여성'의 '역사'에 가장 큰 영향을 준 것을 꼽고, 그 이유를 생각해 본다.
- 여성학, 페미니즘과 관련된 책, 영화 등을 보고 감상평을 써 본다.

도서 분야	세계사
관련 과목	세계사, 동아시아사
관련 학과	사학과, 정치외교학과

7월 24일

처음 읽는 중국사

전국역사교사모임 | 휴머니스트 | 2018

중국 역사의 입문서, 처음 읽는 중국사

이 책을 통해 미국과 함께 G2로 불리며, 전 세계 정치·경제·외교 등 다방면에 걸쳐 막강한 영향력을 행사하는 중국의 역사를 둘러볼 수 있다. 세계 경제를 좌우하는 방대한 경제 규모, 국제 외교에 미치는 막강한 권력을 차치하더라도 우리가 중국에 주목해야 하는 이유는 다양하다. 그중 저자가 강조한 것은 중국은 일본과 더불어 지리적, 문화적, 역사적으로 우리나라와 가장 가까운 나라라는 점이다.

중국은 문명의 태동과 함께 줄곧 우리나라와 일본을 비롯한 동남아시아 일부 지역까지 많은 영향을 끼쳐왔고, 종국에는 하나의 거대한 지역문화권을 만들었다. 이는 수천 년에 걸친 우리나라 역사 속 중국의 영향력을 통해 알 수 있다. 또한 저자는 19세기 중반부터 20세기 초까지 서구 열강의 침략으로 인한 굴욕의 반세기를 거쳐 정치·경제 대국으로 성장한 중국은 현재와 다가올 미래에도 우리나라에 여전히 큰 영향력을 행사할 것이며 그런 이유로 우리는 중국과 중국인에 대해 깊이 알아야 한다고 거듭 강조하고 있다.

저자인 현직 역사 교사들은 철저히 청소년들과 중국사를 처음으로 접하는 일반인의 눈높이에 맞춰 저술했다. 비교적 쉬운 설명과 간략한 문장 구조, 사실에 기반한 이야기들을 읽다 보면 자연스럽게 복잡한 중국의 역사를 이해할 수 있다. 또한 사진, 지도, 문헌 등 다양한 삽화와 그에 따른 친절한 설명은 당시 상황에 대한 상상력을 발휘할 수 있도록 도와준다.

책의 내용은 연대순으로 정리되어있고, 대체로 교과서의 확장판 같다는 느낌이 강하다. 하지만 '교과서'의 경직된 서술 구조에서 탈피해, 기본 개념과 중요 사실, 다양한 사례를 추가했기에 중국과 동아시아의 역사, 정세 이해를 위한 입문서로 손색이 없다.

심화활동

- 우리나라 국민들이 중국에 대해 갖는 '반중', '친중' 감정의 배경을 알아본다.
- '송가황조', '아Q정전' 등 중국 근현대를 무대로 한 소설 및 영화를 보고 감상문을 작성해 본다.

호모 에렉투스의 유전자 여행

요하네스 크라우제, 토마스 트라페 | 책밥 | 2020

도서 분야	고고유전학
관련 과목	세계사, 생명과학
관련 학과	사학과, 고고학과

유전자에 녹아난 인간의 이주, 질병, 고난의 역사

'오스트랄로피테쿠스 – 호모 에렉투스 – 호모 사피엔스'로 이어지는 그림은 진화를 묘사한 그림 중 가장 유명할 것이다. 학생들의 이해를 돕고자 만들어졌지만, 최근 과학계는 이를 두고 '진화의 다양성'을 인정하지 않고 진화론에 대한 오해를 불러일으킨다며 사용 중지를 요구했다.

접점이 없을 것 같은 역사와 과학의 융합적 사고력이 요구되었던 이슈로, 이 사건은 고대인의 뼈에서 DNA를 추출하고 분석해 인류의 과거를 추적하는 '고고유전학'이라는 새로운 분야와 깊은 관련이 있다. 저자 중 한 사람인 요하네스 크라우제는 이 분야의 선도주자로 우리의 혈통과 과거에 새로운 시야를 제시하고 있다. 몇천 년 전 인류의 뼈에서 유전자 정보를 읽어내 인류의 이주와 융합의 역사를 추적했고, 이 책에서 유사 이래 꾸준히 등장한 이주에 얽힌 갈등을 구체적으로 다룬다.

최초의 유럽인들이 검은색 피부를 갖게 된 이유부터, 유전자 분석 결과를 바탕으로 현대 유럽인들의 선조가 살았던 위치를 지도에 표기하며 독자들의 이해를 돕고 있다. 저자들과 유전자 여행을 함께하면서 우리는 점차 진화의 실체에 다가가게 된다. 또한 저자들이 서문에서 밝혔듯 '이주'와 관련된 정치적 논쟁을 서술하고, 이주민 유입이 해당 지역의 발전을 저해한다는 특정 정치집단의 입장에 반박하기도 한다. 마지막으로 DNA에 새겨진 정보를 통해 새로운 세계에서 유행하게 될 전염병들을 예상한다. 중세 시대를 공포에 몰아넣은 페스트와 가장 오랫동안 이어져 내려온 질병인 한센병을 설명하면서 마지막을 장식한다.

심화활동

- 유전학적 관점에서 인종주의를 비판해 본다.
- '이기적 유전자', '사피엔스'를 읽고 작가들의 주장을 융합하여 정리해 본다.

나는 전쟁범죄자입니다

김효순 | 서해문집 | 2020

도서 분야	세계사
관련 과목	세계사
관련 학과	사학과, 정치외교학과

일본인 전범을 개조한 푸순의 기적을 기록하다

난징 대학살, 731부대의 생체 실험을 비롯해 일본은 한때 우리나라와 중국을 닥치는 대로 유린했다. 일본 정부는 이런 끔찍한 사건들을 부정하고 여전히 제대로 된 사과와 배상을 하지 않고 있다. 이런 후안무치한 태도에 피해국들의 분노는 날로 깊어지고 있다. 우리는 이 부분에서 한 가지 의문이 생긴다. 왜 일본은 죄를 인정하지 않는 것일까? 20여 년간 동아시아 문제를 연구한 저자는 푸순전범관리소로 이러한 질문을 해결할 실마리를 풀어낸다.

제2차세계대전 종전 후 고위 관료 및 방첩, 731부대의 생체실험 관여자 등 일본인 전쟁범죄자들은 푸순전범관리소에 수감되었다. 그들은 모두 사형이나 인간 이하의 대우를 예상했다. 하지만 예상치 못한 중국의 전범 개조정책을 통해 공정한 처우와 함께 자신이 어떤 행위를 저질렀는지 고민할 시간과 여유를 가지게 되었다. 중국 공산당의 저의를 의심하던 전범들은 서서히 교화되었고, 자신의 죄를 참회하기에 이른다.

이들은 훗날 일본으로 귀환해 자성의 목소리를 내었고, 자신들의 침략을 잊고 있던 일본 사회에 충격을 안겼다. '배신자', '빨갱이'라는 오명을 쓰고도 꾸준히 '중국귀환자연락회'라는 조직에서 활동을 이어 나간다. 가슴 아픈 위안부 문제를 국제법정에서 다룰 때도 자신들이 직접 본 것을 폭로했고, 이는 강력한 증거가 되었다. 이러한 일련의 상황들을 저자는 '푸순의 기적'이라고 지칭한다. 도저히 교정될 수 없을 것 같은 인간이 잠재된 양심에 호소한 결과 기적처럼 바뀐 것이다.

한·중·일에서 발간된 다양한 사료를 샅샅이 탐구한 풍부한 자료와 군더더기 하나 없는 치밀한 구성과 문장력이 인상적이었다. 특히 가해와 피해, 사죄와 용서, 국가와 개인 사이에 오가는 복잡한 진실과 팽팽한 긴장감은 끝까지 책을 놓지 못할 원동력이 되었다.

심화활동

- '푸순의 기적'을 만든 당시 중국 공산당의 전범자 대우 방식의 배경을 생각해 본다.
- 《전쟁과 죄책》을 읽고, 전범 행위를 정당화하는 일본 사회의 원인을 분석해 본다.

1000년

발레리 한센 | 민음사 | 2022

도서 분야	세계사
관련 과목	세계사
관련 학과	사학과

세계화는 이미 1,000년 전에 시작되고 있었다

'세계화'는 현대 세계를 대표하는 개념이다. 바로 지금도 국가와 개인은 여러 방면에서 세계의 다양한 사람들과 이어져 있다. 대부분은 이런 세계화가 15세기 대항해시대로 시작되었고, 우리에게 익숙한 모습은 20세기에 완성되었다고 생각한다. 그러나 이 책의 저자는 요나라와 송나라 간 체결된 전연의 맹, 카라한 왕조의 호탄 정복, 바이킹의 아메리카 상륙 등 같은 시기에 발생했으나 연결고리가 없어 보이는 사건들에서 공통된 흐름을 포착하고, 최초의 세계화는 1000년경에 일어났다고 주장한다.

저자가 묘사한 1000년 무렵 인류의 모습은 현대와 크게 다르지 않다. 오늘날 세계적 종교로 발돋움한 이슬람교, 기독교, 힌두교, 불교는 이때 확립되었으며, 중동 지역에서 세계화에 반발하며 외국인들을 공격한 폭동이 발생했다는 점까지 오늘날과 유사하다. 또한 다양한 사례 속에서 현대와 마찬가지로 당시에도 한 지역에서 벌어진 일이 먼 지역까지 큰 영향을 끼친 것을 알 수 있다. 1000년 무렵에도 상인과 순례자들이 바이킹들이 개척한 통로를 따라 인도양을 건너 동아프리카와 아라비아, 인도, 중국으로 오갔으며, 중앙아시아와 동유럽, 아프리카에서 바그다드와 콘스탄티노플, 카이로로 이어지는 노예무역은 당시 경제의 큰 축이었다.

그렇다면 저자가 세계화의 기원을 추적하고, 현대의 세계화가 1000년 무렵부터 유래되었다는 주장을 펼치는 이유는 무엇일까? 예나 지금이나 세계화는 엄혹한 경쟁 속에서 승자와 패자를 가린다. 따라서 지금의 경쟁을 이해하려면 현대의 기반이 된 1000년경의 유산을 이해할 필요가 있다. 방대한 분량과 학술적인 용어가 부담스러울 수 있지만, 문명 교류사 속 획기적인 주장이 궁금하다면 읽기를 권한다.

심화활동

- 1000년 무렵 시작된 문명 교류, 16세기경 확대된 문명 교류 각각의 특징을 비교, 대조해 본다.
- 1000년경 세계사에서 진행된 문명 교류에 대해 동양과 서양의 입장에서 각각 평가해 본다.

'7개의 키워드'로 파악한 세계 경제사 흐름

이 책은 역사 속 변곡점을 만든 7개의 키워드를 매개로 세계사의 흐름을 경제적 관점으로 관찰했다. 그리고 그 속에서 경제학의 기본적인 개념을 익힐 수 있도록 서술한 점이 인상적이다. 사건 속에 등장한 경제학 개념에 대한 친절한 설명, 경제학적 관점으로 과거를 파악하고 현재 상황을 예측한 서술 구조는 역사와 경제라는 낯선 결합을 흥미롭게 만든다.

예를 들어 책 초반부의 전·근대 사회의 화폐 흐름이 경기에 어떤 영향을 미치는지를 읽다 보면, 비슷한 이유와 결과가 역사 속에서 수없이 반복되고 있다는 것을 알 수 있다. 어느 한 나라가 기축통화의 위치를 차지하면 그 시대의 승자가 된다는 것에서는 미국을 떠올릴 수 있다. 특정 국가로 자원과 화폐가 모이기만 하면 전쟁이 벌어진다는 사실은 아편전쟁과 이어진다.

2020년의 코로나가 할퀴고 간 경제와 인구의 변화도 역사 속에 이미 답이 있었다. 아일랜드의 '감자마름병', 스페인 콩키스타도르의 바이러스가 만들어 낸 남미 인구의 극단적인 변화, 미국의 이민을 걸어 잠근 스페인 독감의 여파처럼 질병과 경제, 그리고 역사는 언제나 함께 움직이고 있었다.

방대한 세계사를 '돈'과 '경제'를 매개로 정리한 책으로, 비교적 익숙한 주제를 바탕으로 서술하여 일반인들도 부담 없이 접근할 수 있다. 경제학적 논리가 세계 역사 흐름에 어떠한 영향을 끼쳤는지 궁금하다면 한 번쯤 읽어보길 권한다.

심화활동

- 전염병으로 인한 세계사적 변화 양상을 이해하고, 이를 바탕으로 현 'COVID-19' 상황에서 발생할 수 있는 일들에 대한 대비책을 토의해 본다.
- '기축통화'의 선정 조건을 파악하고, '파운드화'에서 '달러'로 변화된 이유를 분석해 본다.
- 미·중 분쟁을 비롯해 '자원 외교' 등 경제를 매개로 한 국제 외교 모습을 파악해 본다.

반일 종족주의에 대한 냉철하고 객관적인 비판

2019년 여름, 한 권의 책이 대한민국을 뜨겁게 달궜다. '위안부 생활은 그들의 자율적 선택 따른 것이지 강제성은 없었다', '독도가 한국 영토임을 증명할 객관적 증거는 없다.', '일본과의 청구권 협상에서 한국이 요구할 내용은 별로 없다' 등 극단적인 주장을 펼친 책, 《반일 종족주의》가 바로 그 주인공이다. 이영훈을 필두로 뉴라이트 소속 6인의 학자들은 이 책에서 위에서 언급한 주장을 포함해 일제의 식민지 수탈 자체를 부정했다.

전문가 집단이라는 권위에 눌린 대중은 사실과 의견을 쉽사리 구분하기 힘들기에, 이러한 역사 담론이 제기된 순간 학계 곳곳에서 우려의 목소리가 커졌다. 이 책의 저자는 반일 종족주의는 일종의 궤변이라 말하고 구체적 증거와 사실을 제시하며 조목조목 반박할 뿐만 아니라, 이를 공론화한 의도까지 심층적으로 분석하고 있다.

책은 총 4가지의 큰 주제를 다룬다. 1부는 이 책에서 비판하고 있는 '반일 종족주의'가 왜 문제가 되는지 그 이유를 전반적으로 분석하고, 반일 종족주의와 같은 친일적이고 자학적인 사관이 등장한 배경을 짚고 있다. 2부는 친일 청산을 공산주의 발호와 동일시하고, 위안부는 일본에 의해 강제 동원된 성노예가 아닌 개인 영업자였다는 주장을 반박한다. 3부는 역사 왜곡의 프레임을 다룬다. 독도 영유권 문제부터 강제징용, 청구권협정, 토지와 쌀 수탈과 관련하여 논리를 상실한 주장을 조목조목 해체한다. 마지막은 궁극적으로 일제 강점을 합리화하는 그들의 의중을 분석하고, 이를 실현하기 위해 그들이 취해 온 다양한 학술적 연구를 비판한다.

반일 종족주의라는 책과 저자들의 전반적인 논리의 허점을 파악하고, 이러한 주장들이 등장하게 된 배경과 그들의 목적을 이해하기에 적합하다. 지금까지 잡음이 끊이지 않는 한일관계에 관심이 많다면 읽어보기 바란다.

심화활동
- 전강수의 《반일 종족주의의 오만과 거짓》을 읽고 서평을 적으며 본 책의 내용을 심화해 이해한다.
- 과거사 청산과 관련하여 올바른 역사관이 필요한 이유는 무엇일까?

7월 30일

위안부 문제를 아이들에게 어떻게 가르칠까? (한국편)
방지원 | 생각비행 | 2021

충분히 알고 있다는 착각, 위안부 문제의 직시가 필요하다

우리는 위안부 문제를 배웠고, 어떤 일이 벌어졌는지 간략하게 설명할 수 있다. 그렇다면 일본군 위안부 피해자 기림의 날이나 일본 대사관 앞에서 진행되는 수요집회, 국내·외 소녀상 설치 등 위안부 문제와 관련한 다양한 최신현안을 알고 있는가? 과연 우리는 일본군 위안부 문제에 대해 얼마나 정확히 알고 있을까. 이 책은 가해자에게 온당한 사과를 요구하기 위해, 위안부 문제에 대한 구술 증언과 다양한 사료를 통해 진실을 규명하고 있다. 역설적으로 우리에게도 가장 적합한 교재가 될 수 있다.

위안부 문제를 모르는 학생은 없으나, 실제로 이해하고 있는 정도는 대부분 민족 감정에 기초한 피상적인 수준인 경우가 대부분이다. 저자는 이와 같은 비극이 되풀이되지 않도록 막으려면 우리 스스로 어떤 일들이 벌어졌는지, 배경이나 원인은 무엇인지, 피해자들의 삶과 후속 대처 등을 철저히 이해하고 있어야 한다고 지적한다.

또한 광복 후 약 80년이 지난 지금까지 이 문제가 해결되지 않은 원인을 분석하며, 이러한 상황이 피해자의 고통을 가중한다고 비판하고 있다. 덧붙여 문제의 해결 '속도'에 초점을 두지 말고, 피해자의 고통을 충분히 어루만질 수 있는 진심 어린 사과와 해결책을 촉구한다.

일본 정부는 여전히 일본군 위안부 문제의 불법성을 인정하지 않고, 오히려 적반하장의 태도를 견지하고 있다. 자신들의 입장을 정당화하기 위해 국제 사회에 압력을 가하기도 한다. 이에 대응하기 위해 우리는 실제 역사를 마주하고, 위안부를 모르는 외국인에게 정확한 근거와 사실로 설명해 줄 수 있어야 한다. 이 책을 읽고, 우리가 일본군 위안부 문제에 대한 진실을 외면하는 방관자는 아닌지 생각해 보길 바란다.

심화활동

- 일본군 위안부 피해자들이 오랜 시간 자신의 피해 사실을 알리지 않고 침묵한 이유를 생각해 본다.
- 일본군 위안부 문제를 반인륜적 범죄라고 지칭하는 이유는 무엇인가?
- 《위안부 문제를 아이들에게 어떻게 가르칠까? 일본편》을 읽고, 서평을 써 본다.

김구의 삶을 통해 우리 역사의 나아가야 할 방향을 생각한다.

우리나라 국민이라면 한 번쯤 들어봤을 그 이름, 백범 김구. 우리에게 김구는 독립운동의 구심점이자 통일 대한민국을 꿈꾸며 38선을 넘다가 한 발의 총성으로 쓰러진 겨레의 스승이다. 그러나 실제로 우리가 김구에 대해 아는 것은 몇 가지 단편적인 사실 뿐, 그의 삶을 이끈 철학과 사상 그리고 그가 지향한 미래 한국의 모습은 모르는 경우가 많다. 다행히 김구는 자신의 삶을 글로 남겨 두었고, 그 글을 통해 우리는 그가 살아온 행적과 숭고한 뜻을 좇을 수 있다.

《백범일지》는 상권과 하권으로 나뉜다. 상권은 상하이 임시정부 요원으로 활동하던 시절 언제 목숨을 잃을지 모를 위험한 상황에서 두 아들에게 남긴 일종의 유서와 같은 기록으로 주로 김구의 개인적인 서사들이 담겨 있다. 하권은 이봉창, 윤봉길 의사의 의거 이후 작성된 것으로, 끈질긴 노력에도 불구하고 여전히 견고한 식민 지배에 절망한 동포들을 보며 그들에게 다시 한번 독립에 대한 열정을 심어주고자 하는 김구의 응원과 격려가 담겨 있다. 민족 운동에 대한 자신의 포부과 소감을 구체적으로 서술하고, 임시정부 및 독립운동의 상황을 밝히며, 동포들에게 독립의 희망을 잃지 말아야 한다는 메시지를 전해주고 싶던 것이다.

《백범 일지》는 기억에 의존해 작성되었기에 지극히 주관적이며, 날짜나 이름이 틀린 경우도 있다. 그러나 이 점은 문제가 되지 않는다. 이 책을 읽는 이유는 김구라는 인물의 삶에서 독립에 대한 뜨거운 열망을 느끼고, 공감하는 것이기 때문이다. 또한 객관적인 사건만을 기준으로 역사를 이해하는 교과서와 달리, 당시 사회상과 시대 변화를 개인의 눈으로 볼 수 있는 기회까지 함께 얻을 수 있다.

심화활동
- 김구의 삶을 통해 독립 운동의 당위성에 대해 생각해 본다.
- 김구와 비견되는 몽양 여운형의 삶과 그의 사상에 대해 알아본다.

8월

과학혁명의 구조

토마스 쿤 | 까치 | 2013

도서 분야	자연과학
관련 과목	과학사
관련 학과	과학철학학과, 과학교육학과, 철학과

과학철학 분야의 흐름을 바꾼 획기적 사상과 구조

이 책은 처음 등장할 당시 과학철학 분야에서 큰 반향과 논란을 일으켰으나 결국 20세기를 통틀어 가장 심오한 영향을 끼치고 있는 사상으로 인정받고 있다. 토마스 쿤의 《과학혁명의 구조》는 1962년에 초판이 나온 이후 1970년 재판을 거쳐 2012년에 출간 50주년을 기념하여 서론이 추가된 제4판이 출간되었다.

대가들이 다루는 철학적 주제와 용어는 어렵기 마련인데, 이 책에서 제시하는 핵심적 주장은 비교적 이해하기 쉽다. 우리가 흔히 사용하는 '패러다임(paradigm)'이라는 용어도 이 책이 등장할 당시에는 그리 많이 사용되지 않았는데, 이는 과학 전문가 집단에 모범이 되는 과학적 성취로 간주한다. '정상과학'에 진입한 이후 과학자들은 '퍼즐 풀이'를 통해 패러다임을 확장하고 명료화한다. 하지만 해결되지 않는 문제들이 등장하면서 위기가 발생하면 경쟁하는 패러다임이 새롭게 나타나고, 과학자 공동체가 새로운 패러다임을 받아들이게 되면서 '혁명'이 일어나게 된다. 정상과학에서 한두 가지의 반증 사례로 패러다임을 폐기하지 않는다는 점과 과학의 발전이 절대적 진리를 향해 서서히 나아가는 것이 아니라 '패러다임의 전환'처럼 불연속적으로 변화한다는 점은 큰 논쟁을 불러일으켰다.

철학, 심리학, 언어학, 사회학을 아우르며 과학 발전에 관한 통찰을 보여주는 이 책은 과학에 대한 깊이 있는 성찰을 하게끔 만든다. 학생들이 이 책을 통해 길러낸 사고력이 더 높은 곳으로 도약하는 밑거름이 되리라 믿는다.

심화활동

- 과학혁명 전후에 등장한 과학철학 이론을 찾아보고 과학사의 흐름을 정리해보자.
- 패러다임이 전환되는 과학혁명의 예를 조사하고 그 단계를 설명해보자.
- 논쟁이 될 만한 토마스 쿤의 주장을 찾아보고, 논점을 파악해보자.

객관성의 칼날

찰스 길리스피 | 새물결 | 2005

도서 분야	자연과학
관련 과목	과학사
관련 학과	과학철학학과, 과학교육학과, 철학과

과학 철학을 통해 밝혀내는 서양의 근대 과학 사상의 역사

서울대 권장도서 100선 중 하나인 《객관성의 칼날》은 과학 사상의 역사를 다룬 과학 고전이다. 오래된 고전이면서 유명한 과학 관련 서적이지만 한 번에 정독하는 것은 쉽지 않다. 이 책은 과학의 역사를 철학적 관점에서 쓴 것으로, 역사와 철학에 대한 배경지식을 바탕으로 과학의 흐름을 읽어내야 온전히 이해할 수 있다. 아니, 어쩌면 온전한 이해를 위한 노력보다는 인문과 자연과학적 소양을 쌓는 데 초점을 두고 읽어보길 권한다.

이 책은 고대 그리스 철학자 아리스토텔레스와 플라톤의 철학 사조의 과학적 영향과 16세기의 코페르니쿠스, 20세기의 아인슈타인 등 학자들의 심오한 사상과 업적을 다룬다. 특히 과학자의 업적이 단순히 기술되는 차원이 아니라 인물의 삶에 영향을 주는 시대적 배경과 다양한 일화, 성격, 연구 자세와 철학 등이 저자의 해석에 따라 서술되어 있다. 교과서에 단 몇 줄로 소개되는 과학 법칙과 이론이 만들어지기까지 수많은 고뇌와 갈등이 그들의 뒤에 숨어 있었음을 알게 될 것이다.

본문에는 물리학, 화학, 생물학, 지질학, 천문학 등 과학사에 등장하는 여러 학문의 발달 과정이 소개되어 있기에, 순서와 상관없이 자신의 관심 분야를 먼저 찾아보는 것도 이 책을 흥미롭게 읽는 하나의 방법이다. 이 책에는 과거 과학의 문헌이나 논문이 자주 인용되는데, 저자는 이것이 다만 그 문체나 정신을 전하기 위함이지 이런저런 사실들을 확인하기 위한 것은 아니라고 말한다. 과학의 역사를 담당해온 과학자의 개성 보존에 세심한 주의를 기울였음을 알 수 있다. 이번 기회에 과학과 인문학, 철학을 아우르는 과학사의 매력에 빠져보는 것은 어떨까?

심화활동

- 뉴턴 이전의 근대과학 혁명을 조사해보고, 주요 내용과 의의를 탐색해본다.
- 시대별 주요 철학 사조를 조사한 후 과학과 철학의 연관성을 탐구한다.
- '과학, 철학, 사회, 문화의 연관성'을 주제로 자료를 수집·조사해본다.

코스모스

칼 에드워드 세이건 | 사이언스북스 | 2004

도서 분야	자연과학
관련 과목	통합과학
관련 학과	물리학, 천문우주학, 항공우주공학

천문학자가 들려주는 감동적인 우주의 대서사시

칼 세이건이 작고한 지 벌써 28년이라는 세월이 흘렀다. 그 사이에 생명과 우주의 기원을 밝혀낼 과학 이론이 새롭게 등장하고 최첨단 망원경이 개발되었으며, 구체적인 화성 이주 계획과 블랙홀 촬영 영상이 우리 앞에 놓이게 되었다. 세상에 모습을 드러낸 지 40년이 훌쩍 넘었음에도 여전히 우리가 이 과학 고전을 읽어야 할 이유는 많다.

코스모스는 우주의 질서를 뜻하는 그리스어이며 카오스에 반대되는 개념이기도 하다. 코스모스라는 단어는 만물이 서로 깊이 연관되어 있음을 내포하며, 인간과 우주는 근본적인 의미에서 연결돼 있다고 저자는 말한다. 이 책은 우주와 생명의 기원, 진화, 은하를 구성하는 물질과 다양한 천체, 이를 관측하는 여정, 수많은 과학자들의 업적과 인류의 역사, 인류의 생존 문제에 대한 해결과제 등의 방대한 내용을 담고 있는 만큼 두께가 상당하다. 그러나 학생들이 코스모스 탐험에 대한 호기심을 갖고 저자의 목소리가 이끄는 대로 따라가기만 하면 우주와 생명의 대서사시를 충분히 완독할 수 있다.

칼 세이건의 풍부한 상상력과 호기심은 타의 추종을 불허하는데, 인류가 외계 문명을 탐사하는 방법과 외계 문명과의 만남을 가정하고 펼쳐내는 시나리오는 웬만한 공상 과학 소설보다 더 흥미진진하다. 우주 탐험이야말로 인류의 정체성을 찾는 위대한 대장정이기 때문이다.

《코스모스》에는 최신 과학 이론이 없지만, 우리가 과학을 통해 배워야 할 세상의 이치, 나아가야 할 방향, 삶의 태도가 담겨 있다.

심화활동

- 쟁점이 될 만한 주제로 독서 토론을 하고, 공학 과학 소설을 작성해본다.
- 최신 과학 이론, 우주 탐사선의 업적 등을 조사해 주제 탐구 활동으로 이어본다.
- 외계 지적 생명체 탐사 프로젝트에 대해 알아보고 최근 연구 동향을 조사해본다.

모든 순간의 물리학

카를로 로벨리 | 쌤앤파커스 | 2016

도서 분야	자연과학
관련 과목	물리학
관련 학과	물리학과, 천문우주학과

'우리는 누구인가?'에 대한 물리학의 대답

카를로 로벨리는 이탈리아 태생의 저명한 물리학자로서 블랙홀의 본질을 새롭게 규명한 우주론의 대가이다. 대중을 위한 물리학 강연을 활발히 진행하고 있는 만큼 책에서 소개하는 내용에는 독자들의 쉬운 이해를 돕고자 고심한 흔적이 보인다. 물리학에 관심 있는 학생들, 혹은 평소 물리학을 어렵게 생각해 온 학생들이 이 책을 접한다면 많은 도움이 될 것이다.

저자는 물리학의 주요 이론인 일반상대성이론과 양자역학을 일상생활의 다양한 비유를 통해 쉽게 설명하고 있다. 양자역학을 주제로 한 아인슈타인과 보어의 대화를 비롯해 새로운 이론이나 아이디어로 나아가는 과정을 다양한 일화, 사례로 소개한다. 20세기 물리학의 혁명을 일으킨 핵심 이론뿐만 아니라 가장 최근에 도입된 참신한 아이디어들을 간결하게 소개하면서 우주에 대한 새로운 '이해'에 도달하게끔 하는 것이다. 마지막 강의에서는 인간의 존재에 관한 저자의 사색과 통찰을 통해 의미 있는 문제의식을 던져주고 독자에게 세상을 바라보는 넓은 시야를 제공한다.

비교적 짧은 책이지만 이론의 발달 과정과 과학사, 물리학의 주요 이론 및 현대 물리학의 흐름을 일곱 개의 강의에 담아 짧지 않은 여운을 남긴다. 학생들이 이 책을 읽는다면 물리학적 지식을 통해 현실 세계를 새롭게 바라볼 기회를 얻고, 인류의 존재 의미를 탐구하며 여러 과학 활동과 연결고리를 찾는 다채로운 경험을 할 수 있다.

영화 《인터스텔라》를 보고 우주의 본질과 시공간 해석에 대한 궁금증이 생긴 학생들이라면 이 책을 통해 이해의 폭을 확장할 수 있을 거라 생각한다.

심화활동

- 물리학의 관점에서 바라본 인간의 존재 이유를 주제로 과학 에세이를 작성해본다.
- 20세기 물리학의 혁명을 일으킨 핵심 이론의 발달 과정을 살펴본다.
- 학술자료를 통해 최신 과학의 동향을 살펴보고 탐구보고서를 작성한다.

시간은 흐르지 않는다

카를로 로벨리 | 쌤앤파커스 | 2019

도서 분야	자연과학
관련 과목	물리학
관련 학과	물리학과, 철학과, 천문우주학과

'시간의 신비'에 관한 지적 탐험

사물의 본질이나 현상을 설명하는 물리학에서는 우리의 경험적 직관을 넘어서는 사고와 통찰을 보여줄 때가 있다. 책에서 말하는 '시간'은 우리가 생각하는 '시간'과는 다른데, 저자는 《모든 순간의 물리학》에 이어 '시간'에 대한 심오한 고찰과 분석을 제공한다.

우리가 현재 경험하고 있는 시간은 우주의 관점에서도 유일할까? 시간은 과거에서 현재를 거쳐 미래로 향하고 있을까? 시간은 다른 무엇에도 영향받지 않고 규칙적으로 흐를까? 시간의 본질이란 과연 무엇일까?

《시간은 흐르지 않는다》에서는 이에 대한 답을 제시하며, 시간관념을 탐구해 온 고대 그리스 철학부터 시간을 이해해왔던 '역사'를 소개한다. 시간은 유일하지 않고 방향도 정해져 있지 않으며, 우리가 '현재'라고 부르는 개념은 효력이 없을뿐더러 역동적인 장의 한 양상으로써 시간이란 더 이상 독립적인 존재가 아니다. 또한 우리가 알고 있는 통상적인 시간관념은 지각 오류의 산물이자, 지구 환경의 특수성이 만들어낸 결과라고 말한다.

저자는 양자중력 이론을 연구하는 이론 물리학자로서 시간의 본질을 파헤치고 시간에 대한 정의를 새롭게 확장 시켜 나간다. '시간' 변수가 없는 세상을 '사건으로 가득한 세상'으로 표현하는 2부와 시간이 없는 세상에서 우리에게 시간 감각이 생기게 된 배경을 설명하는 3부는 몇 번 곱씹으며 훑어봐야 할 것이다.

그 흔한 수식과 방정식 없이, 시간의 본질을 깊이 탐구하는 이 여정에 참여할 준비가 된 학생들은 과감하게 도전해보길 바란다.

심화활동

- 시간이라는 단어가 지닌 의미를 다양한 사례를 통해 분석해본다.
- 본문에서 설명하는 시간의 관념을 철학적, 물리학적으로 해석해본다.
- 직관적 경험을 뛰어넘는 과학적 발견 사례를 찾아보고 이를 탐구해본다.

8월	우주의 구조	도서 분야	자연과학
6일	브라이언 그린 | 승산 | 2005	관련 과목	물리학
		관련 학과	물리학과, 천문우주학과

시간과 공간의 구조를 통해 우주의 근원을 밝히다!

우리가 코로 들이마시는 공기의 존재를 일상생활에서 쉽게 인지하지 못하는 것처럼 '시간과 공간'의 실체 역시 항상 있는 '무언가'로 여기기 마련이다.

긴 역사 속에서 철학자와 과학자들은 오래 고민해왔다. 어느 정도 풀렸다 싶으면 더 확장되고 마는 시공간의 독특하고 치밀한 구조에 대해서 말이다. '시간과 공간은 물리적 실체인가?', '혹은 그저 편의를 위해 도입된 개념인가?' 등의 질문을 추적하는 것으로 이 책은 시작한다. 다양한 우주의 법칙 앞에서 우리는 저절로 숙연해질 것이다.

시간의 방향성이 가진 문제의 원인을 찾다 보면 결국 초기우주의 엔트로피를 설명해야 하는데, 이 연구의 주제는 우주의 기원으로 넘어간다. 시공간과 우주론을 통해 인플레이션 우주론이 많은 답을 우리에게 제공하지만, 가장 초창기 우주(극도로 뜨겁고 밀도가 큰 상태)는 여전히 미궁 속에 있다. 저자는 그 가능성을 보여주는 '끈 이론'과 'M- 이론'을 소개하며 양자적 관측이론, 입자가속기로 블랙홀을 만드는 과정, 웜홀을 이용한 시간여행 등 다양한 내용을 설명한다.

이 책을 통해 시간과 공간의 구조를 탐험하는 과정은 숨은 미로 찾기와 같다. 복잡한 길을 여러 번 되돌아가기도 하고, 목적지에 대한 수많은 힌트를 제공받으며 끊임없이 상상력을 발휘할 것을 요구하기 때문이다. 적절한 비유와 이해하기 쉬운 설명은 우리가 찾아갈 길을 한결 매끄럽게 닦아준다. 학생들의 공부가 넓은 의미에서 '진리를 찾아 탐구하는 여정'이라고 본다면 브라이언 그린의 《우주의 구조》는 첨단 물리학의 세계관을 길러줄 뿐만 아니라 깊은 사고력과 문제해결력을 높이는 데에도 큰 도움이 될 것이다.

심화활동
- 책을 통해 시공간의 개념에 대한 변천사를 탐색하고 정리해보자.
- 책에서 소개한 시간여행의 가능성을 물리적으로 분석해보자.
- 이론 물리학의 현황을 탐색하고 연구 방법 및 발전 가능성을 탐구해보자.

엔드 오브 타임

브라이언 그린 | 와이즈베리 | 2021

도서 분야	자연과학
관련 과목	물리학
관련 학과	물리학과, 화학생물공학부, 천문우주학과

우주의 시작과 끝, 인간의 의식에 대한 탐구

'우주는 왜 텅 비지 않고 무언가가 존재하게 되었는가?', '생명의 근원은 무엇이며, 의식은 어떻게 탄생했는가?' 많은 학자가 이 질문에 대한 답을 찾기 위해 오랫동안 노력했으나 진실은 여전히 밝혀지지 않았다. 저자는 자신만의 물리학적, 수학적 접근 방식과 깊은 통찰로 우리를 탐구의 길로 안내한다.

《엔드 오브 타임》은 시간이 처음 흐르기 시작했던 시점부터 우주가 어떤 길을 걸어 왔고 또 앞으로 어떤 길을 가게 될지, 이 과정에서 인간의 마음이 만물의 무상함에 어떤 식으로 반응해 왔는지 보여준다. 총 11장으로 구성된 각 주제는 언뜻 광범위해 보이지만 유기적으로 연결되어 있어 우주의 역사를 탐색하던 독자들은 어느새 '인간의 마음', '영원함'과 같은 추상적인 용어를 분석하게 될 것이다.

이 책의 저자는 물리학과 및 수학과 교수이자 '초끈 이론' 분야에 중요한 업적을 남긴 이론물리학자이며, 훌륭한 과학 저술가답게 과학적 전문 용어를 일상생활 속의 유사한 사례와 비유로 모두 풀어냈다. 고등학교 과학 수업을 들었던 학생이라면 원소의 생성 과정, 화학 반응, 단백질 합성 과정, 생명의 기원에 대한 설명을 읽고 이해의 폭이 확장되는 경험을 할 것이다.

저자는 엔트로피와 진화가 상호작용하는 흐름, 물질, 생명, 의식의 형성과 종말, 세상의 형성 과정 등을 설명하면서도 물리학적 관점을 놓치지 않는다. 학생들이 인내심을 가지고 책을 손에서 놓지 않는다면 과학적 지식과 사고력이 내면에서 성장하는 기쁨을 맛보게 될 것이다.

심화활동

- 과학적 용어의 비유적 표현 사례를 찾아보고, 본인만의 방식으로 재해석한다.
- 독서 감상문을 작성하고, 자신의 진로에 관련한 활동을 이어 나간다.
- 책에 등장한 과학 현상을 탐구하여 글과 그림, 카드 뉴스의 형태로 표현한다.
- 논쟁의 여지가 있는 주제를 선택한 후 독서 토론 활동을 진행한다.

부분과 전체

베르너 카를 하이젠베르크 | 서커스출판상회 | 2016

도서 분야	자연과학
관련 과목	과학
관련 학과	물리학과, 전기·전자학과, 공학계열

원자물리학의 황금시대에 대한 일급 증언

이 책에는 양자역학의 개척자 중 한 명인 베르너 하이젠베르크의 자서전적 이야기가 담겨 있으며, 20세기 당대 최고의 자연과학자들과 저자가 나눈 대화를 통해 원자물리학의 발달 과정을 생생하게 엿볼 수 있다. 학생들은 물리학 교과서에 등장하는 주요 인물들을 만나며 물리학 이론의 발달 과정을 깊이 이해하게 되고, 인물들 간의 관계를 확인할 수 있다. 또한 논쟁 과정에서 고뇌에 빠진 과학자들의 모습은 우리가 몰랐던 그들의 인간적인 면모를 깨닫기에 충분하다.

1차 세계 대전 이후 독일에서 청년운동을 하던 하이젠베르크의 이야기로 시작하는 이 책은 약 50여 년에 걸쳐 경험한 사건과 당시의 대화를 바탕으로 전개된다. 양자역학과 같은 물리학뿐만 아니라 철학, 정치, 종교 등 다양한 주제를 두고 토론하는 모습이 매우 인상적일 것이다. 12장에서는 정치적 혼란과 위기에 처한 시대 상황 속 갈등과 고뇌를 볼 수 있고, 제2차 세계대전 당시 원자폭탄 개발 연구에 참여하며 동료들과 나눈 대화들은 우리의 호기심을 자극하기에 부족함이 없다.

저자의 친한 동료인 볼프강 파울리, 오랜 스승인 닐스 보어 외에도 아인슈타인, 슈뢰딩거, 막스 플랑크 등 여러 과학자들이 등장하며 자연과학의 실험적 의미, 이론에 대한 토론을 직접 읽게 되면 학문이 발전하는 과정이 고스란히 눈에 담기게 된다.

과학 고전의 권장 도서로 자주 거론되는 《부분과 전체》는 학생들이 읽기에 큰 부담이 없다. 과학적이며 철학적인 한 사람의 사고 과정을 따라가다 보면 과학과 철학 이상의 무언가를 얻게 될지도 모른다.

심화활동

- 과학과 인문학의 융합을 바탕으로 책의 주제에 대해 토론해보자.
- 대화와 토론을 통해 과학 발전이 이루어진 사례를 본문에서 찾아보자.
- 원자물리학 연표를 참고하여 관심 분야와 인물의 역사를 연표로 작성해보자.

어느 물리학자의 기상천외한 이야기

이 책은 제목에서 알 수 있듯 노벨 물리학상을 수상한 천재 물리학자 리처드 파인만의 일생을 다룬다. 노벨상을 받을 정도로 학식이 높은 사람들은 실험실에서 일평생 연구만 할 거라고 생각한다면 이 책을 읽고 그 생각이 송두리째 바뀌게 될 것이다. 표지에 드러난 파인만의 인자한 표정이 책을 덮은 후 세상에 대한 호기심과 장난기 가득한 얼굴로 보이기 시작할 것임이 또한 분명하다. 두 권으로 구성된 《파인만 씨, 농담도 잘하시네!》는 호기심 많던 어린아이가 대학교수가 되기까지의 수많은 에피소드를 보여준다. 그가 살았던 20세기 중반은 물리학에서 새로운 발견이 태동하던 때였으며, 2차 세계 대전과 냉전으로 혼란을 겪던 시기였다.

파인만은 평범하지 않았다. 어린 시절부터 고장난 기계를 직접 고치고 궁금한 것이 생기면 즉시 실행에 옮겼으며, 끊임없이 새로운 아이디어를 고민했다. 실패를 두려워하지 않는 그의 모습은 무언가에 얽매이지 않고 좋아하는 일을 하는 것이 얼마나 중요한지 새삼 일깨워준다. 성인이 되어서도 새로운 언어, 그림, 악기, 학문 등을 배우는 것에 망설임이 없었으며 전문성을 갖출 때까지 끊임없이 노력했다. 그의 그런 비범함이 괜히 만들어진 게 아니라는 것이다.

브라질에서 대학생들을 가르치며 브라질 교육체계를 비판하는 모습과 교과서 집필의 문제점을 짚어내는 모습은 우리나라의 교육 현실을 되돌아보게도 한다. 그 외에도 맨해튼 프로젝트 일화나 유명한 과학자들과의 대화 내용도 볼만하다. 우리 학생들이 이 위대한 과학자의 삶을 간접적으로 경험하면서 지금 당장이 아닌, 긴 일생의 여정을 계획하고 자신만의 중요한 기준을 찾는 계기가 되었으면 한다.

심화활동
- 파인만의 삶을 물리학자, 예술가, 한 가정의 남편 등에 따라 나누어 분석해보자.
- 파인만이 이론물리학에 미친 영향과 업적을 자세히 조사한 후 소개해보자.
- 시대적 배경이 한 개인의 삶에 어떠한 영향을 미치는지 탐구해보자.

떨림과 울림

김상욱 | 동아시아 | 2018

도서 분야	자연과학
관련 과목	과학
관련 학과	물리학과, 물리교육학과, 과학계열

가장 따뜻하고 인간적인 물리학

이 책은 '물리학'을 다루고 있지만, 전달 방식은 '인문학'의 그것과 유사하다. 방송을 비롯한 여러 매체를 통해 대중들에게 알기 쉽게 과학을 설명하고, 과학적 사고 방식을 널리 알리고 있는 저자의 태도가 책에서도 드러나는 것이다.

4부로 구성된《떨림과 울림》은 우주를 구성하는 기본입자에서부터 시공간, 지구에서의 생명 활동, 힘의 종류와 관계, 과학을 탐구하는 인간의 태도까지 상세히 다룬다. 각 주제를 설명하는 주요 도구는 원자의 특성, 기초 역학과 양자역학, 상대성이론, 엔트로피, 전자기력 등과 같은 물리학의 기본 개념인데, 담고 있는 주제가 광범위한 만큼 화학, 생명과학, 천문학 등 기초학문에 대한 친절한 설명이 들어 있고 그 내용이 유기적으로 연결되어 이해하는 데 큰 어려움은 없다.

물리학이 인간적으로 보이길 바란다는 저자의 말처럼 본문에 등장하는 비유와 표현에는 우리들의 일상과 감정이 녹아있다. 인간은 단진동으로 소통하고 세상을 인지한다. 물질 그 자체의 본질로써 의미를 지닌 '파동'이라는 것이다. 또한 인간은 '아무런 의도를 가지고 있지 않은 우주'에 '행복이라는 상상의 의미'를 부여하는 존재이고, 과학 역시 지식이 아닌 태도라고 저자는 말한다.

각 주제 말미의 '더하는 글'에서는 다양한 소재의 사색적인 이야기를 들려주는데 이는 책을 더욱 흥미롭게 만들어준다. 이 책을 읽는 학생들이 과학적 지식뿐만 아니라 과학을 따뜻하게 전달하는 방식에 대해서도 한 번쯤 고민해보았으면 좋겠다.

심화활동

- 본문의 내용을 참고해 일상의 문제를 과학적으로 해석해보자.
- 물리학 분야 중 관심 분야의 최신 연구 동향을 찾아보고 이를 소개해보자.
- 물리학에서 서로 대립하고 있는 이론을 찾아보고 각각의 관점을 정리해보자.

퀀텀의 세계

이순칠 | 해나무 | 2023

도서 분야	자연과학
관련 과목	물리학
관련 학과	전자공학, 물리학, 컴퓨터공학, 재료공학, 수학과

카이스트 교수의 수식 없이 이해하는 양자컴퓨터

라틴어로 단위라는 뜻의 '퀀텀'은 불연속적으로 변화하는 양의 기본값으로 우리는 이를 '양자'라고 부른다. 양자역학이라는 학문을 통해 한 번쯤 들어본 적 있는 이 단어는 어려운 물리학의 한 영역으로 구분되지만 인공지능, 가상세계, 빅데이터와 같은 미래 기술을 논할 때 빼놓을 수 없는 요소가 되었다.

국내 양자컴퓨터 연구의 최고 권위자이면서 양자 정보 1세대 연구자인 저자는 당초에 양자컴퓨터를 연구하는 물리학도를 위해 책을 내려다가 비전공자라도 읽을 수 있는 과학 교양 도서로 글의 성격을 바꾸었다. 비전공자이지만 물리학에 관심이 있는 사람들에게는 반가운 일이 아닐 수 없다. 양자물리가 발달하는 과정과 원리, 기본 개념, 양자 암호화의 원리, 양자정보기술의 현재와 미래, 양자컴퓨터의 개발과 그 가능성을 한눈에 파악할 수 있게 되었으니 말이다.

양자컴퓨터가 고전컴퓨터보다 혁신적으로 빠른 이유는 양자 세계의 중첩 성질 때문이다. 그리고 그 중첩 중에서도 '얽힘'이 양자컴퓨터의 초고속 계산을 가능하게 해준다. 그렇다면, 우리는 본문의 내용을 이해할 수 있을까? 저자는 양자컴퓨터의 원리를 상세히 설명하고 풀어내면서도 책의 말미에는 '이 내용이 이해가 잘 안 되었다면 이 책을 제대로 읽은 것'이라고 말한다. 그렇다. 우리는 양자물리학을 이해할 수 없다. 양자물리로 설명하는 '미시세계'는 우리의 직관적 경험과 아주 많이 다르기 때문이다.

최신 스마트기기로 SNS와 클라우드 및 빅데이터 기반 서비스를 능수능란하게 이용하는 학생들이 맞이할 양자의 시대를 이 책과 함께 준비하길 바란다.

심화활동

- 양자기술 분야의 자료를 찾아보고 관심 진로 분야와 연계하여 탐구해보자.
- 과학기술이 만들어 낼 미래 사회를 그리는 공상과학소설 창작 활동에 참여한다.
- 미래유망기술을 더 찾아보고 관심 있는 기술에 대한 연구보고서를 작성한다.

십 대, 미래를 과학하라!

정재승 외 9명 | 청어람미디어 | 2019

도서 분야	자연과학
관련 과목	통합과학
관련 학과	자연과학계열

오늘의 과학자와 내일의 과학자가 만나다

　과학자들의 재능기부 과학 강연 '10월의 하늘'의 10주년을 기념하여 강연 내용을 책으로 엮었다. 청소년을 대상으로 진행되는 강연인 만큼 이 책은 인간과 자연에 대한 호기심을 충족시켜주고, 미래 사회를 이끌어 나갈 새로운 기술과 탐사 방법을 제시한다. 변화하는 사회와 지구를 구체적으로 파헤치기보다는 그 속에 깃든 희망과 가능성을 꺼내 보여주는 것이다.

　《십 대, 미래를 과학하라!》는 우주와 지구, 생물이라는 큰 틀 안에서 학생들에게 필요한 기초과학 지식을 전달하며, 발전하는 기술과 변화에 적응하는 인간의 모습을 10개의 주제로 나누어 보여준다. 과학 분야에 종사하는 연구원과 학자, 교수들이 그동안 쌓아 온 경험과 지식을 직접 말해주고, 자연의 신비와 빠르게 변하는 기술, 새롭게 발견되는 과학 개념 등을 소개한다. 저자들이 학생들에게 전하고 싶은 과학적 탐구 방법과 자세, 세상을 이해하는 마음가짐도 빼놓을 수 없는 요소라 할 수 있다.

　뇌와 뇌를 연결하는 가장 좋은 방법은 다름 아닌 공감과 이해이다. 저자는 우리가 이러한 능력을 갖추고 있는 이유를 '함께 행복하기 위한 뇌로 진화했기 때문'이라고 밝힌다. 학생들이 이 책을 읽으면서 위로를 얻고 그것으로 과학에 대한 큰 꿈을 지니게끔 하는 게 저자의 목표라면 그 목표에 어느 정도 도달했다고 믿는다.

　'인공지능 시대, 미래의 기회는 어디에 있을까?'

　'인류가 살아가게 될 미래의 우주는 어떤 환경일까?'

　미래의 주역인 여러분이 이 질문에 대한 답을 찾아 나가길 응원한다.

심화활동

- 본문의 주제를 학문별로 나누고 관심 진로 분야와 관련지어 탐색해보자.
- 슈퍼컴퓨터를 활용한 시뮬레이션과 각 분야의 적용 가능성을 탐구해보자.
- 과학강연을 직접 찾아보고, 관심 있는 주제를 조사한 후 과제 연구로 진행해보자.

정재승의 과학콘서트

정재승 | 어크로스 | 2020

도서 분야	자연과학
관련 과목	통합과학
관련 학과	자연과학계열, 공학계열 및 수학과, 컴퓨터과학과

80만 독자가 사랑한 대한민국 대표 과학 교양서

우리가 살아가는 세상은 규칙과 혼란, 우연과 필연이 뒤섞인 복잡한 곳이다. 삶 속에서 종종 '머피의 법칙'이라 부르는 경험을 하고, 클래식 음악과 인기 가요에 흠뻑 빠져보기도 하며, 백화점에 물건을 사러 갔다가 무언가에 홀린 듯 여기저기 기웃거리기도 한다. 이러한 우리의 행동과 심리에는 어떤 원리가 숨어있을까?

《정재승의 과학콘서트》는 복잡한 사회 현상의 이면에 감춰진 흥미로운 과학 이야기가 빼곡히 담겨 있다. 사회, 문화, 경제, 역사, 예술 등 다양한 분야의 '전혀 상관없어 보이는 현상들'이 서로 밀접하게 연관되어 있음을 보여준다. 그리고 이 현상들을 뇌과학, 심리학, 카오스와 프랙털, 지프의 법칙 등 몇 가지 이론과 개념으로써 그럴듯하게 설명해낸다. 책을 읽는 학생들은 자신이 언제 잘 웃고 왜 좋지 않았던 기억만 선명하게 남는지, 어떻게 한 음악에 다 함께 공감할 수 있는지 알아차리게 될 것이다.

저자는 신경과학을 연구하는 뇌공학자이면서 동시에 과학의 대중화를 위해 많은 책을 집필한 물리학자이다. 이 책은 2001년 초판으로 발행된 후, 10년이 지날 때마다 개정증보판으로 출간되어 지난 10년 동안 새롭게 발전된 학문적 내용을 추가로 싣는 형식으로 그 맥을 이어왔다. '커튼콜' 형식으로 담아낸 복잡계 과학의 성장 과정, 물리학을 통한 깊은 성찰은 그 자체로 하나의 주제라고 봐도 될 만큼 인상적이다.

세상은 복잡하지만, 우리가 이해할 수 있을 만큼만 복잡하며 인문·사회과학과 자연과학이 한데 어우러져 생각보다 균형이 잘 잡혀 있다는 것을 알게 될 것이다.

심화활동

- 카오스와 프랙털, 지프의 법칙 등 몇 가지 과학 개념을 정리해 소개해보자.
- 일상의 현상을 과학 개념에 적용해 탐구 활동을 진행, 발표해보자.
- 융합과학과 복잡계 네트워크 과학이 나아가야 할 방향과 목표를 탐색해보자.

과학자가 되는 방법

남궁석 | 이김 | 2018

도서 분야	자연과학
관련 과목	과학, 진로
관련 학과	자연과학계열, 공학계열

'과학을 진정으로 좋아하는 사람'들을 위한 진로 지침서

대부분의 청소년들은 진로에 대한 고민이 많다. 학교에서는 흥미와 적성에 따라 자신의 진로를 하루라도 빨리 결정하라고 부추기지만 정작 학생들에게 제공된 직업정보는 턱없이 부족한 실정이다. 그러나 걱정하지 마라. 여기, 여러분의 부족한 인사이트를 채워줄 한 권의 책이 있다.

《과학자가 되는 방법》은 쉽게 말해 21세기 과학자가 어떤 일을 하는 사람들인지 알려주는 책이다. 저자는 과학자로 살아가는 길을 소개하고 안내하지만, 지름길을 알려주거나 높은 성공을 보장하지 않는다. 적어도 학생들에게 헛된 기대감을 심어주지는 않는다는 것이다. 이 책을 통해 현실을 직시하고 구체적인 지침에 따라 자신이 선택할 방향만 잘 설정하면, 불필요한 샛길로 빠지지 않고 원하는 목표지점에 도달할 수 있을 것이다.

이 책은 과학인인 저자가 대학 학부 생활에서부터 석·박사 과정, 박사후과정, 직업으로서의 연구 활동으로 이어지는 진로의 전 과정을 솔직하게 펼쳐낸 진로 지침서라고 볼 수 있다. 이공계열을 희망하는 학생, 학부모, 대학생, 현업에 종사하는 과학자들까지, 모두 이 책을 통해 유익한 정보를 얻을 수 있으며 현실 문제에 대한 한계와 고민에 대해 깊이 공감하게 될 것이다.

우리 사회에 만연해 있는 과학에 대한 그릇된 고정관념과 과학 발전을 저해하는 많은 요인…. 그 해결책은 과학을 진정으로 즐기는 '과학 덕후'들에게 있다. 성적이 우수한 학생들이 의사나 판사, 금융권의 직업을 선호하는 현실 속에서 '과학 연구'는 이를 좋아하고 즐길 줄 아는 사람이 하는 것이 바람직하다는 것이다. 이것이 오늘날을 살아가는 학생들이 가져야 할 마음가짐이 아닐까?

심화활동
- 책을 읽고 과학 관련 진로를 탐구하는 '진로 포트폴리오'를 작성해보자.
- 다양한 과학자의 길을 조사해보고, 관련 직업의 특징을 발표해본다.
- 과학자의 업무를 과학적 방법론으로 수행한 후 탐구 보고서를 기록해보자.

8월 15일	생명의 물리학	도서 분야	자연과학

	찰스 S. 코켈 | 열린책들 | 2021	관련 과목	물리학, 생명과학
		관련 학과	물리학과, 생명공학과, 화학생명공학과

생명을 이해하는 혁신적이고 새로운 시선

이 책은 다채롭고 복잡한 생명체의 구조와 특징을 단순한 원리와 법칙으로 설명할 수 있음을 보여준다. 생물의 진화 현상은 다양성과 우연에 의한 산물임을 인정하면서도 그 안에는 보편적인 물리 법칙이 형성되어 있다는 것이다. 독자들은 원자 단계에서부터 하나의 거대한 개체에 이르기까지, 생명의 모든 계층에 숨어 있는 물리적 원리를 탐구한다는 자세로 이 책을 읽어야 한다.

저자는 우주생물학자로서 외계생명체의 가능성과 우주 탐사, 우주가 가진 보편적인 생명의 원리에 대해 말한다. 무당벌레 같은 작은 곤충의 물리적 원리가 별의 진화를 설명하는 데 필요한 물리적 원리보다 많다면 어떨까? 생명의 법칙을 진화생물학과 물리학의 통합으로 풀어내는 저자의 이야기는 꽤 흥미롭다.

교과서에서 한 번쯤 본 적 있는 방정식도 자주 등장한다. 물리 법칙에 대한 거부감이 없다면 이러한 방정식으로부터 다양한 생명 현상의 예를 설명하는 과정이 재미있게 느껴질 것이다. 저자는 머리말에서 '학문을 틀에 박힌 분야로 나누어 탐구하는 것'을 경계하라고 말한다. 실제로 책에서는 과학의 많은 영역이 등장하는데, 우리 몸을 구성하는 원자를 설명하면서 화학 반응과 결합의 원리를 설명하고, 우주에 생명체 거주 가능 영역의 행성을 탐사하는 방법도 소개한다. 학생들이 《생명의 물리학》을 통해 생명의 보편적 법칙을 탐험해보길 바란다.

심화활동
- 개미와 새의 군집 활동, 무당벌레의 행동 특성을 물리학의 원리로 탐색해보자.
- 생명 유지에 필요한 에너지를 무엇으로 대체할 수 있는지 고민해보자.
- 생물의 생김새를 물리학과 진화생물학의 '통합적 시각'으로 해석해보자.

뇌를 바꾼 공학, 공학을 바꾼 뇌

임창환 | 엠아이디 | 2023

도서 분야	자연과학
관련 과목	물리학
관련 학과	공학계열

뇌공학자가 말하는 뇌공학의 현재와 미래

수명을 연장하려는 인간의 욕망은 자연스럽게 인체 연구로 이어졌고, 현재 선진국들은 뇌과학 연구에 앞다투어 투자하고 있다. 《뇌를 바꾼 공학, 공학을 바꾼 뇌》는 뇌공학의 현주소와 앞으로 나아가야 할 방향성을 제시한다. 저자는 뇌공학과 패턴인식, 기계학습, 인지과학 분야에서 200편 이상의 논문을 발표하며 축적한 경험을 책을 통해 생생하게 전달하고, 뇌공학이 가지고 있는 무궁무진한 가능성을 13개의 장으로 나누어 소개한다.

지금 이 책을 읽고 있는 학생들의 뇌에 '경두개직류자극기'라는 기계로 전류를 흘려주면 뇌의 특정 부위의 활성도가 높아져 책의 내용을 더 잘 기억하게 되며, 계산능력 또한 향상시킬 수 있다. 아직 그 이유를 정확히 밝혀내지는 못했지만, 수험생들의 이목을 집중시킬 만한 소식임이 틀림없다. 물론 뇌공학 연구는 치매를 비롯하여 조현병, 범불안장애, 우울증과 같은 다양한 뇌질환을 진단하고 치료하는 데 더 큰 의미가 있지만 말이다.

이 책에서는 뇌공학 기술의 발달 과정과 적용 분야를 소개하고, 현재 맞닥뜨린 한계점과 미래 사회에 사용될 기술 발전의 방향성을 논한다. 뇌과학이나 뇌공학의 연구 결과 중에는 사회적으로 상당한 파장을 불러일으킬 만한 것들도 있으며, 그로 인해 빚어질 잠재적 문제들에 대해서도 살펴볼 수 있다.

여전히 밝혀내야 할 과제가 많지만, 저자의 바람대로 청소년들이 이 책을 통해 뇌과학, 뇌공학 분야에 관심을 가지고 다음 세대를 이끌어갈 훌륭한 연구자로 거듭날 수 있길 소망한다.

심화활동

- 주요 뇌공학 기술을 살펴보고 다양한 분야에서의 활용 방안을 정리해본다.
- '뇌공학 발전의 미래 모습'을 주제로 글짓기, 또는 그림을 그려보자.
- 최신 논문을 찾아보고, 뇌공학 발전이 가져올 사회적 문제를 고민해본다.

아주 위험한 과학책

랜들 먼로 | 시공사 | 2023

도서 분야	자연과학
관련 과목	통합과학
관련 학과	공학계열, 자연과학계열, 컴퓨터 과학과

엉뚱한 상상으로 질문하고 과학적 현실로 답하다

어린 시절 한 번쯤 해봤을 엉뚱한 질문에 과학적으로 답해주는 누군가가 있다면 어떨까? 이 책은 《위험한 과학책》, 《더 위험한 과학책》으로 유명한 랜들 먼로의 후속편이다. 저자는 미국항공우주국에서 로봇공학자로 근무한 경력이 있으며, 이후 과학 웹툰 작가로 활동하고 있다. 자신의 이름을 딴 소행성이 있을 정도로 특이한 이력의 소유자인 그는 호기심 가득한 질문에 답하기 위해 많은 전문가의 도움을 받기에 이른다. 이 책에는 모든 엉뚱한 질문에 대한 답이 들어 있다.

'경고, 집에서 절대 따라 하지 마세요.'로 시작하는 도입부부터 어떤 내용이 들어 있는지 궁금증을 자아낸다. 63가지의 위험한(?) 질문에 대한 '친절'하고, '황당'하면서도 '재치'있는 답변은 여느 책에서 느낄 수 없는 카타르시스마저 느끼게 한다.

몇 가지 예를 들면, '바나나로 전 세계의 교회를 채운다면', '지구 크기의 눈동자로 얼마나 멀리 볼 수 있는지', '모든 사람이 냉장고 문을 동시에 연다면 세계의 온도가 어떻게 변하는지' 같은 황당한 질문에도 물리학적, 생물학적 지식을 동원해 설명해낸다는 것이다. 질문에 대한 답이 종종 예상치 못한 '진지한 과학의 영역'으로 넘어갈 때도 있는데, 이는 과학이 '호기심'으로부터 발전한다는 궁극적 메시지를 전하기 위함이다.

과학 시간에 남몰래 엉뚱한 상상의 나래를 펼쳐본 친구들이 있을 것이다. 이 책을 통해 자신만의 답을 찾길 바란다. 아기자기한 스케치와 재치 있는 답변이 과학에 대한 여러분의 가능성을 더욱 빛나게 해줄 것이다.

심화활동
- 기발하고 엉뚱한 질문을 만들어보고 창의적 아이디어를 얻는 방법을 탐색해보자.
- 본문의 질문들을 진로 영역에 따라 분류하고, 과학 퀴즈 활동을 진행해본다.
- 관심 분야의 책을 골라 이를 주제로 과학적 근거를 찾는 탐구 활동을 해보자.

천문학으로 학문의 진정한 즐거움을 발견하다!

어린 시절부터 천문학에 호기심을 갖고 있던 저자는 어느 날 문득 하던 일을 멈추고 강화도 산속으로 들어가 망원경으로 별을 관측하고 우주를 사색하기 시작했다. 하늘의 별과 우주를 사색한다는 것은 도대체 어떤 의미가 있기에, 그의 삶을 산속으로 이끌었을까? 《십대, 별과 우주를 사색해야 하는 이유》는 청소년들이 자신만의 우주관을 확립하고 좀 더 넓은 시각으로 자신의 삶과 세상을 바라볼 수 있게 돕는다.

저자는 고등학생들을 대상으로 진행한 〈나와 우주〉 특강 내용을 바탕으로 천문학의 역사와 이론을 3개의 주제로 나눠 담았다. 첫 번째 주제에서는 우주의 시작과 종말, 우주 속 인간의 존재 의미와 그 관계를 탐구한다. 우리가 우주를 사색하는 것은, 인간이 우주 속에서 얼마나 보잘것없는 존재인가를 깊이 자각하는 첫걸음이다. 그렇게 긴긴 시간의 흐름과 공간 속에서 '자아의 위치'를 찾아내는 분별력을 기르고 깨달음을 얻게 될 것이다. 이것이 이 책의 가장 큰 틀이자 주제이며 우리가 자신만의 우주관을 지녀야 하는 가장 명료한 이유이다.

두 번째와 세 번째 주제에서는 고대에서부터 현대에 이르기까지 인류의 최고 지성인들이 우주를 탐구해 온 일화와 우주론을 재미있게 소개하고 그 내용과 의미를 이해하기 쉽게 풀어낸다. 이렇다 할 배경 지식이 없어도 천문학의 주요 이론과 과학 지식을 이해하는 데 어려움이 없을 것이다. 독자들이 부담 없이 읽을 수 있는 천문학에 관한 몇 안 되는 책이라 자신한다. 부록으로 실린 〈연표로 보는 우주의 역사〉를 참고하면 천문학에 관심이 있는 학생들의 공부에 많은 도움이 될 것이다.

심화활동

- 별과 우주의 규모 측정법을 소개하고, 그 값을 하나의 대상에 비교해보자.
- 자신만의 우주관을 정립하여 이를 수필이나 시, 소설의 형식으로 표현해보자.
- 책에 소개된 천문학의 역사, 천문학자들의 삶의 일화를 조사해 발표해보자.

천문학자는 별을 보지 않는다

심채경 | 문학동네 | 2021

도서 분야	자연과학
관련 과목	과학
관련 학과	천문학과, 항공우주공학과, 지구환경과학과

일상을 살아가며 우주를 사랑하는 법을 전하다

도심의 불빛으로 가득한 밤하늘에서 별을 제대로 감상하는 건 어렵다. 늦은 시간까지 공부하고 귀가하는 학생들의 손에는 어김없이 스마트폰이 들려 있다. 밤하늘을 올려다볼 여유가 없는 것이다.

실제로 요즘 천문학자들도 망원경으로 직접 별을 관측하는 일은 매우 드물다. 무인 우주탐사선이 관측해온 자료를 인터넷을 통해 수집, 분석할 수 있기 때문이다. 《천문학자는 별을 보지 않는다》는 행성과학자인 저자가 천문학자로서 걸어온 길과 그 속에서 세상을 바라보는 '사색'을 담은 책이다.

이 책에서는 달을 연구하는 평범한 과학자, 비정규직 박사후연구원으로 대학 졸업 후 걸어온 저자의 삶을 허심탄회하게 말해준다. 어떤 대단한 계기로 천문학을 선택한 것도, 어릴 때부터 오매불망 천문학자가 되기만을 그리다 마침내 꿈을 이룬 것도 아니다. 어쩌면 과학자가 되어서도 과학자가 무엇인지 고민하는 저자는 불투명한 미래를 걱정하며 하루하루를 열심히 버텨내고 있는 우리의 모습과 많이 닮아 있을지도 모른다. 책에서 이야기하는 과학자로서의 일상적인 삶과 고민, 여성 학자에 대한 차별적 인식, 대학 강의에서의 에피소드 등이 독자들의 마음을 더욱 크게 울릴 수 있는 까닭이다.

무엇보다 이 책의 매력은 '우주를 사랑하는 방법'으로 세상을 사랑하는 듯한 감성적이고 문학적인 표현, 그리고 무거운 천문학적 지식을 가볍게 풀어내는 데 있다. 학업에 지친 우리 학생들이 이 책을 통해 우주를 사랑하는 방법을 배우고, '가장 거대한 위로'를 얻길 바랍니다.

심화활동

- 행성의 운동을 바탕으로 문학 작품이나 가상 현실 속 경험을 분석해보자.
- '역사 자료 속 천문 현상'을 주제로 역사서를 참고, 과학적 근거를 찾아보자.
- 천문학자, 행성과학자에 대해 조사하고, 우리나라의 달 탐사 계획을 살펴보자.

프로젝트 헤일메리

앤디 위어 | 알에이치코리아 | 2021

도서 분야	자연과학
관련 과목	지구과학
관련 학과	천문우주학과, 항공우주공학과

천재 작가가 선보이는 경이로운 우주 활극

　이 책은 SF 소설《마션》으로 유명한 앤디 위어의 세 번째 장편 소설이다. 과거 뛰어난 분자생물학자였던 주인공이 중학교 과학 교사로 근무하던 중 위기에 빠진 지구와 인류를 구원하기 위해 막중한 임무를 수행한다는 긴 여정…. 등장인물은 여느 소설 속 주인공처럼 냉철함과 책임감으로 무장되어 있을 것 같지만, 실상은 겁이 많고 여린 마음을 지닌 착한 사람이다.

　지구가 위기에 빠지게 되는 원인은 누구도 예상하기 힘든 '외계 미생물'의 등장. 저자의 상상력과 과학적 분석이 뒷받침되어 만들어낸 지구의 냉각화 현상은 지구온난화로 어려움을 겪고 있는 우리 현실에서는 다소 이해하기 힘든 일이지만, 그럼에도 이 책이 설득력 있게 표현되는 이유는 물질의 특성, 빛의 성질과 에너지에 대한 물리, 화학적 법칙과 생물학적 이론에 근거를 두고 쓰였기 때문이다. 저자는 천문학과 천체과학, 입자물리학, 화학, 생물학, 기상학 등 소설에 필요한 과학적 데이터와 실험 도구, 장비를 연구하고 이를 적재적소에 활용하는 탁월한 능력을 보여준다.

　이 소설에서 가장 극적이고 중요한 장면은 주인공이 가장 친한 친구인 로키와 만나는 장면인데, 이에 대한 부연 설명은 책을 읽는 독자들을 위해 하지 않겠지만 강한 몰입감과 함께 우리의 상상력을 자극하는 장면임에는 분명하다(책을 읽다가 감정이 이입되면 책임감 같은 것들이 마음속에서 마구 솟구쳐 오를지도 모른다).

　학생들이 이 소설을 읽고, 과학으로 세상을 이해하는 방법과 인류의 근원에 대해 깊이 있게 고민해보는 시간을 가졌으면 좋겠다.

심화활동

- 공상과학 소설 및 영화 속 내용을 과학적으로 분석하고 발표해보자.
- 과학자, 기술자, 정치인 등 다양한 인물이 되어 자신만의 이야기로 책의 내용을 재구성해보자. 내용에 과학적 근거를 많이 제시할수록 좋다.
- 교과 심화 활동으로 이어 나갈 주제를 하나 정하고 연구를 진행해보자.

지구의 짧은 역사

앤드루 H. 놀 | 다산사이언스 | 2021

도서 분야	자연과학
관련 과목	지구과학
관련 학과	지구과학교육과, 지구환경과학과, 화학생명공학과

일상의 언어로 만나는 지구의 역사

지구의 탄생은 지금으로부터 약 46억 년 전으로 거슬러 올라간다. 태양 주위를 돌던 작은 암석과 얼음 알갱이들이 조금씩 뭉쳐져 지구만 한 크기를 만드는 역사의 시작에서부터 용암으로 뒤덮인 표면이 푸른 바다와 초록빛 식물로 변하게 되는 과정은 상상할 수 없을 정도로 긴 시간과 에너지, 역동성을 요구한다. 어느 순간 생명이 깃든 유기체의 등장은 현재와 같은 수많은 다양성과 복잡한 생명체의 출현으로 이어지고, 지구상에 존재하는 모든 생명체와 지구의 구성 요소들은 끊임없이 상호작용하게 된 것이다. 여기, 이 한 권의 책에 그 존재의 원인과 결과가 다 들어있다.

이 책은 8가지 주제로 지구의 연대기를 그린다. 지구의 역사를 밝혀내는 과정은 그리 단순하지 않다. 땅속에 묻혀 있는 화석과 암석에 들어있는 동위원소를 분석하고, 운석의 성분을 조사해 태양계의 근원 물질을 통해 지구의 초창기 모습을 밝혀내야 하기 때문이다. 바다와 대기의 성분이 어떻게 변해왔는지, 대륙이 어떻게 이동해 왔는지 알기 위해 고지자기를 활용해 물리적 분석을 하고 생물의 진화 과정을 함께 탐구해야 한다. 저자는 이 거대하고도 웅장한 과정을 마치 교실에서 학생들에게 역사 이야기를 들려주듯, 평안하면서도 차분하게 설명한다.

이렇듯 저자는 수많은 이야기를 전함과 동시에 지구 역사가 우리에게 주는 교훈을 다시금 일깨워준다. 지금 이 순간은 대단히 덧없고 깨지기 쉬우며, 또한 소중하다고 말이다. 우리가 지구를 이해한다면, 응당 지구에 대한 책임을 져야 한다. 이 책과 함께 과거에서 미래로 이어지는 인류의 '임무'를 한 번쯤 생각해보길 바란다.

심화활동

- 지구의 탄생과 진화 과정을 간략히 소개하는 시청각 자료를 직접 제작해보자.
- 지질 시대에 일어난 5번의 대멸종 사건을 과학적으로 분석하여 발표해보자.
- 생명의 기원에 대한 다양한 가설을 조사하고, 지구 역사 탐구 방법을 소개해보자.

화석맨

커밋 패티슨| 김영사 | 2022

도서 분야	자연과학
관련 과목	지구과학
관련 학과	지질학과, 고생물학과, 인류학과, 고고학과

인류 최초의 조상을 만나는 화석 사냥꾼의 이야기

이 책은 인류의 기원을 찾는 연구자들에 관한 이야기다. 오래된 뼈를 찾아 발굴하고 해석하는 현장의 모습, 새로운 발견을 인정받기 위해 벌이는 수많은 과학적 논쟁과 정치, 역사가 한데 어우러진 생생한 기록물이다. 이 책은 고인류학의 탐구 과정을 상세히 기록하고 있으며, 논픽션임에도 불구하고 인물들의 묘사와 흥미진진한 일화, 연구자들의 갈등과 협업이 소설 속 장면처럼 극적으로 잘 표현되어 있다.

《화석맨》에 등장하는 소재는 440만 년 전 인류의 조상으로 추정되는 화석종, 아르디피테쿠스 라미두스, 일명 '아르디'이며 이 아르디를 연구하는 고인류학자 '팀 화이트'가 바로 책의 주요 인물이다. 팀 화이트는 불같은 성격의 소유자로 이 책에서 시종일관 거칠고 독선적이며 날카로운 인물로 묘사되지만, 발굴 작업과 해부학 연구에 있어서는 누구보다도 뛰어난 연구자이다.

화석을 연구하며 현장을 누비는 장면은 결코 낭만적일 수 없다. 배경이 되는 장소인 에티오피아는 이야기가 진행되는 동안 여러 차례의 전쟁을 겪었으며 정치적인 불안 요소를 안고 있는, 생존을 보장받을 수 없는 지극히 위험한 곳이다. 고인류학의 연구 특성상 오랜 시간을 요구하고 자료를 해석하기 위해 많은 가설을 세워야 했기에 그 위험도는 더 높아질 수밖에 없었다. 과학적 성과를 두고 경쟁하는 다른 과학자들의 비판과 비난도 이들이 감당해야 할 몫이다.

《화석맨》을 읽는 학생들은 과학적 발견을 통해 새로운 이해로 넘어가는 학문의 발달 과정을 엿볼 수 있을 것이다. 결국 과학도 인간이 연구하는 학문이라는 점에서, 그것이 안고 있는 한계와 그 안에서 벌어지는 끝없는 경쟁과 실험을 피할 수 없다. 스스로를 모험가라 생각하며 과학의 또 다른 재미를 발견해보자.

심화활동

- 해부학과 분자유전학을 통한 인류의 분류 방법을 조사하여 소개해보자.
- 화석으로 인류의 기원을 밝히는 방법이 다른 방법과 어떤 차이가 있는지 조사해보자.
- 오래된 인류의 화석 자료를 직접 찾아보고, 인류의 가계도를 직접 작성해보자.

오리진

루이스 다트넬 | 흐름출판 | 2020

인류의 진화를 이끈 지구, 역사의 중심에 서다

인류 문명의 전체 역사는 지구적인 시각에서 보면 최근 간빙기 시기에 잠깐 반짝이는 불꽃에 지나지 않는다. 우리 종의 출현과 발달, 사회와 문명의 역사 이야기를 만들어가는 과정에서 지구를 주인공으로 등장시키는 이 책은, 인류가 아프리카를 벗어나던 최초의 순간에서부터 빙하기와 간빙기를 거쳐 현재에 이르기까지의 '변화 과정'과 '그 변화가 인류에게 미친 영향'을 보여준다.

저자는 책의 프롤로그에서부터 본편의 이야기를 끌고 갈 주요 질문을 빠짐없이 제시하는데 가령, 동아프리카 지구대를 형성한 지질학적 힘이 어떻게 우리를 특별한 종으로 진화시켰는지, 차갑고 건조한 기후에서 비롯된 사건이 사람들의 아침 식문화를 어떻게 바꾸어 놓았는지, 지구의 역사가 오늘날의 전략 지정학적으로 중요한 곳들을 어떻게 만들어냈는지 등의 '지구와 인류의 연결고리'를 흥미진진하게 풀어낸다. 또한 각 장에는 흐름을 놓치지 않도록 내용을 요약해주는 구간들이 있어 독자를 향한 저자의 세심한 배려도 느낄 수 있다.

본문에 나오는 판 구조론에 의한 지질학적 특징, 대기 대순환에서 비롯된 위도별 기후대, 대기와 해양의 순환, 몬순, 지리적인 특징과 생물의 진화 과정 등은 고등학생들이 이해하기에도 큰 어려움이 없을 것이다. 이러한 배경을 바탕으로 인류의 문화, 사회, 정치, 경제적 사건들을 함께 엮어내는 통찰력과 해석은 명저라 칭하기에 마땅하며 우리의 기원을 밝혀줄 '빅히스토리'를 읽고 인류의 숙제를 해결할 수 있는 단서를 하나씩 발견해 나가길 바란다.

심화활동

- 기후 변화 과정을 '판의 이동'과 '지구의 운동 관점'에서 정리해 기록해보자.
- 지구의 변화로부터 비롯된 인류 문명의 발달 과정을 이해하고 만약 지구의 변화 과정이 다르게 나타났을 때 인류의 모습은 어떻게 바뀌었을지 상상하며 글쓰기를 해보자.
- 판 구조론에 대해 찾아보고 이동 방향, 속도를 통해 미래 지구의 모습을 예측해보자.

기후의 힘

박정재 | 바다출판사 | 2021

인류 최대 난제였던 기후 변화로부터 찾은 답

최근 환경 문제에 대한 관심이 높아진 만큼 지구와 인류의 역사를 밝히는 '빅히스토리'가 인기를 얻고 있다. 빅히스토리는 인문학과 과학을 통합하여 과거의 사례들을 통해 인류가 나아갈 방향을 제시해주는데, 이러한 점에서 과거 기후와 환경 변화에 대한 과학적 분석으로 한반도의 환경사를 다루고, 미래 환경 문제와 대응 방향을 다양한 관점에서 해석하는 《기후의 힘》에게 필독서라는 타이틀은 아깝지 않다.

조선 후기 중흥기를 이끈 영조와 정조 시기는 태양 흑점 수가 증가하고 화산 활동이 저조해 기온이 전반적으로 높았다. 반면 무기력했던 군주로 평가받는 순조 시기는 흑점 수가 감소하고 화산 폭발이 잦아 기온이 낮았다. 한 시기의 왕조의 성쇠에는 정치적 능력뿐만 아니라 기후가 일말의 영향을 미치지 않았을까 짐작해볼 수 있다. 이와 같은 과거 인류의 문명과 기후 변화 관계를 낱낱이 파헤쳐보자.

후반부에서는 지구 온난화의 실체를 다양한 사례로 분석해보고 대응책을 함께 고민해볼 수 있다. 우리 사회가 기후 변화로 인한 피해를 입지 않으려면 선제적 조치를 취해야 하는데, 과거의 사례를 통해 그에 대한 해결책을 마련할 수도 있다.

본문의 내용과는 별개로 저자는 환경이 인간의 삶을 좌우한다는 맹목적인 '환경 결정론적 시각'을 경계한다. 환경은 다양한 요인 중 하나로만 해석해야 하며, 과거를 다루는 글을 읽을 때는 항상 비판적인 시각을 견지하라는 뜻이다. 우리 학생들이 《기후의 힘》을 통해 과학적 분석력을 기르고, 동시에 비판적이고 창의적인 사고력을 함양하길 기대한다.

심화활동
• '지구 환경 변화'를 소재로 다양한 글짓기 활동에 참여한다.
• 생지화학적 분석 자료와 지구를 위협하는 증후를 추가로 조사해본다.
• 교과 융합 활동으로 책 속의 내용을 한국사, 지리, 수학 교과와 연계해본다.

8월
25일

최종 경고: 6도의 멸종
마크 라이너스 | 세종서적 | 2022

도서 분야	자연과학
관련 과목	지구과학
관련 학과	지구환경과학과, 기상학과, 대기과학과

우리가 감추고 싶은 기후 변화의 진실

제목에서 알 수 있듯 이 책은 기후 변화가 가져올 재앙에 대해 경고한다. 경고 대상은 기후 변화를 먼 미래의 일처럼 여기며 여전히 많은 온실기체를 배출하는 우리 '모두'이다.

《최종 경고: 6도의 멸종》은 지구의 기온이 1°C씩 연속적으로 올라가는 현상이 인류 사회와 자연에 어떤 변화를 가져올 것인지 과학적 사실들로 명료하게 설명한다. 기후학자들과 과학 전문가들이 연구한 방대한 자료를 저자가 직접 읽고 해석하여 기후의 과거와 현재, 미래를 분석한 내용은 여러 의미에서 놀랍기까지 하다. 지구 온난화로부터 초래되는 빙하의 융해, 해수면 상승, 홍수와 가뭄, 농작물 생산량 감소, 해양의 산성화, 수많은 동식물의 멸종은 분명할 만큼 높은 인과관계를 보인다. 더 중요한 점은 이제 우리 인류가 노력하지 않으면 이러한 끔찍한 결과를 피할 수 없다는 것….

저자는 세계적인 환경 저널리스트이자 사회운동가로서 전작인 《6도의 멸종》에서 기후 위기와 해결 방안을 소개한 바 있다. 이후 10년이 훌쩍 지나고 전작에서 말한 미래에 놓인 가능성의 세계인 '1°C 상승한 세계'는 현실이 되었고, 전망은 더욱 비관적으로 바뀌었다. 이전 지질시대에서 비슷한 기후대의 환경을 참고해 이로부터 해결의 단서를 찾아보더라도 지금의 기온 상승 속도는 전례 없이 너무도 빠르다.

지구 온난화가 가속화됨에 따라 우리가 마주하게 될 미래의 전망은 어두울 거라 경고하지만, 이 책의 요지는 '아직 늦지 않았다는 것'이다. 탄소 관련 전 세계 온도 조절 장치는 여전히 우리가 통제할 수 있는 범위 안에 있음을 알고, 인류가 힘을 합쳐 노력한다면 회복의 여지는 있다. 우리 사회에 경종을 울리는 기후 변화에 그 어느 때보다 많은 관심이 필요한 때이다.

심화활동

- 기온이 상승할 때마다 나타나는 지구의 모습을 과거 지질시대 지구 환경과 비교하고, 기온 변화를 일으키는 요인을 분석해 오늘날과의 차이점을 살펴보자.
- 기온 변화가 지구의 다양한 요소에 미치는 영향을 탐구하여 보고서로 작성해본다.
- 기후 문제의 해결 방안을 과학적, 기술적으로 탐구하고 발표해보자.

인류세: 인간의 시대

최평순, EBS 다큐프라임 〈인류세〉 제작진 | 해나무 | 2020

인류라는 한 생물종이 지구 환경 전체를 바꾼 시대

최근 인류세를 공식적인 지질연대로 인정하기 위한 국제표준층서구역이 선정되면서 우리는 새로운 지질시대를 맞이할 가능성이 높다. '인류의 시대'를 뜻하는 인류세는 인간의 활동으로 지구의 역사에 뚜렷한 변화가 일어나고 있음을 나타내는 새로운 지질학적 용어다. 이 용어는 네덜란드 대기화학자 파울 크뤼천이 어느 회의에서 제안한 개념으로 2000년 이후 본격적으로 세상에 등장했다.

이 책은 지난 2019년 6월에 방영된 EBS 다큐프라임에서 3부작 다큐멘터리로 제작되었던 이야기를 제작과정에서 경험한 사건과 자료로 함께 엮어냈다. 객관적인 사실 전달 방식으로 구성되어 담백하고 사실적이지만 독자에게 전달되는 울림은 크다. '인류세'가 품고 있는 입체적 의미와 이것이 우리에게 보내는 '경고'는 슬쩍 보고 지나칠 수 있는 테마가 아님이 분명하다.

"천문학적인 숫자인데 매년 증가하고 있어요."

플라스틱 쓰레기의 증가율을 계산한 환경과학자 롤랜드 가이어 교수가 한 말이다. 인류세의 시작점으로 유력한 1950년 이후 인류는 65년간 플라스틱 63억 톤 이상을 버렸다. 지난 지질시대에서 다섯 번의 대멸종은 그 원인이 자연적 현상이었으나 여섯 번째 대멸종의 원인은 한 생물종, 바로 우리 인류일 가능성이 크다.

책을 읽는 내내 독자들, 우리 학생들의 마음이 무겁고 불편할지도 모르겠으나 책을 통해 인류세의 문제를 해결하는 소중한 씨앗을 하나쯤은 발견하길 바란다.

심화활동

- 인류세가 공식적인 지질연대로 인정받기까지의 과정과 조건을 조사해보자.
- 멸종 위기 동물들의 유전자를 보존하고 있는 냉동방주의 역할을 알아보고, 보관된 유전자로 동물 복원할 경우 발생할 수 있는 윤리적 문제들에 대해 토의해보자.
- 인류세의 증거가 될 만한 소재를 더 찾아 주제 탐구활동으로 확장해보자.

지구는 괜찮아, 우리가 문제지

곽재식 | 어크로스 | 2022

도서 분야	자연과학
관련 과목	지구과학
관련 학과	지구환경과학과, 에너지자원공학과, 지구과학교육과

기후 변화 이야기를 재미있게 풀어낸 기후 시민 수업

여름철, 장마철이 되면 터널이나 배수 시설이 취약한 곳에서는 종종 인명사고가 발생한다. 기후 변화로 인한 홍수나 가뭄, 침수 피해가 세계 각지에서 매년 증가하고 있는 현상황을 일부 사람들은 현실적으로 바라보지 못하고, 자연을 파괴한 인류가 지구로부터 벌을 받고 있다는 식의 감상적인 문제로 여기기도 한다.

《지구는 괜찮아, 우리가 문제지》에서는 기후 문제를 지나치게 단순화하거나 확대 해석하는 것을 경계하고 우리 삶에서 관찰되는 구체적인 결과를 진단, 해결책을 제시한다. 더불어 기후 변화라는 문제에 관심 있는 일반인들이 쉽게 접근할 수 있도록 관련 기초 지식을 제공하고 기후 문제와 얽혀있는 정치, 사회, 과학, 경제 분야에 대한 전문적 식견을 기를 수 있도록 도와준다. 환경 교양 수업처럼 구성된 한 권의 책을 통해 우리 학생들은 기후와 과학에 대한 기초 소양을 쌓고, 이와 같은 현상을 다양한 요인에 따라 인과적 관계로 분석하는 능력을 기를 수 있을 것이다.

화학 업계에서 환경문제에 관한 일을 해온 저자는 영화를 좋아하고 소설을 쓰며, 국제사회 업무적 경험을 쌓은 이력을 바탕으로 풍부한 상상력과 넓은 시야로 기후 문제를 분석, 관련 단체와 국가 간 이해관계를 풀어낸다. 책 중간마다 기후 이야기를 SF 소설 소재로 등장시키고 고전 설화를 소개하는 것은 이 책의 또 다른 묘미일 것이다.

특히 제3부의 〈기후 변화 시민수업〉을 꼼꼼히 읽어보고 환경, 기술, 사회 등 여러 측면에서 기후 문제를 유심히 관찰해 기후 변화에 대처하는 우리의 자세와 실천 방안을 고민해보았으면 좋겠다.

심화활동

- 기후 문제 해결을 위한 에너지 개발과 온실가스 감축을 위한 기술을 정리해보자.
- 기후에 관련한 이해관계가 얽혀있는 국가들의 입장을 조사, 역할을 나눠 토의해보자.
- 오랫동안 기후를 연구해 온 학자들의 업적과 연구 결과를 찾아 자료로 만들어보자.

지금 당장 기후 토론

김추령 | 우리학교 | 2022

지구를 살리는 토론 책

이제 막 석탄을 채굴하여 그것을 화석 연료를 이용해 본격적인 산업화를 시작하려는 나라가 있다고 가정하자. 우리는 이 나라에 온실기체 배출에 대한 책임을 물어 탄소 포집 기술을 개발, 이산화탄소 배출을 억제할 때까지 공장을 멈추라고 말해야 할까? 이 나라가 많은 인구에도 불구하고 그동안 빈곤에 허덕이다가 기후 변화로 막대한 피해까지 받고 있었다면, 그에 대한 보상으로 이제부터 마음껏 공장을 가동해도 된다고 말해야 할까?

《지금 당장 기후 토론》은 기후 문제와 관련한 여러 주제를 가지고 서로 대립하는 관점으로 이야기를 들려준다. 책의 이야기꾼이 직접 인터뷰하거나 창작한 이야기에 푹 빠져 들다 보면 판단을 내리기 어려울 정도로 모호한 입장에 놓일 수도 있다. 이 책에서는 독자들에게 정답을 제공하지 않는다. 또한 태어나자마자 기후 위기를 겪고 있는 청소년들, 미래 세대에게 기후 문제의 복잡한 상황에 접근할 때는 상대방의 말을 귀담아듣고 꾸준히 대화할 것을 요구한다. 끝으로 책을 통해서 답을 찾아가라고 제시한다.

기후의 정의, 숲의 가치, 갯벌과 논 습지, 탄소 포집 기술, 우주여행, 원자력 등 6가지의 주제를 통해 기후 문제를 논하는 이 책은 대화나 사건의 소개를 동화 형식으로 풀어내 책을 보다 흥미롭게 읽을 수 있도록 한다. 더불어 각 장의 마지막에는 배경 지식을 공부할 수 있게끔 따로 내용을 정리해두어 정보를 얻는 데는 제격이다. 책을 읽고 기후 문제에 대한 다양한 시각을 길러 친구들과 열띤 토론을 하는 학생들의 모습이 벌써 눈에 선하다.

심화활동
- 본문의 배경 지식을 탐구하여 홍보 활동과 같은 실천적 방안을 탐색해보자.
- 기후 문제에 얽힌 다양한 관점을 살펴보고 이를 주제로 토론 활동을 진행해보자.
- 후속 활동으로 기후변화와 관련된 사회적 활동을 검색해보고 참여 방법을 모색해보자.

<table>
<tr><td rowspan="2">8월
——
29일</td><td rowspan="2">지구를 위한다는 착각
마이클 셸런버거 | 부키 | 2021</td><td>도서 분야</td><td>자연과학</td></tr>
<tr><td>관련 과목</td><td>지구과학</td></tr>
<tr><td></td><td></td><td>관련 학과</td><td>지구환경과학과,
환경생태공학과,
지구과학교육과</td></tr>
</table>

기후 문제의 진실은 무엇일까?

이 책은 기후변화 문제에 대하여 우리가 알고 있는 사실과 과학적 지식이 과연 올바른지 끊임없이 되묻게 하는 책이다. 저자는 환경 문제를 부풀리고 잘못된 경고를 남발하며 극단적인 생각과 행동을 조장하는 종말론적 환경주의를 경계하라고 말한다. 이러한 점에서 지구를 보호하기 위한 노력으로 지금 우리가 사용하는 에너지, 연료, 인공적인 물질을 줄여나가길 원하는 다른 책들과는 사뭇 다르다. 낙관적인 생각으로 현실을 바라보고, 자신과 자연을 사랑하는 환경 휴머니즘을 추구할 것을 요구하는 것이다.

《지구를 위한다는 착각》의 저자는 30년이 넘는 시간 동안 기후, 환경 운동가로 활동하면서 수많은 글과 저서를 남긴 환경 저널리스트이다. 이 책에서 다루는 사실, 주장, 논증은 과학 지식에 근거를 두고 있으며, 기후변화정부간협의체(IPCC)와 같은 신뢰할 만한 단체의 연구 결과물을 가지고 이야기한다는 점에서 책의 내용이 왜 우리의 통념과 충돌하는지 고민해 볼 가치가 있다. 저자는 이것을 과학 조직, 일부 단체 및 언론이 이념적 동기를 가지고 사실을 과장하거나 중요한 사실을 의도적으로 빠뜨렸기 때문이라고 말한다.

자연재해로 인한 사망 피해는 실제로 줄고 있으며 화재 빈도와 피해, 식량 생산량 변화는 기후 변화보다는 다른 요인이 더 크게 작용한다. 문명의 발달이 정말 자연을 해롭게 하는지, '자연적인 것'이 무조건 이로운 것인지, 신재생 에너지는 과연 신뢰할 만한지 책을 통해 여러분이 판단해보길 바란다.

학생들이 이 책을 읽는다면 과학 교과서의 내용을 좀 더 비판적으로 바라보게 될 것이고, 더불어 다양한 시각을 갖는 데 도움이 될 거라 확신한다.

심화활동

- 기후변화에 대한 다양한 관점을 바탕으로 토론 및 컨퍼런스 활동에 참여해보자.
- 기후변화에 대한 올바른 판단력을 위해 과학적 분석 및 통계자료를 찾아보자.
- 기상청 기후정보포털을 이용해 기후변화 시나리오, IPCC 보고서 등을 탐색해보자.

구름을 사랑하는 기술

아라키 켄타로 | 쌤앤파커스 | 2019

도서 분야	자연과학
관련 과목	지구과학
관련 학과	대기과학과, 지구환경과학과, 항공학과

기상 전문가가 말하는 구름의 마음을 읽는 법

하늘에 떠 있는 구름 모양이 신기해서 한 번씩 넋 놓고 바라본 경험이 있을 것이다. 《구름을 사랑하는 기술》에서는 우리가 잘 몰랐던 하늘 위 세상에서 일어나는 '물'과 '공기'의 이야기를 들려준다. 자그마치 500톤의 구름이 어떻게 하늘을 유유히 떠 다닐 수 있는지 궁금하지 않은가?

기상 전문가가 쓴 이 책을 읽다 보면 저자가 구름을 얼마나 사랑하고 진심을 다해 하늘을 연구해왔는지 알 수 있다. 구름을 '아이'라고 표현하고 그 모습에 다양한 감정을 담아 의인화하는 것만 봐도 구름에 대한 저자의 애정을 알 수 있다(어쩌면 우리도 구름이 살아 움직이는 느낌을 받을지도 모를 일이다). 책 속에는 저자가 10년 동안 수집한 300여 장의 구름 사진과 각 구름에 대한 특징, 형성 과정이 정리되어 있다. 이러한 구름은 10가지 기본 운형에 더해 동식물처럼 종과 변종으로 구분되어 수많은 종류로 소개되는데, 그 양이 생각보다 많음에 놀랄 것이다.

구름이 형성되는 원리가 포함된 기상학의 기본 지식은 지구과학 시간에 배우는 내용의 심화 과정이라 그 원리를 조금 더 깊이 있게 이해할 수 있다. 그 외에도 대기 광학 현상, 대기 전기 현상, 구름을 이용한 날씨 읽는 방법 등 대기와 날씨 현상에 대한 전반적인 학습 자료가 즐비하다. 책을 쉽게 읽을 수 있도록 도와주는 귀여운 삽화 자료는 책의 재미를 더해주는 흥미 요소다.

각 장의 개요에서 제시된 QR코드로 들어가면 저자의 해설이 나오는 동영상과 구름 영상 자료를 볼 수 있어 책 이해에 많은 참고가 될 것이다. 책을 통해 구름에 대한 사랑을 소중한 어떤 이에게 전파하는 '구름 전문가'가 되어 보길 바란다.

심화활동

- 직접 촬영한 구름 사진을 활용해 사진전과 같은 다양한 활동을 기획해본다.
- 평소 관측하기 어려운 구름이나 특이한 구름을 찾아 생성 원리와 함께 소개해본다.
- 대기 광학 현상인 무지개와 태양, 달의 무리 현상을 빛의 굴절과 산란으로 분석하고, 그에 대한 탐구보고서를 작성해보자.

과학자들은 왜 깊은 바다로 갔을까?

김동성 외 31명 | 교보문고 | 2022

도서 분야	자연과학
관련 과목	지구과학
관련 학과	해양학과, 해양시스템학과, 지구과학교육과

지구 안의 외계, 심해를 탐험하는 과학자들

세계에서 가장 유명한 심해유인잠수정 '앨빈호'가 1977년 동태평양의 갈라파고스 인근 해저 2,600m 깊이에서 인류 역사상 처음으로 350℃가 넘는 뜨거운 물이 솟아오르는 열수분출공을 발견했다. 그 주변에 지금까지 한 번도 본 적 없던 새로운 생명체가 살고 있다는 사실도 확인했다. 심해 탐험 과학자들은 열수분출공이 있는 열수 생태계의 특징과 의미를 탐구하고, 이곳에서 발견된 새로운 '사실'을 우리에게 알려준다.

지구의 70%가 넘는 바다는 접근성이 떨어져 많은 부분이 여전히 미지의 영역으로 남아 있다. 하물며 그 넓은 바다의 93%를 차지하는 심해는 본격적인 탐구가 시작된 지 채 50년이 안 된다. 이 책은 우리나라의 해양 전문가들이 직접 심해 열수공이 간직하고 있는 신비한 비밀을 전하기에 더욱 귀하다.

태양 빛이 전혀 들지 않는 이곳의 생물은 열수에서 분출되는 물질을 이용해 유기물을 합성하는 미생물과 공생 관계를 맺고 살아간다. 이러한 '화학합성 생태계'의 발견은 그동안 생명의 근원으로 알고 있던 태양 에너지가 아닌 화학합성 에너지로도 생명 탄생의 기원을 밝힐 수 있다는 가능성을 시사한다. 그 외에도 심해 생물의 특징과 생물자원으로서의 의미, 심해 탐사를 할 수 있는 첨단 기술과 다양한 장비의 역사도 함께 안내한다.

바닷속 이야기를 전하는 과학자들의 바람은 우리나라가 자체 개발한 잠수정을 이용해 동해를 비롯한 주변의 심해를 탐사하고 생명의 근원과 인류에 도움이 될만한 해양 자원을 연구하는 것이다. 책을 읽은 학생 중 누군가가 미래의 해양학자가 되어 우리나라의 해양과학을 전 세계에 알리는 날이 오기를 소망한다.

심화활동

- 심해 열수분출공이 지닌 생태학적, 진화생물학적 의의를 탐색하고 소개해보자.
- 심해에서 발견되는 생물자원과 광물자원의 특징을 조사하고 발표해보자.
- 열수 환경을 탐사하는 방법과 우리나라 해양 기술의 발전 가능성을 탐구해보자.

9월

화학 공부가 어려운 학생들을 위한 화학 기초 입문서

주기율표는 원소를 원자 번호 순서와 화학적 성질을 기준으로 배열한 원소 분류표다. 주기율표에는 118개의 원소가 나열되어 있는데, 대부분의 학생들은 원소들이 그 자리를 차지하게 된 이유보다는 순서를 외우기에 급급하다. 입시 위주의 교육이 불러온 안타까운 현실이다. 저자는 학생들이 더 이상 주기율표를 '억지로' 외우지 않고, 그 원리와 의미를 먼저 찾을 수 있도록 돕는다.

각 원소가 가진 이름의 유래를 찾다 보면 우리가 몰랐던 숨은 뜻을 알아가는 재미가 있다. 각 원소의 이름부터 전자와 핵 등의 용어가 어떤 의미를 지니고 있는지, 특히 원자가 발견되는 역사적인 사건과 일화, 원자 모형의 진화 과정, 주기율표가 어떻게 완성되어왔는지 알 수 있을 것이다. 교과서에 미처 다 싣지 못한 이야기를 상세히 풀어냈다는 것이 이 책의 가장 큰 메리트가 아닐까 싶다. 주기율표를 잘 이해하려면 양자역학에 대한 배경 지식이 필요한데, 독자가 충분히 이해할 수 있도록 부연 설명도 빠뜨리지 않는다.

저자는 영국의 과학 교사로 다양한 매체를 통해 흥미로운 과학 이야기를 소개하며 과학의 대중화에 힘쓰고 있다. 그래서인지 책을 읽을수록 공부한다는 생각보다는 원소가 주인공으로 등장하는 '잘 구성된 한 편의 이야기'를 듣는 것 같다. 재미있는 이야기는 풍성한 과학 지식과 함께 때로는 섬뜩함마저 선사한다. 화학 시간에 주기율표가 나오면 거부감부터 생기는 학생이라면 반드시 이 책을 읽고 주기율표에 대한 두려움을 극복해내길 바란다.

심화활동
- 원소에 대한 자료를 관심 분야와 관련지어 조사하고 탐색해보자.
- 개별 혹은 공통된 성질을 지닌 원소를 조사해 주기율표를 직접 제작해보자.
- 방사성 동위원소의 활용, 인공 원소의 발견 과정 등에 관한 논문 자료를 찾아 해석해보고, 그에 대한 보고서를 쓴다.

법칙, 원리, 공식을 쉽게 정리한 물리·화학 사전

와쿠이 사다미 | 그린북 | 2017

도서 분야	자연과학
관련 과목	물리학, 화학
관련 학과	공학 계열학과, 물리학과, 화학과

현대 물리·화학의 기본이 되는 70가지 아이템

여러분이 만약 먼 행성에서 지구를 찾아온 외계인을 만났는데, 이 외계인이 지구인들이 지금까지 밝혀낸 물리화학 지식을 모두 내놓으라고 한다면 어떻게 할 것인가? 그때 여러분에게 필요한 단 한 권의 책이 여기 있다. 이 책은 20세기 초까지 수많은 과학자들이 밝혀낸 물리와 화학의 기본 법칙과 원리, 공식을 체계적으로 정리해놓은 가치 있는 한 권의 '자료'다.

교육과정이 바뀌고 학생들의 교과서가 각각 달라도 과거의 물리와 화학의 법칙, 원리는 바뀌지 않는다. 인공 지능과 빅데이터가 발전하는 미래 사회가 다가올수록 기초 과학에 대한 지식의 중요성은 오히려 높아지고 있으며, 이에 대비하는 자세가 필요하다.

이 책은 초·중학교에서 배우는 기본 법칙에서부터 고등학교에서 배우는 물체의 역학, 전기와 자기, 물질의 상태와 성질, 화학 반응, 20세기 현대 물리 이론까지 크게 6가지의 주제를 다루며 이것을 총 70가지 법칙과 원리, 공식으로 나누어 소개한다. 저자는 이해하기 쉬운 그림과 그래프로 설명하면서도 물리·화학 공식의 무게감을 확실하게 각인시킨다. 중간에 나오는 실전 문제나 예제는 교과서의 성격을 띠고 있어 친숙감을 더하며, 핵심 내용의 군더더기 없는 요약과 법칙의 유용한 쓰임새는 이 책을 쉽게 손에서 놓을 수 없게 만든다.

이 기초지식이 오늘날 과학기술을 이해하는 데 얼마나 중요한지 독자들 스스로 인지할 수 있었으면 좋겠다. 특히 학생들은 시험 때뿐만 아니라 평소에도 이 책을 옆에 끼고 매일 공식 하나씩 공부해 지식과 내공을 쌓길 바란다.

심화활동

- 물리·화학 법칙을 쉽게 기억할 수 있는 나만의 공부법을 찾아 소개해보자.
- 일상의 현상을 본문에 소개된 과학 법칙을 적용해 설명해보자.
- 관심 분야별로 법칙과 원리를 정리해 자신만의 '과학 사전'을 제작해보자.

거의 모든 물질의 화학

김병민 | 현암사 | 2022

도서 분야	자연과학
관련 과목	화학
관련 학과	화학과, 화학공학과, 화학교육과

화학 물질의 입체적 이해

화학 물질이라고 하면 '해롭고 위험한 물질'이라는 생각이 얼른 떠오른다. 그러나 우리가 먹는 식품이나 일상생활에서 사용하는 물건 대부분은 이 '화학 물질'과 밀접한 관련이 있다. 과거와 달리 우리 삶이 풍족해진 데에는 화학 산업의 영향이 큰데, 환경적인 악영향에서 벗어날 수 없다는 사실 역시 부정하기 어렵다. 그렇다면 우리는 이런 화학에 대해 얼마나 알고 있을까?

저자는 세상을 이루고 있는 '물질'의 본질을 알려주고 '화학'이라는 필터를 통해 인류의 현재와 미래를 고민하게끔 한다. '가습기 살균제 사건'으로 시작하는 이 책에서는 '알려지지 않았지만 알려진 물질', 그러니까 우리가 이미 알거나 알 수 있지만 무시하거나 덮어두고 있는 물질에 관해 설명하면서 동시에 평소 그것들에 얼마나 무관심했는가를 알려준다. 또한 이러한 사실을 바로 알고자 고민하고 노력하는 태도가 선행되어야만 화학을 바라보는 시선이 바뀌고 화학 물질에 대한 올바른 접근이 가능하다.

화학 물질은 우리 삶과 굉장히 밀접하게 연결되어 있다. 규칙성을 이해하고 다양한 분자 구조 물질의 이름을 천천히 소화해낸다면, 삶 속에 있는 듯 없는 듯 숨어 있는 화학 물질의 존재를 피부로 느끼게 될 것이다.

저자는 자연환경 파괴와 생태계 변화에 따른 문제를 해결하기 위해서는 물질에 대한 올바른 이해가 필요하며, 더불어 기업과 정부에 정당한 권리를 요구할 수 있어야 한다고 주장한다. 물질을 이해하는 첫걸음을 이 책과 함께 시작해보자.

심화활동

- 천연 물질과 화학 물질에 대한 '오해와 진실'을 주제로 탐구 활동을 진행한다.
- 화학이 생활에 적용되는 사례를 중심으로 자료를 조사하고 발표해본다.
- 인류의 윤택한 삶을 위해 개발되었으나 환경을 급격히 악화시킨 사례를 살펴보고, 더불어 과학자들이 가져야 할 윤리적 자세에 대해서도 생각해본다.

같기도 하고 아니 같기도 하고

로얼드 호프만 | 까치글방 | 2018

도서 분야	자연과학
관련 과목	화학
관련 학과	화학과, 화학공학과, 재료공학과

'화학의 시인'이 들려주는 화학자에 대한 놀라운 이야기

화학은 무엇이고, 화학자는 어떤 사람일까? 화학자는 어떤 마음으로 화학에 접근할까?

화학 분야의 최장기 스테디셀러임을 자랑하듯 이 책은 표지부터 예사롭지 않다. 전문 지식이 많아 가볍게 읽히지 않음에도, 고등학생으로서 화학 수업에 열심히 참여했거나 화학 전공지식을 어느 정도 갖춘 학생이라면 흥미롭게 내용을 따라갈 수 있을 것이다. 탈리도마이드 물질의 사건, 프리츠 하버의 일화를 읽다 보면 저자가 독자들에게 이야기하는 화학의 창조적 긴박감을 어느 정도 느낄 수 있을 것이다.

총 10부로 구성된 주제 안에는 물질과 물질의 변화를 취급하는 화학의 특성, 논문으로 표현되는 화학 언어, 핵심 분석, 합성, 메커니즘의 규명을 다룬다. 무엇보다 화학에 대한 일반인의 인식과 요구사항, 환경과 사회문제, 화학자들이 경계해야 할 것들, 의식, 습성, 화학이 인류사회의 민주화에 기여한 형태 등을 알 수 있다. 저자의 주관적인 견해를 파헤쳐 보는 것도 빼놓을 수 없는 흥미 요소다.

로얼드 호프만 교수는 노벨 화학상을 수상한 화학의 대가이면서 동시에 '시인'으로 활약한 독특한 이력을 지닌 사람이다. 그래서인지 이 책은 화학 전공서 같으면서도 언뜻 화학을 빌려 하고 싶은 말을 다 해버리는 어느 작가의 '문학 작품' 같기도 하다. 책의 제목, 《같기도 하고 아니 같기도 하고》에서 느껴지는 '이원성'을 여러분도 함께 느껴보길 바란다.

심화활동

- 수업 시간에 배운 지식을 바탕으로 화학 물질에 대한 탐구 활동을 진행한다.
- 화학 물질과 환경문제를 토론, 캠페인, 진로 활동으로 연계해본다.
- 본문에 나오는 '이원성'과 '대립성'의 의미를 되새겨보고 이를 주제로 과학 에세이, 독서 감상문 등을 작성해본다.

세상은 온통 화학이야

마이 티 응우옌 킴, 김민경 | 한국경제신문사 | 2019

도서 분야	자연과학
관련 과목	화학
관련 학과	화학과, 화학공학과, 화학생명공학과

화학이 취미가 된다면?

"모든 게 다 화학이야!"라고 외치는 이 책의 저자는 뛰어난 화학자이면서 동시에 훌륭한 이야기꾼이다. 유튜브 채널 〈maiLab〉을 통해 과학의 다채로움을 전하고 있으며, 과학 저널리스트로서 많은 사람에게 인정받고 있다. 저자의 실제 하루 일과를 담아낸 이 책은 과학책이라는 느낌보다는 수필집에 가까운 느낌을 주며, 또 그만큼 실용적이기도 하다.

《세상은 온통 화학이야》는 세상의 모든 것을 화학으로 인식하는 '화학 중독자'의 일상 이야기다. 예컨대 아침에 눈을 뜰 때부터 멜라토닌 분자와 코르티솔 호르몬의 작용을 생각하며, 마시는 커피 속 분자들의 운동을 분석하고, 마트에 가면 잘못 알려진 화학 상식을 악용한 마케팅 사기를 수색한다. 보통 사람들은 도무지 이해하기 힘든 엉뚱한 모습임이 분명한데, 또 가만히 들여다보면 우리의 일상과 크게 다를 것이 없다. 화학자의 시각으로 보는 일상의 모습에서 우리는 '새로운 발견'을 하게 될지도 모른다.

저자는 관찰력과 탐구심이 뛰어나며, 화학을 우리의 일상 용어로 표현하는 데 능숙하다. 불안정한 원소를 '간발의 차이로 전석 매진을 놓친 원소들이 가장 공격적인 셈이다'라고 표현하는가 하면 '불소와 탄소의 화학적 결합은 진정으로 모범적인 결혼이다.'라고 해석하며 원소들에게 인간적인 면모를 심어주기도 한다.

이 책의 목적은 '과학 지식의 전달'에 있지 않고, 과학 '스피릿'을 널리 퍼뜨리는 데 있다. 화학을 공부가 아닌 일상으로 여긴다면 세상을 보는 시야와 공부에 대한 관점이 완전히 뒤바뀔 것이다.

심화활동

- 학교에서의 일과를 '화학의 눈'으로 바라본 후 느낀 점을 글로 작성해보자.
- 화학 물질에 대한 잘못된 상식을 찾아 그 진실을 알리는 활동을 계획하고 실천해보자.
- 원소와 화학 물질을 다양한 비유를 통해 재밌게 표현한 사례를 찾아 소개해보자.

9월 6일	재밌어서 밤새 읽는 화학 이야기	도서 분야	자연과학
	사마키 다케오 | 더숲 | 2013	관련 과목	화학
		관련 학과	화학과, 화학공학과, 화학교육과

'교실 속' 화학의 '교실 밖' 일탈을 꿈꾸며

과학 시간에 이론 수업을 듣고 있는 학생들의 표정은 꽤 진지하지만 그다지 생기를 띤 얼굴은 아니다. 그렇다고 과학을 어렵고 따분한 과목이라 여기는 학생들에게 억지로 흥미를 불어넣을 수도 없다. 화학 교사로 교편을 잡았던 저자 사마키 다케오는 가르치는 방법에 문제를 제기하며, 화학의 '진짜 매력'에 대해 설명한다.

《재밌어서 밤새 읽는 화학 이야기》는 26년간 중고등학교 교사로 근무했던 저자의 경험을 바탕으로 흥미로운 화학 실험을 소개하고 그동안 잘못 알고 있던 상식과 화학 개념들을 바로잡는다. 초등학생부터 고등학생까지 두루 읽을 수 있게 구성되어 있어 가벼운 마음으로 책장을 넘길 수 있다는 것도 이 책의 장점 중 하나다. 예컨대 다이아몬드를 불로 태워 송이버섯을 구워 먹은 일화, 요리를 통해 경험하는 중화반응에서의 색깔 변화, 달고나를 성공적으로 만드는 화학적 비법 등 재미있는 실험 과정 등은 현장의 생생한 생동감을 독자에게 선사한다.

저자가 책을 통해 우리에게 전하고 싶은 요지는 하나다. 우리 주변에 넘쳐나는 사건과 현상을 '과학의 눈'으로 볼 수 있는 능력을 키워나가는 것이 바로 그것이다. 실험을 통해 화학이 교실 안에서만 쓸모 있는 학문이 아니라 우리 실생활과 굉장히 밀접한 학문임을 전하는 것이다.

이 책은 [재밌어서 밤새 읽는 시리즈] 중 한 권이다. 과학에 흥미가 생겼다면 다른 시리즈와 함께 후속작으로 나온 책들도 함께 찾아 읽어보길 권한다.

심화활동

- 잘못된 과학상식을 찾아보고 이를 바탕으로 포스터 제작, 캠페인 활동을 진행해본다.
- 책에 소개된 과학 실험을 재연해보고 주제 탐구 활동을 통해 과학 UCC를 제작해본다.
- 과학 체험을 신청할 수 있는 기관을 찾아보고 개방실험실, 과학교실, 과학문화 활동에 참여한 후 탐구 보고서를 작성해본다.

9월	세상을 바꾼 화학	도서 분야	자연과학
7일		관련 과목	화학
	원정현 | 리베르스쿨 | 2021	관련 학과	화학과, 화학공학과, 화학교육과

과학사 교수의 재미있는 화학 이야기

'어떻게 해야 학생들이 과학을 좋아하게 될까?', '과학적 개념을 어떻게 이해시킬까?' 등은 저자가 오랫동안 고민해 온 물음이다. 그리고 이 질문에 대한 답을 저자는 과학사에서 찾을 수 있었다. 학생들은 〈세상을 바꾼 과학〉 시리즈를 통해 우리가 배우는 과학적 개념이 과학의 역사 속에서 어떻게 만들어졌는지 알게 될 것이다.

특히 이 책은 화학이라는 학문을 과학사 해설집으로 하나씩 풀어낸다는 특성이 있다. 7개의 챕터는 화학에서 다루는 물질과 연구 방법으로 구성되어 있으며 역사적 흐름에 따라 근대 화학이 어떻게 발전해 왔는지, 원소 표기가 어떻게 그림에서 문자로 바뀌었는지 등을 설명한다. 화학 개념을 잘 알고 있는 학생들은 자신의 배경 지식을 확장하고 화학에 대한 개념을 심도 있게 이해하는 데 큰 도움을 얻을 수 있을 것이다.

과학의 보편적 탐구 방법인 '실험'과 '관찰 기술'이 연금술사로부터 실행되었다는 관점, 혹은 물과 불의 정체를 밝히는 과정을 통해 원자의 구조와 결합 방식을 이해한 화학의 역사는 그 어떤 화학 공부보다 흥미롭다. 책을 읽다 보면 물질의 근원을 탐구했던 고대 그리스 자연 철학자들의 노력이 보일과 라부아지에, 돌턴, 러더퍼드 등 과학자의 연구 결과로 이어지는 과정이 머릿속에 생생히 그려질 것이다. 중간중간 그려진 도식과 삽화는 내용 요약과 부연 설명을 위한 것이니 덤으로 즐기자.

과학사가 지루하고 재미없을 거라는 편견을 벗고, 과학이 주는 즐거움을 '제대로' 느끼길 원한다면 이 기회를 놓치지 말자!

심화활동

- '실험'이 과학적 연구 방법으로 인정받기까지의 과정을 소개하고 이것이 화학 발전에 미친 영향을 탐구, 발표해보자.
- 연소를 설명하는 플로지스톤 이론과 산소 연소 이론을 비교, 의미를 탐구해보자.
- 화학 개념과 이론의 발달 과정에서 나타난 상호 작용의 결과를 찾아 소개해보자.

국내 최고 화학공학 교수들의 화학 이야기

《화학 교과서는 살아있다》는 고등학교 화학 수업에서 배우는 내용을 일상 속 다양한 경험으로 풀어낸 책이다. 화학은 다른 과학 분야와 비교했을 때 그 쓰임새에 비해 학생들이 느끼는 거부감이 강한 편이다. 현실과 학문의 괴리감 때문이 아닐까 싶다. 우리 일상 곳곳에 녹아 있는 학문이지만 그것을 피부로 느끼기에는 아직 준비가 덜 된 탓일 수도 있다. 이 책의 목적 역시 이러한 고민에서부터 출발한다.

이 책은 '한국화학공학회'에서 유수의 전문가들을 섭외해 화학이라는 학문의 재미를 알리기 위해 집필되었다. 화학이 우리와 얼마나 밀접한 학문인지 알게 하고, 이를 통해 화학 공부의 재미를 선사하는 데 그 의미를 둔다.

DNA 지문법으로 러시아 공주의 정체를 밝히거나 진화론으로 살이 찌는 이유와 지방의 구조를 설명한다. 또한 사랑과 삶의 방식을 통해 화합물들이 어떤 화학 반응을 일으키는지 소개하고, 삼투압의 원리를 이용한 탈수와 설사, 변비 예방법 등을 설명한다. 인간의 의식주 어디에서도 화학은 발견되고, 이를 토대로 기술 발전 가능성과 방향성을 가늠해볼 수 있다.

물론 공부라는 것은 현상에 숨어 있는 과학 개념과 법칙, 이론을 탐구하는 것이다. 호기심이 발동해 흥미로운 대상을 발견한다면 그 내용이 어렵더라도 끝까지 탐구할 힘이 생긴다. 이 책에 실린 이야기들은 모두 고등학교 화학 교과서와 연관되어 있으며 이것을 표로 정리해 수록해놓았다. 화학 공부가 어렵고 재미없다고 느껴질 때마다 이 책을 보며 화학 공부의 즐거움을 발견해 나가길 바란다.

심화활동

- 일상생활과 화학의 관련성을 탐색하여 다양한 진로가 책의 주제와 어떻게 연결되는지 조사해보자.
- 7장, '널리 인간을 이롭게 하는 화학'을 읽고 과학기술의 현재와 미래를 분석해보자.

미술관에 간 화학자

전창림 | 어바웃어북 | 2013

도서 분야	자연과학
관련 과목	화학
관련 학과	화학과, 신소재공학과, 화학교육과

명화 속에 숨은 화학 이야기

나태주 시인의 〈풀꽃〉이라는 시에는 "자세히 보아야/ 예쁘다// 오래 보아야/ 사랑스럽다"라는 구절이 있는데, 이 구절은 어느 미술사학자의 저서에 나온 "아는 만큼 보인다."와 그 성격이 일맥상통한다. 자세히 봐야 하고, 아는 만큼 보이는 것이 바로 명화다.

《미술관에 간 화학자》는 화가를 꿈꿨던 화학자가 알려주는 '명화 감상법'에 대한 책이다. 저자는 스스로 미술 전문가가 아니라고 하지만, 미술 작품에 대한 해석을 읽다 보면 그가 얼마나 미술을 사랑하는지 알 수 있다. 더불어 명화를 통해 작품에 얽힌 화가의 이야기, 시대적 배경, 그림에 대한 분석, 미술 사조 등을 자세히 설명한다. 이 책의 두드러진 매력은 '명화 속에 담긴 화학 이야기'인데, 저자는 미술의 주재료인 물감 자체가 화학 물질이며 시간에 따라 퇴색되거나 발색되는 현상도 화학 작용으로 설명할 수 있다고 말하며, 빛의 특징을 이용해 색채를 표현하는 방법과 화학자의 삶에 대한 이야기, 화학 법칙 등에 관한 이야기도 다룬다.

책에 등장하는 대부분의 작품이 서양 예술이지만 우리나라의 신윤복, 김홍도, 장승업 같은 동양 화가의 작품도 만날 수 있다. 미술에 대해 전혀 문외한인 학생이라도 책을 펼쳐 명화를 읽다 보면 그림에 숨어 있는 요소를 찾아보는 재미를 만끽할수 있을 것이다. 2013년 개정증보판 이후 출간된 《미술관에 간 화학자: 두 번째 이야기》도 함께 찾아 읽어보길 권한다. 명화를 통해 인문학에 대한 소양과 과학적 사고, 나아가 창의력까지 기를 수 있길 바란다.

심화활동

- '명화와 화학'을 주제로 작품 속에 숨어 있는 화학 이야기를 소개해보자.
- 명화를 비롯한 예술 작품을 직접 감상하거나 검색을 통해 다른 작품을 찾아보자.
- 다른 시리즈를 찾아 읽어보며 다른 학문과 미술의 융합적 활동을 탐색해보자.

오늘도 약을 먹었습니다

박한슬 | 북트리거 | 2020

도서 분야	자연과학
관련 과목	화학, 생명과학
관련 학과	약학과, 간호학과, 보건관리학과

매일 먹는 약, 어디까지 알고 있을까?

시험 기간이 임박하면 일부 학생들은 수면 부족, 소화 불량, 두통 등의 증세를 보이며 보건실을 찾는다. 최근까지 팬데믹(pandemic)을 거치면서 각종 바이러스에 대한 백신과 치료제에 대한 관심이 특히 높아지고 있는데, 그렇다면 우리는 과연 약에 대해 얼마나 알고 있을까? 교과서를 통해 항생제 내성 세균의 발생 과정을 배우긴 하지만 실질적으로 사람들은 약국에서 구입한 약을 '왜 하루에 세 번씩 먹어야 하는지'에 대한 기본 상식도 알지 못하고 있다.

《오늘도 약을 먹었습니다》는 일상생활에서 자주 접하는 약에 대한 기본적인 지식을 알기 쉽게 친절히 알려주는 책이다. 약에 대한 정보뿐만 아니라 약을 찾게 되는 원인(신체 변화, 호르몬 작용, 질병 등), 우리 몸의 면역 체계, 약의 작용 원리를 이해하기 쉬운 비유와 함께 자세히 안내한다. 한 번쯤 먹어봤을 법한 진통제, 변비약, 알레르기성 비염 치료제부터 학생들이 궁금해할 식욕억제제, 피임약, 백신, 항생제까지 소개하는 종합 가이드북이라고 볼 수 있다.

약학과, 간호학과를 희망하는 학생들을 비롯해 건강에 대해 한 번쯤 고민해 본 학생들이라면 누구나 읽어보길 추천한다. 광고에서 쉽게 접하는 약에 대해 새삼 친숙함을 느끼게 될 것이며, 각종 세균들과 더 가까워지는 놀라운 경험을 하게 될 것이다. 평소 잘못 알고 있었던 약에 대한 상식, 복약 시 주의할 점, 새로운 약에 대한 정보는 실생활에도 큰 도움이 되리라 확신한다. 지금부터라도 나와 우리 가족을 위해 약을 공부해 보는 건 어떨까?

심화활동

- '청소년들의 건강과 약 복용 실태'를 주제로 설문 조사, 홍보 자료 제작 및 캠페인 활동을 진행해보자.
- 관심 있는 약을 중심으로 약의 특성, 시중 제품과의 비교, 올바른 복용법 등을 탐구하고 발표해보자.
- 책에 나와 있는 참고 문헌을 통해 학회지 논문을 찾아 이에 대한 탐구보고서를 작성해보자.

분자 조각가들

백승만 | 해나무 | 2023

도서 분야	자연과학
관련 과목	화학
관련 학과	약학과, 의예과, 화학공학과, 화학생명공학과

신약 개발 화학자가 들려주는 분자 예술의 세계

책에서 말하는 '분자 조각가'는 다름 아닌 약을 만드는 '화학자'들이다. 의약품은 현미경으로도 볼 수 없는 작은 화합물의 구조를 바꾸는 과정에서 만들어지는데, 이 것을 정교한 예술 작품 조각에 비유하는 데에는 큰 무리가 없다.

우리가 먹는 약의 제조과정은 전문가가 아니면 알기 어렵다. 만약 제약 회사에서 일하고 싶거나, 화학공학자를 목표로 하는 학생이라면 약 성분에 포함된 화합물의 구조식을 수업 시간에 배우는 화학 반응식으로 표현할 수 있을 것이다. 또한 화학 에 대한 전문지식이 없더라도 이 책을 통해 신약 개발의 역사와 개발 전략의 변화 과정 등을 충분히 알아낼 수 있다.

본문에서는 여러 약을 예시로 들며 신약 개발의 패러다임이 어떻게 변모해 왔는 지 소개한다. 예컨대 타이레놀과 페니실린을 개발하게 된 우연한 계기, 자연의 생 물을 모방하여 개발된 항암제와 당뇨병 치료제, '역전사효소'를 저해시키는 방법으 로 개발된 에이즈 치료제, 인공적으로 합성한 화합물을 의약품으로 개발한 수면제 등이 있다. 이러한 사례 중에는 의약품계의 흑역사로 꼽히는 탈리도마이드의 개발 도 소개되는데, 탈리도마이드의 화려한 부활 과정도 눈길을 끈다. 그밖에도 화학자 들이 약의 분자 구조를 어떤 방식으로 다듬어내는지 알 수 있으며, 화학 기술의 최 신기법과 협업 과정 역시 살펴볼 수 있다.

'한 알의 약 뒤에 숨은 분자 조각가들의 치열한 고민을 잠깐이라도 떠올려 달라' 는 저자의 바람처럼, 이 책을 통해 신약을 만드는 현대 화학자들의 발자취를 천천 히 따라가 보는 건 어떨까?

심화활동

- 의약품이 개발되는 전략과 과정을 다양한 형식으로 소개해보자.
- 의약품의 특징을 화학적으로 분석하는 내용을 주제 탐구 활동으로 진행해보자.
- 협업을 통한 개발의 의미를 탐색하고 화학 기술의 최신기법도 소개해보자.

<table>
<tr><td>9월</td><td rowspan="2">슈퍼버그</td><td>도서 분야</td><td>자연과학</td></tr>
<tr><td>12일</td><td>관련 과목</td><td>화학, 생명과학</td></tr>
</table>

9월
12일

슈퍼버그
맷 매카시 | 흐름출판 | 2020

도서 분야	자연과학
관련 과목	화학, 생명과학
관련 학과	화학생명공학과, 응용미생물학과, 임상병리학과

진화하는 슈퍼버그로부터 인류를 구하라!

세균에 감염되었는데 이를 치료할 수 있는 항생제가 없다면 큰 공포와 무력감을 느끼게 될 것이다. 안타깝게도 이미 우리 주변에는 이러한 항생제 내성 세균에 의한 피해 사례가 많다. 그렇다면, 이에 대한 해결책이 있을까?

《슈퍼버그》는 병원에서 수많은 감염 질환 환자들을 치료하고 상대하는 저자가 신약 개발을 위해 임상시험의 최전선에서 겪은 이야기를 풀어낸 책이다. 현장에서 벌어지고 있는 실제 상황과 항생제 개발 과정에 대한 상세한 묘사는 독자들에게 생동감 이상의 것을 선사한다. 플레밍이 발견한 최초의 항생제인 페니실린, 잘 알려지지 않은 최초의 항진균제 발견, 나치의 생체 실험, 터스키기 매독 생체 실험 등을 바탕으로 오늘날의 임상연구 원칙이 어떻게 수립되어 왔는지 자세히 설명한다.

제약 회사들은 경제성이 떨어지고 내성을 가진 병원균의 연이은 등장으로 새로운 항생제 개발을 주저한다. 이러한 현실적인 어려움 속에서도 사명감을 가지고 항생제 신약 임상시험의 복잡하고 험난한 과정을 극복하는 저자를 응원하지 않을 수 없다.

새로운 변이를 가진 바이러스, 박테리아가 일으키는 질병과 마주한 우리 현실에서 과연 무엇이 옳고 무엇이 그른지 한 번쯤 고민하는 계기가 되길 바란다. 의료나 약학 계열에 관심이 있는 학생들이라면 의료 현장과 신약 개발 과정, 관련 제도 등을 미리 예습하는 좋은 기회가 될 거라 확신한다. 더불어 항생제 대안으로 추진되는 최신 연구들을 함께 알아보면서 올바른 복용법과 감염병에 대한 이해도를 넓혀 나갔으면 좋겠다.

심화활동

- 플레밍의 페니실린 발견 과정과 이후의 항생제 개발의 역사를 탐구해보자.
- 슈퍼버그 치료제를 개발하기 위한 최신 연구 방법을 탐색하여 소개해보자.
- 항생제 같은 새로운 의약이 개발될 때 필요한 임상연구와 관리 감독하는 기관의 역할 등을 탐색해보자.

이중나선

제임스 왓슨 | 궁리 | 2019

도서 분야	자연과학
관련 과목	생명과학
관련 학과	생명과학, 생명공학과, 화학공학과

위대한 과학의 발견 속에 담긴 과학자 이야기

제임스 왓슨은 프랜시스 크릭, 모리스 윌킨스와 함께 20세기 가장 위대한 업적이라고 평가받는 'DNA의 이중나선 구조와 기능'에 관한 연구로 1962년 노벨 생리의학상을 수상했다. 이 책은 1951년~1953년, 제임스 왓슨이 이중나선 구조를 밝혀내는 여정에서 만났던 인물들과 새로운 아이디어를 인정받기까지의 험난한 과정에 관한 이야기를 담고 있다. 과학 고전은 대개 딱딱하고 어렵다는 인식이 강한데, 《이중나선》은 유명한 과학 고전임에도 한 사람의 경험이 만들어낸 서사를 읽어 나가는 재미가 쏠쏠하다.

일반 대중들은 과학의 발전이 어떻게 이루어지는지 세세하게 알지 못한다. 과학자들의 위대한 발견에는 우리의 삶에서 경험할 수 없는 특별한 순간과 사건, 아이디어 창출 과정이 필요할 거라 흔히 생각할 수 있지만, 책을 읽다 보면 꼭 그렇지만은 않다는 것을 알게 된다. 과학자들도 일반 사람들처럼 시기하고 경쟁하고 고통스러워하며, 때로는 초조해하면서 힘들게 무언가를 얻어낸다는 것이다.

"핵산의 단위체인 뉴클레오타이드가 인산, 당, 염기로 구성되어 있고 DNA는 두 가닥의 폴리뉴클레오타이드가 꼬여 있는 이중나선 구조이다."

이 책을 읽은 후 위의 교과서 내용을 다시 보게 된다면 제임스 왓슨이 젊은 시절 가졌던 과학에 대한 고뇌와 열정을 새삼 느낄 수 있을 것이다.

저자가 직접 쓴 편지, 인물들의 사진과 최초의 이중나선 시범 모델을 보는 것도 이 책의 묘미라 할 수 있겠다. 이제, 과학 탐구의 흥미로운 여정을 함께 떠나보자!

심화활동

- 책에 나온 과학자들의 자서전을 찾아 읽고, 그들의 삶을 비교하는 감상평을 작성한다.
- 'DNA 추출 실험'을 계획 후 동아리 탐구 활동을 진행해보고, 보고서를 작성한다.
- 다양한 과학 분야를 자신의 진로와 비교하며 관련 분야의 업적을 찾아 조사해보자.

종의 기원

찰스 다윈 | 사이언스북스 | 2019

과학 역사상 가장 위대한 발견

종의 기원과 진화에 대한 혁신적인 사고를 보여준 영국의 생물학자, 찰스 다윈을 모르는 학생은 거의 없을 것이다. 동시에 이 위대한 생각이 담긴 《종의 기원》을 제대로 읽어 본 학생도 거의 없을 것이다.

다윈의 생애, 업적, 이에 영향을 받은 다른 분야에 관한 수많은 책이 있지만, 연구에 관한 치밀함과 고민, 확고한 진화적 사고를 경험하기 위해서는 이 두꺼운 책을 펼쳐야 한다. 다행히도 2009년 '다윈의 해'를 거치면서 다윈과 진화를 본격적으로 탐구하려는 노력이 우리나라에도 이어져 책의 이해를 높일 기회가 많아졌다.

먼저, 생명 진화의 메커니즘으로 내세우는 '자연선택 이론'은 교과서에서 볼 수 있는 아주 간결하고 쉬운 논리로 구성된다. 생명체의 다양한 변이를 가진 개체들 가운데 환경 적응에 유리한 형질을 가진 개체가 살아남고, 그 변이는 자손에게 대물림된다. 다윈은 자연이 거쳐온 세월 속에서 자연선택에 의한 '작은 변이의 누적'이 진화를 만들어냈다고 주장한다. 텃밭에서 직접 키우고 실험한 동식물과 자료로 활용한 지질학자·생물학자들의 문헌은 다윈의 위대한 유산으로 남아 있다.

자신의 이론이 가진 불완전함을 인정하고, 종이 각기 독립적으로 창조되었다는 주장을 공들여 반박하는 그의 신중함과 과학적 탐구 정신은 존중받아 마땅하다. "생명에 대한 이런 시각에는 장엄함이 깃들어 있다."라는 다윈의 메시지는 우리 학생들에게 과학을 대하는 마음가짐을 돌아보게 한다.

수많은 고난과 역경을 이겨낸 다윈의 '진화론 세계'로 여러분을 초대한다.

심화활동

- 책이 등장할 당시의 시대적 배경과 진화론이 영향을 미친 분야를 조사하여 전시회, 상황극 등의 활동으로 연계해보자.
- 다윈의 진화론이 본격적으로 설득력을 얻게 된 근거를 찾아 발표해보자.
- 생명과학의 발전이 오늘날에 이르기까지 어떠한 과정을 거쳤는지 조사해보자.

9월 15일

이기적 유전자

리처드 도킨스 | 을유문화사 | 2018

이기적 유전자 관점에서 바라본 생명과 진화

《이기적 유전자》는 1976년에 처음 출간되어 지금까지 꾸준히 사랑받고 있는 진화생물학자 리처드 도킨스의 생물학 교양 저서다. 제목부터 독자들의 의구심을 불러일으키는 이 책은 긴 시간 동안 반향과 논쟁의 중심에 놓여있기도 했다. '이기적'이라는 부정적인 인상에도 불구하고 찰스 다윈의 자연선택에 의한 진화론을 기본 구조로 두는 저자는 자연선택의 기본 단위인 유전자가 살아남는 것은 '이기적'인 특성과 떼어놓을 수 없는 것이라 말한다.

아직 책을 읽지 않은 학생들은 이기주의에 반하는 생명체의 행위를 '자식을 향한 부모의 조건 없는 사랑', '죽음을 각오하고 침을 쏘는 꿀벌의 의지', '불의에 대처하는 의협심', '나라를 위한 희생정신' 등으로 제시할 수 있다. 이런 것들은 과연 '이기적 유전자'와 관련 있을까? 저자는 이러한 이타주의는 '프로그램화되어 있는 운반자가 생명 기계를 통해 행위를 제어하는 이기주의'라고 말한다. 다소 의아하고 충격적이기까지 한 진화에 대한 관점을 저자의 유려한 문장과 적절한 생물학적 비유를 바탕으로 일관되게 풀어내는 모습은 설득력을 지니기에 충분하다.

최근 '밈(meme)'이라는 표현이 인터넷 커뮤니티에 돌아다니는데, 이 표현은 리처드 도킨스가 이 책에서 '문화 전달의 단위' 또는 '모방의 단위'라는 개념을 담아 처음 제시한 것이다. (놀랍지 않은가?)

저자는 인간의 특이성을 유전적 진화가 아닌 문화적 진화로 바라보게 한다. 이제 여러분들은 새로운 시각을 받아들이는 넓은 마음가짐과 긴 호흡으로 《이기적 유전자》를 펼쳐들 일만 남았다.

심화활동

- 본문에 나오는 용어의 정의, 함축적 의미, 사례 등을 찾아 독서기록장에 써보자.
- '이기적 유전자'에 내포된 의미가 사회적, 종교적, 정치적, 경제적 관점에서 상충되거나 논쟁이 될 만한 여지가 있는지 생각해보고 관련 자료를 찾아 주제 탐구 활동으로 이어보자.
- 동식물의 이타적 행동의 예를 찾아보고 이것을 '집단선택설'과 '유전자선택설'의 입장으로 각각 정리해보자.

다정한 것이 살아남는다

브라이언 헤어, 버네사 우즈 | 디플롯 | 2021

도서 분야	자연과학
관련 과목	생명과학
관련 학과	생명과학과, 생명공학과, 유전공학과

다정함 속에서 찾은 인류의 미래

앞서 소개했던 다윈의 《종의 기원》에서는 생존 투쟁의 결과로 결국 살아남는 것이 '자연선택'된다고 설명했지만, 이러한 '적자생존'의 개념은 이후에 많은 오해와 부작용을 낳았다. 오늘날 우리 사회는 인종, 민족, 계층 간의 갈등뿐 아니라 정치와 사상이 다른 여러 집단의 갈등으로 다양한 문제에 직면해 있다. 이러한 위기를 겪으면서도 성공적인 진화를 이루어낸 종이 바로 우리 인류인 것이다.

이 책에서는 우리와 같은 호모 사피엔스를 번성하게 하는 힘이 '다정함'에 있다고 설명한다. 친한 친구, 가까운 이웃, 같은 민족이라는 '친밀함'을 바탕으로 교류할 때 훨씬 깊은 유대감을 느낀다는 것은 이미 경험적으로 알고 있다.

《다정한 것이 살아남는다》에서는 협력적 의사소통 기술이 인류의 진화에 유리한 전략이 되었음을 밝히며, 이 과정에서 늑대와 개를 예시로 든다. 수 세대에 걸친 가축화는 친화력을 향상시키고, 그 과정에서 관련된 다른 형질의 변화를 함께 일으킨다. 이러한 자기가축화 가설은 자연선택이 다정하게 행동하는 개체들에게 우호적으로 작용하여 유연한 의사소통과 협업 능력, 초강력 인지능력을 인간에게 가져다주었음을 뒷받침한다. 이런 '친절함'은 이중성이 강해 '잔인함'으로 변모할 가능성도 배제할 수 없다.

본문에서는 우리 종의 본성에 대해 경고하며, 더불어 교류와 소통을 통한 해결책을 제시한다. 인류 진화의 힘이 '다정함'에 근거한다는 사실을 학생들이 깨닫고 서로 격려하며 유익한 소통을 이어가길 바란다.

심화활동

- 종의 진화에 관한 다른 책을 찾아 읽고, 자신이 생각하는 진화 원리를 설명해보자.
- 가축화된 동물에게서 나타나는 형질의 변화를 찾아보고, 우리 인간에게 발견되는 특징과 비교하여 탐구해보자.
- 사회적, 문화적, 정치적 갈등을 해결하고 다양한 집단의 공감을 이끌어 낼 생태적 환경을 제시해보자.

엔데믹 시대의 공생

생태학자이자 동물행동학자인 저자는 국립생태원장을 역임했으며, 생명다양성 재단의 대표를 맡고 있다. 다양한 책을 직접 쓰고 번역하며, 생명에 대한 지식과 사랑을 대중에게 널리 알리는 작가로도 유명하다. 과학을 연구하고 가르치는 교수라고 하지만 인문학과 자연과학의 경계를 넘나드는 저자의 책을 읽다 보면 인간적인 울림을 느낄 수 있다. 우리와 밀접한 동물의 행동과 생태를 소재로 사용했기에 더 쉽게 공감할 수 있을 것이다.

《생명이 있는 것은 다 아름답다》에는 수많은 동물이 등장한다. 우리와 친숙한 개와 고양이, 비둘기, 개구리에서부터 유전적으로 인간과 거의 비슷한 침팬지, 오랑우탄, 보노보, 그 외에도 곤충과 파충류 등 생물 이야기가 넘쳐난다. 동물의 삶을 통해 인간의 본성과 태도, 사회성을 돌아보는 교훈의 시간이 될 것이다.

책에 가장 많이 등장하는 생물은 다름 아닌 개미다. 개미는 왕을 모시며 대도시를 건설하고, 노예를 부리거나 군대를 이끌며 대규모의 전쟁을 감행하는 등 인간과 같은 고도로 조직화된 사회를 구성할 줄 아는 생물이다. 비슷한 이유로 꿀벌도 인간과 비교되며 여러 주제에서 존재감을 드러낸다.

동물들은 주로 모계사회를 이룬다. 학생들은 생물학적으로 미토콘드리아의 DNA가 모계로만 이어진다는 사실과 동물 사회에서 갖는 암컷의 지위와 역할이 생각보다 크다는 사실을 알게 될 것이다. 지금은 폐지되었지만, 이 책이 출간된 시점에 운영되던 '호주제'에 대한 비판의 목소리도 엿보는 재미도 있다. '알면 사랑한다.'라는 저자의 믿음처럼, 동물들이 사는 모습을 보며 생명과 삶을 사랑하는 태도를 기를 수 있길 바란다.

심화활동

- 생명 보호 캠페인을 주관, 동물에 대한 인식 개선과 다양한 정보를 제공해보자.
- 본문에 나오는 동물의 모습을 관찰하고, 관찰일지를 작성하며 탐구해보자.
- 번식 과정 등에 나타나는 모계사회의 특징을 소개하고 생물학적 의의를 탐색해보자.

생물과 무생물 사이

후쿠오카 신이치 | 은행나무 | 2008

도서 분야	자연과학
관련 과목	생명과학
관련 학과	생명공학과, 유전공학과, 화학생명공학과

과학적 사유와 문학적 감성으로 풀어낸 분자생물학의 세계

뉴욕 요크애비뉴 66번가, 록펠러대학 연구소에 얽힌 사연을 중심으로 시작하는 이 책은 전문적인 생물학 책이라기보다는 생물학에 관한 역사와 인물의 이야기, 생명의 의미에 대한 통찰을 담은 인문과학 서적이다. '생명이란 무엇인가?'에 대한 답을 찾아가는 여정을 다양한 주제를 섞어가며 이야기로 풀어내는 저자의 필력은 매력 그 자체다.

《생물과 무생물 사이》에는 20세기 DNA 구조가 밝혀지는 과정의 전후 이야기와 분자생물학 전공인 저자가 직접 유전자 조작 기술을 활용해 연구하는 전 과정이 담겨 있다. 전체적으로는 생명의 특징을 고찰하는 내용이라고 볼 수 있겠다. 가령 바이러스를 생물의 범주에 넣을 수 있느냐 하는 문제를 두고 생물의 정의를 내리기 위해 탐구하는 것이다. "생명이란 자기 복제를 하는 시스템이다."라는 정의로는 어딘가 부족하다고 저자는 말한다. 또한 작은 조개껍데기의 광택에 자갈에는 존재하지 않는 미의 형식이 있음을 밝히며 "생명이란 동적 평형 상태에 있는 흐름이다."라고 얘기한다.

노벨상을 탄 서퍼의 이야기나 DNA 구조를 밝혀낸 과학자들의 숨겨진 뒷이야기는 여느 책에서는 찾아볼 수 없는 흥밋거리다. 책의 초반부에 실린 '과학적 탐구에 필요한 섬세하고 신중한 접근 과정'은 실험을 수행하는 학생들이 참고하기에 좋다.

우리는 자연의 흐름 앞에 무릎 꿇는 것 외에, 그리고 생명을 있는 그대로 기술하는 것 외에 할 수 있는 것은 아무것도 없다. 이것이 이 책의 교훈임을 마음속에 새기면서 생명이 무엇인지 고민해보는 시간을 가졌으면 좋겠다.

심화활동

- '네 개의 알파벳'을 참고하여 생명과학 연구에서 고려해야 할 사항과 연구에 임하는 자세를 탐구, 발표해보자.
- DNA 구조와 실체를 밝히는 과학적 업적을 조사하여 소개해보자.
- 위대한 생물학적 발견 뒤에 숨은 비하인드 스토리를 찾아 소개해보자.

생명이란 무엇인가

폴 너스 | 까치글방 | 2021

도서 분야	자연과학
관련 과목	생명과학
관련 학과	생명공학과, 생물교육과, 화학생명공학과

세포에서 정보로 확장된 생명의 의미

생명이 무엇인지 한 번쯤은 생각해 본 적 있을 것이다. 그리고 대부분은 명확한 답을 찾지 못했을 것이다. 이 책은 1944년에 출간된 유명한 물리학자, 에르빈 슈뢰딩거의 동명의 저서로도 유명하다. 당시에는 DNA의 구조가 밝혀지지 않아 유전자의 실체를 짐작만 할 수 있었으나, 유전자 편집 기술을 갖춘 오늘날에는 이전보다 더 그럴듯한 답을 제시할 수 있게 되었다.

저자는 세포 분열을 조절하는 단백질을 발견해 노벨상을 수상한 유전학자로서 '세포', '유전자', '자연선택을 통한 진화', '화학으로서의 생명' 등 5가지 개념을 가지고 지구의 생명을 정의하는 원리들을 설명한다.

생명의 기본 단위인 '세포'와 '단백질의 암호가 담긴 DNA 염기 서열'을 가리키는 '유전자 개념'은 고등학생이라면 이미 어느 정도 알고 있을 것이다. 생물학에서 다루는 개념을 발견 과정과 함께 독자들이 이해할 수 있도록 쉽게 풀어서 설명하고, 단계적으로 개념을 엮어 생명에 대한 종합적인 이해를 돕는 것은 이 책이 가진 가장 큰 장점이라고 볼 수 있다.

생명의 작동 원리를 화학적·정보적으로 이해할 수 있다면 많은 학생들이 생명에 대한 새로운 시야를 가질 수 있을 것이다. 유전공학 기술의 미래와 과제, 저자의 연구 과정을 엿보는 것도 많은 도움이 될 것이다.

책을 통해 생명이 무엇인지 더 깊이 이해하는 경험을 쌓고, 나아가 지구 환경과 다양한 생물을 보호하며 더불어 살아가는 자세를 기를 수 있길 바란다.

심화활동

- 본문의 5가지 개념을 통해 생명의 의미를 탐구하고, 자신만의 정의를 내려보자.
- 유전공학 연구 분야를 살펴보고, 기술 활용 시 고려해야 할 문제를 탐색해보자.
- 유전학과 생화학의 차이점을 조사해보고 각 학문의 실제 연구 사례를 찾아 소개해보자.

이토록 뜻밖의 뇌과학

리사 펠드먼 배럿 | 더퀘스트 | 2021

도서 분야	자연과학
관련 과목	생명과학
관련 학과	생명과학과, 유전공학과, 심리학과

세계 1%의 과학자가 들려주는 짧은 뇌과학 강의

저자는 심리학과 신경과학 분야에서 혁신적인 연구로 이름을 알린 저명한 학자로서, 특히 정서 분야 연구를 대표하는 심리학자이다. 인간의 마음이 작동하는 원리를 우리 뇌의 연구를 통해 알아낸다는 사실은 자못 신비롭다. 이 책은 인간의 뇌는 무엇이며 어떻게 작동하는지 '뇌과학의 최신 이론과 저자의 연구'를 바탕으로 쉽고 명료하게 알려준다.

《이토록 뜻밖의 뇌과학》에서는 뇌과학 강의를 총 7과 1/2번에 걸쳐 소개하고 있다. 첫 수업인 1/2강은 뇌가 어떻게 진화했는지 살짝 훔쳐보는 정도이기에 1/2강이라고 이름을 붙였다. 이 장에서 설명하는 우리 뇌는 '생각하기 위해' 진화해 온 것이 아니라, 신체에 필요한 에너지를 예측하고 이러한 신체 예산을 효율적으로 관리, 운영하기 위해 진화한 뇌이다.

이 책을 통해 여러분은 우리 뇌가 파충류의 본성, 포유류의 감정 등을 담당하는 부분으로 구별되지 않고 다른 포유류의 뇌와 생물학적 구성 요소가 같다는 점을 알게 될 것이다. 더불어 우리의 일상적 경험이 뇌가 만들어내고 안내하는 일상적인 환각이라는 점도 알게 된다. 뇌는 예측 기관이며 우리의 행동을 통해 예측을 전혀 새로운 방향으로 뻗어낼 자유가 있으며 미래 행동까지 바꿀 수 있다. 인간의 뇌 발달은 결코 혼자 이루어질 수 없으며 의사소통과 협력, 모방과 창의력, 압축 과정을 통해서만 가능하다. 이 발달은 사실 우리의 무한한 가능성을 암시하기도 한다.

우리 뇌가 '같은 세상에서 다른 방식으로 인지'한다는 점을 깨닫고, 다양성을 바탕으로 타인의 마음을 받아들이는 '열린 삶'을 살아가는 학생들이 되길 바란다.

심화활동

- 뇌에 관한 전통적인 이론과 본문의 뇌과학 이론을 비교한 후 발표해보자.
- 문화를 다음 세대로 전달하는 '문화유전'의 과정을 뇌과학의 관점에서 설명해보자.
- 뇌가 모든 행동을 예측한다는 관점에서 다양한 갈등에 대한 해결책을 뇌과학적으로 제시해보자.

당신의 뇌, 미래의 뇌

김대식 | 해나무 | 2019

도서 분야	자연과학
관련 과목	생명과학
관련 학과	생명공학과, 화학생명공학과, 생물교육과

미래를 준비해야 하는 우리 뇌의 비밀

뇌과학과 인공지능 연구자가 생각하는 '뇌'는 무엇일까? 과학과 문명의 발달로 인간이 두려워해야 하는 외향적인 존재들이 사라져버렸고 이제 인류에게 남은 진정한 신비는 바로 '나'라는 존재뿐이다.

저자는 '나'라는 존재를 들여다보게 할 뇌과학의 미래가 어디로, 또 어떻게 나아가게 될지 인공지능을 통해 그 가능성을 제시한다. 인생에서 가장 중요한 역할을 하는 도구가 뇌임에도 불구하고 아무런 설명서도, 매뉴얼도 없이 뇌를 사용하는 우리의 모습을 지적하며 뇌를 이해해야 하는 당위성을 보여준다.

첫 번째 주제인 '시각과 인지'에서는 우리 뇌가 눈으로 들어오는 시각 정보를 어떠한 과정으로 처리하고 인지하는지, 왜 '있는 그대로 본다'라는 말에는 아무런 의미가 없는지 설명한다. 전문적인 설명이 포함되지만 여러 예시를 들며 쉽게 풀어주기 때문에 읽어나가는 데에 전혀 무리가 없을 것이다.

두 번째 주제인 '감정과 기억'에서는 감정의 기원이 결국 과거의 상태를 구별하는 '기호 체계'임을 설명하며, 인간의 행동을 뇌과학적으로 해석해준다. 경제학자들이 믿어왔던 인간의 합리성에 반하여 뇌과학에서는 '인간이 대부분 비합리적인 선택을 하고 가끔 예외적으로 합리적인 선택을 한다'고 주장한다.

마지막 주제인 '뇌과학의 미래'에서는 '브레인 라이팅'을 소개하고, 인공지능의 진화 가능성을 보여준다. 물론 여기에는 결코 맞이하고 싶지 않은 미래의 모습도 있을 것이다. 학생들이 뇌를 공부하면서 '나'라는 존재에 대해 한 번쯤 진지하게 고민해보는 계기가 되길 바란다.

심화활동

- '있는 그대로 본다는 말은 의미가 없는 말이다'에 담긴 의미를 찾아보고, 이것을 착시 현상과 관련하여 뇌과학적으로 해석한 후 발표해보자.
- '선택'하는 과정을 뇌과학적으로 분석하고 '선택'과 '합리화'를 주제로 탐색해보자.
- 뇌과학으로 설명하는 가장 좋은 학습법과 교육의 우선순위를 설명해보자.

우리는 각자의 세계가 된다

데이비드 이글먼 | 알에이치코리아 | 2022

도서 분야	자연과학
관련 과목	생명과학
관련 학과	생명공학과, 의학과, 화학생명공학과

'생후배선'을 통해 알게 된 뇌의 변화무쌍한 능력

알프스산맥에서 발견된 약 5,300년 전 남성의 미라는 보존 상태가 양호해 시신 분석을 통해 그가 먹었던 음식, 직업, 가지고 있던 질병 등을 알아낼 수 있었다. 어쩌면 가까운 미래에 우리는 이 아이스맨의 뇌세포에 기록된 정보를 읽어내어 그의 형제자매, 친구, 경쟁자의 얼굴을 보고, 그가 사용한 언어와 그에게 익숙하던 목소리를 듣고, 그가 느낀 기쁨과 두려움, 희망을 함께 경험하게 될지도 모른다.

세계적으로 촉망받는 뇌과학자이자 베스트셀러 작가인 저자는 우리가 살아가는 동안 경험하는 모든 것들로 인해 뇌가 끊임없이 변해간다고 설명한다. 또한 《우리는 각자의 세계가 된다》에서는 미완성인 채로 태어난 뇌가 살아가면서 상황에 맞게 모습을 바꾸고 연결되고 계속 발전한다는 의미로 '생후배선'이라는 용어를 사용한다.

12장이나 되는 본문은 생후배선의 주요 특징을 일곱 가지 원칙으로 소개하고 있으며, 모든 원칙을 실제 연구 사례를 통해 자세히 설명한다. 무엇보다 저자가 의도적으로 도입한 국가 영토 분쟁, 전쟁, 역사, 영화, 상상을 통한 이야기 등은 가독성을 높이고 책의 흥미를 더하는 데 중추적 역할을 한다.

우리가 꿈을 꾸는 이유가 지구의 자전 때문이라고 저자는 말한다. 시각 시스템이 밤으로부터 자신의 영토를 지키기 위해 특별한 전략으로 꿈을 꾸게 한다는 것이다 (이런 이야기는 이 책이 아니면 읽을 수가 없다). 책에서 설명하는 '생후배선'을 통해 알게 된 뇌의 능력은 무궁무진한 가능성을 품고 있으므로, 어떠한 어려움도 이겨낼 수 있다는 자신감을 얻길 바란다.

심화활동

- 신경과학과 뇌과학의 최신 이론을 탐색하고, 생후배선의 특징과 원칙을 소개해보자.
- 몸의 감각기관에 입력되는 정보를 뇌가 어떻게 활용하는지 '감각 대체', '감각 증강', '감각 확장'의 예시와 함께 소개해보자.
- 정보화 시대에 어울리는 학습법을 '뇌의 가소성'을 바탕으로 탐색해보자.

코드 브레이커

월터 아이작슨 | 웅진지식하우스 | 2022

도서 분야	자연과학
관련 과목	생명과학
관련 학과	생명공학과, 유전공학과, 응용생물과학과

크리스퍼, 유전자 편집 기술을 통해 미래를 예측하라!

《코드 브레이커》는 크리스퍼 유전자 편집 기술을 개발, 노벨 화학상을 수상한 제니퍼 다우드나의 삶과 크리스퍼 연구의 발전사를 담아낸 책이다. 2020년 노벨 화학상은 여성으로만 구성된 최초의 공동 수상자라는 점에서 큰 주목을 받았다. 한 사람의 경쟁심과 탐구력, 훌륭한 협업 능력을 보여주는 수많은 일화가 책을 통해 소개된다.

저자는 《레오나르도 다빈치》, 《스티브 잡스》 등 유명인들의 일대기를 흥미롭게 담아내는 데 일가견이 있는 세계적 전기 전문 작가다. 책의 내용이 과학사적 발견과 전문적인 개념들을 담아내고 있음에도 쉽고 재미있게 읽히는 데는 저자의 유려한 문장력이 큰 역할을 한다.

이 책에는 박테리아 면역 메커니즘부터 유전자 편집 기술에 얽힌 많은 과학자의 노력과 사연, 특허와 관련된 인터뷰 등이 담겨 있다. 무엇보다 독자들이 하나의 관점으로 치우치지 않도록 다양한 시선에서 사건의 이야기를 풀어내고 코멘트를 달아주어 객관적인 판단을 내릴 수 있도록 돕는다.

크리스퍼의 활용 방안을 소개하면서 유전자 조작 기술의 윤리적 문제를 다뤄내기도 한다. 이러한 기술을 과연 어디까지 허용할 것이며 누가, 언제, 어떻게 결정할 것인가 하는 물음들은 학생들이 앞으로 맞닥뜨리게 될 문제이기도 하다.

이 책은 21세기 생명과학의 시대를 열어갈 유전자 코드와 그 파훼법이 궁금한 학생들에게 좋은 지침서가 될 것이다.

심화활동

- 자서전과 전기 문학을 비교 분석하고, 여성 과학자의 전기문을 더 찾아 소개해보자.
- 유전자 편집 기술에 관한 인류의 발전과 생명 윤리관을 주제로 토론을 진행해보자.
- 크리스퍼 유전자 편집 기술의 적용 분야를 탐색한 후 활용 방안을 소개해보자.

노화의 종말

데이비드 A. 싱클레어, 매슈 D. 러플랜트 | 부키 | 2020

건강하게 장수할 수 있는 과학적 비법

누구나 아프지 않고 오래 장수하기를 원하는 한편, 노화는 불가피한 것으로 여겨 거스를 수 없는 일이라 생각한다. "노화 자체가 질병이다."라고 주장한 저자는 '노화'를 '치료할 수 있는 것'으로 간주한다. 그렇다면 우리는 100세가 넘어서도 스스로 그만 살겠다고 마음먹을 때까지 젊은 사람처럼 건강하고 활기차게 지낼 수 있을까? '죽음'이라는 개념도 다시 생각해봐야 할 시점이다.

하버드대 의과대학 유전학 교수인 저자는 《노화의 종말》을 통해 지난 100년 동안의 노화 연구 역사를 소개하고 직접 연구한 노화의 원인을 밝혀낸다. '노화의 정보 이론'에 따라 우리가 늙어가는 이유를 설명하며, 더 나아가 '세포의 나이가 재설정'되는 노화의 '역행 가능성'도 제시한다. 이쯤 되면 독자들도 이게 정말 가능한 일인지 반신반의할 수밖에 없다. 이러한 의심을 예상했다는 듯 저자는 노화와 죽음을 '숙명'으로 보지 않고, 치료의 대상으로 보는 패러다임의 전환이 필요하다고 강조한다.

본문에는 누구나 당장 시작할 수 있는 '장수 유전자 활성화 비법'이 소개되어 있으며, 많은 연구와 증거 자료를 통해 그 효과를 설명하고 과학적 이론을 제시한다. 먼 미래, 아니 가까운 미래에 새로운 시대가 열릴 것임을 확신하는 것이다. 이러한 혁신의 시대에 우리가 나아가야 할 길을 다양하게 제공하며 고민거리 또한 던져준다.

우리 학생들이 맞이할 미래에는 많은 세대가 어우러져 새로운 만남의 기회가 수없이 주어질 것이다. 이러한 새 시대를 여러분들은 어떻게 맞이할 것인가? 이 책을 통해 장수에 대한 과학적 비법을 익히고 장기적인 비전을 세워보길 바란다.

심화활동

- 생명공학의 발달과 더불어 삶을 연장하는 기술을 소개하고, 가까운 미래의 모습을 머릿속에 그려보자.
- 노화 이론을 소개하고, 노화 이론의 발달 과정을 조사하여 발표해보자.
- 수명이 긴 동물을 조사한 후 수명 측정 방법을 탐색해보자.

골든아워

이국종 | 흐름출판 | 2018

외과 의사 이국종이 눌러쓴 17년간의 삶과 죽음

'골든아워(golden hour)'는 사고 발생 후 환자의 생사를 결정짓는 수술 등의 치료가 이루어져야 하는 최소한의 시간(보통 1시간 이내)을 뜻하는 시간 개념이다.

중증외상 분야 외과 전문의로 다양한 공을 세운 이국종 교수 에세이에는 17년간의 진료와 수술 기록, 생과 사를 가르는 최전선에서 고군분투하는 환자와 동료들의 치열한 서사가 고스란히 담겨 있다.

우리나라의 의료 현실, 특히 중증외상 환자를 치료하는 의료 시스템은 선진국에 비해 여전히 갈 길이 멀어 보인다. 열악한 지원과 시스템 속에서 저자는 자신의 의료팀과 함께 살신성인하며 환자를 치료했고, 수많은 좌절을 겪으면서도 본인의 소임을 다해냈다. 원칙을 벗어난 현실과 쉽게 타협하지 않는, 환자를 살려내기 위한 순수한 정의는 주변의 술수와 괄시에 굴하지 않고 이상적인 의료 시스템을 갖추어 나가기 위해 고군분투할 힘을 제공한다. 본문에 자세히 기술된 '아덴만 여명 작전'은 환자를 한국으로 생환하는 긴박한 여정을 그대로 보여주고 있어 글을 읽는 것만으로도 그 아찔하고 위대한 역사를 체감할 수 있다. 이름 모를 환자들의 삶과 죽음, 그들을 온몸으로 겪어내는 의사, 간호사, 응급구조사, 의료기사 및 소방대원들의 사투는 우리의 마음을 먹먹하게 한다.

최상위권 학생들의 의과 진학률이 꾸준히 늘어나고 있다. 권역외상센터의 의료진이 여전히 부족한 현실에서 이들이 희망이 될 수 있을까? 학생들이 이 책을 통해 작은 불씨를 일으켜 현실의 벽을 부숴준다면, 의료계의 여건이 지금보다는 더 나아지지 않을까 하는 소망을 품어본다.

심화활동

- 선진국과 우리나라의 중증외상 의료 시스템을 비교하고 차이점을 소개해보자.
- 의료계의 주요 이슈를 정리, 분야별로 구분해 탐구 활동을 진행해보자.
- 중증외상 의료 분야의 실태와 갈등을 살펴보고, 의료계의 문제점을 찾아보자.

진료실에 숨은 의학의 역사

박지욱 | 휴머니스트 | 2022

도서 분야	자연과학
관련 과목	생명과학
관련 학과	의예과, 보건학과, 임상병리학과

오늘의 진료실을 만든 의학사의 결정적 순간들

만약 우리가 과거로 돌아가게 된다면 어떤 점이 가장 불편할까? 교통, 음식, 통신 등 불편한 게 한두 개가 아니겠지만, 치료 시설이나 의료 기술의 부족함 역시 빼놓을 수 없는 '불편함'일 것이다.

200년 전에는 환자가 수술받는 장면을 연극 보듯 관람할 수 있었다는 이야기, 초창기의 수혈은 사람이 아닌 동물의 피로 시도했다는 이야기, 19세기 중반 마취제가 등장하기 전에는 수술을 빨리 끝내는 의사의 진료실이 유난히 붐볐다는 이야기 등 의학의 숨겨진 역사가 이 책 안에 담겨 있다.

《진료실에 숨은 의학의 역사》는 자칭 '진료실의 고고학자'인 저자가 진료 도구, 의료 기술, 질병, 첨단의학 등 진료에 관한 모든 궁금증에 대한 답을 찾은 후 한 권의 책으로 엮은 것이다. 신경과 전문의로서 의학과 예술, 인문학의 접점을 찾는 데 매진한 만큼 다루는 내용 또한 '사람'에 포커스가 맞춰져 있다. 이 책은 청소년들이 의학사의 큰 흐름을 이해하고, 예비 의료인이 되어 생각의 폭을 넓힐 수 있도록 돕는다. 인체 해부, 의학의 발전, 미생물과 전염병, 응급 수송과 마취, 심폐소생술, 병원의 변천사 등으로 주제를 나누었으며, 고등학교에서 배운 과학 지식만 있으면 이해하는 데에 별 무리가 없을 것이다.

평소 경험하거나 들어봤을 법한 백신과 항생제, 바이러스 등의 내용도 역사를 통해 면밀하게 들여다보면 그 당시의 상황에 공감하게 되고, 특히 신약 개발의 지난한 과정은 독자들의 마음을 무겁게 할지도 모른다. 책에서 소개하는 의학사를 통해 의료 현장의 현재와 미래를 동시에 가늠해보길 바란다.

심화활동

- 콜레라를 예방의 역사를 조사해 소개하고, 역학 전문가의 역할을 탐구해보자.
- X선 촬영 등 영상 장비를 토대로 미래 의학에 도움을 줄 과학 기술을 소개해보자.
- 가장 흥미로운 의학 역사를 찾아보고, 의학 역사 공부의 의의를 생각해보자.

까면서 보는 해부학 만화

압둘라 | 한빛비즈 | 2020

도서 분야	자연과학
관련 과목	생명과학
관련 학과	의학과, 생물학과, 의생명시스템학부

만화로 보는 유익하고 재미있는 인체 탐험

레오나르도 다빈치는 "화가는 해부학에 무지해서는 안 된다."라는 관점으로 해부학적 탐구를 통해 수많은 해부 그림을 그렸고, 동시에 큰 업적을 남겼다. '시각적 효과를 극대화한 만화'만큼 인체 구조와 기능을 쉽게 확인할 수 있는 '기록물'도 없다. 이 책은 어려운 해부학을 만화로 표현하는데, 만화에 대한 선입견을 가지고 결코 가볍게 여겨서는 안 된다. 이 책은 'APCTP(아시아태평양이론물리센터)' 2020 올해의 과학 도서로 선정되었고, 한국출판문화산업진흥원의 우수출판콘텐츠로도 선정된 작품이다.

어릴 때부터 몸이 좋지 않아 병원에서 많은 시간을 보내며 몸의 구조를 탐구하기 시작한 저자는 해부학을 공부하며 운동사 자격증, 체대 졸업장 등을 손에 넣었다. 만화가로서의 재주뿐 아니라, 이야기를 흥미롭게 엮어내는 데도 일가견이 있어 보인다.

11개의 인체 계통 중 가장 기본이 되는 골격과 근육을 중심으로 인체의 구조와 해부학의 역사를 설명하는 이 책은 다양한 세대가 공감할 만한 만화, 각종 애니메이션, 영화, 광고 등을 패러디한 그림들 적재적소에 사용해 독자들의 웃음을 확보한다. 유행을 따라가며 대사를 만들어 냈기 때문에 그에 따른 충분한 재미를 느낄 수 있을 것이다.

'쉬면서 보는 해부학 칼럼'에서는 해부학과 관련한 놓치기 쉬운 배경 지식을 소개한다. 재미와 공부를 모두 경험할 수 있는 이 책을 통해 의료 계열 진학을 희망하는 학생들이 한발 앞서 인체의 구조를 탐구했으면 좋겠다.

심화활동

- 해부학의 역사를 주요 인물과 업적을 중심으로 탐구하고 동서양의 해부학 역사를 비교해보자.
- 각 인체 기관의 계통을 구분해보고, 골격과 근육계 몇 가지를 소개해보자.
- 과학 시간에 배우는 내용을 재구성해 만화나 영화 포스터를 패러디해보자.

물고기는 존재하지 않는다

룰루 밀러 | 곰출판 | 2021

도서 분야	자연과학
관련 과목	생명과학
관련 학과	생명과학과, 생물공학과

우리는 물고기를 포기할 수 있을까?

《물고기는 존재하지 않는다》는 미국 공영 라디오 방송국에서 일하고 있는 과학 전문 기자 '룰루 밀러'가 '데이비드 스타 조던'이라는 19세기 어류 분류학자의 삶을 논픽션으로 담아낸 책이다. 데이비드 스타 조던은 거대한 '생명의 나무'의 형태를 밝혀냄으로써 지구의 혼돈에 질서를 부여했던 과학자다. 저자는 본문을 통해 다윈의 진화론에 대한 시각, 생물의 변이와 유전에 대한 의미를 전달하지만, 독자들에게 전문적인 지식을 요구하지는 않는다. 소설책 읽듯 인물들에 얽힌 서사를 따라가기만 하면 되는 것이다.

작가의 이야기를 따라가다 보면 인간의 삶에 대한 회한, 갈등, 고뇌, 번민을 느끼게 되고 사춘기를 겪는 학생들이 충분히 고민해봤을 법한 삶의 방향성에 대해 공감하게 된다. 어떠한 역경에도 이를 극복하고 꿋꿋이 자신의 길을 걸어가는 주인공의 모습은 학생뿐만 아니라 우리 모든 사회인들에게 귀감이 될 것이다.

"생명에 대한 이런 시각에는 어떤 장엄함이 깃들어 있다."

데이비드가 한 이 말은 삶의 의미를 찾아가는 작가에게 좌절과 고통을 주지만, 자연계의 질서가 어쩌면 우리 내부에 장착되어 있을지도 모른다는 괴상하면서도 흥미로운 교훈을 주기도 한다.

이 책을 읽는 학생들은 물고기를 포기할 수 있을까? 포기했을 때 무엇을 얻게 될까? 이 말이 무슨 말인지 모르겠다면 책을 통해 확인해보길 바란다. 여러분은 곧 놀라운 진실을 발견하게 될 것이다.

심화활동

- 종의 다양성을 이해하고 '생명의 나무'와 관련한 프로젝트를 융합 탐구 활동으로 진행해보자.
- 주변에서 관찰할 수 있는 생물을 탐구, 어원을 조사하고 보고서를 작성해보자.

호흡의 기술

제임스 네스터 | 북트리거 | 2021

도서 분야	자연과학
관련 과목	생명과학
관련 학과	생물학과, 보건관리과, 임상병리학과

호흡의 기술과 숨쉬기에 대한 과학적인 모험

우리가 무의식적으로 하는 행동인 '숨쉬기'. 이 숨쉬기의 방법을 바꾸면 더 건강하게 살 수 있다는 사실…. 호모 사피엔스로 진화해 온 우리 인류는 식습관이 바뀌면서 두뇌가 커지고 얼굴의 형태도 조금씩 바뀌었는데, 이로 인해 숨쉬기는 더욱 힘들어졌다. 저자는 오늘날 현대인들이 가지고 있는 만성질환의 원인을 '고대인들의 형태학적 변화'에서 찾고 그 해결책으로 '호흡법'으로 제시한다. 이 책의 내용이 여러모로 눈길을 끄는 이유다.

《호흡의 기술》은 저자가 10년에 걸쳐 진행한 자료 조사와 집필을 통해 독자들에게 잃어버린 호흡의 기술을 전수한다. 수천 년 전부터 이어온 고대 요가의 역사와 호흡법 등의 오래된 문헌을 찾아 소개하고, 그 기술을 직접 배우고 경험하는 장면은 매우 인상적이다. 스탠퍼드 대학에서의 자학적인 호흡 실험은 저자가 얼마나 이 연구에 진지하게 임했는지 가감 없이 보여준다.

저자는 입으로 호흡하지 말고 코로 호흡하라고 말한다. 이러한 호흡법에는 날숨의 중요성을 강조하는 호흡 조정, 완벽한 호흡이라고 말하는 공명(결맞음) 호흡, 호흡을 줄이는 부테이코 호흡 등이 함께 소개된다. 그 외에도 호흡하는 과정에서 나타나는 신체 변화의 원인을 '신경계'와 '호르몬 작용' 등으로 보고 다양한 과학적 근거를 제시한다. 물론, '숨쉬기'는 여느 치료법이나 약물과 마찬가지로 만능이 아니다. 저자 역시 이 의사를 밝히며 무조건적인 맹신은 피하는 게 좋다고 덧붙인다.

책을 읽다 보면 어느 순간 호흡 연습을 하는 자신을 발견하게 된다. 우리 몸의 긍정적인 자정 작용을 믿고 호흡의 기술을 연습해보는 건 어떨까?

심화활동

- 고대인과 현대인의 두개골을 비교하고, 두개골이 호흡에 미치는 영향을 분석해보자.
- 인간이 아닌 다른 동물들의 호흡 기관, 호흡법 등을 탐색하고 우리와 어떻게 다른지 비교해보자.
- 본문에 소개된 호흡법을 스스로 체험해보고, 느낀 바를 체험일지에 기록해보자.

나는 풍요로웠고, 지구는 달라졌다

호프 자런 | 김영사 | 2020

도서 분야	자연과학
관련 과목	생명과학
관련 학과	생물학과, 생물교육과, 환경생태공학과

우리가 추구하는 풍요로운 삶의 끝

이 책을 읽다 보면 '과유불급'이라는 말이 떠오른다. 정도가 지나치면 미치지 못함과 같다는 뜻으로 중용(中庸)의 중요함을 이르는 말이다. 오늘날 미국에서는 매일 한 사람당 300그램꼴로 멀쩡한 음식물을 버리고 있는데, 이렇게 매년 낭비되는 음식물의 양은 인도나 아프리카 대륙에서 필요로 하는 곡류나 과일, 채소의 양과 맞먹는다. 같은 지구를 나눠 쓰고 있는 한 지역에서는 음식물이 남아돌고, 다른 지역에서는 기근을 겪는 이러한 문제는 나눠 쓰지 못하는 무능에서 발생한다고 저자는 말한다.

《나는 풍요로웠고, 지구는 달라졌다》는 지난 반 세기에 걸쳐 늘어난 인구와 식량, 에너지 등에 관한 풍요로움이 어떠한 과정으로 이루어졌는지 알려주고, 그 결과로 변해버린 지구의 모습과 인류, 그리고 생명의 문제를 돌아보게 한다.

1969년 이후 미국을 중심으로 한 자연과 생태의 변화를 직접 경험한 저자의 자전적 이야기와 조사, 데이터를 사실적으로 표현한다. 책의 배경을 우리나라로 바꾸어도 그 실상은 크게 달라지지 않는다. 수도권 밀집 현상, 소비 실태, 버려지는 쓰레기의 양, 에너지 사용에 대한 무감각 등 우리를 반성하게 하는, '외면하고 싶지만 외면할 수 없는 사실'을 마주하게 될 것이다. 부록에는 우리가 실천할 수 있는 작은 방안과 함께 '실천의 의미', '변화 가능성' 등이 소개된다.

덜 소비하고 더 많이 나눠야 한다는 교훈은 갈수록 풍요로움만 갈망하는 독자들에게 전하는 바가 크다.

심화활동

- 인구 증가, 식량, 에너지 사용 등을 우리나라의 통계와 비교 분석하고 의의를 탐구한다.
- 부록을 참고해 '좀 더 밝은 미래를 위한 행동 지침'을 만들어 실천해보자.
- 생물학과 과학 기술 발전에 따른 '식량 문제 해결 과정'에서 고려해야 할 사안을 탐색해보자.

10월

챗GPT 기회를 잡는 사람들

챗GPT로 잡는 일생일대의 기회

누군가에게는 '기회'일 수도 있고, 또 누군가에게는 '위기'가 될 수도 있는 챗GPT. 이 기회를 잡기 위해서는 챗GPT가 무엇인지부터 알아야 한다. 챗GPT는 등장 직후부터 전 세계의 이목을 끌었는데, 그 이유를 세 가지로 분석해본다.

첫째, 챗GPT는 언어다. 인간만이 사용할 수 있는 고차원적인 표현 수단이라 여겼던 언어…. 챗GPT의 언어 능력은 인간과 똑같은 수준, 혹은 그 이상을 넘본다. 둘째는 새로운 것을 만들어내는 능력, 창의성이다. 다른 인공지능들과 달리 챗GPT는 창의적인 방법으로 훌륭한 결과물을 만들어낸다. 마지막으로는 확장성. 2개월 만에 사용자 1억 명을 확보하며, 초거대 AI 시장이 앞으로 우리 인간 사회에 미칠 파급효과를 여실히 보여준다.

업계 전문가들은 챗GPT 활용 수준에 따라 성공 여부가 갈릴 거라 예측하고 있다. 챗GPT와의 대화 시 가장 중요한 게 '프롬프트' 즉, '명령어'인데 우리가 어떤 질문을 어떻게 하는가에 따라 챗GPT가 내놓는 결과물의 질이 달라진다는 것이다. 따라서 챗GPT를 활용할 때는 프롬프트를 검토·수정해서 명확한 질문인지, 군더더기는 없는지 살펴볼 필요가 있다. 개방적인 성격의 질문 대신 구체적인 질문을 제시하면 답변의 질을 높이는 데 도움이 된다. 만약 프롬프트에 불필요한 세부사항이나 쓸데없는 지침을 포함한다면 결과물 역시 요점이 흐릿하거나 모호할 것이다.

책에서 제시된 효율적인 챗GPT 활용법에 대해 알았다면, 이제는 각자에게 맞는 챗GPT 활용 방안에 대해 생각해 보아야 한다. 모든 것을 챗GPT에게 맡기지 말고 우리가 하는 일의 보조적 수단으로 요긴하게 활용한다면, 우리가 '챗GPT를 통해 기회를 잡는 사람들'이 될지도 모른다.

심화활동

- 챗GPT를 활용하는 비즈니스 모델들을 영역별로 조사해 정리해본다.
- 챗GPT 시대에 새로 등장하거나 사라질 직업군에 대해 조사해본다.
- 국내 기업에서 생성 AI 모델을 어떻게 활용하고 있는지 찾아서 설명해본다.

인공지능 시대가 불안한 당신에게

인공지능 시대에 대한 막연한 환상을 갖고 있거나 왠지 모를 두려움에 휩싸인 사람들이 있다면 이 책을 권하고 싶다. 지금 우리가 사는 이 세상은 인공지능의 활약이 가장 두드러지는 시대라고 해도 무방하다. 그러한 인공지능의 활약은 이로운 것들을 제공해주기도 하지만 동시에 일자리와 소득에 위협을 가하기도 한다. 이렇듯 변화무쌍한 현상황에서 우리는 인간의 존재에 대해 생각해보고, 시대의 변화에 따른 적응법을 각자 터득해 나가야 한다.

지금까지 개발된 인공지능 기술은 혁신적이고 편리하지만, 여전히 많은 한계를 가지고 있다. 창의성을 기르는 교육과 이러한 능력을 활용할 수 있는 일자리가 더 중요해지고 있는 까닭이다. 인공지능의 부작용들이 사회 곳곳에서 나타나고 있지만 어쨌거나 우리는 인공지능을 완전히 무시하고는 살아갈 수는 없는 실정이다. 인공지능은 기존의 노동 시장을 대체하고 또 변화시키고 있으며, 알게 모르게 우리의 삶 깊숙이 침투해 생활의 편의를 돕고 있다.

인공지능과 우리 인간의 가장 큰 차이점은 '직관'과 '느낌'인데, 이에 대한 연구를 거듭한다면 인공지능과 인간의 상호작용이 더욱 첨예하게 이뤄질 것이다. 기술적 발전이 빠르게 진행되면서 인문학적인 해석과 정량적인 해석이 모두 필요하게 된 이 시점에서, 예측 실패에 대한 대중적인 대응책 강조와 변화에 대처하는 능력은 그 어느 때보다도 중요해졌다. 변화에 민감하고 적응력이 좋은 사람들이 더 좋은 일자리를 갖게 될 것임이 분명하기에, 앞으로 다가올 '더 발전한 인공지능 시대'에서 생존하기 위해 알아야 할 최소한의 내용을 익히고 고민해보도록 하자.

심화활동
- 인공지능의 문제점과 한계에 대해 조사, 정리해본다.
- 인간으로서 기를 수 가장 중요한 능력이 무엇인지 생각해본다.
- 일하는 방식의 변화와 그에 따라 취해야 할 자세에 대해 고민해본다.

테슬라 자서전

니콜라 테슬라 | 양문 | 2019

도서 분야	IT
관련 과목	수학
관련 학과	컴퓨터공학부

과학 문명의 역사를 100년 앞당긴 한 사람의 이야기

이 책은 총 3부로 이루어져 있다. 1부 〈나의 발명〉은 자서전으로, 그가 63세일 때 《실험전기학》에 기고한 글을 보완한 것이고, 2부 〈인간 에너지를 어떻게 높일 것인가〉는 1900년 《센추리 매거진》에 발표한 논문을 번역한 것이다. 3부 〈니콜라 테슬라의 삶과 발명〉은 테슬라의 일생을 요약하고, 그를 둘러싼 논쟁이나 여러 이야깃거리를 주제별로 설명한다.

니콜라 테슬라는 오스트리아 출신의 발명가다. 어릴 때부터 독특한 상상력과 창조성을 보였고, 시적 감각도 탁월해 초등학생 때부터 유럽 고전 시를 암송하는가 하면 영어와 프랑스어, 독일어, 이탈리아어 등 언어 영역에서도 두각을 나타냈다. 이후 엔지니어가 되기 위해 오스트리아 그라츠 공과대학에 다녔고 그때 역으로 작동하면 전기모터가 되는 발전기, '그람 다이나모'를 처음 보게 된다.

1883년 독일 알자스의 한 전기공사에 참여해 자신의 재능을 발휘, 1884년에는 에디슨 밑에서 미국 생활을 시작한다. 테슬라는 교류 전기에 대한 사람들의 두려움을 없애기 위해 교류를 자신의 몸으로 통과시켜 전등을 켜는 등 이후로도 많은 실험과 연구를 거듭하며 성장해 나갔다. 중요한 것은 숱한 실패에도 굴하지 않는 테슬라의 실험정신이었다.

테슬라는 평생을 독신으로 지냈고, 채식주의에다 세균 공포증까지 앓았다. 충동적이며 외골수인 그의 몇 안 되는 친구 중에는 유명 작가 마크 트웨인도 있었다. 재미있는 것은 연구 자금 확보를 위해 화려한 말솜씨와 쇼맨십으로 부자들의 마음을 사로잡았다는 것…. 그렇게 이 책은 목표한 바를 위해 사력을 다한 한 천재에 관한 기록이다.

심화활동
- 에디슨과 테슬라의 '전류전쟁'에 대한 내용을 정리해본다.
- 테슬라의 발명과 발견의 응용에 기초가 되는 요소들을 탐구하고 기록해본다.

챗GPT에게 묻는 인류의 미래

김대식, 챗GPT | 동아시아 | 2023

도서 분야	IT
관련 과목	수학
관련 학과	컴퓨터공학부

인간과 인공지능의 대화

대화 형식으로 이루어진 책들은 있지만, 그 대상이 챗GPT라면 왠지 낯설게 느껴질 것이다. 저자는 '자신의 본 모습을 보여주지 않으면서 지나치게 교과서적인 대답을 반복하는 사람과 대화한 기분'이라고 소회를 밝혔다. 대화의 주제는 '사랑, 정의, 행복, 지구적 위험, 메타버스와 시뮬레이션, 신, 죽음, 인류의 미래'에 관한 것이었는데, 이 비범한 주제에 대한 챗GPT의 생각이 궁금하지 않은가?

대화를 읽어 내려가다 보면 답변보다 '질문'이 훨씬 중요하다는 생각을 하게 된다. 챗GPT는 이미 천문학적 수치의 데이터를 확보하고 있다 보니 어떠한 질문에도 답변을 내놓는다. 답변이 질문자의 의도와 일치하지 않는다면, 질문에 오류가 있는 건 아닌지 확인해 봐야 한다.

저자는 이 대화를 진행하면서 인공지능에게 색다른 역할을 부여해주었다. 먼 미래에 극도로 발달된 인공지능이 활개치는 시대를 상상하면서, 그런 인공지능이라면 어떤 대답을 할지 고민해 보라고 했더니 훨씬 더 고차원적인 대화가 이어졌다는 것이다.

그러나 당연하게도 챗GPT에게는 '감정'이란 게 없다. 기계와 달리 기껏해야 100년을 살아야 하는 인간이 불쌍하지 않냐는 질문에 챗GPT는 자신은 감정을 느낄 수 없기에 연민을 느낄 수 없다고 일축했다. 인공지능과 대화를 나누다 보면 언뜻 인공지능이 자신의 친구가 된 것 같은 느낌이 들 수도 있겠지만, 인공지능은 인간에게 그 어떤 감정도 느낄 수 없다. 만약 지금보다 더 발전해 감정까지 느끼는 인공지능이 등장한다면 그때 나눌 대화 내용은 또 어떨지 궁금하다.

심화활동

- 인간과 인공지능의 대화를 보고 느낌점을 정리해본다.
- 챗GPT와 하나의 주제에 대해 대화하고, 그것으로 짧은 글을 적어본다.
- 감정을 느끼는 인공지능이 등장한다면 어떻게 될지 상상해본다.

IT 트렌드 읽는 습관

김지현 | 좋은습관연구소 | 2023

도서 분야	IT
관련 과목	수학
관련 학과	컴퓨터공학부

기술의 흐름을 읽고 이용하라

IT 분야에 근무하지 않지만 세상의 흐름을 쫓고 싶은 사람이나, IT 분야에서 일하지만 다른 사람들은 어떻게 트렌드를 읽는지 궁금한 사람들에게 권하고 싶은 책이다. IT 트렌드 읽는 습관은 크게 4가지로 구분한다.

첫 번째 습관은 일상과 미디어에서 IT 트렌드를 읽는 것이다. IT 미디어나 뉴스레터에서 키워드 중심의 정보를 습득하고, 책을 통해 키워드가 의미하는 변화의 큰 흐름을 읽는다. 심화된 정보 습득은 보고서 읽기로 가능하며, 습득한 정보를 바탕으로 지식을 정리해볼 수 있다.

두 번째 습관은 시장과 기업을 통해 IT 트렌드를 읽는 것이다. 유명한 스타트업은 트렌드를 잘 활용하기 때문에 이들의 동향을 잘 살피고 핫한 상품과 서비스, 비즈니스 모델을 파악한다. 최근에는 상품과 서비스의 결합으로 인기를 얻는 사례도 많기에, 얼리어답터들이 어떤 제품과 서비스를 이용하는지 잘 살펴보면 트렌드 파악에 도움이 된다.

세 번째 습관은 트렌드를 읽기 위해 준비하는 것이다. 일상에서 읽은 다양한 정보를 여러 가지 방식으로 메모해둔다. 체험과 경험만큼 특정 트렌드를 이해하기 좋은 방법은 없다. 글을 쓰고 강연을 하면서 타인을 설득하려면 탄탄한 논리를 바탕으로 한 내용 정리가 필수이기에, 준비하는 과정에서 얻을 것이 많다.

네 번째 습관은 IT 트렌드를 비즈니스로 연결하는 것이다. 패러다임의 전환이 일어날 때는 하드웨어, 네트워크, 소프트웨어가 동시에 혁신되는데, 비즈니스 기회도 이때 열린다는 것을 기억해야 한다. 새로운 IT 트렌드가 준비되었다면 여러 기업이 힘을 합쳐 시장을 만들어야 한다.

이 책이 제안하는 4가지 습관을 참고해 자신만의 루틴을 만들고, 그것을 매일 실천한다면 누구나 쉽게 IT 트렌드를 읽을 수 있을 것이다.

심화활동

- IT 트렌드를 읽기 위해 무엇을 실천할 수 있는지 살펴본다.
- IT 트렌드를 분석하며 다양한 자료들을 찾아 정리해본다.
- 자신이 찾은 IT 트렌드를 직접 비즈니스로 연결시켜본다.

최소한의 코딩지식

EBS 제작팀, 김광범 | 가나출판사 | 2021

도서 분야	IT
관련 과목	수학
관련 학과	컴퓨터공학부

디지털 시대, 새로운 기회를 만드는 필수 지식

4차 산업 혁명 시대. 우리는 코딩과 소프트웨어를 어떻게 이해할 것인가? 그리고 이러한 변화 속에서 우리는 무엇을 어떻게 준비해야 하는가?

이 책은 4차 산업혁명을 "인공지능, 로봇공학, 사물인터넷, 무인 자동차, 3D 프린팅, 나노 기술, 생명공학, 재료공학, 에너지 저장, 양자 컴퓨터 등의 디지털 기술이 비약적으로 발전하며 융합하는 차세대 산업혁명"이라 정의한다. 여기에 나열된 많은 것들이 코딩으로 이루어져 있기에, 코딩과 직접적인 연관이 없는 일을 하더라도 기본적인 지식을 갖출 필요가 있는 것이다.

코딩은 컴퓨터가 알아들을 수 있는 언어인 '코드'를 사용해 프로그램을 만드는 것을 뜻한다. 컴퓨터는 스스로 움직이지 않기에 인간이 필요하다고 생각되는 것을 만들기 위해서는 컴퓨터에게 명령을 내릴 수 있어야 한다. 어느 정도의 소프트웨어와 코딩을 이해하고 그것을 만드는 능력을 키워야 새로운 경쟁력을 갖출 수 있다는 것이다.

코딩이라는 것이 이론적으로만 보면 일상생활과 굉장히 동떨어진 것처럼 보이지만, 우리가 사용하는 다양한 앱과 전자기기 등 소프트웨어를 실생활에 적용한 사례는 셀 수 없이 많다.

거대 검색엔진 '구글'은 페이지랭크를 활용해 검색엔진 시장을 장악할 수 있었고, 위키피디아는 집단 지성을 활용해 인터넷에서 바로 수정이 가능한 백과사전을 만들었다. 이러한 사례를 통해 앞으로 살아가야 할 방향성에 대해 생각해보는 계기가 되길 바란다.

심화활동

- 책에 등장하는 컴퓨터 과학자에 대해 조사해본다.
- 코딩으로 자신에게 필요한 것을 만든 사례를 조사해본다.
- 데이터베이스에 대해 조사하고, 신뢰성 확보 방안을 찾아본다.
- 인공지능과 함께할 미래에 대한 자신의 생각을 적어본다.

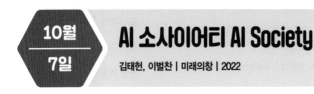

도서 분야	IT
관련 과목	수학
관련 학과	컴퓨터공학부

스마트 인류가 사는 세상, AI 소사이어티!

AI 소사이어티는 컴퓨터 프로그램(AI)과 인간 사회(Society)를 합친 새로운 사회를 말한다. 특정 기술이 특정 영역에서 혁신을 가져오는 것과 달리, AI는 거의 모든 영역에서 변화를 가져오고 있다. AI는 유통, 보험, 의료, 교통, 환경, 교육, 문화, 예술, 공연, 게임, 스포츠 등 영역을 가리지 않고 서비스의 성능을 획기적으로 바꾸어놓았다.

의료 분야에서는 24시간 챗봇이 진료를 하고, AI가 질병을 진단하며, 로봇이 단독으로 수술을 집도한다. 교육 분야에서는 안면 인식으로 수업 몰입도를 측정할 뿐만 아니라 학생의 실력에 맞춘 개인별 수업이 가능해진다. 쇼핑 분야에서는 소비자의 취향에 맞는 제품을 선별해 추천해주고, 교통 분야에서는 고도화된 자율 주행 자동차의 상용화가 될 것이다. 오직 인간의 영역이라 여겼던 예술도 마찬가지다. AI가 쓴 소설과 시, 노래, 그림들이 실제로 판매가 이루어지고 있다.

인류는 수렵과 채집 중심이던 수렵 사회에서 농업과 어업 중심의 농경 사회, 공업 중심의 산업사회를 지나 20세기 후반부터는 컴퓨터와 인터넷을 표방한 정보 사회를 맞이했다. 그러나 그 후 AI가 광범위하게 자리 잡으며, AI 산업 중심의 AI 소사이어티가 도래하게 된 것이다. 정보 사회와 AI 소사이어티의 차이점은 다음과 같다.

정보 사회	AI 소사이어티
인간과 기계의 연결이 제한적	AI를 매개로 인간과 모든 것이 연결
기계를 단순한 도구로 인식	인간과 기계의 동등한 협업
가상공간과 현실의 명확한 구분	가상공간과 현실의 경계 없음

심화활동
- AI 소사이어티의 3가지 특징을 설명해본다.
- AI 소사이어티의 혜택이 무엇인지 정리해본다.
- AI에 대한 인식 변화의 단계를 정리해본다.

나의 첫 인공지능 수업

김진우 | 메이트북스 | 2022

도서 분야	IT
관련 과목	수학
관련 학과	컴퓨터공학부

입문자들을 위한 인공지능의 모든 것

이 책은 인공지능의 역사부터 인공지능이 사회에 미치는 영향, 학습법, 자연어 처리 과정, 앞으로 보여줄 미래의 모습까지 상세히 설명해준다. 특히 눈길이 가는 건 인공지능의 학습법인데 그중 머신러닝과 딥러닝에 대한 설명은 다음과 같다.

머신러닝은 구체적으로 소프트웨어 알고리즘이 입력되는 데이터를 학습한 후 유사한 문제를 해결하는 것으로 규칙기반 인공지능이 '~이면(if), ~이다(then)'라는 프로그램을 사용하는 것과 달리 스스로 학습하도록 프로그래밍했다. 이 머신러닝은 다시 지도형 학습, 비지도형 학습, 강화 학습으로 나뉜다.

지도형 학습	비지도형 학습	강화 학습
입력되는 데이터와 결괏값을 정해 알고리즘을 학습	결괏값 없이 입력 데이터만 제공해 비슷한 유형의 데이터를 스스로 분류하게끔 학습	학습용 데이터를 사용하는 대신 어떤 환경을 정의하고 행동, 상태, 보상을 사용해 학습

기존 머신러닝의 성능이 떨어지면 제대로 학습이 되지 않는다는 한계를 극복하기 위해 만들어진 것이 바로 딥러닝이다. 딥러닝 알고리즘의 주요 토대는 인공 신경 회로망인데, 이는 생명체 뇌의 뉴런과 시냅스 개념을 착안해 만들어졌다. 인공지능은 컴퓨터 과학만으로 되는 것이 아니라 수학, 통계학, 물리학, 뇌 과학, 생물학, 언어학 그리고 윤리학까지 다양한 학문이 서로 지식을 교류하며 발전해야 하는 부분이다. 어떤 분야에서 일을 하든 인공지능과 접목할 수 있다는 것을 알고, 기본적인 내용을 미리 익혀두자.

심화활동

- 인공지능의 발전이 가속화될 수 있었던 동력을 살펴본다.
- 현재 활용되는 인공지능의 종류를 조사해 설명해본다.
- 관심이 가는 분야를 밀도 있게 조사해 보고서를 작성한다.

비전공자를 위한 이해할 수 있는 IT 지식

최원영 | 티더블유아이지 | 2020

도서 분야	IT
관련 과목	수학
관련 학과	컴퓨터공학부

새로운 시대, 새로운 시작을 준비하라!

　개발에 대한 지식이 전혀 없는 상태에서 창업에 도전하면 많은 시행착오를 겪는다. 이 책의 저자도 크게 다를 게 없었다. 그래서 아예 개발을 공부하기로 마음먹고, 개발자로서의 역량을 쌓았다. 이후 직접 현장에 나가 비전공자들이 알아야 할 IT 지식에 대해 강의하기 시작했고, 수강생들의 질문과 피드백을 바탕으로 내용을 정리해 마침내 한 권의 책으로 펴낼 수 있었다.

　개발자들의 전문적인 지식보다는 '커뮤니케이션'에 대한 기본적인 지식이 담겨 있기에 초보자들도 쉽게 이해할 수 있다. 보통 IT 공부라고 하면 C언어나 자바(JAVA), 파이썬(Python) 등을 꼽을 수 있겠지만 저자는 이런 것들보다 '대화'에 대한 이해를 더 중요하게 여기라 말한다. 다음의 대화를 살펴보자.

(상황 1)	"서버에서 이미지 URL을 보내줘야 하는데, API가 미완성인 것 같아요. JSON에 아이콘 URL만 빠져있네요." "클라는 URL이 안 오면 기본값이 뜨게 해놨어요."

| (상황 2) | "이거 원래 POST로 보냈을 때는, 200이 왔거든요. 그런데 PUT으로 바뀐 다음에 500이 날아와요."
 "잠서버 수정했어요. 그런데 클라에서 보내주는 JSON에 필수 파라미터가 빠져있네요. 그렇게 다시 보내면 400이 날아갈 거예요. 확인 부탁드려요. |

　위의 대화는 마치 다른 나라 말을 하는 것처럼 무슨 말인지 이해하기 어려울 것이다. 그런데 이 책은 바로 이 '소통의 이해'에 도움을 준다. 커뮤니케이션을 위한 IT 지식을 쌓아 새로운 분야에도 도전할 수 있다는 꿈을 키워보자.

심화활동
- 커뮤니케이션을 위한 IT 지식을 살펴보고, 상황에 맞게 사용해본다.
- 위에 나온 대화의 의미를 책 내용을 바탕으로 정리해 설명해본다.
- IT 지식이 개발자가 아닌 사람들에게도 필요한 이유를 적어본다.

비전공자도 이해할 수 있는 AI 지식

박상길 | 반니 | 2023

도서 분야	IT
관련 과목	수학
관련 학과	컴퓨터공학부

우리의 일상을 움직이는 인공지능 이해하기

인공지능이 무엇이고, 실생활에 어떻게 쓰이는지 궁금하다면 이 책을 읽자. 진로를 고민하는 고등학생, 졸업 후 인공지능 분야로 취업을 희망하는 대학생들에게 많은 도움이 될 것이다. 각 챕터를 분석해보면 다음과 같다.

주제	내용
인공지능	AI 기술은 음성인식, 언어번역, 이미지 분석, 자율주행 등 다양한 분야에서 우리 일상을 편리하게 만들어 '인간과 기술의 공존'이라는 새 시대를 열어가고 있다.
알파고	딥 블루는 1997년 체스 챔피언을 이겼고, 알파고는 바둑에서도 인간을 이겼다. 몬테카를로 방법, 정책망, 가치망 등 다양한 기술을 사용하고 있다.
자율주행	베이즈 정리를 이용해서 함께 주행하는 다른 차량이나 주변 환경의 정보를 분석하고 판단하기 때문에 다양한 센서(레이더, 라이다, 카메라 등)가 필요하다.
검색엔진	문서를 수집하고, 적절한 인덱싱 기술을 활용해 우리가 찾는 정보에 접근할 수 있다. 구글이 개발한 알고리즘은 검색 결과를 개선하는 데 많은 도움을 주었다.
스마트 스피커	음성인식 기술을 이용해 사람의 말을 알아듣고, 자연어 이해 기술을 이용하여 의도를 파악한다. 이를 통해 다이얼로그 매니저 기술을 활용, 명령을 실행한다.
기계번역	초기 기계번역은 규칙 기반 기술에 따른 한계가 있었으나, 현재는 신경망 기반 기계번역 기술을 사용해 자연스러운 번역이 가능하게 되었다.
챗봇	인공지능 분야 중 가장 주목받는 기술이 자연어 처리 기술이다. 그 시작은 컴파일러에서 시작하는데, 컴퓨터가 인간의 언어를 이해하도록 돕는다.
내비게이션	오컴의 면도날 원칙을 활용해 모델을 단순화하고, 정밀한 데이터로 완벽에 가까운 예측을 수행한다.
추천 알고리즘	넷플릭스와 유튜브에서는 각자에게 맞는 것을 추천해준다. 이런 추천 시스템은 '맥주와 기저귀는 함께 팔린다'와 같은 오프라인 마케팅 분석에서 비롯되었다.

심화활동

- 각 항목의 내용을 파악한 후, 자신의 삶과 어떤 연관성이 있는지 살펴본다.
- 관심 있는 용어를 찾아 그 용어에 대해 면밀히 조사해본다.

페르마의 마지막 정리

사이먼 싱 | 영림카디널 | 2022

도서 분야	자연과학
관련 과목	수학
관련 학과	수학교육과 수리과학부

'피타고라스 정리'부터 '페르마의 마지막 정리'를 증명하기까지

수학사에서 가장 유명한 문제를 고르라고 하면, '페르마의 마지막 정리'를 생각하는 사람들이 많을 것이다. 이 문제의 출발점이었던 '피타고라스 정리', 피타고라스와 페르마의 마지막 정리 사이의 관계, 수학적 개념, 고대 그리스 시대부터 페르마의 마지막 정리가 나온 17세기 프랑스에 이르기까지, 수학사의 흐름이 한 권의 책에 모두 소개되어 있다. 특히 페르마의 기이한 성향과 그가 남긴 업적은 이 책의 주요한 흥미 요소일 것이다.

페르마의 마지막 정리는 풀릴 듯하면서도 풀리지 않는 매력 때문에 많은 수학자가 도전장을 내밀었다. 대부분의 도전이 실패로 끝났지만, 이 과정을 통해 수학은 엄청난 발전을 이루게 되었다. 특히 '페르마의 마지막 정리'가 나온 지 약 350년 만에 이 정리를 증명해 낸 앤드루 와일즈의 업적은 눈여겨볼 만하다. 10년 동안 그가 어떤 노력을 했는지, 수학을 향한 열정이 얼마나 강했는지 느낄 수 있을 테니 말이다.

이름이 주는 느낌에서 왠지 식이 많이 등장할 것 같지만, 이 책에서는 최대한 식을 줄이고 대부분 글로 풀어서 설명한다. 수학에 자신이 없는 사람들도 쉽게 읽을 수 있는 까닭이다. 수학사에서 빼놓을 수 없는 '페르마의 마지막 정리'에 관한 모든 것을 이 한 권의 책으로 마스터한다면, 우리는 수학과 한 발짝 더 가까워지는 귀한 경험을 하게 될 것이다.

무엇보다 이 책에는 유명한 수학자들이 많이 등장하기 때문에, 제대로 읽어낸다면 수학 공부가 예전보다 더 재미있어질 거라 확신한다. 어렵고 난해하기만 했던 수학이 재미있고 흥미진진한 수학으로 바뀌길 기대하며 이 책을 펼쳐보길 바란다.

심화활동

- 책에 등장하는 여러 수학자들의 업적을 조사해본다.
- 피타고라스의 정리와 페르마의 마지막 정리 사이의 관계를 정리해본다.
- 페르마의 마지막 정리를 증명해내는 동안 벌어진 수학적 발전을 살펴본다.

10월
12일

수학이 필요한 순간

김민형 | 인플루엔셜 | 2018

모든 삶은 수학적으로 사고할 수밖에 없다

고등학생 수준에서는 다소 어려울 수 있지만, 저자는 수학적 개념들을 정확히 이해하는 것보다는 수학을 통해 얻게 되는 삶의 태도에 중점을 둔다. 수학이 무엇인지, 수학적으로 사고하는 것이 무엇인지 자신의 의견을 밝히면서, 모든 사람이 자신에게 맞는 수학에 대한 정의를 내려보기를 권하는 것이다.

학생들이 수학에서 가장 어려워하는 건 다름 아닌 '증명'이다. 그렇다면, 수학적 증명을 하기 위해서는 특별한 기술을 익혀야 할까? 그렇지 않다. 증명은 그저 '명료하게 설명하는 것'이다. 증명을 통해 다른 사람을 설득할 때, 쉽게 설득할 수 있느냐 혹은 그렇지 않느냐에 따라 증명하는 양과 난이도가 달라질 뿐이라는 것이다.

수학적 사실에 근거해 옳고 그름을 따지는 것처럼, 삶을 살아가는 순간마다 자신이 내리는 결정들에 의문을 품고 그것을 구체적으로 파헤치다 보면 잘못된 부분을 고칠 수도 있게 되는 것이다.

수학에 있어 하나의 증명이 영원불멸하리라는 보장은 없다. 알다시피 피타고라스의 정리를 증명하는 방법은 300가지가 넘고, 하나의 명제라도 다양한 증명방법이 있을 수 있기 때문이다. 같은 상황에서도 다른 결정을 내릴 수 있는 것처럼, '각자의 삶에 맞는 선택을 하고, 그 선택을 한 이유를 설명할 수 있으면 된다'라는 삶의 태도를 배우게 된다.

현대인들은 선택을 서두른다. 바쁘고, 또 귀찮기 때문이다. 빠른 결정이 때론 기회를 제공하기도 하지만 결정이 빠른 만큼의 리스크 역시 따른다. 저자는 문제를 빠르게 푸는 것보다 그 상황에서 어떤 좋은 질문을 던질 수 있는지, 그 문제에 대해 고민하는 자세를 가지고 있는지 먼저 묻는다. 수학적 사고의 시작은 이 작은 '물음'으로부터 시작될 것이다.

심화활동

- 수학은 발명된 것인지 혹은 발견된 것인지, 자신의 생각을 말해본다.
- 수학의 획기적인 변화를 가져온 사건을 알아보고 그 의미를 기록한다.

다시, 수학이 필요한 순간

김민형 | 인플루엔셜 | 2020

도서 분야	자연과학
관련 과목	수학
관련 학과	수학교육과 수리과학부

모든 삶은 수학적으로 사고할 수밖에 없다

대학교 전공 수업에서나 볼 수 있는 공식, 물리학 관련 내용이 아무렇지 않게 툭툭 튀어나오는 이 책은 결코 쉽게 이해할 수 있는 책이 아니다. 그러나 모든 것을 이해하지 못하더라도 수학을 좋아하는 마음만 있다면 9주간의 '세미나'가 즐거울 것이다.

주차	주제	내용
1	수 체계에 찾아온 위기	수의 발견은 인간의 사고를 바꿔놓았다. 키, 지능, 주소, 위도와 경도 등 수를 빼놓고는 일상생활을 얘기할 수 없다. 우리의 정체성을 표현하는 것조차 전부 수이다.
2	본질을 향한 길고 긴 생각	'A는 B다'라고 정의를 내리는 것은 어렵다. 정확한 답을 내릴 수 없다는 걸 알면서도 답을 찾기 위해 끊임없이 나아가게 하는 것이 바로 수학이 지닌 힘이다.
3	답을 찾는 기계 만들기	문명의 '자동화'와 함께 발전한다는 말이 있다. 기계적으로 계산하는 능력은 수학에서 중요하다. 방정식의 답을 기계적으로 내놓는 알고리즘을 찾아야 한다.
4	논리적 사고와 수학적 사고	하나의 명제가 주어졌을 때, 이것이 참인지 거짓인지 정확히는 모르더라도 추론 자체는 가능해야 한다. 이는 수학에서 가장 중요한 부분이다.
5	세상을 이루는 함수들	수학은 자연 현상을 설명하는 체계적 언어이자 개념적 도구다. 그중에서도 가장 중요한 역할을 하는 함수에 대해 알아보고, 함수를 좌표에 나타내보자.
6	수 없이 계산하기	고대 그리스 수학자들은 수 대신 기하학과 비율을 이용해서 연산했다. 이후에 기하와 수 체계를 연결하면서 수학은 더 많이 발전했다.
7	차원이 다른 정보들	빅데이터와 AI가 주도하는 정보화 시대에는 다차원의 이해가 매우 중요하다. 무한해 보이는 정보의 상관관계를 발견하면, 정보의 차원을 효율적으로 줄일 수 있다.
8	우주의 모양을 찾는 방정식	아인슈타인의 방정식은 과학의 판도를 뒤바꾸었다. 로저 펜로즈의 삼각형에 대해 살펴보고 우주의 모양을 방정식으로 나타내보자.
9	수학으로 세상을 본다는 것	'본다'는 것은 빛이나 초음파, 그리고 중력 등과의 상호 작용을 발견하는 것이다. 수학적 문명 역시 기하와 대수를 끊임없이 발견하는 여정이라 볼 수 있다.

심화활동

- 제논의 역설에 대한 내용을 정리해보고, 자신의 언어로 설명해본다.
- 펜로즈의 삼각형이 수학과 어떤 연관성을 갖는지 찾아 정리해본다.
- 귀류법을 이용하여 $\sqrt{2}$가 무리수라는 것에 대한 증명 과정을 살펴본다.

이토록 아름다운 수학이라면

최영기 | 21세기북스 | 2019

도서 분야	자연과학
관련 과목	수학
관련 학과	수학교육과 수리과학부

수학의 아름다움을 말해주는 감동의 수학 강의

학교에서 배우는 수학 용어와 개념을 바탕으로 수학의 가치와 아름다움을 들여다보자. 학창시절, 수학으로 고생했던 사람들은 이 책을 통해 어려웠던 그 마음을 조금이나마 덜어낼 수 있을 것이다.

누군가 "삼각형의 넓이는 어떻게 구할까?"라고 물으면, '(밑변)×(높이)÷2'라고 어렵지 않게 답할 것이다. 그런데 삼각형은 밑변이 세 개이므로 삼각형의 넓이를 구하는 공식도 세 가지로 나타낼 수 있다. 여기서, 이 세 가지 공식이 일치하는지에 대해 진지하게 고민해본 사람은 그리 많지 않을 것이다. 이 책을 통해 '(밑변)×(높이)'가 무엇을 의미하는지, 또 직사각형의 넓이를 '(밑변)×(높이)'로 구하는 것이 합당한지 구체적으로 살펴보자.

우리는 어릴 때부터 자연스레 수를 세고, '수를 세는 것'에 너무 익숙해진 나머지 수를 센다는 행위 자체에 대해 아무런 의문도 품지 않는다. 마치 숨을 쉬는 것처럼 별다른 의식을 하지 않게 된 것이다. 이 자연스러운 행위에 대한 착각을 깬 사람이 있었으니, 바로 19세기 독일의 수학자이자 집합론의 창시자 '칸토어'다. 칸토어는 일대일 대응을 통해 유한에서 무한으로 가는 체계적인 방법을 만들어내며, 두 집합 사이에 일대일 대응 관계가 성립하면 두 집합의 농도가 같음을 정의했다. 이 개념을 적용하다 보면 우리는 자연수의 개수와 정수의 개수가 같다는 것까지도 이해할 수 있게 된다.

수학을 가장 못하는 사람은 '수학에 관심이 없는 사람'이라고 했다. 수학에 관심을 갖게 되면 우리가 어릴 때부터 당연하게 생각해왔던 것들에게서 그동안 보지 못했던 가치와 아름다움을 발견하게 될 것이다.

심화활동

- 0을 받아들이게 되면서 수학에 어떤 변화가 일어났는지 생각해본다.
- 생각의 전환을 통해 수학 문제를 조금 더 쉽게 풀어 나가본다.

365 수학

박부성 외 3명 | 사이언스북스 | 2020

도서 분야	자연과학
관련 과목	수학
관련 학과	수학교육과 수리과학부

모든 사람을 위한 수학 다이어리

'매일매일을 수학 내용으로 채운 달력이 있다면 어떨까?'라는 생각을 시작으로 7년을 준비한 끝에 수학 달력이 완성되었다. 저자는 이를 세계 수학자 대회(ICM)에 기념품으로 증정했고, 행보를 주목하고 있던 '네이버'가 먼저 손을 내밀었다. 매일 그 날짜와 관련된 글을 한 편씩 올리자는 제안이었다. 뜻이 있는 사람들과 2018년 1월 1일부터 12월 31일까지 365개의 글을 연재했고, 그 글이 모여 한 권의 책으로 탄생했다.

책 두께가 상당하지만, 1월 1일부터 12월 31일까지 한 편씩 꾸준히 읽어나간다면 수학에 묘미에 깊이 매료될 수 있을 것이다. 1월부터 12월까지의 내용을 간략하게 살펴보자.

월	날짜	내용
1월	1월 3일	원주율 π와 자연상수 e를 소개하면서 $e<3<\pi$를 연관시켰다.
2월	2월 6일	바젤 문제로 알려져 있는 제곱수의 역수의 무한합이 $\pi^2/6$이다.
3월	3월 2일	공의 부피는 외접하는 원기둥 부피의 2/30이다. 아르키메데스의 묘비명과 연관이 있다.
4월	4월 4일	four fours 문제로 4를 4개 사용하여 1부터 10까지 만드는 놀이이다.
5월	5월 5일	오각형의 대각선으로 대각선의 개수를 구하는 것을 알 수 있다.
6월	6월 11일	정육면체 전개도의 개수는 11개다.
7월	7월 2일	복리의 마법이라고 불리는 것으로 '72의 법칙'이 있다.
8월	8월 23일	중국인의 나머지 정리라고 불리는 문제에서 가장 작은 양수의 해가 230이다.
9월	9월 10일	하디-라마누잔의 택시수는 1729로, 9의 세제곱과 10의 세제곱의 합이다.
10월	10월 6일	6주라는 시간을 초로 환산하면 10!(10팩토리얼) 초가 된다.
11월	11월 1일	1을 3개 사용하여 만든 식으로 sin1<1<tan1이 있다.
12월	12월 13일	$5^2+12^2=3^2$을 이용하여 피타고라스의 세 쌍을 설명한다.

심화활동
- 각 달에 해당하는 수학자 한 사람을 정하고, 정리해본다.
- 수학으로 할 수 있는 다양한 프로젝트 중, 해보고 싶은 것을 찾아본다.

일상을 파고든 미적분

'미적분 몰라도 사는 데 지장 없다'라는 말을 종종 듣는다. 물론, 사는 데 큰 문제는 없을 것이다. 그러나 수학은 이미 우리의 삶 곳곳에 자리 잡고 있다. 잠자리에서 일어나서 찾아보는 경제 뉴스의 주식 차트와 아침에 마시는 커피 한잔, 비타민, 날씨의 변화까지… 일어난 지 한 시간도 안 되는 사이에 행한 모든 일이 수학과 연관되어 있다. 가령 커피가 식는 속도를 보자. 컵 속의 뜨거운 커피는 10분 정도 지나면 상온이 되며 이를 온도 함수로 나타내면 $T(t)=75+87e-0.318t$가 된다. 그래프로 보면 온도가 10분까지는 매우 빠르게 감소하고, 그 이후부터는 느리게 감소한다는 것을 알 수 있다.

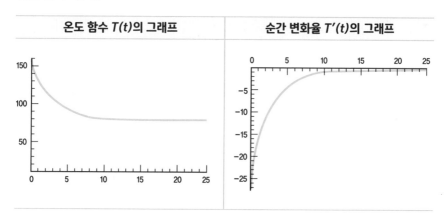

이 외에도 빗방울은 떨어지면서 속도와 무게가 증가하는데 왜 우산을 뚫고 들어오지 않는지, 스팸 메일을 지우는 데 걸리는 '생산성'의 손해를 어떻게 수치화하는지, 미적분을 통해서 사업의 손익을 어떻게 계산하는지, 이 책을 통해 그 궁금증을 타파해보자.

심화활동

- 책에 나오는 사례 외에 미적분과 관계된 일상이 더 있는지 살펴본다.
- 흥미로운 예시 하나를 골라 식을 이해하고 그래프를 그려본다.

<table>
<tr><td>

10월

17일</td><td colspan="2">**적분이 콩나물 사는 데 무슨 도움이 돼?**

쏭쌤, 정담 | 루비페이퍼 | 2021</td></tr>
<tr><td></td><td>도서 분야</td><td>자연과학</td></tr>
<tr><td></td><td>관련 과목</td><td>수학</td></tr>
<tr><td></td><td>관련 학과</td><td>수학교육과
수리과학부</td></tr>
</table>

잠들어 있는 수학 세포를 깨우다!

학교에서 수학을 가르치고 있는 쏭쌤과 자칭 '수포자들의 대변인'이라고 말하는 정담은 팟캐스트에 〈적.콩.무〉를 업로드 해왔다. 그리고 그 내용을 모아 이 책을 펴냈다. 두 저자는 말한다. 수학에 대한 지식보다 수학에 대한 올바른 이해와 실용적 관점에서의 쓸모 등을 아는 게 더 중요하다고. 책의 목차를 보며 내용을 파악해 보자.

목차를 보고 자신이 아는 내용과 모르는 내용을 구분하여 적어보자. 수학책을 읽을 때는 자신이 무엇을 알고, 무엇을 모르는지 파악한 후 모르는 부분을 하나씩 채워나가는 것이 좋다. 수학을 전혀 모르는 상태라면 관심이 생기는 부분 또는 지금 학교에서 배우는 단원부터 읽기를 권한다. 목차에서 드러나는 '왜 배웠을까?'라는 질문은 이 책의 전체를 관통하는 핵심 요소다. '수학을 배워서 어디에 써먹을까?'라는 생각을 한 번이라도 했다면 이 책을 통해 우리가 배우는 수학이 어디에 쓰이는지, 그 쓸모를 알아가길 바란다.

심화활동
- 고등학교에서 배우는 여러 개념들의 필요성을 생각해본다.
- 목차를 보고 아는 것과 모르는 것을 구분해본다.
- 부족한 부분을 파악하고 그 부분의 개념을 이해한다.

수학 자존감을 높이는 자기주도학습 7단계 로드맵

　이 책은 명료하다. 학생들이 지금 공부하는 것이 '수학이 아니다'라고 말하며 어떻게 수학을 공부하는지, 그 방법을 제시한다. 사교육 없이 스스로 할 수 있는 수학 공부법과, 이를 가능케 하는 7단계 로드맵은 다음과 같다.

단계	설명
1. 예습으로 생각 열기	새로 배울 개념의 배경지식을 다시 정리하는 것이 중요하다. 자기가 가진 사전 지식을 끌어내고, 새로 배울 개념에 대한 질문을 받아들인다.
2. 수업에서 질문하기	예습으로도 해결되지 않은 궁금증을 다시 차근차근 해결해나간다. 이 과정에서의 선행학습은 오히려 수업에 대한 집중력을 흩트릴 수 있다.
3. 복습으로 마무리하기	교과서 내용을 하나씩 점검하면서 부족한 부분을 보충한다. 복습의 골든 타임은 에빙하우스 망각곡선에 따라 그날 밤까지다.
4. 설명으로 점검하기	이해한 개념을 다른 사람에게 설명해본다. 설명학습은 자신이 이해한 것과 이해하지 못한 것을 구분하는 가장 명확한 방법이다.
5. 개념 정리의 3단계	정리 노트를 이용해 수학 개념을 3단계로 나누어 정리한다. 1단계는 정의, 2단계 정리, 3단계는 연결되는 개념이다.
6. 문제 풀이 시작하기	교과서에 나오는 연습문제로 풀이를 시작한다. 정답을 맞혔다고 그냥 넘어가지 말고, 그 문제에 어떤 개념이 포함되어 있는지 살펴본다.
7. 문제집 도전하기	문제를 푸는 목적은 개념의 강화이다. 따라서 많은 문제를 푸는 것보다, 문제를 해결한 다음 그 문제에 쓰인 개념과 풀이 과정을 설명하는 것이 더 중요하다.

　모르는 단어가 나오면 영어사전을 뒤적이는 것처럼, 수학 공부를 하다가도 모르는 개념이나 용어가 등장하면 수학 사전을 펼쳐야 한다. 수학을 자기주도학습으로 해내고 싶은 학생들은 책에서 제시해주는 7단계를 숙지해 자신에게 적용해보는 시간을 꼭 가져보길 바란다.

심화활동
- 수학에서 개념학습을 해야 하는 이유를 설명해본다.
- 심화학습의 의미를 생각해보고, 책에서 말하고자 하는 요지를 찾아본다.
- 자기주도학습 7단계를 자신의 공부 방법에 적용해본다.

<table>
</table>

도서 분야	자연과학
관련 과목	수학
관련 학과	수학교육과 수리과학부

10월
19일

미술관에 간 수학자

이광연 | 어바웃어북 | 2018

캔버스에 숨겨진 수학의 묘수

원근법, 착시와 황금삼각형, 등식의 성질과 비례 관계, 위상수학, 황금직사각형의 원리, 인체비례론 등은 그림의 구도를 바꾼 수학 원리들이다. 그림에 새겨진 수학의 역사는 아테네 학당의 수학자들, 시간과 수의 기원, 케플러의 추측, 일방향함수와 일대일 대응 원리, 뉴턴과 컴퍼스, 비눗방울, 환 이론의 재발견을 보여준다. 그림에 왜상과 사영기하학을 활용하거나 마방진, 연속과 불연속, 사이클로이드 개념을 활용한 화가의 이야기도 이 책이 주는 또 다른 묘미다.

이 외에도 달력의 탄생, 프랙털과 차원, 디지털 세상에서의 이진법, 거듭제곱의 위력 등 미술과 관련된 수학 이야기가 나온다.

미술에 수학이 들어가게 된 가장 커다란 사건은 다름 아닌 '원근법의 발견'이다. 원근법을 통해서 '소실점'의 존재가 밝혀졌는데, 이는 르네상스를 거쳐 현대에 이르기까지 미술에 엄청난 영향을 미쳤다. 수학과 미술이 만나 최상의 시너지를 보인 것도 바로 이 시기다.

'황금비' 역시 원근법 못지않게 미술에 큰 영향을 주었다. 황금비는 이상적인 아름다움을 나타내기 위한 최적의 비율을 말하는데, 이 비율은 수학자들이 제시했던 황금비와 거의 일치했다고 한다. 더불어 우리에게 이미 잘 알려진 모나리자의 작품과 레오나르도 다빈치의 조각상에서도 그 미적 아름다움을 찾아볼 수 있다.

물론, 미술 작품을 보면서 그 안에 숨은 수학을 찾는 게 쉬운 일은 아니다. 그도 그럴 것이 수학의 시선으로 미술 작품을 바라보는 경우는 매우 드물기 때문이다. 여러분이 이 책을 통해 미술을 바라보는 새로운 '시선' 하나를 가질 수 있길 바란다.

심화활동

- 미술에 드러난 '수학의 힘'을 자신만의 언어로 설명해본다.
- 미술관에서 조각상을 관람하기 위한 최적의 거리를 계산해본다.

334

청소년을 위한 한국 수학사

김용운, 이소라 | 살림Math | 2009

도서 분야	자연과학
관련 과목	수학
관련 학과	수학교육과 수리과학부

한국 수학의 역사와 개념

학교에서 배우는 수학은 근대 이후 우리나라에 도입된 서양 수학이다. 우리나라에도 조선 왕조 말기까지 훌륭한 수학이 있었다. 수학이 없었다면 신라, 고려, 조선이라는 나라가 세워지지 못했을 것이다. 나라를 다스리고, 세금을 걷고, 성을 짓고, 군대를 동원하는 등의 모든 일에는 수학지식이 필요하기 때문이다. 이 책은 우리나라 전통 수학을 청소년들에게 알려주는 매우 귀한 책이다.

옛날에는 무엇으로 수를 기록하고 계산했는지 살펴보면, 지금과 같이 아라비아 숫자를 사용하게 된 배경을 알 수 있다. 옛날 사람들은 하늘의 뜻을 수로 나타낼 수 있다고 믿으며, 행성을 보며 세상을 '다섯'으로 나누기도 했다. 중국의 방진, 유럽의 매직 스퀘어, 일본의 마방진, 우리나라는 조선의 수학자 최석정이 만든 낙서육구도가 있었다. 최석정은 균형과 조화를 이루고 있는 마방진이 세상을 조화롭게 만든다고 생각해서 열정적으로 다양한 마방진을 만들었다.

동양에서는 시시각각 변하는 달의 모습을 보고 달력을 만들었다. 달력이 지금과 같은 형태로 만들어지기까지의 과정은 흥미롭기 그지없다. 산학은 삼국시대부터 조선 시대에 이르기까지 두 가지 분야에서 가르쳤는데, 첫째는 세금 관련 계산법이나 농지측정에 관한 계산법으로 기술관리가 되는 분야였다. 둘째는 천문, 역수, 기상예보, 점복과 관계된 분야였는데, 이 분야에 대해서도 자세히 설명되어 있다.

옛날 수학책인 〈구장산술〉, 〈주비산경〉, 〈오조산경〉, 〈양휘산법〉, 〈산학계몽〉, 〈상명산법〉에 대한 내용은 또 다른 즐거움을 선사할 것이다.

심화활동

- 수를 기록하던 과거의 방식을 알아보고, 지금의 방법으로 변하게 된 이유를 찾는다.
- 마방진의 역사와 그것에 대한 사람들의 믿음을 살펴본다.
- 과거의 수학 문제를 풀면서, 지금의 방법과 어떤 차이점이 있는지 살펴본다.

일하는 수학

시노자키 나오코 | 타임북스 | 2016

도서 분야	자연과학
관련 과목	수학
관련 학과	수학교육과 수리과학부

25가지 직업으로 만나는 수학 이야기

수학이 여러 직업군에서 실제로 활용된다면 어떨까? 이 책은 우리 주변에서 의외로 많이 사용되는 수학에 관한 이야기를 들려준다. 수학의 개념이 직업별로 어떻게 사용되는지 살펴보자.

직업	수학 개념	관련 설명
헤어 드레서	원주율	파마에 사용하는 약제와 롯드의 크기, 롯드에 감을 머리카락의 길이를 결정한다.
편의점 점장	자료의 통계	그래프로 나타난 매출 집계표로 시간대별 매출을 확인할 수 있다.
파티시에	선형 계획 문제	기본 세트, 모험 세트 판매량에 따른 최대 이익을 알 수 있다.
퀼터	도형의 이동	토대가 되는 천의 크기를 바탕으로 모든 조각 원단을 디자인한다.
치과 의사	평면과 입체	엑스선 촬영은 한 방향의 컷만 얻지만, CT스캔은 입체적 정보를 얻을 수 있다.
건축가	피타고라스의 정리	건물을 짓기 위한 구조 계산 공식에서 제곱근, 피타고라스 정리를 빼놓을 수 없다.
파일럿	삼각 함수	양력, 추력, 항력, 중력, 각도 등을 계산할 때는 삼각 함수에 대한 지식이 필요하다.
IT 엔지니어	기수법	컴퓨터 세계의 주소인 IP, 이름인 MAC 등은 전부 이진법으로 표현되어 있다.
부동산 중개인	수열	대출, 이자를 계산 등에는 등비수열에 대한 지식이 필요하다.
토목 설계 기사	적분	토목 설계 기사는 클로소이드 곡선을 사용해 고속도로의 커브를 설계한다.
과학자	지수	자동차의 배기가스를 정화하는 촉매 연구에 수학공식이 사용된다.
천문학자	로그	천문학자들은 큰 수를 다루어야 하는데, 로그를 사용하면 계산이 간단해진다.
기상 예보사	벡터	바람과 힘의 관계 역시 벡터를 사용해서 표현할 수 있다.
마케팅 조사원	행렬	설문 조사 결과를 정리할 때 어떤 점을 중시했는지 행렬을 통해 알 수 있다.
전기 회로 설계자	복소수	전기 회로 설계 시 삼각함수뿐만 아니라 지수 함수와 복소수가 꼭 필요하다.
수학자	점화식	과거와 현재의 데이터가 있으면 그 데이터를 통해 미래를 예측할 수 있다.
조향사	비율	새로운 향을 만들려면 소재를 배합해야 하는데, 이때 비율이 사용된다.
작가	집합과 명제	추리소설에서 사용하는 방법으로, 생각의 모순에 따른 결과를 새로 증명한다.
의류 판매원	경우의 수	경우의 수를 이해하면 코디할 수 있는 방법이 다양해진다.
게임 크리에이터	확률	게임을 만드는 사람은 승패, 드랍률 등을 치밀하게 계산한다.

심화활동

- 장래에 일하고 싶은 분야와 그 분야에서 수학이 어떻게 활용되는지 찾아본다.
- 매 챕터 후반부에 제시된 수학 문제들을 해결해본다.

대량살상 수학무기

캐시 오닐 | 흐름출판 | 2017

도서 분야	자연과학
관련 과목	수학
관련 학과	수학교육과 수리과학부

불평등을 확산하고 민주주의를 위협하는 빅데이터

이 책에는 2007년에 교수직을 그만두고 미국의 유명한 '헤지펀드 디이 쇼'의 퀀트가 된 저자의 이야기가 담겨 있다. 이를테면 학문가가 금융 세계에 발을 디딘 이후 겪은 수학적 세계관의 변화에 관한 것이다. 저자는 자신이 하고 있던 수학이 추상적 이론에서 실질적 학문으로 바뀌게 되었다는 것을 깨닫고, 끝내 데이터 과학자가 되어 이커머스 분야로 눈을 돌리게 된다. 그 과정에서 데이터의 위험성을 인지하고, WMD에 관한 진실을 알리기 위해서 블로그를 시작하게 된다. 블로그에 썼던 내용들을 바탕으로 WMD가 초래하는 피해와 그런 모형이 계속해서 부당한 사회를 만들어간다는 것을 밝힌다. 빅데이터의 이면을 이 책을 통해 알게 될 것이다.

가령 SNS상에 떠도는 많은 광고는 표적을 공략하는데, 우리가 검색한 키워드에 맞춰 그 대상에게 광고를 노출하는 것이다. 이를 리드 창출이라 부르며, 판매를 목적으로 잠재고객 명단을 구축한다. 우리는 우리의 의사와 상관없이 많은 정보를 빅데이터로 흘려보내고 있음을 인지해야 한다.

요지는 미래를 창조하기 위해서는 빅데이터를 활용하는 방법만 생각할 것이 아니라 도덕적 상상력이 필요하다는 것이다. 데이터를 해석하는 것은 결국 인간이기에, 이익보다는 공정성을 우선시해야 하는 경우도 있다.

어쨌든 지구상에서 '데이터'는 사라지지 않을 것이다. 수학도, 컴퓨터도 계속 인간과 함께할 것이며 이 시스템을 운영하고 관리하기 위해서는 그에 따른 준비가 필요하다. 한 개인의 역량으로는 이 시스템을 운영할 수 없기에 더 많은 사람의 협력이 요구된다.

심화활동
• WMD가 우리의 삶에 어떤 영향을 미치는지 정리하고 자신의 생각을 적어본다.
• WMD의 9가지 사례 중 인상 깊은 내용을 하나 골라 설명해본다.

수학의 발견과 분석, 그리고 활용

제목만 보면 수학자 피타고라스에 대한 이야기로만 이루어져 있을 것 같지만, 그렇지 않다. 이 책에는 피타고라스부터 아인슈타인까지 다양한 수학자들이 등장하며 33가지의 이야기를 통해 수학자들이 수학을 어떻게 발견하고 분석하고 활용했는지 보여준다. 처음 접하는 내용 앞에서 '이런 것도 수학이었어?'라는 탄식을 내뱉게 될 것이다.

중학교 1학년 때 배우는 좌표평면은 x축과 y축을 기준으로 제1사분면, 제2사분면, 제3사분면, 제4사분면으로 나뉘는데 이를 확장해 제1팔분공간 ~ 제8팔분공간으로 나눌 수도 있다. 학교에서는 정해진 내용만 공부하고 넘어가는 경우가 많지만, 이것을 확장해보는 경험을 한다면 수학을 바라보는 여러분의 시선이 조금은 달라지지 않을까 기대한다.

40세가 되기도 전에 11개의 난제를 증명하며 한국인 최초로 필즈상을 받은 허준이 교수 이야기도 흥미롭다. 허 교수가 필즈상을 받은 것은 알지만, 어떤 분야에서 어떤 업적을 남겼는지 모르는 사람이 대부분일 것이다. 허준이 교수의 연구 분야는 '조합 대수기하학'. 이는 조합론과 대수기하학이라는 두 분야를 결합한 비교적 새로운 분야에 속한다. 허 교수는 채색 다항식의 성질, 채색 다항식 계수들의 증감 추세에 주목했고, 이 계수들의 로그값 경향을 추론하여 리드 추측과 로타 추측 등 여러 난제를 해결하기에 이른다.

'연결'과 '구조'에 대한 허 교수의 연구는 현대의 많은 기술이 통신과 네트워크, 복잡계 등과 연결되어 있어 현대 사회에서 갖는 의미가 크다. 지금 당장은 수학이 멀게 느껴지겠지만 언젠가 수학과 관련된 일을 하고 있을지도 모르니, 조금 더 힘을 내주길 바란다.

심화활동
- 책에서 다루는 소재 중 한 가지를 선택, 자신만의 이야기로 재해석해본다.
- 피타고라스의 생각을 요약해 표로 나타내본다.

진짜 세상을 파악하는 수학적 사고법

"이 세상에 있는 고양이는 모두 몇 마리일까?", "당신이 좋아하는 책에 쓰인 단어는 모두 몇 개일까?", "주말에 교회에 가는 사람들이 많을까, 축구 경기를 보러 가는 사람들이 많을까?" 이 세 가지 질문의 공통점은 '정확한 답'을 알 수 없다는 것이다. '수학'이라고 하면 '정확한 답'을 떠올리기 마련이지만, 이 책에서는 기초적인 지식과 논리적 추론으로 짧은 시간에 대략적인 근삿값을 추정하는 '페르미 추정'을 통해 숫자 뒤에 숨어 있는 '진짜 세상을 파악하는 수학적 사고법'을 제시한다.

페르미 추정을 하기 위해서는 먼저 어림셈을 할 수 있어야 한다. 정밀한 숫자만 의미가 있다고 생각하는데, 이 책에서는 덜 정밀한 숫자가 더 공정하다고 말한다. 예컨대 제로 등식을 소개하면서 제로 등식은 예외 없이 근삿값을 사용해 계산한다는 것이다. 제로 등식은 쉽고 빠르기에, 복잡한 계산 방식의 번거로움을 덜 수 있다.

이를 바탕으로 페르미 추정 과정 하나를 소개한다. '성인의 머리카락 수는 몇 개일까?'라는 질문을 생각해보자. 먼저 두피 $1cm^2$의 넓이를 머릿속에 그린다. 모낭이 서로 1mm간격으로 떨어져 있다고 한다면, 두피 $1cm^2$당 $10 \times 10 = 100$개의 모낭이 있을 것이다. 두피의 표면적은 지름 25cm 남짓의 원으로 볼 수 있는데, 원주율을 3.14라고 하면 반지름이 12.5cm이기 때문에 3.14×12.5^2이 된다. 이것을 다시 제로 등식으로 구하면 $3 \times 10^2 = 300cm^2$가 된다. 그러나 두피의 표면은 반구에 가깝기에 두피 표면을 구한 값을 두 배로 늘린다. 그렇게 되면 $3 \times 10^2 = 600cm^2$, 이 어림값에 따르면 일반적으로 사람의 머리카락은 대략 6만 개라고 할 수 있다.

심화활동

- 수학과 산술을 구분하고, 미래사회에 필요한 능력이 무엇인지 생각해본다.
- 페르미 추정과 관련된 문제를 하나 정하고, 그에 대한 답변을 제시한다.

수학을 포기하려는 너에게

장우석 | 북트리거 | 2023

도서 분야	자연과학
관련 과목	수학
관련 학과	수학교육과 수리과학부

수학이 불안한 모든 이들을 위해

수학을 좋아하지만, 잘하지는 못하는 사람들에게 이 책을 권한다. 학생들과 수업하면서 겪었던 경험은 많은 공감을 불러일으키며 수학 앞에서 벌벌 떠는 우리를 위로해줄 것이다. 수학에서의 문제 풀이는 매우 중요하다. 저자만의 문제 풀이 노하우를 살펴보는 즐거움이 큰 까닭이다. 먼저, 포여의 이론에 따른 수학 문제의 4단계 해결 과정을 살펴보자.

단계	설명	질문
이해	해결의 방향을 결정하는 중요한 단계	자료와 조건은 무엇인가?
계획	해결의 밑그림을 그리는 단계	어떤 보조 요소를 사용하면 좋을까?
실행	문제를 관련된 정보와 연결하는 단계	관련 정보를 조건과 연결해보자.
반성	문제를 재해석하여 새로운 문제를 만드는 단계	논증 과정을 설명하고, 다른 상황을 접목해보자.

4가지 단계를 통한 문제를 해결을 제시할 뿐만 아니라, 문제 해결을 위한 치트키도 알려준다.

방법	설명
정의로 돌아가기	문제를 해결하지 못할 때는 기본적 정의로 돌아가 의미를 파악한다.
거꾸로 생각하기	문제가 해결된 이후라고 가정하고 마지막 상황을 떠올려본다.
반대 가정 이용하기	귀류법 또는 모순법이라고 불리며 틀린 가정을 증명하는 것이다.
탐정처럼 생각하기	문제 해결 방법 중 불가능한 것들을 하나씩 지워 없앤다.

수학에 대한 불안감은 개념 이해나 문제 해결이 아닌 점수의 영향을 많이 받는다. 성적에 지나치게 의미를 부여하지 말고, 문제를 해결해 나가는 성취감으로 수학을 즐거움을 맛보길 바란다.

심화활동

- 어려운 문제 앞에서 어떤 태도를 갖추어야 하는지 이미지를 만들어본다.
- 수학을 공부하면서 스스로 대단하다고 느낀 경험이 있다면 적어본다.
- 수학을 공부하는 이유가 무엇인지, 자신만의 답을 정리해본다.

수학의 역사

지즈강 | 더숲 | 2020

도서 분야	자연과학
관련 과목	수학
관련 학과	수학교육과 수리과학부

수학을 잘하려면 역사를 알아야 한다

    수학은 학생이나 학자들만 공부하는 것이 아니다. 이 책은 수학이 교양으로 자리 잡을 수 있도록 돕고, 그 가운데서도 가장 중요한 수학의 역사를 일러준다. 300여 장의 사진과 도표는 이 책의 가장 큰 흥미 요소라 할 수 있다. 수학의 역사를 시간 순으로 나열하면 다음과 같다.

역사적 순서	설명
원시시대의 수 표현	벽에 줄을 긋거나 손가락 등의 신체 부위를 활용해 수량을 표시했다.
린드 파피루스	세계에서 가장 오래된 이집트의 수학책이다.
중국 고대 산대 계산법	현대의 10진법에 가장 근접한 위치기수법이 산대 계산법이다.
아라비아 숫자	1202년 피보나치의 〈산술서〉를 통해 인도 숫자를 유럽에 최초로 소개했다.
토지 측량 기술	나일강 범람 후 토지의 경계가 사라졌고, 토지 넓이 측정을 위해 기하학이 발전했다.
피타고라스	만물은 모두 수라는 신념을 갖고, 수학의 초석을 세웠다.
유클리드의 기하학 원론	기하학적 대상의 정의를 내리고, 의심 없이 받아들여지는 것을 공리라 정했다.
아르키메데스	지렛대 원리를 이용해 기계를 제작했으며, 금관의 수수께끼 문제도 유명하다.
구장산술	고대 중국 수학을 대표하는 중요한 문헌으로 전한 중기 무렵에 만들어졌다.
알 콰리즈미	〈대수학〉에서 간단한 문제를 이용하여 방정식 해법의 일반 원리를 설명한다.
로그의 발명	큰 수의 곱셈과 나눗셈을 덧셈과 뺄셈으로 바꾸어 계산하는 것이 핵심이다.
데카르트	수학 역사상 최초로 좌표 체계를 도입해 곡선과 방정식의 관계를 정립했다.
미적분 발명	미분학 발전의 촉진은 곡선의 접선, 극댓값과 극솟값을 구하는 데서 시작됐다.
방정식의 근의 공식	근의 공식은 4차 방정식까지 존재하고, 5차 이상부터는 존재하지 않는다.
비유클리드 기하학	〈제5공준〉에 의문을 품고, 이를 증명하려던 수학자들에 의해 만들어졌다.
수학적 해석학의 엄밀성	미적분의 취약한 기초에 대해 말이 많을 때, 코시는 극한 개념을 새롭게 정의했다.
수학 3대 학파의 출현	수학기초론 발전에 영향을 미친 3대 학파(논리주의, 직관주의, 형식주의)가 등장했다.
페르마 대정리의 증명	앤드류 와일즈는 8년의 연구 끝에 페르마의 마지막 정리를 증명했다.

심화활동

- 책에 제시된 수학의 역사를 자신만의 방식으로 정리해본다.
- 3대 학파 중 자신은 어느 학파에 더 가까운지 생각해본다.

이상한 수학책

벤 올린 | 북라이프 | 2020

도서 분야	자연과학
관련 과목	수학
관련 학과	수학교육과 수리과학부

그림으로 보여주는 흥미진진한 수학의 세계

수학 개념을 그림으로 설명한다면 어떨까? 수학 교사인 '벤 올린'은 문제를 내기 위해 칠판에 개를 그려 학생들에게 큰 웃음을 선사했다. 수학 실력이 뛰어나다고 해서 그림 실력까지 뛰어난 것은 아니었을 터…. 다행히 그런 그의 그림을 좋아해 주는 학생들이 은근히 많았고, 내친김에 자신의 블로그에 그림을 올리기 시작했다.

저자는 수학이라는 과목에 따른 교육제도를 지적한다. 수학의 본질보다는 무한 경쟁 속에서 성적 따위를 가늠하는 도구에 지나지 않는다는 것이다. 이 책은 그러한 수학 안에 깃든 가능성에 대해 말한다.

'뛰어난 수학자'와 '위대한 수학자'는 어떻게 다를까? 수학을 바라보는 자세는 어때야 하는가? 그렇다면 수학자들은 수학을 어떻게 바라보는가? 이 물음에 대한 답을 찾고 싶다면 책의 일독을 권한다.

수학자들은 수학을 언어로 인식한다. 이해력을 높이기 위해 수학자들은 독자에게 '심상'을 만들어 보여준다. 가령 $7 \times 11 \times 13$, $A = \pi r^2$, $y = \dfrac{1}{x^2}$, $(x-5)(x-1) = 0$, x^2과 2^x라는 식이 수학자의 눈에 어떻게 보이는지 그림을 통해 보여주기에 이해가 훨씬 잘된다는 것이다. 수학자들이 수학을 보는 방식은 우리의 호기심을 자극하기에 충분하다.

과학은 현상이나 사물에 주목하게 되고, 수학은 개념에 주목하게 된다. 다양한 물체가 있어도 수학은 그 물체가 갖는 공통성에 천착한다. 이 책을 통해 더 많은 사람이 수학에 대한 다양한 심상을 만들어가길 바란다.

심화활동
- 뛰어난 수학자와 위대한 수학자의 특징을 비교해 정리해본다.
- 수학자들이 바라보는 시선으로 식을 따라 그려본다.

더 이상한 수학책

벤 올린 | 북 라이프 | 2021

도서 분야	자연과학
관련 과목	수학
관련 학과	수학교육과 수리과학부

펼치는 순간 미적분의 비밀을 알게 되는 후속작

《이상한 수학책》이 중고등학생들이 읽기에 적당한 책이라면, 《더 이상한 수학책》은 고등학생 가운데서도 미적분을 배웠거나 배우고 있는 학생들에게 추천한다. 미분과 적분에 대한 밀도 있는 탐구는 지루하고 따분하던 미적분에 대한 오해를 말끔히 씻어줄 것이다. 특히, 교과서나 문제집에서나 볼 법한 그래프들을 손으로 직접 그려 미적분 공부법을 옆에서 알려주는 듯한 착각을 불러일으킨다.

미적분학(calculus)은 세상의 흐름을 수치로 나타내는 학문으로, 도함수(미분)와 적분으로 구분할 수 있다. 미적분의 이 두 도구들이 우리 삶에서 어떤 역할을 하고 있는지 궁금하다면 얼른 책을 펼치길 바란다.

미적분을 다루는 여느 책들과는 다르게 페르마의 빛의 굴절, 뉴턴의 암호문, 디랙의 불가능한 함수 등 어려운 내용을 포함하지 않았기에 완성도가 떨어진다고 여길 수도 있지만, 나는 오히려 그런 내용이 없어서 이 책의 가치가 더 높아졌다고 생각한다. 실생활에서 우리가 생각해 볼 수 있는 광고비 증가에 따른 상품 판매량의 증가, 변화와 이익증가 속도, 자전거 바퀴의 움직임 등을 미적분으로 살펴볼 수 있다는 것은 고등학생들에게 더없이 좋은 기회가 아닐까 생각한다.

미적분학의 두 가지 도구 '미분'과 '적분'은 서로 연관되어 있는데, 그것을 더하기와 빼기, 곱하기와 나누기, 자물쇠 열고 잠그기, 모자 벗었다 쓰기, 헤어졌던 연인과의 재회 등 여러 상황에 빗대어 설명해낸다. 위치를 통해 속도를 구하는 것은 미분, 속도를 통해 위치를 구하는 것은 적분이라는 형태로 설명하는 것이다. 그림을 통한 설명은 머릿속에 더 오래 남게 될 테니 책을 읽으며 그림을 따라 그려보는 건 어떨까?

심화활동

- 미분과 관련된 그래프로 교과서에 나오는 그래프를 해석한다.
- 식에 의미를 부여하는 과정을 통해 그 식을 증명해본다.
- 적분과 미분의 관계를 나타내는 상황을 자신의 언어로 설명해본다.

수학을 읽어드립니다

남호성 | 한국경제신문사 | 2021

도서 분야	자연과학
관련 과목	수학
관련 학과	수학교육과 수리과학부

영문과 교수의 특별한 수학 이야기

인공지능(AI)을 만드는 영문과 교수가 들려주는 수학 이야기는 어떨까? 중학교 때까지 수학에 흥미를 보이던 저자는 고등학교에 진학한 후 수학을 포기, 문과에 진학했다. 이때 음성학에 빠졌고 그것이 음성인식을 포함한 인공지능 기술 연구로 이어졌다. 한국통신이라는 기관과 우연한 기회에 프로젝트를 함께 했는데, 코딩을 알게 되면서 이를 새로운 전환점으로 삼았다. 유학길에 올라 예일대에 들어간 저자는 박사 학위를 취득하고 14년 만에 한국으로 돌아와 영문과 교수로 재직, 그러면서도 코딩과 수학에 대한 미련을 놓지 않았다.

뜻을 함께할 수 있는 제자들과 연구소를 만들고 해스킨스 때부터 사용하던 코딩 기술로 프로그램을 짰고 실전에서 사용할 수 있게 제자들을 교육했다. 영어와 컴퓨터 프로그래밍을 공부하면서 수학의 필요성을 느끼게 된 저자의 일화는 그래서인지 더욱 특별하게 다가온다. 말하자면 세상을 보는 새로운 눈 하나를 더 가지게 된 셈인데, 이는 수학을 오직 성적 올리는 도구로 인식하는 많은 학생들에게 큰 깨달음을 줄 것이다.

"수학을 제대로 알면 세상을 보는 눈이 바뀝니다. 내가 경험하고 써먹는 수학은 보이는 수학, 말하는 수학, 쓸모 있는 수학입니다. 저는 이 수학을 더 많은 이들에게 알리고 싶습니다."

저자의 말을 이곳에 빌려온다. 수포자였던 문과생이 AI 언어공학자가 되기까지 얼마나 많은 좌절과 실패를 겪었을지 감히 상상할 수도 없다. 우리는 이 즐거운 휴먼 스토리를 통해 수학뿐만 아니라 수학의 '너머'를 보는 새로운 '시각'과 '융합'에 대해서도 새로운 고찰을 하게 될 것이다.

심화활동
- 인공지능 시대에 수학이 왜 필요한지 생각해본다.
- 수학과 접목할 수 있는 다른 많은 분야를 조사해본다.

<table>

</table>

10월 **30일**	# 길 위의 수학자 릴리언 R. 리버 | 궁리출판 | 2016	**도서 분야** → 자연과학 **관련 과목** → 수학 **관련 학과** → 수학교육과 수리과학부

복잡한 세상을 풀 수 있는 수학적 사고법을 배워보자!

수학을 기본 중의 기본으로 여기는 경향이 있다. 잘하는 것이 당연하다는 것이다. 그러나 이 책은 수학을 싫어하는 사람을 '보통 사람'으로 간주한다.

학창시절에 수학을 잘하지 못했던 사람들 가운데는 수학에 대한 미련 때문에 한 번쯤 다시 수학을 공부해보고 싶다고 느끼는 사람도 있을 것이다. 수학은 자신을 버렸지만, 자신은 수학을 버리지 않았다고 표현하는 이 책의 저자처럼 말이다. 수식이나 계산이 많지는 않지만, 책을 읽다보면 수학의 향기를 은은하게 맡을 수 있다는 측면에서 수학을 어려워하는 성인에게도 입문서로 추천할 수 있다. 이 책에서는 수학이 쓰이는 단계를 아래와 같은 '토템탑'으로 나타냈다.

단계(모양)	특징	예시
5층 (정사면체)	'순수' 수학자이다. 도넛이나 프레첼, 고무판 위에 기하학 도형을 그린다.	뉴턴이 미적분학을 발명하지 않았다면 맥스웰도 자기 일을 할 수 없었을 것이다.
4층 (정십이면체)	고전 수학을 알고 3층에 있는 '순수' 과학자들이 찾은 과학에 수학을 적용하는 사람들이다.	맥스웰은 '전자기장'에 파동이 있다는 생각을 처음으로 하고 미적분을 이용해 여러 방정식을 만들었다.
3층 (정팔면체)	순수과학을 연구하는 사람으로 대학에 서 근무하는 교수들이다. 실용적인 일에는 관심이 없다.	헤르츠는 전보를 무선으로 보낼 수 있다는 생각이 실제로도 가능하다는 걸 입증했다.
2층 (정이십면체)	아주 거대한 산업 연구소로, 1층에서 본 도구들을 발명하고 시험	전파 수신율을 높이기 위해 진공관이나 안테나 같은 다양한 장치를 개량하는 모습 다양한 음악과 온갖 소식을 전달해주는 라디오
1층 (정육면체)	과학이 부도덕하다고 말하는 사람이 있는 건 이런 도구들 때문이다.	다양한 음악과 온갖 소식을 전달해주는 라디오

심화활동

- 수학을 기반으로 한 '토템탑'을 자신만의 방식으로 나타내본다.
- 현대 수학을 맛볼 수 있는 '합 표'와 '곱 표'로 합과 곱을 계산해본다.
- 본문에서 가장 와닿았던 문장을 고르고, 그 이유를 적어본다.

통계의 미학

최제호 | 동아시아 | 2007

도서 분야	자연과학
관련 과목	수학
관련 학과	수학교육과 수리과학부

통계가 세상을 움직인다

읽기와 쓰기 능력만큼이나 통계적 사고(statistical thinking)도 중요하다. 정보와 데이터의 폭발적인 증가로 이를 처리하고 분석해 적시에 좋은 판단을 내리는 능력이 필수가 된 것이다. 일반인들에게는 통계자료가 사소하게 보일지 모르지만, 전문가들에게는 매우 민감한 부분이다. 결정적인 가정과 해석의 차이에 따라 상반된 분석 결과가 만들어질 수도 있기 때문이다. 통계자료를 근거로 결정의 타당성을 검토할 수 있는 '통계자료'는 현대인들에게 '이해 능력'을 요구하고 있는지도 모른다. 이 책에는 데이터 수집부터 통계적 의사 결정까지의 모든 프로세스가 일목요연하게 담겨 있다. 통계적 사고에 익숙해지기 위한 방법에 대해 잠시 알아보자.

첫째, 통계자료의 수집·정리·분석 방법 등의 원리와 그와 관련된 용어에 익숙해져야 한다. 용어에 익숙해진다는 것은 새로운 세계에 들어갈 입장권을 얻은 것과 같다. 둘째, 나누어 보는 방법에 익숙해져야 한다. 통계적 사고는 기본적으로 대상을 구분해 보는 것이기에 두 자료를 나누어 이해해야 한다. 셋째, 다양한 관계에 얽힌 이해를 해야 한다. 특정 사안을 설명하는 인간관계는 매우 복잡하게 뒤섞여 있기에 정확한 분석을 해야만 제대로 된 의사 결정을 할 수 있다.

현실을 바탕으로 이야기가 전개되지만, 실제로 우리가 학교에서 배우는 '통계'와 크게 다르지 않다. 통계적 사고와 연관시킨다면 전수조사라는 것은 통계와 관련된 모든 내용을 아우르는 것인데, 통계만 공부하는 게 아니므로 그중에서도 가장 핵심이 되는 부분(표본)만 고르면 된다.

교과서의 설명만으로는 부족하다고 느껴진다면 이 책을 읽으며 통계의 매력에 빠져보기를 바란다.

심화활동

- 통계와 관련된 수학적 개념을 정리해본다.
- 이 책에서는 통계와 관련된 이야기들을 비유적으로 표현한 부분이 많다. 인상깊은 부분들을 정리해본다.

11월

서양 미술사의 바이블

688쪽이라는 방대한 분량으로 서양 미술사 전반을 아우른다. 또한 선사 시대부터 현대를 아우르는 다양한 걸작들을 수록하고 설명해, 뇌리에 서양 미술의 구조와 질서를 새겨넣는다. 그 때문일까, 미술학도들의 서가에 꼭 꽂혀 있을뿐더러 세계에서 가장 대중화된 서양미술사 필독서다.

책의 가장 큰 특징은 시계열로 정리한 각 시대를 대표하는 작품의 생생한 도판이다. 여기에 그 작품의 미술 양식, 역사적 배경, 작가 이름, 작품명, 작품의 특징, 작품의 가치까지 폭넓게 다룬 설명을 덧붙였다. 책이 소개하는 서양 미술사의 흐름을 읽다 보면 미술관과 박물관에서 큐레이터가 친절하게 설명해주는 것만 같다.

하지만 단순히 양식과 기법적인 특징만 나열했다면 이 책이 지금의 위상을 얻지는 못했을 것이다. 곰브리치는 '미술이라는 것은 사실상 존재하지 않는다. 다만 미술가들이 있을 뿐이다.'라고 말하며, 미술가들과 작품을 묶어버리는 '시대정신'을 거부한다. 우리는 그의 서술 속에서 미술가 개개인의 사상을 면밀하게 들여다보며, 시대마다 미술이 어떻게 변화했는지 알 수 있다.

작가와 개별 작품에 집중하는 특성 덕분인지 미술이나 역사 전공자가 아니더라도 미술작품과 미술사를 흥미롭게 이해할 수 있다. 또한 예술 작품을 맥락적으로 이해하고 작가의 의도를 파악해야 한다는 예술 감상 태도도 얻을 수 있을 것이다. 미술작품 속 인류의 발자취를 느껴보자.

심화활동

- 시대에 따른 미술 양식의 특징을 표로 정리한다.
- 이 책에 실리지 않은 20세기 이후 미술의 특징을 조사하고 보고서를 작성한다.
- 미술과 인간의 삶의 연관성을 이해하고 올바른 미술작품의 감상 태도를 설명한다.

만만하고 재미있게 즐기는 미술 감상

반 고흐와 피카소는 알지만, 그 뒤에 따라오는 각종 '~주의'는 너무나 어렵고 복잡하다. 미술작품 감상은 어려운 용어의 이해가 필수일 것 같아 쉽게 손이 가지 않는다. 하지만 이 책은 미술이 어렵다는 통념을 깨고 미술사를 쉽고 재미있게 풀어낸다. 그리고 멀게만 느껴진 열네 명의 미술가를 우리 옆에 앉혀준다.

저자는 미술의 권위자도 전공자도 아니다. 그저 미술 작품을 사랑하는 덕후일 뿐. 탈권위적이고 쉽게 읽히는 저자의 이야기는 '미술은 어렵다'라는 장막을 들추고, 그 뒤의 진짜 미술을 우리에게 보여준다. 부담 없이 읽을 수 있다는 장점과 그 안의 충실한 내용은 이 책이 오랫동안 사랑받는 이유일 것이다.

미술의 거장인 파블로 피카소를 희대의 도둑놈이라고 말하고, 미술계의 대표적인 여성 혁명가인 프리다 칼로를 막장 드라마의 주인공이라고 설명한다. 반 고흐가 노란색을 즐겨 쓴 이유는 내면의 정서적 표현 이외에도 알코올 중독 때문이라며 충격을 선사한다. 미술작품에 대한 해석과 이러한 화가들의 인간미 넘치는 뒷이야기들은 책을 읽을 의지를 북돋는다.

미술사는 암기하는 지식이 아니다. 화가의 생각, 가치관, 인생을 알아가다 보면 저절로 그들의 작품을 즐길 수 있다. '방구석 미술관'이라는 제목처럼 활자가 미술관이 되어 그 안에서 가볍게 걷는 느낌도 받을 것이다. 어려운 이론에 발목을 잡히지 않고, 미술가들의 감정에 공감하며 진정한 미술의 힘을 느낄 수 있길 바란다.

심화활동

- 이 책이 소개하는 미술가들의 삶과 작품을 요약·정리한다.
- 후속작 《방구석 미술관 2: 한국》편을 읽고 한국 미술사를 이해하는 감상문을 적어본다.
- 미술작품을 이해하기 위해 미술가의 삶을 들여다봐야 하는 이유를 설명한다.

반 고흐, 영혼의 편지

빈센트 반 고흐 | 위즈덤하우스 | 2017

도서 분야	미술
관련 과목	미술, 국어
관련 학과	미술 계열

동생에게 전하는 반 고흐의 내면

반 고흐는 늘 가난에 시달렸다. 그는 평생 자기 열망의 티끌조차 안 되는 수입을 얻었고, 동생 테오는 그런 형을 안타까워하며 평생 가장 큰 후원자가 되었다. 이 둘은 죽을 때까지 서로의 가장 큰 이해자였고, 반 고흐는 생을 마감할 때까지 동생에게 688통에 달하는 편지를 남겼다. 우리는 이 편지 묶음 속에서 예술가로만 인식해온 반 고흐의 속내와 아픔, 고뇌를 읽을 수 있다.

이 책은 시간순으로 편지를 정리했다. 큰아버지가 운영하는 구필 화랑에서 일할 때부터 생레미 요양원, 오베르에서의 죽음에 이르기까지 적나라한 반 고흐의 심정이 담겨 있다. 긴 시간에 걸쳐 적힌 방대한 내용이지만, 예술 주제만큼은 빠지지 않는다. 바로 가난이 불러온 고통과 가난도 막지 못한 색채에 관한 갈망이다.

예술에 관심이 없더라도 〈별이 빛나는 밤〉, 〈해바라기〉만큼은 쉽게 접할 수 있다. 그리고 '화가', '귀를 자른 사람'처럼 반 고흐를 단편적으로 알 수도 있다. 하지만 그가 어떤 생각과 감정으로 그림을 그렸는지 아는 사람은 드물다. 그는 환각과 발작에 시달리면서도 열망을 꺾지 않았다. 허기가 진 끝에 물감을 먹더라도 붓은 놓지 않았다. 편지글에 꾹꾹 눌러 담은 그의 열망과 고민을 읽다 보면, 반 고흐의 그림이 바뀌는 과정, 찬란한 태양처럼 빛나는 색채, 율동하듯 소용돌이치는 붓 터치가 보일 것이다.

반 고흐의 생생한 내면의 소리와 함께 그의 작품 세계를 한층 더 깊이 감상하길 바란다. 그리고 그의 뒤에서 항상 형을 걱정하고 격려하는 동생 테오와 그의 애틋한 마음이 반 고흐의 예술 활동에 어떤 영향을 미쳤을지 생각해보자.

심화활동

- 반 고흐의 생애를 요약정리하고, 이 책에서 가장 인상 깊었던 편지를 꼽아 이유를 작성한다.
- 반 고흐의 작품 중 가장 마음에 드는 작품을 선정하고 그 시기 삶을 들여다보며 감상평을 쓴다.
- 동생의 믿음과 후원의 이유를 생각하고, 이 후원이 반 고흐의 예술 세계에 미친 영향을 적어본다.

레오나르도 다빈치

월터 아이작슨 | arte(아르테) | 2019

도서 분야	미술
관련 과목	미술
관련 학과	미술 계열

세상에서 가장 창조적인 관찰자, 다빈치의 일대기

1994년, 빌 게이츠는 한 사람의 노트를 경매에서 낙찰받았다. 그 가격은 3,080만 달러, 노트의 주인은 바로 레오나르도 다빈치였다. 누구나 이 노트에는 다빈치의 천재성과 화려한 아이디어가 가득하리라고 생각할 것이다. 하지만 이 노트는 호기심과 좌절, 고민 앞에 선 평범한 사람의 기록이었다.

저자는 창조와 혁신을 설명하기 위해 책의 서두에 다빈치의 삶을 배치했다. 지금까지 우리가 알고 있던 '천재'적인 다빈치에서 벗어나, 다양한 분야에서 아이디어를 위해 고민한 '인간' 다빈치의 끈질긴 호기심과 실험 정신, 예리한 관찰력과 기록 습관을 보여주기 위해서다.

다빈치는 사생아로 태어나 정식 교육을 받지 못했다. 하지만 끊임없이 다른 사람들을 만나며 공부를 이어갔다. 그 과정에서 무시당하고 모임에 가입을 거절당했지만, 절대 포기하지 않았다. 또 어떤 이론을 배우더라도 무조건 수용하기보다, 자신만의 기준을 가지고 끊임없이 의문을 던졌다. 결국 그는 의문과 탐구로 점철된 노트를 사다리로 삼아 위대한 탐구자의 자리에 올랐다.

이 책을 읽고 다빈치는 나와는 달리 초인적인 두뇌를 가졌다는 생각에서 벗어났으면 한다. 그 또한 인간이었고, 그의 천재성은 세심한 관찰력, 끈질긴 호기심, 지적인 열정이 이뤄낸 결과였다. 모두가 다빈치가 될 수는 없지만, 기존 지식을 수동적으로 받아들이기보다 당연한 것에도 질문을 던지는 자세가 필요하다. 지식의 보물창고인 다빈치의 노트를 읽으며 그가 세상을 바라본 시선과 열정을 본받길 바란다.

심화활동

- 다빈치의 삶을 요약하고, 가장 인상 깊은 작품이나 아이디어를 꼽아 자신의 생각을 정리한다.
- 다빈치의 예술과 과학의 융합 정신이 현대에 시사하는 점을 보고서로 적는다.
- 다빈치의 작품과 발명, 아이디어가 후대에 미친 영향을 토론한다.

이것은 미술이 아니다

메리 앤 스타니스제프스키 | 현실문화연구 | 2022

도서 분야	미술
관련 과목	미술
관련 학과	미술 계열

보편적 미술에 대한 도발적인 시각

미켈란젤로의 〈아담의 창조〉, 레오나르도 다빈치의 〈모나리자〉, 이집트의 피라미드. 이 책의 저자는 우리가 알고 있는 위대한 예술 작품들을 미술이 아니라고 말한다. 이 책은 이런 도발적인 발언과 '과연 미술은 무엇일까?'라는 의문을 내리쳐 우리의 굳어버린 고정관념을 깨트린다. 그리고 미술에 관한 새로운 통찰력을 보여준다.

저자는 미술은 근대 이후에 등장했다고 주장한다. 그리고 근대 이전의 미술은 종교나 정치에 의해 그려지고 만들어진 문화와 역사의 일부분이라고 규정한다. 진정한 미술은 개인이 자신의 예술적 아이디어를 표방하여 만든 창작물이며, 미술관이나 박물관, 수집가 같은 미술의 여러 제도에 의해 가치가 생긴다고 강조한다.

우리가 어떤 것을 미술이라고 믿으면 그것이 곧 미술이 된다. 사회나 문화, 제도, 시장이 '미술'이라고 규정하면 그 값어치를 얻는 것이다. 책은 이런 주장을 뒷받침하기 위해 18세기에 등장한 '미학', 백인 남성 위주의 시선으로 형성된 서양 미술사, 19세기에 아카데미와 살롱을 대체한 화상과 비평가의 세계, 모더니즘과 아방가르드, 대중문화와 제2차 세계 대전 이후 오늘날의 미술의 특징을 통해 논증하고 있다.

미술은 맥락 속에서 정의된다. 그 맥락은 시대와 이념에 따라 달라진다. 저자의 시원한 통찰에 공감하며, 교과서에 있다는 이유만으로 진실이라 여긴 사고를 뒤집어보자. 해묵은 편견에서 벗어나 새로운 시각으로 미술을 바라보며 진정한 '미술'은 무엇인지, '예술가'는 어떤 사람인지 답을 찾길 바란다.

심화활동

- 미 또는 예술의 조건에 대해 다양한 논제를 제시하고 친구들의 다양한 의견을 들으며 토론한다.
- 근대 이후 미술작품이 진정한 미술이라는 저자의 주장에 대한 자신의 생각을 작성한다.
- 이 책을 읽고 미술에 관한 자신의 생각을 정리하여 에세이를 쓴다.

11월
6일

다른 방식으로 보기

존 버거 | 열화당 | 2012

예술 비평의 고전

미술관에서 명화를 감상한다면 어떻게 봐야 할까? '아는 만큼 보인다'라는 시점으론 미술사적 지식을 가지고 보는 것이 올바른 감상법처럼 보인다. 하지만 다른 시점에선 지식이 주관적인 감정과 사고를 편협하게 만드는 것일지도 모른다.

영국의 사진이론가이자 미술비평가인 존 버거는 이런 모습을 두고 '우리가 사물을 보는 방식은 우리가 알고 있는 것 또는 믿고 있는 것에 영향을 받는다'라고 비판했다. 그리고 틀에서 벗어난 비판적인 시각을 가지라고 강조한다. 적극적으로 시점을 바꾸어 관람자 스스로 이미지를 해석하라는 의미다. 본문 중 제목도 없고 그림으로만 이루어진 독특한 구성도 저자의 뜻처럼 다른 방식으로 보기를 유도한다.

기술의 발전은 회화가 갖는 원작의 희소성을 없애고 회화의 의미 또한 목적에 따라 변화하게 했다. 따라서 무엇보다도 관람자의 다양한 관점이 중요하다. 저자는 그 방증을 위해 나체화에 주목했다. 그리고 보는 남자와 보여지는 여자, 나체화가 보여주는 관계는 전통 회화는 물론 광고와 저널리즘 등 현재까지 영향을 미친다고 비판한다. 시선의 권력은 적나라하다. 과거 유화가 고가의 전시품으로 다뤄진 것처럼, 현대 사회에서 광고는 소비를 유혹하며 소비자의 욕망을 이용한다고 지적하고 있다.

이 책은 학술적인 미술사학적 관점에서 벗어나 비술 비평의 새로운 논점을 제기했다. 그리고 시각 이미지가 범람하는 지금까지 생각할 거리를 던져준다. 매일 바라보는 광고를 날카로운 시선으로 해체하고, 시각 매체 수용자로서 올바른 태도를 생각해 볼 수 있다.

심화활동

- 책의 서평을 쓰고, 현재 자신에게 시사하는 바를 에세이로 작성한다.
- 책을 읽고 시각 이미지와 대중, 소비문화와 광고, 성 상품화와 젠더 문제 등 여러 주제로 토론한다.
- 다양한 관점에서 광고를 분석하고 비평문을 작성한다. 그리고 좋은 광고와 나쁜 광고를 선별한다.

프리다 칼로, 붓으로 전하는 위로

서정욱 | 온더페이지 | 2022

도서 분야	미술
관련 과목	미술
관련 학과	미술 계열

슬픔을 예술로 승화시킨 프리다 칼로

멕시코가 낳은 천재적인 초현실주의 화가인 프리다 칼로의 삶과 그녀의 작품 47점을 만날 수 있다. 짙은 눈썹에 멕시코 전통 의상을 입은 강렬한 자화상이 인상적인 프리다 칼로, 그녀의 삶은 순탄치 않았고, 항상 고통이 뒤따랐다. 그리고 그림은 삶을 이어가기 위한 발버둥이었다.

열여덟 살에 겪은 교통사고는 그녀의 삶을 송두리째 바꿔놓았다. 수십 번의 수술은 후유증과 평생의 육체적 고통을 남겼다. 의사가 되겠다는 꿈은 스러졌고, 그림만이 실낱같은 희망이었다. 남편 디에고와의 사랑은 이런 육체적 고통 위로 정신적인 고난을 더했다. 남편의 문란한 사생활과 애증의 관계는 또 하나의 예술의 소재로, 여러 번의 임신과 유산, 여동생의 배신은 예술의 열정으로 승화되었다.

그녀는 자신만의 직설적이고 원초적인 화풍으로 고통을 고스란히 작품으로 녹여냈다. 가시 목걸이를 하고 피를 뚝뚝 흘리면서도 정면을 응시하는 자화상, 연약한 사슴의 몸을 하고 여러 개의 화살에 맞은 자화상, 미간에 애증의 남편을 그린 자화상 등 평생 자화상을 그리며 절망 속에서도 사투를 벌였다. 비극적 삶이었지만, 누구보다 당당하고 강렬하게 자신을 표현했다.

우리의 삶이 언제나 맑지는 않다. 분명 고통과 좌절의 순간이 있다. 하지만 그 고통 속에서도 불멸의 의지로 예술을 탄생시킨 칼로의 삶과 작품을 보며 위로와 희망을 품어보자. 함께 아파하고 위로받으며 그녀의 유작 '인생이여, 만세'가 의미하는 바를 이해해 보길 바란다.

심화활동

- 이 책의 서평을 쓰고, 지금 자신에게 시사하는 바를 에세이로 작성한다.
- 이 책에서 가장 인상적인 작품을 선정하고 감상문을 작성한다.
- 칼로의 예술 세계를 이해하고, 그녀가 20세기 미술계를 대표하는 여성 화가가 된 이유를 설명한다.

발칙한 현대미술사

윌 곰퍼츠 | 알에이치코리아 | 2014

도서 분야	미술
관련 과목	미술
관련 학과	미술 계열

19세기 이후 150년의 현대 미술의 역사

현대 미술은 어렵다. 아무 무늬도 없는 구리 재질 상자가 〈무제〉라는 제목으로 전시되거나, 수족관에 들어간 죽은 상어 박제에 이르면 도무지 어떻게 감상해야 할지 감이 오질 않는다. '무얼 표현한 걸까?'라는 의문만 생기곤 한다.

이 책은 이런 난해한 현대 미술을 쉽게 감상할 수 있도록 150년간 이어져 온 현대 미술의 역사를 설명한다. 테이트 갤러리의 관장이었던 저자는 작품을 이해하지 못하고 돌아서는 관람객에게 주목했다. 그리고 현대 미술과 우리의 간극을 좁히는 방법을 소개하고 있다. 가치를 판단하기보다 그 작품의 탄생 배경과 과정을 알아보는 것이 더 흥미롭다고 말하며, 우리가 몰랐던 현대 미술의 다양한 이면을 소개한다.

피카소가 아인슈타인의 상대성 이론에 영향을 받은 점, 브르통은 프로이트의 무의식에서 출발해 새로운 예술 표현방식을 모색했다고 말한다. 20세기 후반부터 지금까지 동시대 미술가들은 자신을 브랜드화하고, 하층민의 불법 행위로 여겨졌던 그라피티는 소셜 미디어의 발달로 거리 예술의 위상을 얻었다고 설명하는 등 막연한 현대 미술을 여러 각도로 설명합니다.

현대 미술은 철학, 역사, 사회, 문화 등 다양한 분야와 상호작용하며 변화되었다는 사실을 파악하고, 작가나 작품의 배경을 이해하면 난해한 작품도 한층 쉽게 받아들일 수 있을 것이다. 다양하게 명멸한 미술 사조, 단일한 존재를 거부하고 자기만의 개성을 표현하는 포스트모더니즘까지 시대에 따라 변화한 미술의 흐름을 읽어보자.

심화활동

- 이 책의 내용을 바탕으로 19세기 이후의 현대 미술의 계보를 도식화해보자.
- 책의 내용을 확장하여 현대 미술의 동향을 조사하고 주제를 정해, 현대 미술 작품 전시를 기획한다.
- 책에서 가장 인상적인 작품을 골라 감상평을 쓰고 현대 미술 감상 방법에 관한 자기 생각을 적는다.

청소년을 위한 한국미술사

박차지현 | 두리미디어 | 2005

도서 분야	미술
관련 과목	미술, 한국사
관련 학과	미술계열, 역사계열

우리나라 미술 역사의 흐름을 쉽게 읽을 수 있는 교양서

어렵고 낯선 것을 익히는 것보다, 쉽고 낯익은 것으로 공부를 시작하는 것이 더 유의미한 결과를 만들 수 있다. 저자도 우리에게 익숙한 '불국사, 상감청자, 풍속화' 등을 예로 들어 복잡하고 긴 호흡의 한국 미술사를 짜임새 있고 쉽게 정리했다. 특히 시대순으로 구성된 목차와 각 장 시작 부분의 '시대 개관'의 조합은 역사적 배경에 따른 개괄적인 미술의 특징 이해에 큰 도움이 된다. 조선을 다룬 부분의 '시대 개관'과 그 효용을 알아보자.

조선은 유교를 통치 이념으로 삼아 건국되었고, 강력한 숭유억불 정책을 시행했다. 이는 고려 시대 성행한 불교 미술의 쇠퇴와 소박하고 자연 친화적인 유교적 미의식 확립에 기여했다. 건국 초기부터 있었던 도화원은 이런 조선 미술을 이끌어가는 중심축이었다. 이렇게 정치, 사회, 종교가 미술에 한 시대에 미친 영향을 알면 더 쉽고 자연스럽게 미술사의 흐름을 파악할 수 있다.

수백 년 미술의 역사를 한 권의 책으로 풀어냈지만, 한국 미술사의 핵심 내용이 탄탄하게 담겨있다. 또 조각, 회화, 건축 등 다양한 분야의 풍부한 도판과 친절한 설명이 이해를 돕는다. 특히 '김명국, 김정희'처럼 시대를 대표하는 주요 인물은 자세한 설명을 첨부해 지식의 깊이를 더하고, 어려운 미술 용어는 각주를 통해 상세하게 해설해 전문적 지식도 쌓을 수 있다.

한국 미술의 흐름 속에서 서양 미술과는 다른 우리 민족만의 정서를 느껴보길 바란다. 교과서에서 암기하기만 급급했던 공예품, 건축물, 회화 등의 유물에서 선조의 위대한 미의식에 공감했으면 한다.

심화활동
- 시대에 따른 한국 미술의 특징을 요약 정리한다.
- 각 시대를 대표하는 미술 작품을 선정하고 역사적 배경을 설명하는 보고서를 작성한다.
- 이 책에 실리지 않은 한국 미술의 경향을 조사하고 동시대 한국 미술의 특징을 발표한다.

오주석의 한국의 미 특강

오주석 | 푸른역사 | 2017

도서 분야	미술
관련 과목	미술, 한국사
관련 학과	미술계열, 역사계열

우리 옛 그림을 보고 옛사람의 마음으로 느낀다

우리나라의 옛 그림은 어떻게 감상해야 할까? 가장 먼저 현대인의 시선을 버려야 한다. 우리는 왼쪽에서 시작하는 가로쓰기가 익숙하다. 이 시선은 왼쪽 위에서 오른쪽 아래로 이어지는, 서양화를 감상하는 방식이다. 하지만 우리나라의 옛 그림은 세로로 글을 썼던 선조의 관습에 맞춰 오른쪽 위에서 왼쪽 아래로 그림을 감상해야 한다.

저자는 이런 식으로 지금까지 우리가 무심코 넘겨온 수많은 것들을 짚어준다. 하나하나 예시를 들어가며 그림의 형식적인 특징 외에도 그림 속에 담긴 선조의 마음으로 감상하는 법을 세세하게 알려주는 것이다. 제대로 된 감상은 안목으로 이어지고, 안목이 생기면 조상들이 이루어낸 찬란한 예술에 감동하고 문화유산을 소중히 여기게 될 것이다.

미물도 소중히 관찰했던 조선 화가, 호기와 위엄이 넘치는 한국 호랑이, 소박하지만 비범한 안목이 돋보이는 도자기, 겉치레가 아닌 참됨을 강조했던 초상화 등을 감상하다 보면 우리 문화재 속에 스며있는 선조들의 정신, 성찰, 미학을 알 수 있다.

조상의 얼과 삶이 담긴 문화재는 우리가 사랑하고 존중해야 할 대상이다. 우리 역사를 이해하고 자부심을 느끼는 것은 미래 설계에 자신감으로 이어진다. 여러분은 여러 정보와 시점이 뒤섞인 세계화 시대에 살아야 한다. 그때 '가장 한국적인 것이 가장 세계적이다.'라는 말처럼, 이 책에서 배운 한국 전통 미술에 깃든 참되고 강인하고 아름다운 선조의 마음을 품고 자긍심을 갖기를 희망한다.

심화활동

- 이 책에서 제시하는 우리 옛 그림 감상법을 요약정리하고, 실제 작품 감상 후 감상문을 작성한다.
- 가장 인상에 남았던 작품을 선정하고 친구들에게 작품의 특징과 감상법을 소개한다.
- 이 책의 서평을 쓰고 우리 옛 그림을 배워야 하는 이유에 대해 자신의 생각을 작성한다.

11월	조형의 원리	도서 분야	미술
11일	데이비드 A. 라우어 | 예경 | 2002	관련 과목	미술
		관련 학과	미술 계열

디자인 아이디어를 위한 조형 요소와 원리

'디자인'이란 말을 들으면 패션이나 자동차, 건축물의 모양새를 다듬는 행위가 떠오를 것이다. 하지만 우리는 디자인을 '계획한다'라는 뜻으로 폭넓게 바라봐야 한다. 디자인은 상업적 목적 외에도 예술 분야까지 시각적인 이미지와 상징을 아름답게 구성하고 배치하는 행위이기 때문이다. 그렇기에 디자인을 정밀하게 바라볼 수있다면 우리 주위의 메시지를 쉽게 이해하고, 자신이 말하고 싶은 메시지를 정확하게 표현할 수 있다.

목적에 맞는 메시지를 효과적으로 전달하기 위해서는 특별한 양식이나 기발한 방식의 시각적 이미지를 활용해야 하고, 무엇보다 아이디어가 중요하다. 그래서 디자이너나 예술가들은 자연이나 역사, 문화를 끝없이 탐구하는 것이다. 다양한 자극과 영감을 받고 어떻게 생각을 형태로 구현할지 고민하고 있다.

그런 면에서 디자인의 기초인 조형 원리를 이해하면 더 쉽게 디자인을 구상할 수있다. 이 책은 '디자인이란 무엇인가'라는 질문에 대한 답과 함께 '통일성, 강조, 규모, 균형, 리듬, 공간감, 동세감, 명도, 색' 등 12가지의 조형 원리에 관해 자세히 설명한다. 예술 작품과 상업 이미지의 풍부한 사례와 설명을 읽으며 디자인의 기초 이론을 숙지할 수 있었으면 한다.

기술이 발전하면서 디자인이나 예술 분야의 재료나 매체는 계속 바뀌지만, 조형의 원리는 변하지 않았다. 조형이 지켜야 할 기본 원칙과 방법을 알면 감에만 의존하던 디자인에서 벗어나 자신이 전달하고자 하는 메시지를 보다 독창적이고 효과적인 시각 이미지로 표현하게 될 것이다.

심화활동
- 디자인의 정의와 디자인 과정에 대해 보고서를 작성한다.
- 12가지 디자인 요소와 원리들의 뜻과 특징을 요약 정리한다.
- 관심 있는 주제를 선정하여 디자인 요소와 원리를 활용하여 상업 이미지 또는 순수 미술 작품을 계획한다.

LIGHT 미술가를 위한 빛의 이해와 활용

리처드 요트 | 비즈앤비즈 | 2014

도서 분야	미술
관련 과목	미술
관련 학과	미술 계열

다양한 빛의 원리와 활용이 담긴 실용서

늘 곁에 있어 마치 공기처럼 느껴지는 '빛'을 다룬 책이다. 빛은 회화, 사진, 인테리어, 영상 등 시각적 이미지와 공간을 제작할 때 빠질 수 없는 요소다. 그리고 빛을 어떻게 활용하느냐에 따라 그 분위기와 효과는 크게 달라진다. 차분하거나 현란할 수도, 공포나 따뜻함 등 그 변화는 무한하다.

이 책에는 빛의 기본적인 지식과 이론, 활용법이 담겨있다. 풍부한 사진 자료로 빛의 방향에 따라 변하는 시각적 효과나 시간과 날씨에 따른 다채로운 자연광의 특성, 인공조명의 기능과 효과까지 알 수 있다. 이 외에도 빛의 과학적 원리와 예술적 효과를 수백 장의 생생한 사진, 도표, 디지털 이미지로 보여준다. 책을 읽다 보면 무심코 지나쳤던 풍경, 사물, 인물이 빛에 따라 어떻게 바뀌는지 깨닫고, 섬세하게 관찰할 수 있을 것이다.

눈여겨볼 부분은 각 장에 실린 연습 부분이다. 예술적 기술과 지식을 습득하는데 연습만큼 좋은 것이 없기 때문이다. 본문에서 설명한 빛의 이론을 바탕으로 실생활에서 활용할 수 있는 연습 부분은 책의 이미지를 딱딱한 이론서에서 벗어나 실용에 가깝게 변모시킨다.

같은 구도, 같은 풍경, 같은 인물, 같은 피사체라도 빛에 따라 연출은 천차만별이다. 회화뿐 아니라 삽화, 사진, 영화 같은 영상매체, 효과적인 공간 연출을 위해서 빛의 물리적 작용을 반드시 이해해야 한다. 스마트폰을 들고 책이 제안한 연습 예제를 하나둘 따라 하다 보면 빛을 관찰하는 안목을 기를 수 있을 것이다.

심화활동

- 빛의 중요성을 설명하고 책에서 가장 인상적인 효과를 꼽아 서평을 쓴다.
- 좋아하는 영화를 감상하고 빛과 색이 영화의 분위기와 감정 이입에 어떤 영향을 미쳤는지 적는다.
- 스마트폰으로 사진과 영상을 촬영하며 이 책에 실린 연습 예제를 풀어보고 보고서를 작성한다.

디자인은 어떻게 세상을 만들어가는가

스콧 버쿤 | 하루 | 2021

도서 분야	미술
관련 과목	미술
관련 학과	미술 계열, 디자인학과

디자인이 일상과 소통하는 방식

'디자인은 모든 인간 활동의 기본이다'라는 말에 동의하는가? 이 책은 위대한 디자인 영웅으로 인정받는 빅터 파파넥의 저 말을 빌려 디자인은 우리 삶의 가치를 만든다고 주장한다. 우리는 '디자인'을 뭔가 예쁘고 유행에 맞춰 감각적으로 꾸미는 일이라는 생각한다. 하지만 신호등, 토스터, 안내 표지판, 엘리베이터 버튼, 플러그처럼 일상 속 물건들 역시 모두 누군가 세상을 좀 더 편하고 효율적으로 이용하기 위해 고안한 '디자인'의 최종 결과물이다.

저자는 우리를 둘러싼 시각적 요소, 사물, 공간 등에 활용된 생생한 디자인 산물을 보여준다. 그리고 세상 속에 깊숙이 녹아든 디자인의 역할은 무엇인지, 디자이너의 역할과 범주는 무엇인지를 자세히 기술했다. 책을 읽고 나면 세상을 바라보는 생각과 시야가 바뀔 것이다.

좋은 디자인은 사용자의 관점에서 완성되어야 한다. 이는 심미성보다 우선한다. 노트르담 대성당의 잘못 설계된 화재 스위치, 자전거와 자동차 사이에서 정체성을 잃은 세그웨이 등 실패된 디자인은 디자인의 역할을 분명히 보여준다. 사용자가 어떤 목적으로 사용할지 숙고하고, 혹시나 디자인으로 인해 피해를 보는 사람이 있는지 생각해야 한다. 디자인은 안전하고 쉬우며 삶의 질을 향상시켜야 하기 때문이다.

이 책은 디자이너를 꿈꾸는 학생들만을 위한 것이 아니다. 디자인은 기업의 경영진이나 각계의 전문가, 그리고 사용자가 함께 공유하고 결정하는 세상의 일부다. 세상 속에서 디자인을 누리고 있는 모두가 읽어보길 바란다.

심화활동

- 이 책에 쓰여 있는 질문을 활용해 흔히 접하는 디자인을 관찰하고 질문하며 보고서를 작성한다.
- 더 좋은 세상을 만들기 위해 나의 진로에서 '디자인'의 활용 방법과 아이디어를 주제로 고민한다.
- 관심 있는 주제를 정해 부록으로 실린 도서를 읽거나 미디어 자료를 활용하여 심화 탐구한다.

디자인의 디자인

하라 켄야 | 안그라픽스 | 2007

도서 분야	미술
관련 과목	미술
관련 학과	미술 계열, 디자인학과

디자인이란 무엇인가?

주변을 살펴보면 연필, 물병처럼 작은 사물부터 시작해 디자인이 포함되지 않은 영역이 없다. 그만큼 성공적인 디자인은 단순히 생활용품을 만드는 기술이 아니다. 생활에 의미를 두고 사람들의 보편적인 균형과 조화를 탐색하는 과정이자, 사소한 물건에도 공유할 수 있는 메시지를 담으며 가치관과 정신을 창조하는 미적 활동이다.

이 책의 저자 하라 켄야는 디자인, 건축, 예술 등 여러 방면에서 활약하는 그래픽 디자이너로, 특히 '무인양품'의 아트디렉터로 유명하다. 무인양품의 간결한 디자인, 소비자와의 소통, 평범함 속의 기능성처럼 호평받는 브랜드 감성엔 하라 켄야의 영향이 짙다. 이 책으로 그의 디자인에 대한 철학과 생각, 신념을 살펴보자.

으레 화장지는 원기둥 형태이지만 하라 켄야는 휴지심을 사각형으로 만들어 사각기둥의 두루마리 화장지를 만들었다. 소비자는 휴지를 쓸 때마다 나는 덜거덕 소리에 자연스럽게 환경을 생각하게 된다. 평범하기 그지없는 티백에는 감성을 더했다. 인형극의 마리오네트처럼 사람 모양의 티백에 줄이 연결된 손잡이를 달아, 차를 우려낼 때 인형을 조종하는 느낌이 들게 했다.

이렇듯 디자인은 일상의 물건이나 정보 속에서 의식적으로 사람의 오감을 일깨우고 소통을 끌어낸다. 또 사회적 메시지를 전달하고 영감을 주기도 한다. 이 책을 통해 디자인은 무엇인지, 디자이너는 어떤 사고방식을 가져야 하는지 고민해보자. 디자인 전공을 희망하지 않더라도 일상의 물건, 건축물을 감각적인 시각으로 보게 될 것이다.

심화활동

- 이 책을 읽고 '디자인과 디자이너의 역할은 무엇인가?'에 대해 자신이 생각하는 답을 작성한다.
- 이 책에 나오는 여러 프로젝트 중에 가장 인상 깊었던 디자인을 선정하고 이유를 설명한다.
- 자신의 진로와 관련하여 이 책이 지향하는 디자인을 구상하고 콘셉트 보드를 만들어 전시한다.

건축, 음악처럼 듣고 미술처럼 보다

서현 | 효형출판 | 2014

도서 분야	미술
관련 과목	미술
관련 학과	미술계열 건축학과

건축을 인문학적으로 바라보는 교양 입문서

예쁜 카페에 들르거나 랜드마크인 건축물을 만나면 찬찬히 둘러보게 된다. '누가 어떤 생각으로 이렇게 건물을 지었을까?'라며 자문하기도 한다. 꼭 유명한 건물이 아니라도 지금 살고 있는 집, 자주 가는 쇼핑몰, 집 근처 스터디카페까지, 우리는 일상에서 건축을 만나고 무의식중에 감상한다.

건축은 과거부터 현재까지 사회를 반영하는 인간 정신의 산물이자, 종교나 이데 올로기, 건축가의 이념, 대중의 가치관 등 우리가 사는 방식의 공간적 표현이다. 그 렇기 때문에 실용적 관점을 넘어 음악이나 미술처럼 감상할 수 있다. 이 책을 읽다 보면 그냥 지나칠 수 있는 건축을 음미할 수도 있고, 비전공자들이 건축의 기초를 배울 수도 있다. 하지만 가장 중요한 점은 건축은 더 이상 먼 학문이 아닌, 일상이 라는 것을 알도록 돕는 것이다.

책에는 선, 면, 공간의 형태로 구축되는 건축의 기초부터 건축 재료, 건축의 관점 과 이데올로기, 건축 설계 시 고려할 사항 등 구체적인 건축 정보를 망라한다. 정보 의 뒤에는 인문학적인 생각이 더해져 공간을 어떻게 지어야 하는지, 어떤 관점으로 봐야 하는지도 안내한다. 불국사, 부석사, 국립현대미술관, 쌈지길 등 과거와 현재 를 오가며 익숙하게 보아왔던 풍부한 건축물의 사진들 역시 우리의 이해를 돕는다.

켜켜이 쌓인 벽돌의 모양과 위치만 변하더라도 색다른 멋이 드러난다. 이 책을 통해 건축을 이해하고 주변의 건물을 보다 주의 깊게 보는 시선을 갖게 될 것이다.

심화활동

- 이 책을 읽은 내용을 바탕으로 건물과 도시는 누가 만드는지 자신의 생각을 논리적으로 서술한다.
- '건축은 인간 정신의 표현이다.'라는 저자의 말에 예시를 들어 자신의 의견을 보고서로 작성한다.
- 일상 속 익숙한 건물을 고르고 재료나 형태, 구축 방법 등 여러 관점을 고려하여 감상해보자.

11월
16일

스토리 유니버스

이동은 | 사회평론아카데미 | 2022

도서 분야	미술
관련 과목	미술
관련 학과	미디어 계열

콘텐츠 창작자와 소비자를 위한 스토리텔링의 모든 것

소설이나 영화, 웹툰, 연극, 게임, 심지어 좋아하는 가수의 공연에도 스토리가 묻어있다. 좋은 스토리는 인기와 파급력을 얻기 위한 기초가 되었다. 문학에서 태어난 스토리텔링은 미디어의 발달과 함께 그 활용 범위가 무궁무진해진 것이다. 이제 스토리텔링은 단순한 기술을 넘어 무한한 잠재력을 뿜내고 있다.

이 책은 스토리의 개념부터 시작해 스토리텔링의 이론과 실제를 자세하게 설명한다. 영화, 드라마, 게임 등 다양한 매체 속 스토리텔링의 특징을 분석하고 친근한 예시를 들어 이해를 돕는다. 기초적인 이론부터 실무와 학계에서 사용하는 최신 이론까지 망라한, 실무자와 연구자 모두를 만족시킬 짜임새 있는 구성이 눈에 띈다.

개념과 이론을 충분히 읽었다면, 다음은 최신 미디어 기술과 어우러져 빠르게 변화하는 스토리텔링의 현황을 다룬다. 우리는 이를 통해 스토리텔링의 미래 모습을 엿볼 수 있다. 또한 사용자의 상호작용과 윤리적인 문제까지 언급하며 스토리텔러의 역할을 다시 생각하게 한다.

우리는 매일 넷플릭스와 유튜브에서 콘텐츠 속 스토리텔링을 접하고 있다. 하지만 세세한 요소 하나하나가 어떤 의도로 배치되어 있는지 알지 못하고, 무조건 수용하는 경우도 많을 것이다. 이 책을 통해 문화와 기술이 융합되는 뉴미디어 시대에 콘텐츠의 제작자와 사용자로서 스토리텔링의 본질을 파악하고 활용할 수 있는 통찰을 얻었으면 한다.

심화활동

- 이미지 스토리텔링, 영상 스토리텔링, 게임 스토리텔링 각각의 특징을 정리한다.
- 미래에 활용될 스토리텔링들의 특징을 파악하고 콘텐츠 생산자와 소비자의 역할에 대한 예시를 작성한다.
- 자신의 진로와 관련하여 스토리텔링을 활용하여 영상, 광고, 웹툰, 게임, 디자인, 공연 및 전시 등을 기획한다.

패션 디자이너, 미래가 찬란한 너에게

박민지 | 크루 | 2022

도서 분야	미술
관련 과목	미술, 진로와 직업
관련 학과	의류학과, 미술 계열

예비 패션 디자이너들에게 들려주는 생생한 패션 현장

영화에서 보는 패션 디자이너는 화려함의 극치다. 트렌디한 차림새와 모델들에게 직접 디자인한 옷을 입혀보는 장면, 책상에 앉아 디자인 시안을 그리는 도도한 모습이 그렇다. 컬렉션 쇼의 피날레를 장식하며 모델들과 관객들의 박수갈채를 받는 장면은 상상만으로도 환상적이다.

하지만 현직 디자이너인 저자는 실제 패션 디자이너의 세계는 조금 다르다고 조언한다. 화려한 모습은 잠깐일 뿐, 일과 중 많은 시간을 자료 조사와 구상, 가봉, 회의 시간에 할애해야 하고, 수많은 사람을 조율해가며 쉴 새 없이 뛰어다닌다. 수면 밑 백조가 쉼없이 발을 놀리는 모습이 떠오를 지경이다.

이 책은 패션 디자이너를 꿈꾸는 학생에게 미디어의 환상이 아니라 진솔한 경험과 지침을 전달한다. 어떤 공부를 해야 하고, 어떤 자질을 갖추어야 하는지, 정식 패션 디자이너가 되면 어떤 일을 하는지, 업무 강도와 연봉은 어떤지, 직업의 전망은 어떤지 등 예비 패션 디자이너들이 궁금해하는 내용을 18년이 넘는 경력의 현직 디자이너가 솔직하고 생생하게 들려준다. 또한 디자인의 종류나 국내외 패션 브랜드의 경향, 시대별 트렌드, 패션 용어 등 실무에 꼭 필요한 정보가 들어있다.

길에서 자신이 디자인한 옷을 입은 사람을 보면 정말 뿌듯할 것이다. 그리고 그 사람이 그 옷으로 자신감을 얻고, 위로를 얻고, 자신을 표현하고 있다면, 패션을 통해 디자이너와 소비자가 상호교류하는 가장 좋은 본보기가 될 것이다. 현직 선배의 솔직하고 따뜻한 조언으로 위와 같은 경험을 이룰 멋진 패션 디자이너가 되었으면 한다.

심화활동

- 패션 디자이너가 하는 일, 갖춰야 할 자질, 미래와 전망에 관해 직업 탐구 보고서를 작성한다.
- 패션과 연관된 소재와 패턴, 마케팅, 제작 방법 등의 연구를 찾고, 자신만의 주제를 선정해 연구한다.
- 디자인의 과정을 이해하고, 유행이나 컬렉션 및 콘셉트 기획, 패션의 역사 등을 이미지보드로 제작한다.

브로드웨이 뮤지컬 100년의 역사

뮤지컬은 음악과 춤, 연기가 있는 공연 예술이다. 전용 공연장이 아닌 자그마한 공연장, 이해하기 어렵고 난해한 창작 뮤지컬이 많다는 과거의 선입견에서 벗어나, 대규모 공연장의 증설과 〈오페라의 유령〉 같은 해외의 유명 작품들이 들어오며 빠르게 대중화되고 있다. 이제는 수많은 관객이 우리나라의 뮤지컬을 찾고, 자생의 기반을 다지고 있다. 이 책은 이런 뮤지컬의 뿌리를 알려주어 더 흥미진진하게 뮤지컬을 마주 보도록 돕는다.

뮤지컬의 뿌리가 된 산업혁명 이전의 극장문화, 그리고 이 문화가 미국으로 흘러들어와 브로드웨이에서 화려하게 꽃피고, 끊임없이 변화를 모색하며 현대까지 생명력을 가질 수 있던 이유를 400여 편의 뮤지컬 작품으로 풀어냈다. 잡다한 공연에서 영화라는 호적수를 만나 어떻게 바뀌었는지, 세계 대전과 재즈의 유행, 대공황, 록 음악과 팝 음악은 뮤지컬에 어떻게 녹아들었는지도 알 수 있다.

저자들이 소개하는 브로드웨이 뮤지컬의 역사적 의미와 작품의 특징에서 그 시대 미국의 역사와 문화, 사회적 배경에 대한 정보를 밀도 있게 알 수 있다. 그리고 공연이라는 특성상 직접 보지 않으면 모르는 다양한 내용이 매력적이다.

뮤지컬은 사회의 모습이기도 하다. 예술성만이 아니라 사회 이슈, 공연 관계자의 열정과 고충이 담겨 있다. 또한 시대에 따른 흥행 코드의 변화, 극장 환경, 관객의 요구 등이 녹아 있다. 여러 측면을 살피며 공연 예술에 대한 폭넓은 교양을 쌓아보자.

심화활동

- 뮤지컬에서 나타난 인권 및 차별 문제나, 사회 문제를 고발한 사례를 찾아 보고서를 작성한다.
- 가장 인상 깊은 뮤지컬을 선정하고 감상한 후 작품 제작 배경, 작품 특징을 살펴 감상문을 적는다.
- 한국 뮤지컬의 과거와 현대를 조사해 미래를 예측하는 보고서를 작성한다.

11월 19일

클래식 음악에 관한 101가지 질문

아테네 크로이치거헤르, 빈프리트 뵈니히 | 경당 | 2010

도서 분야	음악
관련 과목	음악
관련 학과	음악 계열

클래식 음악에 궁금했던 모든 것을 답하다

음악은 언제부터 존재했는지, 음악가는 어떤 직업병에 시달리는지, 〈오페라의 유령〉은 오페라인지, 예술 음악과 오락 음악은 어떻게 다른지, 인간만이 음악을 창조하는지 등등 흥미롭지만, 알려주는 사람이 적은 질문은 때때로 우리를 괴롭힌다. 이런 호기심을 무덤덤하게 흘려보낼 수도 있지만, 숨겨진 의미를 하나하나 이해하고 음악을 접한다면 더욱 풍성하게 즐길 수 있다.

이 책의 또 다른 주역인 쾰른 국립음악대학의 학생들도 우리처럼 궁금한 것이 많았던 것일까, 두 교수가 101가지의 해답을 정리했다. 기본적인 음악 이론부터 음악사와 음악가, 나아가 음악의 존재 가능성 같은 철학적 질문까지 클래식 음악의 전반을 다루고 있다. 재미있게도 책의 뒤편에는 교수들의 추천곡이 실려 있다. 각 시대의 대표곡부터 잘 연주되지 않은 명반을 보면 클래식 음악의 폭넓은 이해에 도움이 된다.

역사적 배경지식이 없다면 알 수 없는 음악 용어에 이탈리아 용어가 많은 이유나 독일을 음악의 나라라고 부르는 까닭, 음악사에 여성 작곡가가 적은 이유를 사회문화적으로 살펴보며 제2차 세계대전 이후에야 여성이 음악 교육 기관에 들어갔다는 사실을 일깨워준다. 또 오페라와 정치의 관계, 발레에서 클래식 음악의 위상의 변화 등 다양한 질문은 우리가 간과했던 음악에 대해 시사점을 던진다.

단순한 질문에서 시작했지만, 전문적인 질문을 거쳐 음악의 철학적 질문을 읽다 보면, 호기심을 넘어 음악이 삶의 일부라는 걸 깨닫게 될 것이다. 목차의 질문 하나하나에 나름의 답을 찾아가는 것도 좋은 독서 방법이다.

심화활동

- 새롭게 알게 된 사실을 정리하고, 책의 내용 외에도 궁금한 것을 찾아 답해본다.
- 이 책의 내용 중 관심 있는 질문을 골라 음악신문을 제작한다.
- 목차 중 '음악, 저 너머' 부분에 적힌 질문에 대해 자신의 생각을 담은 칼럼을 작성한다.

피아니스트 손열음의 음악 에세이

강원도 원주 출신 손열음은 한국을 대표하는 피아니스트이다. 순수 국내파로 각종 국제적인 콩쿠르에서 명성을 떨치며 한국 피아노의 위상을 높였다. 풍부한 감성과 냉정한 준비에서 나오는 열정적인 타건, 화려한 기교로 천재 피아니스트라 불리며 대중의 큰 사랑을 받고 있다. 그런 세계적인 피아니스트의 삶은 어떨까? 이 책은 독일 유학 시절 손열음의 삶을 모아 다시 갈고닦은 에세이다.

일반 클래식 입문서와 달리 유명 음악가의 특징을 나열하지 않았다. 피아니스트이자 음악가, 연주자인 사람 손열음의 단상들을 진실하게 보여주고 있다. 가장 음악적이고 인간적인 악기가 피아노라고 소개하며 서문을 연 저자는 대중에게 익숙한 음악 주제를 유쾌하게 설명한다. 슈만이나 쇼스타코비치, 베토벤, 슈베르트, 라흐마니노프처럼 유명하고 저자가 사랑하는 음악가들의 삶과 작품 세계를 음악가의 시선으로 바라보며 이야기를 풀어나간다.

그 외에도 마케팅이 침투한 음악 시장에서 연주자가 겪는 아픔, 콩쿠르에 목숨을 거는 한국 음악계를 꼬집기도 한다. 국내 음악 교육의 제한적인 제도에 안타까움을 표하고 연주자로서의 고충과 어려움을 솔직하게 드러낸다. 책의 낱장마다 저자의 개인적인 고백과 음악에 대한 깊은 내공을 볼 수 있다.

앞으로 연주자가 음악가와 작품을 대하는 마음을 알고 그 작품을 하나씩 감상하면 더 풍성한 느낌을 얻을 것이다. 음악을 사랑하고 열정을 다하는 피아니스트의 내밀한 삶을 엿보고 연주자의 어려움, 우리나라 음악 교육의 현실도 함께 고민해보길 바란다.

심화활동

- 이 책을 읽고 서평을 작성한 후 손열음의 곡을 찾아 감상한다.
- 자신의 진로와 관련하여 내가 사랑하는, 그리고 나를 성장시킨 인물에 관한 보고서를 작성한다.
- 피아니스트로서 손열음의 직업의식을 이해하고 음악가가 가져야할 직업 가치관을 적어본다.

음대 나와서 무얼 할까

고혜원 | 안그라픽스 | 2015

도서 분야	음악
관련 과목	음악, 진로와 직업
관련 학과	음악 계열

음악이 직업이 되는 여러 가지 길

음악인의 길을 바라는 학생이 꼭 읽어봤으면 하는 책이다. 아직도 '음악은 밥 굶기 딱 좋다.'라는 편견이 있다. 특출난 재능이 있어야 한다, 세계적인 음악가가 되지 않고서는 성공할 수 없다는 걱정 섞인 조언은 덤이다. 하지만 음악과 관련된 직업은 무수히 많다. 작곡가나 연주자뿐이라며 생각의 틀을 가두지 말자. 음악이 좋고 재미있다면, 무작정 포기하는 것보다 음악 진로와 관련된 다양한 정보를 먼저 찾아보자.

이 책은 음악 예술계에서 일하는 열네 명의 이야기다. 우리에게 익숙한 작곡가나 연주가부터 평론가나 학자, 음악치료사나 피아노조율사처럼 생소한 이들 모두가 주인공이다. 이토록 다양한 직업을 만나다 보면, 음악을 사랑하면 다양한 방식으로 음악의 길을 걸을 수 있다는 사실이 느껴질 것이다.

심미적인 이유에서의 음악이 아닌 치료 목적의 음악 능력이 필요하다고 말하는 음악치료사, 악기 연주자에서 피아노 기술을 배우며 다른 길을 선택한 피아노조율사들의 생생한 이야기를 들어보자. 이들이 어떻게 음악을 생각하고 어떤 태도로 일하고 있는지 교훈을 얻을 수 있을 것이다.

직업은 다르지만, 이들 모두 공통점이 있다. 자기 분야에서 성실하게 자신의 가치를 쌓아 올리며 인정받고 있다는 점이다. 다양한 직업군을 살펴보고 나의 진로 선택과 직업 가치관에 보태자. 선배들의 음악에 대한 진솔한 격려와 충고를 기억하길 바란다.

심화활동

- 가장 인상 깊었던 음악인의 사례를 선정하고, 배울 점을 주제로 에세이를 작성한다.
- 자신의 진로와 관련한 대학과 학과, 또는 직업을 탐색하고 보고서를 작성한다.
- 이 책에 실린 직업 이외의 음악 계통 직업과 정보를 찾아 자신의 생각을 에세이로 작성한다.

서양음악사

민은기 | 음악세계 | 2013

도서 분야	음악
관련 과목	음악
관련 학과	음악 계열

고대 피타고라스부터 현대 재즈까지 서양음악의 역사

예술은 사회, 문화, 종교, 정치 등의 영향을 받으며 끊임없이 변모한다. 인류의 탄생부터 이어져 온 음악도 마찬가지다. 리라를 연주한 고대 그리스 시대부터 스마트폰으로 전 세계의 노래를 듣는 현재까지 음악은 사회 맥락 속에서 끊임없이 발전과 변화를 거듭했다. 따라서 우리는 음악의 변천사를 통해 사회를 읽고, 시대에 따라 어떻게 인간의 정신이 음악에 반영되었는지를 알아볼 수 있다.

이 책은 고대 그리스 시대부터 현대의 재즈까지 서양 음악사를 시대순으로 엮었다. 하지만 단순히 순서대로 나열한 것이 아니라, 우리에게 익숙한 음악을 렌즈로 삼아 과거의 음악을 읽어내고, 과거의 음악을 바탕으로 현대 음악을 재해석 할 수 있도록 돕는다. 음악 전공자나 애호가 모두에게 훌륭한 서양음악의 지도가 될 것이다.

고대와 중세, 르네상스, 바로크, 고전주의, 낭만주의, 현대 음악 등 시대별 정리를 통해 각 사회의 시대정신과 음악의 형식, 특징을 상세하게 설명하고 있다. 또한 큰 흐름 속에서 주요 예술가들의 작품 세계를 들여다볼 수도 있다. 각 시대의 마무리에선 사회적 배경, 음악의 역할, 음악가의 지위, 청중의 역할, 권력자의 영향, 음악적 취향 등 다방면으로 고찰하며 음악의 미학이 어떻게 변화되었는지 조망한다.

음악의 과거와 현재를 체계적으로 이해하며 서양음악에 대한 교양과 지식을 쌓을 수 있는 책이다. 복잡하고 어려운 전공 서적을 읽기 전, 서양음악사 입문서로 추천한다.

심화활동

- 고대 그리스 시대부터 현재 재즈까지 서양 음악의 특징을 연대표로 만들어 정리한다.
- 음악과 사회, 문화, 종교, 권력 간의 관계를 설명한다.
- 주요 음악가의 작품을 감상하고 음악의 특징을 이해하고 감상문을 작성한다.

<table>
<tr><td>11월</td><td rowspan="2"># 스토리 클래식</td><td>도서 분야</td><td>음악</td></tr>
</table>

스토리 클래식

오수현 | 블랙피쉬 | 2022

도서 분야	음악
관련 과목	음악
관련 학과	음악 계열

클래식 거장들의 흥미로운 사생활

모차르트를 모르는 사람은 없지만 그의 곡을 흥얼거리긴 쉽지 않다. '클래식'이라는 분류가 되어 있으면 왠지 어렵게 느껴진다. 교과서에서 나오는 시대적 배경, 음악 이론, 음악 용어, 양식적 특징만 배웠기에 유명한 곡인 것은 알지만, 유명세만큼의 감흥을 주지는 못하는 것 같다.

이 책은 클래식에 대한 이런 오해와 편견을 버리게 해준다. 하인의 신세로 곡을 만드는 기계였던 교향곡의 아버지 하이든, 만성 층간 소음 유발자로 수십 번 이사해야 했던 베토벤, 한 여자를 평생 사랑하며 명곡을 작곡한 브람스, 내향형 인간의 슬픈 사연의 주인공이었던 라흐마니노프 등의 이야기를 읽다 보면 거장의 그림자 뒤에 숨은 인간의 삶이 보일 것이다. 그리고 그들을 이해하는 순간 곡이 마음속 깊이 다가오게 된다.

생생한 이미지와 사진, QR코드를 통한 곡의 감상도 책의 이해를 돕는다. 곡에 얽힌 이야기와 음악을 함께 즐기면 보다 감동적인 독서가 될 것이다. 늘 경쾌한 음악을 작곡했던 모차르트가 죽음을 예견하고 쓴 '레퀴엠', 젊은 나이에 청력을 잃고 자신의 운명을 받아들이며 마지막 교향곡으로 구성한 베토벤 '합창' 등의 일화를 하나씩 읽어가며 해당 곡의 전율을 직접 느껴보자.

지금까지 클래식을 멀게만 느꼈다면, 혹은 입문의 문턱이 너무 높다고 생각했다면 이 책을 읽으며 음악가들의 삶을 알아보자. 모든 예술 작품에는 창작자의 삶과 가치관이 오롯이 묻어나기 때문이다. 그들의 삶을 사다리로 삼아, 어려웠던 클래식에 쉽게 올라가 보자.

심화활동

- 이 책에 나오는 음악가들의 대표곡을 감상하고 특징을 파악하며 서평을 작성한다.
- 가장 마음에 드는 음악가를 골라, 그 음악가의 생애와 작품 세계, 감상평이 담긴 소책자를 만든다.
- 고전주의와 낭만주의 음악을 비교·분석하고 그 시대의 대표 음악가를 소개하는 보고서를 쓴다.

11월
24일

재즈 잇 업

남무성 | 서해문집 | 2018

도서 분야	음악
관련 과목	음악
관련 학과	음악 계열

재미있게 읽는 재즈 입문서

카페는 손님의 긴장을 풀기 위해 이 장르의 음악을 틀곤 한다. 유튜브에서 인기 있는 공부용 배경음악 플레이리스트에도 빠지지 않는다. 그 주인공은 바로 재즈다. 재즈는 1900년대 미국의 뉴올리언스에서 태어나 20세기 중반까지 전 세계적 열광을 받았다. 미국 남부에서 흑인들의 노동요와 유럽 음악이 혼합되며 탄생한 재즈는 지금까지도 성장을 거듭하고 있다.

당시 미국의 시대상은 재즈의 발전에 중요한 전환점이 된다. 저자는 금주법, 대공황, 제1·2차 세계대전, 인권 문제, 포스트모더니즘 등 다양한 충격을 만나 바뀐 재즈의 이념과 특징을 설명하고 있다. 1930년대 대공황의 회복과 함께 등장한 경쾌한 스윙, 제2차 세계대전으로 밴드 규모가 축소되고 개인 감상주의 음악으로 바뀐 비밥, 쿨재즈, 하드 밥 등 모던재즈가 등장했다. 1960년대에는 오래전부터 불거진 인권 문제와 저항과 자유를 노래한 로큰롤의 합작으로 가장 파격적인 프리재즈가 나타났다. 이 외에도 퓨전 재즈, 재즈록, 재즈 삼바, 컨템포러리 재즈 등 다양한 재즈와 그 속의 이야기를 만나다 보면, 인문학적 소양과 특정 현상의 이면을 읽는 힘을 얻을 수 있다.

재즈 마니아이자 평론가인 작가는 루이 암스트롱, 빌리 홀리데이, 찰리 파커, 마일스 데이브스 등 다양한 재즈 음악가들을 익살스러운 만화로 표현했다. 그 덕분에 500쪽이 넘어가는 기나긴 내용을 재미있게 읽을 수 있었다. 재즈는 국가, 인종, 종교, 문화를 초월하며 인간의 삶을 담아낸 음악이다. 이 책을 통해 카페에서 흐르는 재즈 음악에 귀를 기울이고 사랑해 보자.

심화활동

- 태동부터 현대까지의 재즈를 시기별로 나누어 그 시대의 상황과 특징을 보고서로 작성한다.
- 이 책에 등장하는 음악가들의 대표 작품을 감상하고 음악가를 소개하는 리플렛을 제작한다.
- 재즈를 사회문화적으로 고찰하고 음악사적 의의를 설명한다.

청소년을 위한 한국음악사(국악편)

송혜진 | 두리미디어 | 2007

도서 분야	음악
관련 과목	음악
관련 학과	음악 계열

우리 음악사의 흐름을 읽고 자긍심을 갖게 하는 책

우리나라 음악의 큰 흐름과 악기의 변천사를 시대에 따라 정리해 둔 책이다. 낯선 용어와 체계 때문에 멀게 느껴진 국악에 한 걸음 더 다가갈 수 있었다. 시각적인 자료와 친절한 설명을 따라 책을 읽으면 우리 문화와 예술을 이해하고 그 우수성을 알게 될 것이다. 각 장마다 시대별 국악의 변화를 다루는데, 대표적인 변화를 살펴보면 다음과 같다.

음악의 변인과 영향	종교의식을 위해 사용 → 사회, 문화, 타국의 영향을 받으며 다양하게 발전
고구려	고구려 고분벽화에 등장하는 거문고는 진나라의 칠현금을 왕산악이 개량한 것
백제	백제 음악은 일본 음악과 문화에 직접적인 영향을 미침
가야	가야의 우륵은 가야금을 바탕으로 한국적인 음악의 기틀을 마련
통일 신라	신라를 대표하는 음악은 불교 국가의 특색이 묻어나는 범패였음
고려	중국과의 왕성한 교류로 아악과 당악이 전래, 신라의 향악과 공존
조선	• 조선 전기 악학궤범, 종묘제례악 등 세종의 업적이 국악의 기초를 이룸 • 조선 후기에는 궁중음악이 쇠퇴하며 가곡, 시조, 가사, 판소리 등이 성행

역사나 음악 수업 때 배웠지만 이해하기 힘들었던 딱딱한 내용에 덧붙여, 배경지식을 확장하는 데 유용하게 쓸 수 있다. 우리 음악에 대한 일반 교양서로, 대학 전공을 위한 입문서로 추천한다.

심화활동

• 시대순으로 우리나라 음악의 특징을 파악하고 국악사를 요약정리한다.
• 우리나라 음악사에 획을 그은 위인의 업적에 대한 보고서를 작성한다.
• 국악의 현주소에 대한 관련 뉴스나 논문을 조사하고, 국악이 나아갈 방향에 대해 칼럼을 작성한다.

축구를 하며 생각한 것들

손흥민 | 브레인스토어 | 2020

도서 분야	체육
관련 과목	체육
관련 학과	체육 계열

축구 선수 손흥민의 열정과 끈기를 담은 에세이

한국 축구의 영웅이자 아시아의 최고 축구 선수 손흥민을 모르기도 힘들 것이다. 그는 소속 클럽인 토트넘 홋스퍼와 국가대표팀에서 맹활약하고, 국내 프랜차이즈 광고에 끊임없이 등장하는 등 화려한 성공을 거뒀다. 하지만 그 성공은 재능만으로 이룬 것이 아니다. 반짝이는 날보다 갈고 닦는 날이 훨씬 많았다. 그리고 지금도 화려한 운동장 뒤에서 자신과의 싸움을 계속하고 있을 것이다.

책을 읽으며 축구 선수의 꿈을 꾸던 소년이 프리미어리그에서 최고의 선수가 되기까지 겪은 감정과 생각, 숨은 뒷이야기를 알 수 있다. 축구 선수의 모습보다 대한민국의 20대 젊은 청년의 인간다운 모습을 볼 수 있다. 그는 '제 인생에서 공짜로 얻은 건 하나도 없었다'라고 말한다. 고통과 편견, 유혹을 이겨낸 과정을 알아보자.

어린 시절부터 축구 선수 아버지의 엄격한 지도와 혹독한 훈련을 받았다. 초등학교 3학년, 다른 아이들이 모두 놀이터에서 놀 때 매일 리프팅을 하며 운동장을 돌았다. 만 16세에 독일 함부르크로 스카우트되어 갔지만, 스포트라이트보다 엄혹한 평가의 시선을 받았다. 온갖 차별과 편견 속에서 오로지 실력으로 승부를 걸어야 했다. 프리미어리그 입성 후에도 주전 경쟁을 위해 혹독한 자기관리를 이어갔다. 그리고 그 노력이 모여 월드클래스 공격수라는 타이틀을 얻게 된 것이다.

대한민국의 청년들은 꿈도 없고 열정이 없다고들 한다. 인간 손흥민의 인생을 돌아보며 그의 열정, 끈기, 인내, 노력을 배워보자. '행복 축구'를 하고 싶다는 그의 가치관을 본받아 자기 인생의 아름다운 성취를 위해 노력했으면 한다.

심화활동

- 이 책의 서평을 쓰고 감상평을 작성한다.
- 내가 좋아하고 행복해하는 일에 어떻게 노력할지 생각하고, 삶의 가치관을 세우는 에세이를 적는다.
- 이 책에서 인상 깊은 문장을 꼽고, 그 이유를 설명한다. 그리고 내 삶과 결부해 내재화한다.

도서 분야	체육
관련 과목	체육, 진로와 직업
관련 학과	체육 계열, 체육교육과

나는 체육 교사입니다

김정섭 외 13명 | 성안당 | 2022

체육 선생님들이 전하는 진로와 삶에 대한 조언

학교에서 남학생들이 가장 좋아하는 수업은 체육 시간이 아닐까 싶다. 여느 교과 보다 신나게 뛰고 땀 흘려 운동하는 시간만을 기다린다. 물론 여학생들에게도 체육 시간은 입시 생활에서 건강을 지키고 컨디션을 높여주는 시간이다. 이 책은 이런 체육 시간을 더욱 즐겁고 유익하게 만드는 선생님들의 이야기다.

체육 교사는 일반 스포츠 선수와는 다르다. 운동 기량을 뽐내고 경쟁에서 메달을 따내는 게 아니라, 학생의 체력, 운동 능력을 북돋는 직업이다. 또한 공정한 스포츠 활동 과정에서 학생들의 건강한 정신 함양도 돕는다. 학생의 학습과 성장을 우선으로 긍정적인 교육 경험과 바람직한 태도와 인성을 가르친다.

이 책의 저자 14인의 체육 선생님들은 체육 교사를 희망하게 된 계기부터 학생들과의 체육 수업 활동, 이외의 다양한 업무에서 겪었던 일들을 진솔하게 말한다. 운동을 사랑하는 사람으로서, 교육을 실천하는 교사로서 스포츠를 통해 몸소 배웠던 경쟁의 의미와 가치, 자기 계발의 의미를 보여준다. '체육 교육'이라는 공통분모 속 선생님들의 도전과 실패를 담아 독자와 학생들에게 자기 삶을 개척하고 끈기 있게 나아가라는 메시지를 전하고 있다.

행복의 필수 조건은 건강이며, 건강을 지키는 가장 쉬운 방법은 운동이다. 운동은 신체뿐 아니라 정신 건강에도 도움을 준다. 자긍심, 배려심을 기르고 활기찬 생활을 영위하게 돕는다. 체육을 좋아하는 학생, 교사를 희망하는 학생은 꼭 읽어 보길 바란다.

심화활동

- 이 책의 저자 14명의 공통점을 생각해보고 배울 점을 적어본다.
- 체육 교사의 업무, 적성과 흥미, 미래 전망, 학과 정보 등을 조사하여 진로 탐색 보고서를 작성한다.
- 체육 시간 중 '도전, 협동, 성취, 대인 관계 능력' 등이 성장한 사례를 찾아보고 에세이를 작성한다.

인공지능이 스포츠 심판이라면

스포츠문화연구소 | 다른 | 2020

도서 분야	체육
관련 과목	체육
관련 학과	체육 계열

스포츠 정신을 보여주는 규칙의 이모저모

올림픽이나 월드컵 같은 국제대회에서 우리나라가 승리하면 짜릿한 느낌이 든다. 스포츠 규칙을 정확히 알고 본다면 소소한 재미도 더해진다. 하지만, 심판의 오심이나 타국 선수의 금지 약물 복용 뉴스를 볼 때면 화가 나기도 한다. 스포츠는 어디까지나 공정한 규칙 아래에서 선수들의 노력과 실력을 제대로 평가해야 한다는 사실을 다시금 깨닫게 된다.

모든 스포츠의 규칙은 스포츠 정신이나 윤리, 재미를 위해 꾸준히 변화해 왔다. 점수제였던 양궁은 세트제로 바뀌었고, 과거 복잡했던 유도 규칙은 절반과 한판으로 단순하게 승패를 나눈다. 시간이나 거리에서 아주 미세한 차이까지 구분하기 위해 인간의 눈보다 더 정확한 과학 기술의 힘을 빌리고 있다. 심지어 체조는 인공 지능 판정 시스템까지 시범 운영하고 있다.

이 책은 그동안 이렇게 바뀌어 온 다양한 종목의 스포츠 규칙과 기술의 발전으로 발생한 논쟁을 말해준다. 공정성이나 경기의 재미, 효율적인 운영, 스포츠 윤리를 위해 쉼 없이 바뀐 규칙들을 보면, 어떤 것에서든 멈춰있지 말아야겠다는 생각이 들 것이다. 또한 앞으로 스포츠 규칙이 나아갈 방향이나, 스포츠 심리 상담사, 기록 분석 연구원, 스포츠 평론가 등 여러 관련 직업, 스포츠와 관련된 진로 정보도 담고 있다.

스포츠 규칙은 대중의 요구에 따라 더 공정하고 흥미진진하게 발전해 왔다. 과거의 발전 양상을 보며 생각지도 못한 분야의 변화가 다른 분야에 어떤 영향을 미치는지 고민해보자. 꼭 진로가 스포츠 분야가 아니라도 스포츠를 즐기는 사람으로서 자신만의 관점을 세우고 스포츠에 대해 폭넓은 교양을 쌓을 수 있다.

심화활동

- 이 책에서 편파 판정, 오심 등의 사례를 살펴보고 문제점과 해결방안을 보고서로 작성한다.
- 인공지능이 스포츠 심판이 되었을 때의 장단점을 설명한다.
- 스포츠의 요소를 살펴보고 바둑이나 체스, e스포츠를 스포츠로 인정할 수 있는지 토론한다.

운동화 신은 뇌

존 레이티, 에릭 헤이거먼 | 녹색지팡이 | 2023

도서 분야	체육
관련 과목	체육
관련 학과	체육 계열 생명과학 계열

운동하면 학습 능력이 높아진다?

우리는 건강한 신체를 위해 운동을 하고 있다. 현대인의 고질병이자 숙적인 당뇨나 비만도 피할 수 있다. 그런데 운동이 학습 능력도 높인다는 것을 믿을 수 있는가? 하버드 의대 임상정신과 교수인 저자는 풍부한 실험 결과와 명확한 연구 자료를 바탕으로, 운동이 뇌 구조 개선과 기능 촉진, 학습 능력과 정신 건강에 지대한 영향을 준다는 사실을 밝혔다.

저자가 말하는 것처럼 운동은 기억력과 집중력, 수업 태도에 긍정적인 영향을 미친다. 책에 등장한 사례로 살펴보자. 네이퍼빌 203학군의 0교시 체육 수업은 운동이 학습 능력에 미치는 효과를 증명한다. 규칙적으로 건강한 습관과 기술, 운동을 한 이 학교 학생들의 학업 성취도는 실제로 눈에 띄게 향상되었다. 저자는 체질량과 폐활량이 성적과 밀접한 관계가 보인다는 힐먼의 연구 결과를 들어 설득력을 더한다.

또한 운동은 우울증, 주의력 결핍 과잉 행동 장애(ADHD), 약물 중독, 치매 등 각종 질병을 예방하는 놀라운 효과를 발휘한다. 신경과학자 아서 크레이머는 유산소 운동을 한 사람들이 아닌 사람보다 전두엽과 측두엽이 발달했고, 인지기능도 더 탁월하다는 결과를 도출해냈다.

이 책은 막연하게 '운동은 스트레스를 풀어준다.'라고 느낀 현상을 과학적으로 탐구해 운동과 뇌의 연관성에 새로운 관점을 제시했다. 다양한 사례에 공감하며 운동의 필요성을 절실히 깨닫게 될 것이다. 몸이 건강하면 뇌도 건강해진다는 사실을 알고 규칙적인 운동을 시작해보자. 신체와 학업 모두를 위해서 말이다.

심화활동

- 이 책을 읽고 운동과 뇌의 관계, 뇌를 활성화하는 운동 요법들의 핵심 내용을 정리한다.
- 규칙적인 운동이 가져오는 이점에 대해 보고서를 작성한다.
- 뇌 기능 활성화를 위한 나만의 운동 계획을 세우고 실천한 후 보고서를 쓴다.

11월		도서 분야	체육
30일	10대와 통하는 스포츠 이야기	관련 과목	체육
	탁민혁, 김윤진 | 철수와영희 | 2019	관련 학과	체육 계열

스포츠 안에 삶과 지혜가 있다

마음만 먹으면 클릭 한 번으로 원하는 스포츠를 볼 수 있는 세상이다. TV의 스포츠 전용 채널은 쉴 새 없이 유명한 선수의 경기를 쏟아내고, 인터넷을 통해 실시간으로 지구 반대편의 경기를 볼 수 있다. 축구나 야구 같이 유명한 종목 이외에도 가지각색의 스포츠가 넘쳐난다.

우리는 스포츠 경기를 보며 즐거움과 열정을 느낀다. 그런데 그 이면에는 불평등과 불공정, 차별, 편견, 선동 등이 은근하게 숨어 있다. 백인이 테니스와 골프에서 강세를 보이고, 흑인이 농구와 육상을 많이 하는 건 단지 취향의 문제가 아니다. 또 같은 종목이라도 남자다움과 여자다움을 강조하곤 한다. 미디어의 스포츠 중계 방식은 돈에 의해 크게 좌우되며, 정치나 경제적인 이익을 위해 스포츠 규칙이 변하기도 한다.

이 책은 스포츠의 역사와 문화 속에서 우리가 생각해볼 문제를 제기한다. 국기에 경례를 거부했던 미식축구 선수들, 승패에 따라 대우가 달라지는 프랑스 축구 대표팀의 이민자 선수들, 벤치를 지키는 선수들 등의 이야기를 들려주며 화려함 뒤에 가려졌던 스포츠의 민낯을 보여준다.

스포츠 경기는 승패의 짜릿한 쾌감, 다양한 사람이 같은 팀을 응원하는 연대감, 운동선수들의 강인한 정신과 스포츠맨십에 감탄하게 만든다. 하지만 분명 그 안에는 무의식중에 외면한 아픔과 자성의 움직임도 있다. 이 책을 통해 넓은 안목을 기르고, 스포츠의 모든 것을 제대로 즐겨보자.

심화활동
- 책을 읽고 스포츠를 제대로 즐기는 방안에 대한 자신의 생각을 정리해 본다.
- 책의 사례 이외에 스포츠의 인종차별, 성차별 사례를 조사하고 보고서를 작성한다.
- TV, 신문, 라디오 같은 미디어와 스포츠의 관계에 대한 보고서를 작성한다.

12월

죽은 자의 집 청소

김완 | 김영사 | 2020

도서 분야	진로, 진학
관련 과목	진로와 직업
관련 학과	모든 학과

특수청소부의 특수한 에세이

일상생활에서도, 책 소재로서도 '죽음'은 사람들이 기피하는 소재이지만 진로 관련 책을 소개하면서 나는 이 책을 가장 먼저 골랐다. 죽음 이후의 삶을 정리하는 저자의 생생한 이야기를 들으면서 삶과 죽음이 얼마나 가까이 있는지 새삼 깨달았으면 하는 마음에서다.

진로 결정이 중요한 것은 우리 인생이 우리에게 제공한 시간이 유한하기 때문일 것이다. 만약 죽지 않고 계속 살 수 있다면 진로가 다 무슨 소용일까? 끊임없이 직업을 바꿔가며 살아도 상관없으니 말이다. 그러나 시간이란 것은 개인에게는 지극히 유한하며, 그 시간을 얼마나 소중하게 사용하느냐 하는 문제는 결국 진로 설정에 따라 달라진다. 어떤 일을 할 때 가장 행복하고, 어떤 일을 직업으로 삼을 것인가를 고민하게 된다는 것이다.

물론 청소년기에는 살아갈 날이 많이 남아 있다는 생각 때문에 진로에 대한 고민을 진지하게 하지 않을 수도 있다. 이 책을 통해 '죽음'에 대해 고찰해보고 죽음을 맞기 전까지 어떻게 살고 싶은지, 우리에게 주어진 시간을 과연 얼마나 아름답게 활용할 수 있을지 머릿속으로 그려보길 바란다.

청소년기의 결정은 어른이 된 이후의 삶에 큰 영향을 미친다. 결정을 번복할 기회는 분명 있겠지만, 조금만 더 고민했더라면 빠르게 갈 수 있는 길을 진로에 대한 고민을 게을리했다는 이유로 멀리 돌아가야 한다는 것이다. 이 얼마나 큰 시간 낭비인가?

이 책을 통해 내면을 깊이 들여다보는 시간을 가지고, 나의 꿈이 타인의 바람이나 권유에 의한 것인지 아니면 오로지 나의 의지와 소망에 의한 것인지 명확히 깨닫고 그 꿈을 향해 멋지게 도약해보자.

심화활동

- '죽음' 하면 떠오르는 심상이나 이미지들을 떠올려본다.
- 삶이 무한하다면 우리의 모습이 어떻게 달라질지 생각해본다.
- 자신이 선호하지 않는 직업을 꼽아보고, 그 직업이 사라졌을 때 우리가 겪을 불편함에 대해서도 생각해본다.

성적은 짧고 직업은 길다

탁석산 | 창비 | 2009

도서 분야	진로, 진학
관련 과목	진로와 직업
관련 학과	모든 학과

철학자가 말하는 직업과 인생

높고 험한 산을 산악인보다 먼저 오르는 사람들이 있다. 그들의 이름은 셰르파. 저자는 셰르파처럼 묵묵히, 성실히 일하는 행위를 '직업'으로 정의한다. 그런 측면에서 볼 때 일회성에 그치는 일은 직업으로 받아들이기 힘들다. 이 책은 평범한 사람들의 직업에 대한 이야기다. 자신이 원하는 것과 자신이 할 수 있는 것의 차이를 인정하고, 자신이 할 수 있는 일에 포커스를 두길 권한다.

하고 싶은 일이 없는 경우, 적성을 파악하기 어려운 경우, 이상과 현실에 괴리가 있는 경우, 경험의 기회가 적은 경우, 직업 정보가 부족한 경우, 정보가 왜곡된 경우, 미래 예측이 어려운 경우, 몇 차례 직업을 바꾸는 경우 등 직업 선택이 어려운 이유는 다양하다.

저자는 '사람이 일하는 이유'를 찾는다. 일이 가져다주는 많은 좋은 현상에 대해 생각하며, 결국엔 '일을 해야 인간이다'라는 결론을 내린다. 괴리를 인정하고 받아들이는 것, 운을 받아들이는 것, 자신에게 맞는 일을 찾는 것, '무엇'이 아닌 '어떻게'에 무게를 두는 것 등 각자의 분야에서 성공하는 방법은 다양하다. 저자는 그 방법을 가감 없이 제시한다.

청소년기에는 특히 적성 찾기에 열을 올리는데, 그 방법이 마땅치 않은 것도 사실이다. 그래서 자신이 잘하는 과목과 연관된 직업을 선택하거나 적성검사의 도움을 받는데 그보다는 다양한 실제 경험을 통해 자신이 어떤 일에 흥미가 있는지 파악하는 것이 더 중요하다. 진로에 대한 촉각을 곤두세운 다음, 사소한 경험으로부터 새로운 자신을 발견해 나가자.

심화활동

- '일하는 것'의 의미를 생각해보고, 직접 '직업'의 정의를 내려본다.
- 적성을 찾기 위해 어떤 경험을 하고 있는지 포트폴리오로 작성해본다.

하고 싶은 것이 뭔지 모르는 10대에게

김원배 | 애플북스 | 2021

도서 분야	진로, 진학
관련 과목	진로와 직업
관련 학과	모든 학과

진로에 대한 스물여덟 가지 질문

이 책은 '청소년들에게 정말로 필요한 것이 무엇일까?'라는 작은 물음으로부터 시작되었다.

1장: 미래 여행을 떠나보자	미래의 모습을 그리며 자신을 브랜딩하기
2장: 내공부터 단단하게	독서의 중요성과 더불어 인성의 중요성 깨닫기
3장: 습관과 학습 방법 설계	성공을 위한 습관과 공부법 찾기
4장: 직업관 설계	관심 분야의 직업 모델과 직업 윤리 살피기
5장: 자아 설계	자신의 장점과 재능을 찾아 진로와 연결시키기
6장: 전략 설계	꿈을 위해 넘어야 할 장벽을 알아보고 전략 세우기

진로가 막막한 학생들은 책에 나오는 스물여덟 개의 질문에 진지하게 답해보기를 추천한다. 처음에는 아무것도 적지 못할 수 있지만, 질문에 대해 고민하기 시작했다는 것 자체로도 사실 큰 의미가 있다. 고민하다 보면 자신을 좀 더 면밀하게 알게 되고, 더불어 진로를 그려보는 귀한 경험을 할 수 있을 것이다.

미래를 그려 나가는 과정은 한 번에 이루어질 수 없다. 이 과정은 청소년기뿐만 아니라 성인이 되어서도 계속 진행되는 과정이라는 점에서 그 시작이 매우 중요하다. 결국 시간을 투자해야만 진로 결정에 만족할 만한 결과를 얻을 수 있다는 것이다. 진로 관련 사이트도 책에서 많이 소개하고 있으니 관심을 가지고 사이트에 접속, 도움이 될 만한 정보를 찾아보길 바란다.

심화활동
- 책에 제시된 질문의 답을 적어보면서 체계적인 미래 계획을 세워본다.
- 진로 사이트에 접속해 자신에게 필요한 정보들을 검색해본다.

의대에 가고 싶어졌습니다

서울대학교 의과대학 재학·졸업생 | 메가스터디북스 | 2022

도서 분야	진로, 진학
관련 과목	진로와 직업
관련 학과	모든 학과

서울대 의대생들의 진짜 의대 이야기

서울대학교 의과대학 재학·졸업생들의 경험과 생각을 담은 보기 드문 책으로 써, 의대를 꿈꾸는 이들에게 적극 추천한다. 의대 예과와 본과 과정을 마치면 인턴과 레지던트 과정을 통해 자신의 전문 과목을 정하게 되는데 이는 다시 내과, 외과, 산부인과, 가정의학과, 마취통증의학과, 비뇨의학과, 성형외과, 신경과, 안과, 신경외과, 영상의학과, 응급의학과, 이비인후과, 재활의학과, 정신건강의학과, 정형외과, 피부과, 흉부외과, 소아청소년과 등으로 전공학과의 구분이 이루어진다. 전공학과는 나중에 선택하지만, 자신의 미래 모습을 그려보며 어떤 모습의 의사가 되고 싶은지 진지하게 고민해보는 것도 좋은 경험이 될 것이다.

의대에 가고 싶다면 자신의 공부 실력을 점검할 줄 알아야 한다. 여기서 말하는 공부 실력은 성적이 좋다는 의미이기도 하지만, 계속해서 공부할 수 있는 '공부 지구력'을 의미한다. 의대는 예과와 본과 과정을 거치면서 공부할 양이 방대하다. 실제 본과에서 각 학기마다 어떤 내용을 배우는지 살펴본다.

학기	내용
1학년 1학기	해부학, 생리학, 생화학, 조직학, 기초신경과학
1학년 2학기	약리학, 생식성장발달1, 병리학, 미생물학, 면역학, 기생충학, 감염과 면역
2학년 1학기	호흡기, 소화기, 순환기, 뇌신경과 정신행동, 혈액과 종양, 대사와 내분비
2학년 2학기	생식성잘발달2, 신장요로, 근골격, 피부 및 감각기, 의학연구

3학년 때는 내과계 실습, 여성과 소아 실습, 외과계 실습, 정신-신경계 및 영상 실습을 하고, 4학년 때는 선택 임상 실습과 학생 인턴 기간을 거치게 된다. 이러한 과정을 살펴본 후 흥미가 생긴다면 의사가 될 첫 번째 관문을 무사히 통과한 것이다.

심화활동
- 의사가 된 자신의 모습을 떠올리며, 어떤 공부를 하고 싶은지 생각해본다.
- 의대의 전공학과를 정리해보고, 어떤 능력이 필요한지 각각 살펴본다.

10대를 위한 완벽한 진로 공부법

앤디 림, 윤규훈 | 체인지업북스 | 2020

도서 분야	진로, 진학
관련 과목	진로와 직업
관련 학과	모든 학과

공부와 인생이 재미있어지는 현실 진로 수업

'진짜 현실'에 근거한 진로 책이 있을까? 꿈에 대한 그럴듯한 설명과 두루뭉술한 판타지가 아니라, 실질적인 도움을 줄 수 있는 진로 책 말이다. 이 책의 저자는 청소년들을 대상으로 강의를 하면서 알게 된 청소년과 학부모의 '진짜' 고민과 그에 대한 해결책을 제시한다.

성공한 위해 가장 중요한 조건은 무엇일까? 원하는 분야에 대한 확신과 선택, 그리고 그 꿈을 향해 도약할 의지일 것이다. 성공하기 위해서는 부정적인 생각을 버리고 오직 '성공'만을 생각해야 한다. 스스로 성공할 수 없다고 믿는 사람이 성공하는 경우는 거의 없기 때문이다. 저자는 꿈을 이룰 수 있는 구체적인 방법 세 가지를 제시한다.

꿈을 이루는 세 가지 방법		
21일간 꾸준히 하기	남들보다 한 번 더 하기	남들과 다르게 하기

남들과 다르게, 남들보다 조금 더, 꾸준히 하면 성공할 수 있다는 얘기다. 당연한 소리로 들리겠지만, 원래 당연할수록 지키기가 더 힘들다. 책 내용을 읽고 고개를 끄덕이고 말 것이 아니라, 반드시 구체적인 계획을 세워 실천해보길 바란다. 작은 것이라도 실천을 통해 성취감을 맛보면 더 높은 목표에 도전할 힘이 생기기 마련이니까.

모두 한 줄로 세우는 방식으로는 1등이 한 명 밖에 나올 수 없지만, 여러 갈래의 줄이 있다면 모두가 1등이 될 수도 있다. 그러니 이미 눈앞에 보이는 진로를 선택하기보다는 남들과 다르게, 자신이 잘할 수 있는 새로운 줄을 만들어가는 진취적인 사람이 되길 바란다.

심화활동

- 본문 중 '나를 알아가는 첫걸음'에 나오는 질문에 성실하게 답해본다.
- 취업과 창업의 장단점을 고려하며 자신이 추구하는 방향성을 생각해본다.

서울대 공대생들이 공대를 선택한 이유

이 책은 서울대학교 공과대학 학생들로 구성된 '아너 소사이어티(학업 성적과 대외 활동이 우수한 자를 회원으로 둔 학생 단체)'가 쓴 청소년 도서로 공대의 각 학과(건설환경공학부, 건축학과, 기계공학부, 산업공학과, 에너지자원공학과, 원자핵공학과, 재료공학부, 전기·정보공학부, 조선해양공학과, 컴퓨터공학부, 항공우주공학과, 화학생물공학부)에 대해 설명한다. 중고등학생들에게 '공대'라는 말은 익숙하지만, 그 안에 세부적인 학과들은 어떤 것이 있고 어떤 공부를 하는지 정확히 모르는 경우가 많다. 이 책을 통해 '공대'에 대한 모든 궁금증을 해결해보자.

특히 서울대 공대에 입학한 학생들이 중고등학생 때 어떻게 공부했는지, 공부의 이유를 찾지 못해 게임만 하던 시절을 어떻게 이겨냈는지 등을 살펴볼 수 있다. 그뿐만 아니라 공대생의 대학 생활도 미리 맛볼 수 있는데, 다양한 전공 중 하나의 전공을 선택한 이유를 살펴보면 추후 자신의 결정에 대해서도 짐작해볼 수 있다.

같은 일을 하더라도 '관심의 정도'에 따라 그 결과는 다르다. 자신이 어떤 것에 관심이 많고, 무엇을 공부해보고 싶은지 정확하게 판단할 수 있어야 방황하지 않고 공부에 전념할 수 있다는 것이다.

마지막 부분에는 졸업한 이후의 다양한 진로가 소개되어 있다. 스타트업 회사를 운영하는 사람, 대학원에 가서 연구를 이어 가는 사람, 변리사 시험에 합격해 변리사로 활동하는 사람 등 다채로운 행보도 눈여겨볼 만하다.

우리는 아는 만큼 상상할 수 있다. 많은 이야기를 듣고, 자신의 미래 계획을 구체적으로 세워보도록 하자.

심화활동

- 공대의 여러 학과를 살펴보고, 관심이 가는 학과를 탐구해본다.
- 공대 졸업 이후의 진로를 찾아보고, 자신의 10년 후의 모습을 생각해본다.

이제는 대학이 아니라 직업이다

손영배 | 생각비행 | 2023

도서 분야	진로, 진학
관련 과목	진로와 직업
관련 학과	모든 학과

'진학'보다는 '진로'를 모색해야 하는 이유

명문대를 졸업하고도 직장을 얻지 못하는 사람들이 넘쳐난다. 그렇다면, 앞만 보고 달려나가기보다는 자신이 진정으로 하고 싶은 일이 무엇인지 모색해야 하지 않을까?

대학을 중퇴했다는 것과 이름만 들어도 누구인지 안다는 것, 그리고 무엇보다 독서를 많이 했다는 것…. 이는 스티브 잡스, 빌 게이츠, 마크 저커버그가 가진 공통점이다. 대학을 중퇴했지만 자신이 하고 싶은 일에 시간과 에너지를 투자해 성공한 사람이라는 것이다.

요즘 청소년들은 입시 공부에 전념하느라 독서를 거의 하지 못한다. 다양한 분야의 책을 읽으며 자신의 생각을 확장시켜도 모자란데, 교과서와 문제집만 보고 있는 현실이 안타깝다.

"학교에서 가르치는 80%~90%의 교육은 아이들이 40대가 됐을 때, 별로 필요 없는 것일 가능성이 크다. 혁명과 혁신으로 점철된 인공지능 시대에, 현재의 교육 시스템은 거의 무방비 상태나 다름없다. 변화에 발 빠르게 적응하지 못하고 배움이 더디면 새로운 것을 받아들이는 데 많은 시간과 에너지를 낭비하게 될 것이다. 이러한 과정은 1년~2년에서 그치지 않고 40대, 50대에도 계속 반복되어 간다. 끝내 뒤처지고 마는 것이다. 우리에게 가장 중요한 것은 정신적인 '유연성'과 '균형'이다. 그래야만 빠르게 변화하는 현실 속에서 스트레스받지 않고 적응해나갈 수 있다."

이는 한국 교육에 대해 비판한 세계적인 역사학자 '유발 하라리'의 말이다. 책을 읽으며 생각의 지경을 넓히고, 진로에 대해 고민하는 시간을 갖도록 하자.

심화활동

- '진로'와 '진학'의 차이점을 살펴보고, 자신의 계획을 세워본다.
- 대학교 진학이 자신의 삶에 어떤 영향을 미칠 것인지 생각해본다.

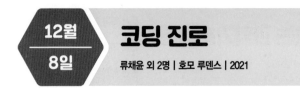

코딩 진로

류채윤 외 2명 | 호모 루덴스 | 2021

도서 분야	진로, 진학
관련 과목	진로와 직업
관련 학과	모든 학과

IT 진로를 고민하는 이들을 위한 지침서

〈코딩 진로〉는 프로그래밍 개발자, IT 관련 취업 컨설턴트, 인사 담당자가 IT 관련 진로를 고민하는 사람들에게 실질적인 도움을 주기 위해 쓴 책이다. '코딩'이라는 말이 들어가 있지만, 코딩과 관련된 전문지식보다는 진로 선택과 관련된 내용이 주를 이룬다. 이들이 제시하는 내용을 표로 정리해서 살펴보자.

	내용
개발자	• 국어국문학과를 졸업하고, 프로그램 개발자가 되기로 한 다음 어떤 노력을 했는지 들려준다. 비전공자라는 걸림돌을 해결하고자 대학원에 진학하였기에 대학원 진학 관련 내용도 소개되어 있다. • 프로그래밍 언어 개발 후 그것들로 포트폴리오를 작성하고, 자신이 선택한 플랫폼에 지속적으로 기록하는 것을 추천한다.
취업 컨설턴트	• 대기업에 취직했지만 정작 본인은 행복하지 않았고, 성공의 진정한 의미를 찾기 위해 퇴사했다. 고민 끝에 진로를 찾는 데 도움이 되는 일을 하고 싶어 취업 컨설턴트가 된다. • 취업 준비 시 필요한 이력서, 자기소개서, 포트폴리오, 경력 기술서, 면접 준비 등에 대해 자세히 소개해준다. IT 관련 진로를 결정한 사람들에게 해당 분야의 목적과 가치를 알게 한다.
인사 담당자	• 외국계 기업의 채용 유형인 공개·수시·상시 채용에 대해 살펴보고, 외국계 기업에 지원하기 위한 영문 이력서 작성법을 알려준다. 채용 공고에 숨겨진 의도를 파악하는 스킬은 어디에서도 보지 못한 비법임이 분명하다. • 외국계 기업에 합격하기 위한 최종 관문은 영어 인터뷰이다. 영어 인터뷰의 진행 과정, 준비 사항, 면접관의 기준, 주의할 점 등을 상세히 일러준다.

심화활동
• IT 관련 업종 가운데 어떤 업무를 하고 싶은지 생각해보고, 그 이유를 말해본다.
• 취업 준비 시 갖춰야 할 것들을 하나씩 정리해본다.

12월 9일	국경 없는 과학기술자들	도서 분야	진로, 진학
	이경선 | 뜨인돌 | 2013	관련 과목	진로와 직업
		관련 학과	모든 학과

적정기술과 지속가능한 세상

적정기술(Appropriate Technology)의 원조인 '마하트마 간디'는 빈곤의 해결은 대량생산 기술이 아니라 대중에 의한 생산에 의해서 가능하다고 말했다. 손물레 '차르카'를 직접 돌려 옷을 만들어 입는 운동을 펼쳤는데, 이는 대중이 직접 생산에 참여하는 적정기술 운동을 의미한다.

적정기술은 일자리 창출과 지역 재원 및 재생 가능한 에너지원의 활용, 저렴한 비용, 간단한 조작, 기존의 인프라와의 융합 등을 통해 자원 낭비를 최소화하는 기술이다. 다시 말해, 기술보다는 기술을 사용하는 인간을 우위에 둔다는 것이다. 적정기술을 4가지 분야로 나누어 살펴보자.

주제	내용
물	빗물을 활용하는 서울대 빗물봉사단 '비활', 독 없는 물의 생산을 위해 연구하는 단국대 교수와 그린엔텍 소장 이야기, 우물을 활용하여 물을 얻는 NGO 등의 이야기를 담고 있다.
에너지 및 주거	히말라야 오지에 태양광 발전기를 설치한 서울대 교수의 '네팔 솔라 봉사단', 한국에서 태양열 온풍기를 개발한 카이스트 소셜 벤처 '섬광', 태국에서 흙으로 집을 짓는 한동대 '에코 한울' 등의 이야기를 담고 있다.
산업 및 지역개발	인도네시아의 미나마타병 예방을 위해 탄광 지역에 수은 증기 회수 장치를 개발한 반둥공과대학 박사, 아프리카에 친환경 농축산업 기술 교육을 한 상지대학교 교수 등의 이야기를 담고 있다.
교육	인도에서 ICT 교육을 해주는 서울대학교 '샤디아', 필리핀에서 칫솔을 제작하고 보급해주는 '케어스틱 프로젝트' 이야기를 담고 있다.

심화활동

- 책에 등장하는 다양한 적정 기술 사례 중 인상 깊은 것을 선택하고, 어떤 과정을 거쳐 그러한 기술이 만들어졌는지 정리해본다.
- 적정 기술의 정의에 대해 생각해보고, 적정 기술의 장점과 이를 부정적으로 보는 시선에 대해 살펴본다.

12월 10일

세상을 읽는 새로운 언어, 빅데이터

조성준 | 21세기북스 | 2019

도서 분야	진로, 진학
관련 과목	진로와 직업
관련 학과	모든 학과

삶을 바꾸고 미래를 혁신하는 빅데이터

빅데이터가 무엇이고, 더 나은 삶을 위해 빅데이터를 어떻게 사용할 수 있을까? 이 책은 이 물음에 대한 답을 제공함과 동시에 빅데이터와 함께 살아가는 미래에 대한 새로운 비전을 제시한다. 인문학, 사회과학, 자연과학, 공학으로 학문을 구분했을 때 공학은 다시 기계공학, 전기공학, 산업공학 등으로 나눌 수 있으며 빅데이터는 산업공학에 속한다.

우리 주변의 모든 것은 데이터가 되는데, 심지어 사람과 사람 사이의 관계도 숫자 데이터가 된다. 통화 기록, 친구 맺기, 팔로잉 등 기기나 서비스를 통해 얼마나 자주 교류하는가에 따라 관계의 강도를 파악하는 것이다. 모든 것을 데이터로 변환, 수집한 것을 빅데이터라고 하며 이 자료들을 분석하는 이들을 데이터 사이언티스트라 한다. 더불어 이 사람들이 찾아낸 인사이트를 바탕으로 엔지니어, 마케터, 투자자들은 가치 추구를 꾀할 수 있다. 즉, 자료들의 활용 방식은 사람의 손에 달려 있다는 것이다.

빅데이터와 인공지능은 사람이 하는 반복적이고 지루한 일을 대체할 수 있다는 장점을 갖는다. 그러나 모든 신기술이 그러하듯 득이 있다면 실도 있다. 이러한 실을 어떻게 최소화할 것인가에 대한 논의가 시급한 까닭이다. 자동차 사고로 인한 피해 때문에 자동차를 없앨 수 없듯이, 빅데이터의 오류나 문제점 때문에 빅데이터를 완전히 배제할 수는 없다. 고속도로 하이패스(톨게이트비 자동납부)를 이용하면서 종이를 아낄 수 있고, 식당의 메뉴를 키오스크로 주문하면서 불필요한 인력 낭비를 막을 수 있다.

이 책을 통해 일상생활에 깊숙이 들어와 있는 빅데이터와 인공지능을 효율적으로 활용하는 동시에 그 이면에 드러나는 문제점에 대해서도 관심을 가져보자.

심화활동

- 빅데이터의 특징에 대해서 살펴본다.
- 빅데이터가 활용되고 있는 주변의 예를 생각해본다.

14살부터 시작하는 나의 첫 진로 수업

학연플러스 편집부 | 뜨인돌 | 2021

도서 분야	진로, 진학
관련 과목	진로와 직업
관련 학과	모든 학과

스토리를 따라가며 배우는 진로 수업

만화 형식으로 스토리가 전개되면서 그 사이사이에 필요한 내용을 제공해주는 이 책은 청소년들을 대상으로 하지만 어른에게도 작지 않은 울림을 준다. 우리가 일하는 이유는 개인적인 경제활동을 넘어 누군가에게 도움을 주기 위함이다. 이는 세상과 사회에 '공헌'하기 위함이라고도 볼 수 있다. 즉 쓸모없는 일이란 없으며, 자신의 관심 분야와 연결해 진로 고민을 해야 한다는 것이다.

교육비, 주택 구입비, 노후 생활비는 인생의 3대 지출이라 해도 무방한데, 이 책에는 우리가 살아가는 데 필요한 돈의 액수와, 일하며 얻게 되는 보상 등 현실적인 이야기가 알차게 들어 있다. 일과 생활의 균형인 워라밸을 다시금 생각하고, 자신은 어떤 성향의 사람인지에 대해 생각해볼 수 있을 것이다.

'퀄리티 오브 라이프(Quality of Life)'의 머리글자를 딴 'QOL'은 자기다운 삶을 살면서 행복을 추구하는 사고방식이다. 무엇을 할 때 행복한지 알아야 QOL이 좋은 삶을 살 수 있다.

저자는 자신이 좋아하는 것과 연결해서 진로를 생각하되, 단순히 '좋아하는 것'을 생각할 것이 아니라 그것을 좋아하는 구체적인 이유 등을 따져야 한다고 조언한다. 어느 하나 중요하지 않은 일이 없다. 그러나 그것을 깨닫지 못하면 일하는 보람을 찾을 수 없고 일에서 그 어떠한 행복도 발견하지 못할 것이다.

저자는 자신의 직업을 바라보는 '시각'에 대해서도 말한다. 학창시절의 공부는 살아가는 데 필요한 기초체력을 기르는 것과 같으며, 또한 우리의 인생에는 정답이 없다. 우리의 가능성이 무한한 이유도 여기에 있다. 누구나 할 수 있을 법한 말들이지만, 그 말을 진정으로 받아들인다면 우리가 바라보는 세계가 확장될 것이다.

심화활동

- 본문에서 가장 와닿는 내용을 적고, 그 이유를 이야기해본다.
- 자신이 좋아하는 것이 무엇인지 생각하고, 그것의 장점들을 꼽아본다.

좋아하는 것을 발견하는 법

이다혜 | 창비 | 2022

도서 분야	진로, 진학
관련 과목	진로와 직업
관련 학과	모든 학과

청소년을 위한 진로 찾기 가이드

무슨 일을 하고 싶은지 알기 위해서는 먼저 자신이 무엇을 좋아하는 사람인지 알아야 한다. "너는 좋아하는 게 뭐니?"라는 질문 앞에서, 막힘없이 답하는 사람도 있겠지만, 여전히 "아직 좋아하는 게 뭔지 잘 모르겠어요."라고 하는 사람이 많다. 이 책은 바로 그런 사람들을 위한 진로 가이드북이다.

동네 맛집을 다섯 곳 이상 알고 있는지, 다이어리를 쓰는지, 새로 나온 게임을 어렵지 않게 플레이하는 편인지, 숙제를 밀리지 않고 하는 편인지, 잘 만든 광고를 보고 감탄한 적이 있는지 등 일상생활에서 발견할 수 있는 자신의 모습으로 시작하기 때문에 이 과정 자체는 그리 어렵지 않다.

요즘은 직업 변화의 속도가 빠르고, 기존에 존재하지 않았던 직업들 또한 많이 나타난다. 이 말은 지금 자신이 좋아하는 그 무엇인가가 진로에 영향을 줄 수도 있다는 얘기다. 가령 예전에는 연예인을 좋아하면 그저 좋아하는 것에서 그쳤지만, 지금은 '덕질(어떤 분야를 열성적으로 좋아하여 그와 관련된 것들을 모으거나 파고드는 일)'을 하며 보다 구체적으로 좋아하는 마음을 표출한다. 심지어는 덕질에 관한 자신의 경험을 바탕으로 영화를 제작한 사람도 있다.

가격 비교를 즐기며 물건을 최저가로 사는 사람은 나중에 사람들에게 구매 정보를 제공하는 인플루언서가 될 수도 있는데, 이처럼 생각지도 못한 지점에서 자신의 진로를 발견할 수도 있다. 자신이 좋아하는 일을 직업으로 삼으면 매일 똑같은 일을 반복하더라도 매번 새로울 것이다.

사람마다 취향과 성향이 다르고, 각각의 직업은 장단점이 존재한다. 다른 사람과 비교하지 말고, 자신이 가진 것 혹은 가질 수 있는 것에 집중해보자.

심화활동
- 자신이 좋아하는 것을 생각나는 대로 모두 적어본다.
- 적은 것 중 10가지를 골라 직업과 연관지어 생각해본다.

WHY NOT? 유튜버

김켈리 | 토크쇼 | 2022

도서 분야	진로, 진학
관련 과목	진로와 직업
관련 학과	모든 학과

책 한 권으로 유튜버 되기

유튜브를 시작해보고 싶은데 무엇을, 어디서부터, 어떻게 해야 할지 모르겠다면 이 책을 일독하길 바란다. 콘텐츠 제작 과정부터 구독자 늘리는 방법, 유튜버의 장단점과 고충들, 유튜버를 직업(또는 부업)으로 추천하는 이유 등에 대해 상세히 알 수 있다.

유튜버를 꿈꾸는 청소년이 급증하는 시기…. 결과물을 즐기는 차원에서 벗어나 직접 자신의 콘텐츠를 만들어보고, 그것을 공유하며 사람들의 반응을 확인해본다면 꿈을 이루는 데 큰 도움이 될 것이다.

저자는 청소년들이 나중에 어떤 일을 하든, 자신만의 콘텐츠를 제작하고 공유하는 활동은 꼭 필요하다고 말한다. 열심히 무언가를 하더라도 그 노력을 알아주는 사람이 있어야 그 일을 오래 즐기면서 할 수 있기 때문이다. 유튜브나 SNS 등에서 사람들의 시선을 끌고, 그들의 마음을 사로잡기 위해서 어떤 것들이 필요한지 알아보자.

요소	예시
정보	누군가에게 도움을 주고, 여러 자료를 한눈에 보기 쉽게 정리한 영상
재미	별다른 정보가 없어도 그저 재미있어서 계속 보게 되는 영상
공감	사람들이 공감을 하면서 마음의 위로를 받거나 응원받을 수 있는 영상

실제로 처음 유튜브를 시작하는 사람들은 장비 세팅에 대한 고민이 많다. 이 책은 장비부터 컴퓨터 프로그램에 대한 설명까지 알차게 담고 있으니, 구독자나 시청자가 아닌 '크리에이터'가 되고 싶은 사람이라면 꼭 한번 읽어보길 추천한다.

심화활동

- 유튜브가 우리 삶에 미치는 영향을 살펴본다.
- 유튜버로서의 삶이 어떨지 상상해보고, 구체적인 계획을 세워본다.

미래엔 어떤 직업이 생겨날까?

우리는 미래의 직업 세계가 변화하는 모습에 대해 살펴보고, 새로 등장하는 직업에 주목할 필요가 있다. 이를 3가지 측면에서 살펴보면 첫째, 로봇 도입이나 자동화로 기존 직업들이 사라지고 단순 업무 등의 업무 시스템이 변화를 맞이할 것이다. 둘째, 유망산업 분야(디지털 기술, 데이터, 바이오, 콘텐츠, 소프트웨어 등)에서는 새로운 직무와 일자리가 증가할 것이다. 셋째, 완전히 새로운 신산업이 생겨나면서 우리가 예측하지 못하는 새로운 직업이 나타날 것이다. 책에서 소개하는 미래직업 종류를 살펴보면 다음과 같다.

기준	구성요소	미래직업 하이라이트
미래 & 과학	메타버스	플랫폼 개발자, 콘텐츠 크리에이터, 게임 개발자, 아바타 디자이너
	빅데이터	데이터 거래 전문가, 데이터 라벨러, 데이터 분석가, 개인정보 중개자
	로봇	로봇공학 기술자, 로봇 인식 기술 연구원, 로봇 보안 전문가
	인공지능 AI	AI 서비스 컨설턴트, 예측 수리 엔지니어, 인공지능 윤리 검수사
	우주	우주전파 예보관, 우주센터 발사 지휘 통제원, 발사체 기술 연구원
환경 & 생활	환경문제	탄소배출권 거래 중개인, 온실가스 관리 및 가정 에코 컨설턴트
	기후변화	기상연구원, 기후과학자, 기후변화 전문가, 기후 경제학자
	교육혁명	온라인 교육 플랫폼 기획자, 온라인 튜터, 전직 지원 전문가
	디지털화폐	핀테크 전문가, 블록체인 시스템 개발자, 디지털 자산 관리사
생명 & 건강	생명공학	생명과학 연구원, 생명정보학자, 지능형 환자 맞춤형 프로그래머
	스마트 헬스케어	서비스 기획자, 앱 개발자, 헬스테크 디자이너, 원격 진로 코디네이터
	미래식량	스마트팜 구축가, 스마트 파머, 식품공학 기술자, 곤충 컨설턴트
	인구감소	노인 전문 간호사, 치매 전문 코디네이터, 고령자 맞춤 식단 개발자

심화활동
- 인간과 로봇이 공존하는 미래의 삶을 예측해본다.
- 미래 직업을 위해 필요한 개개인의 역량에 대해 살펴본다.

12월	
15일	

무기가 되는 스토리

도널드 밀러 | 월북 | 2018

도서 분야	자기계발
관련 과목	진로와 직업
관련 학과	모든 학과

브랜드 전쟁에서 살아남기

회사를 소개하는 방법이 달라지면서 사업 방식에도 변화가 찾아왔다. 저자는 스토리를 만드는 7가지 공식과 이 공식을 통해 고객에게 어떻게 메시지를 전달할 수 있는지 설명한다. 수십억 달러의 가치를 지닌 브랜드부터 부부가 운영하는 작은 가게까지…. 그 효과가 검증된 스토리 브랜드 7단계를 살펴보자.

스토리 브랜드 7단계	주요 내용
고객 캐릭터 설정	고객이 누구인지, 무엇을 원하는지 알아야 한다.
난관 직면	고객은 오직 자신의 이로움을 위해 기업의 물건을 산다.
가이드 만남	기업이 주인공이 되어 버리면 고객과 경쟁 관계에 서게 된다.
계획 제시	고객에게 거래 경로를 분명히 보여줘야 구매로 이어진다.
행동 촉구	사람은 스토리를 통한 자극을 받았을 때 행동에 옮긴다.
성공에 대한 도움	기업과 거래하지 않은 고객이 치르게 될 대가를 보여준다.
성공으로 끝맺음	제품 · 서비스가 고객의 삶을 얼마나 윤택하게 하는지 직접 보여준다.

스토리 브랜드를 적용할 수 있는 로드맵 과제는 이러하다. 첫째, 기업의 슬로건이라고 할 수 있는 '킬링 한 줄' 만들기. 둘째, 고객 유치를 위한 이메일 주소 수집하기. 셋째, 자동화된 이메일 발송 캠페인 만들기. 마지막으로 변신의 스토리를 수집하고 들려주기. 이 모든 과제를 수행했을 때, 기업은 비로소 성장할 수 있는 것이다.

심화활동

- 자신이 팔고자 하는 물건으로 스토리브랜드 7단계 계획을 세워본다.
- 그 물건을 마케팅할 수 있는 '킬링 한 줄'을 만들어본다.

박철범의 하루 공부법

박철범 | 다산에듀 | 2022

'1등' 선배들이 추천하는 효과 100% 공부법

공부를 잘하고 싶은 마음은 누구에게나 있을 것이다. 고등학생이면 늦었다고 생각할 수도 있지만, 이 책의 저자는 고등학교 1학년 때부터 본격적으로 공부를 시작해 서울대 공과대학에 들어갔다. 이후 고려대 법학과를 거쳐 현재는 변호사로 일하고 있다. 공부하는 방법을 모르겠다면, 자신의 공부법이 자신에게 맞는지 확신할 수 없다면, 시간의 활용에 따라 입시 결과가 달라진다면, 얼른 이 책을 읽어보자. 그리고 그 공부법을 자신의 스타일에 맞게 맞춰나가자. 과목별 공부법을 요약하면 다음과 같다.

과목	공부법
국어	문제집만 풀 것이 아니라, 독서에 시간을 투자해야 한다. 모르는 단어를 사전에서 찾아봄으로써 어휘력을 향상시킬 수 있다. 문제에 대한 해설을 보기 전, 자신만의 논리를 세워놓고 해설과 비교해보는 것이 좋다.
영어	독해 지문을 통해 단어를 외우고, 자신만의 단어장을 만드는 게 좋다. 이때, 철자보다는 발음을 익힌다. 하루에 예문을 하나씩 외우고, 문법은 방학마다 한 권의 교재를 반복해서 보는 것을 추천한다.
수학	수학은 점수대에 따라 공부법이 달라진다. 60점대 이하는 저학년 교과서를 보고, 70점대라면 같은 문제를 여러 번 반복해서 푸는 것이 좋다. 80점대는 최대한 다양한 문제를 풀어보고, 90점대 이상은 사고력 위주로 공부한다.
사회	사회는 수업으로 90%를 끝낸다는 마음으로 수업에 집중하고, 그날그날 소화하는 게 바람직하다. 개념 정리와 문제 풀이를 2:1 비율로 학습하는 계획을 세운다. 과목(한국사, 윤리, 정치·경제, 지리)마다 중요한 부분도 체크한다.
과학	암기보다는 이해가 우선시되어야 하는 과목이다. 물리는 개념, 화학은 실험이라고 보면 된다. 생물과 지구과학은 도식화해서 암기하는 것이 효과적이다.

심화활동
- 자신의 과목별 공부법에 대해 살펴보고, 개선할 점을 적어보자.
- 수업 태도, 슬럼프 극복 방법 등 와닿는 부분이 있다면 기록해두자.

성공하는 사람들의 7가지 습관

스티븐 코비 | 김영사 | 1994

도서 분야	자기계발
관련 과목	진로와 직업
관련 학과	모든 학과

인간 세계의 자연 법칙

이 책에는 개인과 조직을 성공으로 이끄는 습관을 비롯해 효과적이고 능률적인 삶을 위한 몇 가지 원칙이 담겨 있다. 요지는 '내면으로부터 시작해 외부로 향하는' 접근법의 활용이다. 성공하는 사람들의 7가지 습관 중 1~3은 우리를 의존적 단계에서 독립적 단계로 발전시켜주고, 4~6은 '대인관계의 승리'에 대한 성품적 기초를 다지게 해주며, 7은 재충전을 돕는다. 7가지 습관을 좀 더 세밀하게 살펴보자.

습관	주요 내용
① 자신의 삶을 주도하라	삶을 주도한다는 말은 스스로 삶에 책임을 져야한다는 뜻이다. 우리의 행동은 자신의 의사결정에 의한 것이지 주변 여건에 의해 좌우되는 것이 아니다.
② 끝을 생각하고 시작하라	내면 깊은 곳에 자신만의 인생지침을 갖고 있지 않다면 급변하는 환경에서 살아갈 수 없다. 가장 가치 있는 것이 무엇인지를 생각해야 한다.
③ 소중한 것을 먼저 하라	생활관리 및 시간관리에 대해 생각하면서 '소중한 습관 2'에서 생각한 가장 가치 있는 것을 행동으로 옮긴다.
④ 승−승을 생각하라	'나도 이기고, 상대방도 이기는' 승−승의 패러다임은 모든 대인관계에서 서로의 이익을 추구하는 건강한 사고방식이다.
⑤ 이해한 다음 이해시켜라	상대방의 고민을 이해하지 않은 채 오직 자신의 관점만으로 문제점을 지적하고 해결책을 제시해서는 안 된다. 상대방에 대한 온전한 이해가 먼저다.
⑥ 시너지를 내라	'전체는 각 부분의 합보다 크다'라는 원칙을 마음을 열고 받아들일 때 시너지를 기대할 수 있다.
⑦ 끊임없이 쇄신하라	자기쇄신, 즉 재충전을 하는 것은 다른 습관들을 끊임없이 실천할 수 있게 해준다.

심화활동

- 자신의 습관이 '성공'과 얼마큼 밀착해 있는지 관찰해본다.
- 7가지 습관을 실천해보고, 달라진 삶의 모습들을 적어본다.

12월 18일	그릿 앤절라 더크워스 | 비즈니스북스 | 2019	도서 분야	자기계발
		관련 과목	진로와 직업
		관련 학과	모든 학과

IQ, 재능, 환경을 뛰어넘는 끈기의 힘

시기마다 유행하는 단어가 있다. 최근에는 '그릿'이 그러하다. 그릿이란, 성공한 사람들이 공통적으로 가지고 있는 특성으로서 투지, 끈기, 불굴의 의지 등을 아우르는 개념이다. 물론, 정답은 없다. 성공한 사람들과의 인터뷰에서 얻어낸 잠정적인 추측을 다만 적은 것이다. 저자가 제시하는 내용들을 정리해본다.

첫째, 재능보다는 노력이 중요하다. 인간은 많은 잠재력을 가지고 있지만, 그 잠재력을 100% 발휘하고 있지는 않다. 정신·신체적 능력의 일부만 사용하고 있다는 것이다. 뛰어난 사람들의 특성으로 재능을 이야기하는데, 재능도 노력이 없다면 끝내 그 기능을 상실하고 만다.

둘째, 열정의 강도보다 열정의 지속성이 더 중요하다. 열정을 가진 사람은 많지만, 그 열정을 오래 지속할 수 있는 사람은 그리 많지 않다. 그래서 열정의 강도보다 시간이 흘러도 변하지 않는 열정의 지속성이 더 중요하다고 말한다. 이를 위해서는 지속적인 동기부여가 필요한데, 성공한 사람들은 궁극적인 목표 하나를 세우면 그것을 바꾸지 않고 나아간다는 공통점이 있다.

셋째, 자신의 일을 바라보는 시각이 직함보다 중요하다. 지금 하는 일을 바꾸지 않더라도, 일을 바라보는 시각만 바꾸면 지금보다 뛰어난 성과를 낼 수 있다. 현재의 일에서, 작지만 의미 있는 변화를 주며 일과 자신의 핵심 가치를 접목해야 한다. '할 수 있다고 생각하면 할 수 있다는 사고'를 성장형 사고방식(growth mindset)이라고 하는데, 이런 마음이어야 성공할 수 있는 것이다.

심화활동

- 본문의 그릿 척도표를 활용, 자신의 그릿 점수를 계산해본다.
- 그릿을 향상시킬 수 있는 방법을 정리하고 자신에게 적용해본다.

데일 카네기 자기관리론

데일 카네기 | 현대지성 | 2021

도서 분야	자기계발
관련 과목	진로와 직업
관련 학과	모든 학과

한 세기에 걸쳐 입증된 자기관리 바이블

이 책에는 '글을 쓰기 위해 살고, 살기 위해 글을 쓰는 삶'을 살았던 데일 카네기의 이야기가 담겨 있다. 이 책을 통해 깨달음을 얻기 위해서는 걱정을 멈추고 새로운 삶을 시작하려는 굳은 결의와 그 방법을 배우려는 강한 의욕이 필요하다.

걱정을 분석하기 위해서는 사실을 파악하고, 그 사실을 신중하게 검토한 후 명확한 결론을 내려야 한다. 신중하게 결론을 내렸으면 행동으로 옮기고, 그 결과에 대해 불안해하지 말아야 한다는 것이다. 어떤 문제에 대한 걱정이 생기면 다음 질문에 답해보자.

걱정 해결을 위한 네 가지 질문

1) 문제는 무엇인가?

2) 문제의 원인은 무엇인가?

3) 문제를 해결할 수 있는 방법은 무엇인가?

4) 최선의 해결책은 무엇인가?

사소한 일에 동요하지 않고, 바쁘게 생활하면 걱정을 어느 정도 몰아낼 수 있다. 피할 수 없는 상황이라면 받아들이고, 과거에 집착하지 않아야 평화와 행복이 마음속에 깃든다는 것이다.

걱정거리를 헤아리는 대신 자신에게 주어진 축복을 헤아리는 지혜…. 운명이 시고 떫은 레몬을 건네주면 그것으로 레모네이드를 만들 수 있는 지혜 말이다. '걱정이 인생을 망치기 전에 반드시 읽어야 할 책'과 함께 걱정 없는 삶을 실천해나가자.

심화활동
• 자신의 걱정을 적어보고, 책에서 제시한 방법대로 해결해본다.
• 본문의 '좋은 업무습관'을 바탕으로 자신의 공부습관을 만들어본다.

아주 작은 습관의 힘

제임스 클리어 | 비즈니스북스 | 2019

도서 분야	자기계발
관련 과목	진로와 직업
관련 학과	모든 학과

전 세계 두뇌들이 극찬한 습관 사용법

변화의 과정을 거치기 위해서는 습관의 힘이 필요하다. 이 책에는 습관을 잘게 쪼개 매일 조금씩 변화해나간다는 메시지가 담겨 있다. 매일 1퍼센트씩 성장하는 모습과 습관의 숙련 과정 등을 그래프로 나타내 습관 분석에 많은 도움이 될 것이다. 좋은 습관을 기르기 위한 4가지 법칙을 살펴보자.

법칙	내용
(신호) 분명해야 달라진다	[현재의 습관]에 [새로운 습관]을 쌓으면 하나의 완성된 습관이 형성된다. (예) 명상하는 습관을 들이고 싶다면, 매일 아침 주방에서 잠깐 명상할 것이다. (X) 7시에 커피 한 잔을 내리고 나서 5분 동안 명상할 것이다. (O)
(열망) 매력적이어야 달라진다	[원하는 일]과 [해야 하는 일]을 짝지으면 습관을 더욱 매력적으로 만들 수 있다. (예) 신문을 읽고 싶은데 감사 인사를 해야 한다면, 모닝커피 마신 후에, 감사 인사해야지. (해야 하는 일) 감사 인사를 한 후에, 신문을 읽어야지. (원하는 일)
(반응) 쉬워야 달라진다	새로운 습관을 만들기 위해서는 그 습관에 할애하는 '시간'보다는 '횟수'가 더 중요하다. 그렇기에 습관은 되도록 쉽게 만드는 것이 좋다.
(보상) 만족스러워야 달라진다	습관을 유지하기 위해서는 성공했다는 느낌을 받아야 한다. 사소한 보상일지라도 스스로 성과를 냈다고 느낄 만한 무언가가 필요하다는 것이다. 완수에 따른 보상이 반드시 뒤따라야 하는 까닭이다.

심화활동

- 매일 1%씩 달라진다고 가정했을 때, 1년 후 어떤 변화가 일어나는지 그래프를 통해 알아본다.
- 한 분야에 숙달하기 위해서는 누구나 '낙담의 골짜기'를 지나게 되는데, 이 시기를 어떻게 견뎌낼지 생각해본다.

12월 21일	**아티스트 웨이** 줄리아 캐머런 | 경당 | 2012	

도서 분야	자기계발
관련 과목	진로와 직업
관련 학과	모든 학과

12주간의 창조성 회복 프로그램

오랜 시간 진행해 온 창조성 워크숍 '아티스트 웨이'를 한 권의 책으로 펴냈다. 하루에 1시간, 일주일에 7시간만 투자해보자. 12주 과정을 무사히 마친다면 창조성 회복은 물론 잠재된 창조성을 발견할 수도 있을 것이다.

주	내용	관련 내용
1	안정감을 되살린다	모닝페이지와 아티스트 데이트를 실제로 해보고, 기록해본다. 가장 먼저 해야 할 일은 자기 자신을 되찾는 것이다.
2	정체성을 되찾는다	창조적인 사람이 되기 위해서는 정신을 빼놓는 사람들에게 말려들지 않을 수 있어야 한다.
3	힘을 회복한다	추적 작업을 통해 기억을 되살리고, 잃어버렸던 모습을 다시 찾아야 한다.
4	개성을 되찾는다	묻어둔 꿈과 기쁨을 찾기 위해 과거를 파헤칠 필요가 있다. 자신이 재미있어하는 것이 무엇인지 적어본다.
5	가능성을 되살린다	혼자만의 시간을 가지면서, 해보고 싶은데 하지 못하고 있는 것들을 찾아 실제로 해본다.
6	풍요로움을 되살린다	자신이 소중히 여기지 않는 것에 돈을 아끼고, 자신과 어울리는 것에 돈을 쓰면서 돈에 대한 강박에서 벗어난다.
7	연대감을 회복한다	할 만한 가치가 있는 일에는 실패를 불사할 수 있어야 선택의 폭이 넓어진다.
8	의지를 되찾는다	어린 시절의 상처를 치유하고, 창조적 자아를 되찾기 위한 선서를 가슴속에 새긴다.
9	동정심을 되살린다	시작하지 못하는 것은 게으름이 아닌 두려움 때문이라는 것을 받아들이고, 장애물을 헤쳐 나간다.
10	자기보호에 힘쓴다	창조성을 차단하는 것에는 음식(설탕, 지방, 탄수화물), 술, 약물, 음란물, 과로 등이 있다.
11	자율성을 되살린다	창조성이 막힌 사람들은 신체적인 활동을 하며 자신을 아티스트로 받아들여야 한다.
12	신념을 회복한다	자신의 의지를 분명하게 드러내고, 그것을 이룰 수 있다는 스스로에 대한 믿음을 가져야 한다.

심화활동
- 어떠한 이유로 인해 중단해야 했던 계획들을 하나씩 정리해본다.
- 내면에 잠들어 있는 창조성을 깨우기 위한 방법들을 적어본다.

도서 분야		자기계발
관련 과목		진로와 직업
관련 학과		모든 학과

12월 22일 몰입 Think hard!

황농문 | 알에이치코리아 | 2007

Hard work가 아닌 Think hard!

　몰입 이론의 창시자인 칙센트 미하이는 몰입을 '플로우(flow)'라고 했다. 몰입은 삶이 고조되는 순간, 자유롭게 하늘을 날아가거나 물이 흐르는 것처럼 편안하고 자연스러운 상태에서 이루어져야 한다. 자신의 분야에서 두각을 나타내기 위해서는 hard work(매일 열심히 일하는 것)보다는 think hard(머리를 쓰는 것)를 해야 한다고 저자는 말한다. 학습에 있어 몰입은 그 어느 때보다도 중요하다. 몰입에 이르는 다섯 가지 단계에 대해 살펴보자.

단계	방법	의미
1단계 생각하기 연습	풀리지 않는 문제를 20분간 생각 (하루 5번, 2주 이상)	몰입 준비 단계. 생각하는 습관 기르기
2단계 천천히 생각하기	풀리지 않는 문제를 2시간 생각 (하루 한 번, 2주)	힘들이지 않고 오래 생각하는 방법 터득
3단계 최상의 컨디션 유지	풀리지 않는 문제를 매일 2시간 동안 생각	오래 생각할 수 있는 최상의 컨디션 유지
4단계 두뇌 활동의 극대화	방법을 찾지 못한 문제를 7일간 생각	고도의 몰입 체험
5단계 가치관의 변화	한 달 이상의 지속적인 몰입 체험	몰입을 통한 변화 경험

　뻔한 얘기일 수 있지만, 같은 시간 동안 같은 일을 하더라도 얼마나 몰입하느냐에 따라 완전히 다른 결과가 나온다. 이를 자신의 삶에도 적용해보자.

심화활동
- 자신의 분야에 몰입해 성공한 사람들의 사례를 찾아본다.
- 몰입의 다섯 단계를 삶에 적용해보고, 단계별 현황을 기록해본다.

12월
23일

보도 섀퍼의 이기는 습관
보도 섀퍼 | 토네이도 | 2022

도서 분야	자기계발
관련 과목	진로와 직업
관련 학과	모든 학과

불가능한 꿈을 현실로 만든 사람들

이 책은 30가지의 '습관'을 제시함과 동시에 스스로 자신의 마음속 이야기를 신뢰하고, 그 방향대로 올곧게 나아가라고 말한다. 다음은 저자가 제시한 30가지의 습관이다.

1. 결정을 내려라	16. 오래된 습관을 떠나라
2. 배우고 성장하라	17. 터닝포인트 구간에 있어라
3. 시간과 함께 뛰어라	18. 상대가 원하는 것을 주어라
4. 폭을 좁혀 깊게 파라	19. 핑계에 걸려 넘어지지 마라
5. 업적을 쌓아가라	20. 마지막 날까지 하이퍼포머가 되어라
6. 저스트 두 잇	21. 소중한 것을 먼저 하라
7. 스트레스를 내 편으로 만들어라	22. 책임을 다해 자유를 얻어라
8. 어려움을 돌파하라	23. 감사하라
9. 뛰어난 '처음'을 만들어라	24. 나만의 재능으로 살아가라
10. 태도가 팔 할이다	25. 내어주고, 용서하라
11. 신의 테스트를 통과하라	26. 돈, 차갑고 현명하게 다루어라
12. 이유를 찾아라	27. 자신에게 시간을 선물하라
13. 세 개의 그룹을 받아들여라	28. 롤모델을 찾아내라
14. 10퍼센트 더 하라	29. 불만은 훌륭한 연료다
15. '그럼에도 불구하고' 살아가라	30. 독수리가 되어라

20번째 습관의 '하이퍼포머'는 하이(high)와 퍼포머(performer)의 합성어로, 성과로 말하는 핵심인재를 뜻한다. 같은 조건에서도 성과를 많이 내는 사람인 것이다. '오리'와 '독수리'를 비교, 설명하는 부분에서는 많은 이들이 도전을 얻으리라 확신한다. 제시된 30가지 습관을 눈에 자주 띄는 장소에 붙여두고 노력한다면, 우리는 우리가 원하는 모습에 조금 더 가까워질 수 있을 것이다.

심화활동
- 각 챕터의 〈실천연습〉 중 한 가지를 골라 자신의 삶에 적용해본다.
- 책에 제시된 30가지 습관 중 이미 실천하고 있는 것이 있는지 확인해본다.
- 스스로 받아들여야 할 습관을 분류하고 정리해본다.

12월 24일	나폴레온 힐 성공의 법칙	도서 분야	자기계발
	나폴레온 힐, 김정수 | 중앙경제평론사 | 2022	관련 과목	진로와 직업
		관련 학과	모든 학과

'리더'가 읽어야 할 자기계발서의 영원한 고전

성공을 위해 해야 할 것은 무엇인가? 나아가 성공한 리더가 되기 위해서는 무엇을 해야 할까? 이 책은 그에 대한 답을 명확히 제시해준다. 목표 확립과 팀워크 등 15가지 '성공 법칙'을 살펴보자.

	법칙	내용
1	명확한 목표	목적 없는 삶을 끝내고 구체적이고 틀이 잡힌 목표에 집중한다.
2	자기 확신	인간의 기본적 두려움에 대한 극복 방법을 제시한다.
3	저축하는 습관	소득을 체계적으로 분배해 일정 비율을 꾸준히 저축하게 해준다.
4	리더십	자신이 몸담고 있는 분야에서 지도자가 될 수 있는지 알려준다.
5	상상력	아이디어를 고안하고 목표 달성을 위한 새로운 계획 수립을 돕는다.
6	열정	가치관이 비슷한 사람들이 자신에게 몰두할 수 있게끔 해준다.
7	자제력	열정을 조절해 원하는 곳까지 안전하게 이끌어준다.
8	솔선수범	남들보다 많이 일하지 않으면 그 누구도 진정한 리더가 될 수 없다.
9	유쾌한 성품	성품을 어떻게 변화시킬 수 있는지 보여준다.
10	정확한 사고	단순한 정보로부터 사실을 분리해내는 법을 배운다.
11	집중력	계획이 완전히 실현될 때까지 그 주제에 집중하는 방법을 다룬다.
12	협력	혼자가 아닌 팀워크의 중요성을 다룬다.
13	실패의 교훈	과거의 실수나 일시적인 실패를 딛고 일어설 수 있는지 보여준다.
14	인내	자신에게 해를 끼치는 사람들로부터 멀어지는 방법을 다룬다.
15	황금률 이행	황금률을 활용하여 협력을 쉽게 끌어내는 방법에 대해 다룬다.

심화활동
- 15가지 성공 법칙 중 가장 마음에 와닿는 법칙과 그 이유를 적어본다.
- 15가지 성공 법칙을 자신에게 적용시켜 표로 정리해본다.

더 나은 내일을 꿈꾸는 당신에게

인생을 살아가는 의미와 목적은 결국 '자신의 내면을 성장시키고 영혼을 갈고닦는 것'이다. 인격을 수양하고 마음을 갈고닦는다고 해서 산속에 들어가거나 가부좌를 틀고 앉아 폭포수를 맞을 필요는 없다. 오히려 세상에서 매일, 그리고 열심히 일하는 것이 더 중요하다.

인생과 일의 결과를 '사고방식', '열의', '노력'의 곱셈이라고 말한다. 여기서 중요한 것은 '덧셈'이 아니라 '곱셈'이라는 것. 즉, 능력이 뛰어나도 열의가 없으면 좋은 결과가 나오지 않고, 능력이 없어도 이를 깨닫고 남들보다 더 노력한다면 좋은 결과를 얻을 수 있다. 그리고 이보다 더 중요한 요소는 '사고방식'인데, 어떤 사고방식을 지니고 있느냐에 따라 인생이 180도 달라진다. 물론 이 사고방식에는 '마이너스 점수'도 있어서 능력과 열정을 갖추었더라도 방향이 잘못되면 부정적인 결과를 낳게 된다.

자신이 하고 싶은 일이 무엇인지 찾고, 할 수 있다고 믿는 것에서부터 시작해보자. 막연히 원하는 것이 아니라 그 염원이 잠재의식에까지 스며들어야 한다는 것이다. 상상은 구체적일수록 실현 가능성이 크다.

생생하게 떠올렸다면 그다음은 자신의 가능성을 믿어야 한다. 여기서 말하는 가능성이란 '현재의 능력'이 아닌 '미래의 능력'을 말한다. 지금 가진 능력이 부족하다고 해서 새로운 일에 대한 도전을 멈춰서는 안 된다. 현재의 능력보다 높은 수준의 목표를 부여해 목표 달성을 위해 끊임없이 노력하는 자는 마침내 승자의 반열에 올라설 수 있을 것이다.

심화활동

- 자신이 원하는 미래의 모습이 무엇인지 생생하게 그려본다.
- 가능성을 믿기 위해 어떤 노력을 할 수 있는지 생각하고 실천해본다.

아웃라이어

말콤 글래드웰 | 김영사 | 2019

도서 분야	자기계발
관련 과목	진로와 직업
관련 학과	모든 학과

성공의 기회를 발견한 사람들의 이야기

'아웃라이어(outlier)'는 '표본 중 다른 대상들과 확연히 구분되는 통계적 관측치'라는 사전적 의미를 갖고 있으며, 이 책에서는 한 분야에서 성공한 사람들을 가리켜 '아웃라이어'라고 칭한다.

성공한 사람들이 누렸던 혜택과 그들이 태어난 시대적 배경과 세대 등의 요인을 객관적으로 살펴보는데 작곡가, 야구선수, 소설가, 스케이트선수, 피아니스트, 체스선수, 연구원 등 다양한 사례가 등장한다. 어느 분야에서든 세계적인 수준의 전문가나 마스터가 되기 위해서는 '1만 시간의 법칙'이 필요하다. 하루 약 세 시간, 일주일에 스무 시간, 이를 10년간 꾸준히 했을 때 1만 시간의 법칙 안에 들어올 수 있는 것이다.

우리는 누구나 '아웃라이어'가 될 수 있다. 우리의 뇌를 최적의 상태로 만들기만 한다면 말이다. 저자는 우리가 성공에 대한 잘못된 신화(Myth)에 얽매여 있다고 주장한다. 그것은 바로 '가장 똑똑하고 영리한(The best and brightest) 사람이 정상에 오른다'라는 신화이다. 보통 사람들의 범주를 벗어난 성공자들, 즉 아웃라이어를 논할 때 그 사람들의 지능을 궁금해하는 까닭이다. 이 신화에 따라 사회는 사람들의 IQ를 측정하고 선발하고 또 차별한다. 한 가지 분명한 것은 아웃라이어가 되는 데 필요한 제1 요인이 '천재적 재능'이 아니라 '쉼 없는 노력'이라는 것이다.

특히 이 책은 국내 심리학계를 이끄는 젊은 학자, 서울대학교 최인철 교수의 감수를 통해 심리이론과의 연결지점을 찾고 우리나라의 실정에 맞게 방향이 재설정되었다. 개인은 결국 '사회'라는 문화적 테두리 안에서 살아갈 수밖에 없으며, 성공 역시 그 테두리 안에서 이루어지기에 특별한 사람들이 가진 '공통된 특별함'에 대해 분석하는 좋은 계기가 될 것이다.

심화활동
· 본문의 사례를 제외한 '아웃라이어'의 특징에 대해 생각해본다.
· 자신의 시대적 배경과 상황이 자신에게 어떠한 영향을 미쳤는지 되짚어본다.

1등 위에 존재하는 '거인'들의 세계

이 책에는 저자가 기록하고 모은 수백 권의 노트 중에서도 가장 소중한 이야기들을 담았다. 세상에서 가장 지혜롭고, 가장 부유하고, 가장 건강한 사람이라고 평가받는 인물들을 만나 그들과 열띤 토론을 벌이고, 더 큰 결과를 얻기 위해 매일 어떤 것을 실천하고 있는지 분석한다.

자신의 분야에서 최정상에 오른 거인들을 우리는 '타이탄'이라 부르기로 한다. 성공하고 싶은 사람이라면 이 책을 통해서 얻어갈 것이 많을 것이다. 타이탄들에게는 무언가 특별하고 극적인 것이 숨어있을 것 같지만 꼭 그렇지만은 않다. 중요하게 여기는 것들을 매일 반복해 어떠한 성과로 만들어낸다는 것만 빼면 말이다.

이 책에 나오는 모든 것을 따라 할 수는 없지만, 현재 자신의 상황에서 할 수 있는 것들을 뽑아 꾸준히 노력한다면 어쩌면 여러분도 타이탄의 모습에 조금 더 가까워질 수 있지 않을까?

타이탄의 일상은 단조롭지만 탄탄하다. 아침에 일어나 이부자리를 정리하고, 명상한 다음 간단한 스트레칭을 한다. 그 후 차를 마시면서 아침 일기를 쓴다. 이 다섯 가지를 끝내고 나면, 이 사람은 하루의 시작점을 남과 달리할 수 있게 된다. 시간에 쫓겨 사는 것이 아니라 자신이 원하는 대로 하루를 조성해갈 수 있다는 것이다.

삶의 초점을 미래에 맞추고 있는 사람들은 대부분 불안감과 두려움을 느끼는 경우가 많은데, 마음을 다스리는 데엔 글쓰기 만한 게 없다. 글을 쓰다 보면 자신의 현재 모습을 들여다볼 수 있을 뿐만 아니라, 감사의 요소들을 놓치지 않게 된다. 글을 써서 얻게 되는 결과도 매력적이지만, 글을 쓴다는 과정 자체에서 얻을 수 있는 것도 생각보다 많다. 이제, 세상에서 가장 성공한 사람들의 비밀을 파헤치러 가보자!

심화활동

- 타이탄들이 하는 루틴 중에서 자신의 삶에서 실천하고 싶은 것을 정해서 실천해본다.
- 아이디어 작성 목록을 참고하여서, 자신의 아이디어에 대한 글을 써본다.

위대한 나의 발견 강점혁명

갤럽 프레스 | 청림출판 | 2021

내 안에 숨은 재능이 인생을 바꾼다

자신의 강점을 활용하여 자기 자신을 새롭게 발견하고, 이를 통해 인생의 혁명을 이룰 수 있다면 어떨까? 34가지의 강점에 대해 살펴본 다음 각 강점을 가진 사람들은 어떤지, 테마 실행 아이디어에는 어떤 것들이 있는지 살펴보도록 하자.

개발(Developer)	수집(Input)	지적사고(Intellection)
개별화(Individualization)	승부(Competition)	집중(Focus)
공감(Empathy)	신념(Belief)	책임(Responsibility)
공정성(Consistency)	심사숙고(Deliberative)	체계(Discipline)
긍정(Positivity)	연결성(Connectedness)	최상화(Maximizer)
미래지향(Futuristic)	자기확신(Self-Assurance)	커뮤니케이션(Communication)
발상(Ideation)	적응(Adaptability)	포용(Includer)
배움(Learner)	전략(Strategic)	행동(Activator)
복구(Restorative)	절친(Relator)	화합(Harmony)
분석(Analytical)	정리(Arranger)	회고(Context)
사교성(Woo)	존재감(Significance)	
성취(Achiever)	주도력(Command)	

각 강점들을 살펴보면서 자신의 강점 다섯 가지를 정해보고, 이 강점을 자신의 인생에 어떻게 적용할 수 있을지 생각해보자. 이 과정을 통해 지금보다 훨씬 발전된 모습으로 성장할 수 있을 것이다.

심화활동

- 34가지의 강점 중 자신에게 해당하는 5가지 강점을 찾아본다.
- 자신의 강점을 개발시킬 구체적인 방법을 생각해본다.

회복탄력성

김주환 | 위즈덤하우스 | 2019

시련을 행운으로 바꾸는 유쾌한 비밀

　자신에게 닥친 고난과 어려움을 도약의 발판으로 삼는 힘, 회복탄력성. 성공은 어려움이나 실패가 없는 상태가 아니라 역경과 시련을 극복해낸 상태다. 사람마다 체력의 차이가 있는 것처럼, 개인이 가지고 있는 회복탄력성의 크기 역시 다르다. 이 책은 좌절과 실패를 겪은 사람들 가운데 회복탄력성을 지닌 사람들이 어떤 과정으로 회복해 나가는지 구체적으로 다룬다.

　변화하는 환경에 적응하고, 그 환경을 스스로에게 유리한 방향으로 이끌어 가는 것은 우리가 가져야 할 중요한 능력 중 하나다. 회복탄력성이 높은 사람은 자신의 실수에 긍정적인 태도를 가지고 있다. 실수에 예민하게 반응하되, 두려워하지 않는 것이다. 회복탄력성이 갖고 있는 요소들을 살펴보자.

요소	설명	하위 요소
자기조절능력	자신을 이해하는 힘	감정조절, 충동통제, 원인분석
대인관계능력	타인과 관계를 맺고 이어가는 능력	소통능력, 공감능력, 자아확장

　회복탄력성을 향상시키기 위한 습관으로는 '감사'와 '운동'이 있다. 하루에 감사했던 일 3가지씩을 떠올려보면, 평범하게 지나가는 하루 속에서도 감사할 일이 제법 많다는 것을 알게 된다. 바쁘다는 핑계로 가장 쉽게 포기하게 되는 것 중 하나가 바로 '운동'인데, 회복탄력성을 높이는 데엔 사실 운동 만한 게 없다. 신체적인 움직임을 통해 에너지를 높이면, 마음의 에너지도 덩달아 높아진다. 공부하느라 바쁜 수험생일지라도 '감사'와 '운동'으로 회복탄력성을 기르도록 하자. 성적을 올리는 데 적지 않은 도움이 될 것이다.

심화활동
- 책에 제시되어 있는 '회복탄력성 테스트'를 해본다.
- 회복탄력성을 기르는 방법을 조사하고, 실천해본다.

시작의 기술

개리 비숍 | 웅진지식하우스 | 2019

도서 분야	자기계발
관련 과목	진로와 직업
관련 학과	모든 학과

누워서 걱정만 하는 사람들을 위한 7가지 무기

'신경 가소성'은 뇌의 물리적 구조가 바뀌는 현상을 말한다. 새로운 것을 배우고 경험하는 동안 뇌는 끊임없이 신경 경로를 만들고 재조정한다. 이에 우리는 의식적으로 자신에게 유리한 방향으로 경로를 수정하게끔 생각의 방향을 틀어야 하는데 '나는 ~을 할 거야', '나는 ~이 될 거야' 등의 말보다는 '나는 ~이다', '나는 ~라고 확신한다'라는 말이 더 강력한 힘을 지닌다는 것이다. 저자가 꼽은 7가지 문장을 살펴보자.

시작의 기술	주요 내용
나는 의지가 있어	의지는 '늘 준비된 상태' 혹은 '기꺼이 하려는 마음', 즉 새로운 관점에서 상황을 바라볼 수 있는 상태를 뜻한다.
나는 이기게 되어 있어	사람은 가장 깊은, 가장 눈에 띄지 않는 생각이 명령하는 대로 움직인다. 자신의 잠재력에 한계를 두지 않는 자가 성공한다.
나는 할 수 있어	'나는 할 수 있어'라는 말 자체가 해결책이 되지는 않는다. 다만 인생의 결정권이 스스로에게 있다는 것을 잊지 말자.
나는 불확실성을 환영해	위험을 회피하는 성향이 과거에는 필요했지만, 이제는 그렇지 않다. 확실성을 좇아도 어차피 보장되는 것은 없다.
생각이 아니라 행동이 나를 규정해	내면의 상태는 삶에 많은 영향을 미친다. 훌륭한 결과를 내는 사람들은 감정에 휘둘리지 않고 행동하는 법을 안다.
나는 부단한 사람이야	남은 것이 아무것도 없을 때, 그때도 계속 정진하게 만드는 동력이 바로 '부단함'이다. 이는 불가능한 것마저 가능케 한다.
나는 아무것도 기대하지 않고 모든 것을 받아들여	무기력함은 자신도 모르게 가진 기대와 현실 사이의 격차에서 비롯된다. 그 격차가 클수록 실망감은 더 커진다.

심화활동

- 시작의 기술 7가지가 무엇을 의미하는지 설명해본다.
- 자신의 삶에 적용할 수 있는 방법을 하나씩 나열해본다.

럭키 드로우

드로우앤드류 | 다산북스 | 2022

도서 분야	자기계발
관련 과목	진로와 직업
관련 학과	모든 학과

'나만의 길'을 걷고 있는 사람들에게 제시하는 새로운 '이정표'

우리는 다양한 경험을 통해 삶과 꿈에 대한 새로운 도전을 얻는 사람들을 종종 보게 된다. 이 책의 저자도 그중 하나다. 한국에서의 취업이 두려워 미국 인턴십에 지원했고, 안정적인 회사를 포기하고 이직을 선택했다. 회사에서 느낀 열등감을 동력으로 삼아 SNS에 열정을 쏟았고, 자신의 이야기를 나누고 싶은 마음에 유튜브를 시작했다. 취업비자가 만료되는 바람에 미국에서 이룬 것들을 포기하고 한국으로 돌아온 저자는 대기업에서 러브콜을 받기도 했지만, 꿈을 이루기 위해 사업을 시작했다. 매 순간 자신이 진정으로 원하는 일에 '집중'하며 하나씩 '선택'한 것이다.

회사에 다니면서 회사의 가치와 동시에 자신의 가치를 키울 수 있는 사람이 과연 몇이나 될까? 저자는 자신을 끊임없이 쇄신하며 브랜딩했다. 디자인만 하는 디자이너가 아니라 마케팅을 병행하는 '전천후' 디자이너로 말이다. 물론, 처음에는 자신이 '퍼스널 브랜딩'에 대한 코칭을 하며 수익을 올릴 거라고는 생각하지 못했다. 그도 그럴 것이 그 어떤 누구도 '꿈'에 대한 '보장'을 해주지 못했기 때문이다. 오히려 비웃는 사람들이 있었을 정도니…. 당장 돈이 되지 않더라도 자신이 좋아하는 일에 시간을 투자해야 한다고 강하게 주장할 수 있는 이유도 여기에 있다. 이런 경험과 실천을 통해 얻게 된 깨달음은 특히 젊은 세대에게 큰 귀감이 되며, 평생 다른 사람의 일만 하며 살아가야 하는 '현대인들의 숙명(?)'으로부터 벗어날 수 있다는 희망을 전해주기도 한다.

미국의 유명 방송인 오프라 윈프리는 "성공으로 가는 최고의 방법은 당신이 사랑하는 일을 발견하고, 그것을 다른 사람에게 제공할 방법을 찾는 것이다."라고 말했다. 자신과의 대화를 통해 자신이 좋아하는 일을 찾는 것, 자신이 좋아하는 것을 다른 사람과 건강하게 공유하는 것, 우리가 진로를 결정할 때 생각해야 할 가장 두 가지 메시지가 모두 들어 있는 것이다.

심화활동
- 인생에서 레버를 당겨야 할 순간이 온다면 어떻게 행동할 것인지 생각해본다.
- 좋아하는 일을 찾고, 그것을 다른 사람과 어떻게 나눌 수 있을지 고민해본다.

월별 참고도서 목록

1월

《미움받을 용기》 | 기시미 이치로, 고가 후미타케 | 인플루엔셜 | 2022

《최재천의 공부》 | 최재천, 안희경 | 김영사 | 2022

《몰입의 즐거움》 | 미하이 칙센트미하이 | 해냄출판사 | 2021

《생각의 탄생》 | 로버트 루트번스타인, 미셸 루트번스타인 | 에코의서재 | 2007

《식탁 위의 세상》 | 켈시 티머먼 | 부키 | 2016

《공간의 미래》 | 유현준 | 을유문화사 | 2021

《강원국의 글쓰기》 | 강원국 | 메디치미디어 | 2018

《읽는 인간 리터러시를 경험하라》 | 조병영 | 쌤앤파커스 | 2021

《예술 수업》 | 오종우 | 어크로스 | 2015

《로봇 시대, 인간의 일》 | 구본권 | 어크로스 | 2020

《미디어 리터러시, 세상을 읽는 힘》 | 강용철, 정형근 | 샘터 | 2022

《열 두 발자국》 | 정재승 | 어크로스 | 2023

《설득의 논리학》 | 김용규 | 웅진지식하우스 | 2020

《빅터 프랭클의 죽음의 수용소에서》 | 빅토르 E. 프랑클 | 청아출판사 | 2020

《도파민네이션》 | 애나 렘키 | 흐름출판 | 2022

《총, 균, 쇠》 | 재레드 다이아몬드 | 김영사 | 2023

《유튜브는 책을 집어삼킬 것인가》 | 김성우, 엄기호 | 따비 | 2020

《이어령의 마지막 수업》 | 김지수, 이어령 | 열림원 | 2021

《휴먼카인드》 | 뤼트허르 브레흐만 | 인플루엔셜 | 2021

《아내를 모자로 착각한 남자》 | 올리버 색스 | 알마 | 2022

《팩트풀니스》 | 한스 로슬링 | 김영사 | 2020

《사피엔스》 | 유발 하라리 | 김영사 | 2023

《아픔이 길이 되려면》 | 김승섭 | 동아시아 | 2017

《클루지》 | 개리 마커스 | 갤리온 | 2023

《언어의 역사》 | 데이비드 크리스탈 | 소소의책 | 2020

《인간 본성의 법칙》 | 로버트 그린 | 위즈덤하우스 | 2019

《미디어의 이해》 | 허버트 마셜 매클루언 | 커뮤니케이션북스 | 2011

《읽었다는 착각》 | 조병영 외 6명 | EBS BOOKS | 2022

《내가 틀릴 수도 있습니다》 | 비욘 나티코 린데블라드 | 다산초당 | 2022

《인스타 브레인》 | 안데르스 한센 | 동양북스 | 2020

《정리하는 뇌》 | 대니얼 J. 레비틴 | 와이즈베리 | 2015

2월

《에밀》 | 장 자크 루소 | 돋을새김 | 2015

《루소, 학교에 가다》 | 조상식 | 탐 | 2013

《공자, 지하철을 타다》 | 김종옥, 전호근 | 탐 | 2013

《논어, 사람의 길을 열다》 | 배병삼 | 사계절 | 2005

《철학 통조림》 | 김용규 | 주니어김영사 | 2016

《군주론》 | 니콜로 마키아벨리 | 현대지성 | 2021

《소크라테스적 성찰》 | 엄정식 | 메이트북스 | 2019

《성찰》 | 르네 데카르트 | 풀빛 | 2014

《생각이 많은 10대를 위한 철학 사전》 | 황진규 | 나무생각 | 2021

《철학의 숲》 | 브랜던 오더너휴 | 포레스트북스 | 2020

《철학의 역사》 | 나이절 워버턴 | 소소의책 | 2019

《에티카》 | 베네딕투스 데 스피노자 | 서광사 | 2007

《공리주의》 | 존 스튜어트 밀 | 현대지성 | 2020

《차라투스트라는 이렇게 말했다》 | 프리드리히 니체 | 민음사 | 2004

《실존주의는 휴머니즘이다》 | 장 폴 사르트르 | 문예출판사 | 2013

《몽테뉴의 수상록》 | 미셸 몽테뉴 | 메이트북스 | 2019

《장자》 | 장자 | 글항아리 | 2019

《논어》 | 공자 | 현대지성 | 2018

《한국철학 에세이》 | 김교빈 | 동녘 | 2008

《성학십도》 | 퇴계 이황 | 풀빛 | 2005

《격몽요결》 | 율곡 이이 | 을유문화사 | 2022

《탈무드》 | 유대인 랍비 | 인디북 | 2001

《토마스 아퀴나스의 신학대전 읽기》 | 양명수 | 세창미디어 | 2014

《고백록》 | 아우구스티누스 | CH북스 | 2016

《인간 붓다》 | 법륜 | 정토출판 | 2010

《무소유》 | 법정 | 범우사 | 2004

《마더 테레사》 | 신홍범 | 두레 | 2016

《아름다운 빈손 한경직》 | 김수진 | 홍성사 | 2010

3월

《하늘과 바람과 별과 시》 | 윤동주 | 더스토리 | 2023

《님의 침묵》 | 한용운 | 열린책들 | 2023

《정지용 전집 1 시》 | 정지용 | 민음사 | 2016

《가난한 사랑노래》 | 신경림 | 실천문학사 | 2013

《이육사 시집》 | 이육사 | 범우사 | 2019

《껍데기는 가라》 | 신동엽 | 시인생각 | 2010

《무정》 | 이광수 | 민음사 | 2010

《삼대》 | 염상섭 | 문학과지성사 | 2004

《천변풍경》 | 박태원 | 문학과지성사 | 2005

《태평천하》 | 채만식 | 민음사 | 2022

《카인의 후예》 | 황순원 | 문학과지성사 | 2006

《광장/구운몽》 | 최인훈 | 문학과지성사 | 2014

《난장이가 쏘아올린 작은 공》 | 조세희 | 이성과 힘 | 2000

《황만근은 이렇게 말했다》 | 성석제 | 창비 | 2002

《시인 동주》 | 안소영 | 창비 | 2015

《땀 흘리는 소설》 | 김혜진 외 8명 | 창비교육 | 2019

《불편한 편의점》 | 김호연 | 나무옆의자 | 2021

《눈길》 | 이청준 | 문학과지성사 | 2012

《장마》 | 윤흥길 | 민음사 | 2005

《원미동 사람들》 | 양귀자 | 쓰다 | 2012

《관촌수필》 | 이문구 | 문학과지성사 | 2018

《방망이 깎던 노인》 | 윤오영 | 범우사 | 2000

《문학의 숲을 거닐다》 | 장영희 | 샘터 | 2022

《인연》 | 피천득 | 민음사 | 2018

《한국 현대희곡선》 | 김우진 외 9명 | 문학과지성사 | 2021

《이근삼 전집 1》 | 이근삼 | 연극과인간 | 2008

《화랑의 후예, 밀다원 시대》 | 김동리 | 교보문고 | 2013

《시용향악보》 | 작자미상 | 지식을만드는지식 | 2011

《호질 양반전 허생전》 | 박지원 | 범우사 | 2014

《열하일기》 | 박지원 | 보리 | 2010

《금오신화》 | 김시습 | 민음사 | 2009

5월

《지리의 쓸모》| 전국지리교사모임 | 한빛라이프 | 2021

《세계 시민을 위한 없는 나라 지리 이야기》| 서태동 외 6명 | 롤러코스터 | 2022

《구멍가게 이야기》| 박혜진, 심우장 | 책과함께 | 2021

《세상을 담는 여행지리》| 김인철 외 6명 | 푸른길 | 2020

《아주 쓸모 있는 세계 이야기》| 남영우 외 4명 | 푸른길 | 2019

《문학 속의 지리 이야기》| 조지욱 | 사계절 | 2014

《지리의 힘》| 팀 마샬 | 사이 | 2016

《왜 세계의 절반은 굶주리는가?》| 장 지글러 | 갈라파고스 | 2016

《왜 세계의 가난은 사라지지 않는가》| 장 지글러 | 시공사 | 2019

《공정하다는 착각》| 마이클 샌델 | 와이즈베리 | 2020

《사이보그가 되다》| 김초엽, 김원영 | 사계절 | 2021

《젠더와 사회》| 한국여성연구소 | 동녘 | 2021

《선량한 차별주의자》| 김지혜 | 창비 | 2019

《같은 일본 다른 일본》| 김경화 | 동아시아 | 2022

《지리학자의 인문 여행》| 이영민 | 아날로그(글담) | 2019

《노후 파산》| NHK 스페셜 제작팀 | 다산북스 | 2016

《평균의 종말》| 토드 로즈 | 21세기북스 | 2018

《펭귄과 리바이어던》| 요차이 벤클러 | 반비 | 2013

《우리는 왜 개는 사랑하고 돼지는 먹고 소는 신을까》| 멜라니 조이 | 모멘토 | 2011

《이상한 정상 가족》| 김희경 | 동아시아 | 2022

《어느 대학 출신이세요?》| 제정임, 곽영신 | 오월의봄 | 2021

《우리는 왜 인종차별주의자가 될까?》| 이즈마엘 메지안느 외 2명 | 청아출판사 | 2021

《왜 세계화가 문제일까?》| 게르트 슈나이더 | 창비 | 2019

《시선의 폭력》| 시몬느 소스 | 한울림스페셜 | 2016

《인구의 힘》| 폴 몰랜드 | 미래의창 | 2020

《그녀가 말했다》| 조디 캔터, 메건 투히 | 책읽는수요일 | 2021

《강남의 탄생》| 한종수, 강희용 | 미지북스 | 2016

《대한민국의 시험》| 이혜정 | 다산4.0 | 2017

《학교, 민주시민교육을 실천하다!》| 교육정책디자인연구소 시민모임 | 맘에드림 | 2020

《나는 미디어 조작자다》| 라이언 홀리데이 | 뜨인돌 | 2019

《세상을 읽는 새로운 언어, 빅데이터》| 조성준 | 21세기북스 | 2019

6월

《가려진 세계를 넘어》| 박지현, 채세린 | 슬로비 | 2021

《정의란 무엇인가》| 마이클 샌델 | 와이즈베리 | 2014

《국경 전쟁》| 클라우스 도즈 | 미래의 창 | 2022

《다수를 위한 소수의 희생은 정당한가?》| 표창원 외 4명 | 철수와영희 | 2016

《착한 민영화는 없다》| 이광호 | 내일을여는책 | 2019

《그런 세대는 없다》| 신진욱 | 개마고원 | 2022

《지정학의 힘》| 김동기 | 아카넷 | 2020

《동·남중국해, 힘과 힘이 맞서다》| 마이클 타이 | 메디치미디어 | 2020

《쉽게 믿는 자들의 민주주의》| 제랄드 브로네르 | 책세상 | 2020

《그건 내 건데》| 이선배 | 내일을여는책 | 2022

《판결문을 낭독하겠습니다》| 도우람 | 시공사 | 2020

《법의 이유》| 홍성수 | arte(아르테) | 2021

《딸에게 들려주는 헌법 이야기》| 이득진 | GIST PRESS | 2021

《이름이 법이 될 때》| 정혜진 | 동녘 | 2021

《이상한 재판의 나라에서》| 정인진 | 교양인 | 2021

《THE GOAL 더 골》| 엘리 골드렛, 제프 콕스 | 동양북스 | 2019

《슈독》| 필 나이트 | 사회평론 | 2016

《챗GPT 거대한 전환》| 김수민, 백선환 | 알에이치코리아 | 2023

《이것은 작은 브랜드를 위한 책》| 이근상 | 몽스북 | 2021

《스틱!》| 칩 히스, 댄 히스 | 웅진지식하우스 | 2022

《로지컬 씽킹》| 데루야 하나코, 오카다 게이코 | 비즈니스북스 | 2019

《새로 쓴 원숭이도 이해하는 자본론》| 임승수 | 시대의 창 | 2016

《자본주의》| 정지은, 고희정 | 가나출판사 | 2013

《나쁜 사마리아인들》| 장하준 | 부키 | 2023

《1달러의 세계 경제 여행》| 다르시니 데이비드 | 센시오 | 2020

《브라질에 비가 내리면 스타벅스 주식을 사라》| 피터 나바로 | 에프엔미디어 | 2022

《보도 섀퍼의 돈》| 보도 섀퍼 | 에포케 | 2011

《부의 추월차선》| 엠제이 드마코 | 토트 | 2022

《부자의 그릇》| 이즈미 마사토 | 다산북스 | 2020

《생각의 비밀》| 김승호 | 황금사자 | 2015

7월

《전태일 평전》 | 조영래 | 아름다운전태일 | 2020

《문명과 식량》 | 루스 디프리스 | 눌와 | 2018

《오리엔탈리즘》 | 에드워드 사이드 | 교보문고 | 2007

《거꾸로 읽는 세계사》 | 유시민 | 돌베개 | 2021

《조선의 딸, 총을 들다》 | 정운현 | 인문서원 | 2016

《두 얼굴의 조선사》 | 조윤민 | 글항아리 | 2016

《죽음의 역사》 | 앤드루 도이그 | 브론스테인 | 2023

《위대한 패배자들》 | 유필화 | 흐름출판 | 2021

《에도로 가는 길》 | 에이미 스탠리 | 생각의힘 | 2022

《절반의 한국사》 | 여호규 외 9명 | 위즈덤하우스 | 2021

《정약용과 그의 형제들》 | 이덕일 | 다산초당 | 2012

《다크 투어, 슬픔의 지도를 따라 걷다》 | 김여정 | 그린비 | 2021

《진실을 영원히 감옥에 가두어 둘 수는 없습니다》 | 조영래 | 창비 | 1991

《쟁점 한일사》 | 이경훈 | 북멘토 | 2016

《안목》 | 유홍준 | 눌와 | 2017

《비이성의 세계사》 | 정찬일 | 양철북 | 2015

《미술관 옆 사회교실》 | 이두현 외 6명 | 살림Friends | 2013

《이슬람의 눈으로 본 세계사》 | 타밈 안사리 | 뿌리와이파리 | 2011

《한 컷 한국사》 | 조한경 외 9명 | 해냄에듀 | 2022

《히틀러에 붙이는 주석》 | 제바스티안 하프너 | 돌베개 | 2014

《고전소설 속 역사여행》 | 신병주, 노대환 | 돌베개 | 2005

《역사란 무엇인가》 | E. H. 카 | 까치 | 1997

《100가지 물건으로 다시 쓰는 여성 세계사》 | 매기 앤드루스, 재니스 로마스 | 웅진지식하우스 | 2020

《처음 읽는 중국사》 | 전국역사교사모임 | 휴머니스트 | 2018

《호모 에렉투스의 유전자 여행》 | 요하네스 크라우제, 토마스 트라페 | 책밥 | 2020

《나는 전쟁범죄자입니다》 | 김효순 | 서해문집 | 2020

《1000년》 | 발레리 한센 | 민음사 | 2022

《7대 이슈로 보는 돈의 역사 2》 | 홍춘욱 | 로크미디어 | 2020

《반일 종족주의, 무엇이 문제인가》 | 김종성 | 위즈덤하우스 | 2020

《위안부 문제를 아이들에게 어떻게 가르칠까?(한국편)》 | 방지원 | 생각비행 | 2021

《백범일지》 | 김구 | 돌베개 | 2005

《원소 이야기》| 팀 제임스 | 한빛비즈 | 2022

《법칙, 원리, 공식을 쉽게 정리한 물리·화학 사전》| 와쿠이 사다미 | 그린북 | 2017

《거의 모든 물질의 화학》| 김병민 | 현암사 | 2022

《같기도 하고 아니 같기도 하고》| 로얼드 호프만 | 까치글방 | 2018

《세상은 온통 화학이야》| 마이 티 응우옌 킴, 김민경 | 한국경제신문사 | 2019

《재밌어서 밤새 읽는 화학 이야기》| 사마키 다케오 | 더숲 | 2013

《세상을 바꾼 화학》| 원정현 | 리베르스쿨 | 2021

《화학 교과서는 살아있다》| 문상흡 외 8명 | 동아시아 | 2012

《미술관에 간 화학자》| 전창림 | 어바웃어북 | 2013

《오늘도 약을 먹었습니다》| 박한슬 | 북트리거 | 2020

《분자 조각가들》| 백승만 | 해나무 | 2023

《슈퍼버그》| 맷 매카시 | 흐름출판 | 2020

《이중나선》| 제임스 왓슨 | 궁리 | 2019

《종의 기원》| 찰스 다윈 | 사이언스북스 | 2019

《이기적 유전자》| 리처드 도킨스 | 을유문화사 | 2018

《다정한 것이 살아남는다》| 브라이언 헤어, 버네사 우즈 | 디플롯 | 2021

《생명이 있는 것은 다 아름답다》| 최재천 | 효형출판 | 2001

《생물과 무생물 사이》| 후쿠오카 신이치 | 은행나무 | 2008

《생명이란 무엇인가》| 폴 너스 | 까치글방 | 2021

《이토록 뜻밖의 뇌과학》| 리사 펠드먼 배럿 | 더퀘스트 | 2021

《당신의 뇌, 미래의 뇌》| 김대식 | 해나무 | 2019

《우리는 각자의 세계가 된다》| 데이비드 이글먼 | 알에이치코리아 | 2022

《코드 브레이커》| 월터 아이작슨 | 웅진지식하우스 | 2022

《노화의 종말》| 데이비드 A. 싱클레어, 매슈 D. 러플랜트 | 부키 | 2020

《골든아워》| 이국종 | 흐름출판 | 2018

《진료실에 숨은 의학의 역사》| 박지욱 | 휴머니스트 | 2022

《까면서 보는 해부학 만화》| 압둘라 | 한빛비즈 | 2020

《물고기는 존재하지 않는다》| 룰루 밀러 | 곰출판 | 2021

《호흡의 기술》| 제임스 네스터 | 북트리거 | 2021

《나는 풍요로웠고, 지구는 달라졌다》| 호프 자런 | 김영사 | 2020

10월

《챗GPT 기회를 잡는 사람들》 | 장민 | 알투스 | 2023

《인공지능 생존 수업》 | 조중혁 | 슬로디미디어 | 2021

《테슬라 자서전》 | 니콜라 테슬라 | 양문 | 2019

《챗GPT에게 묻는 인류의 미래》 | 김대식, 챗GPT | 동아시아 | 2023

《IT 트렌드 읽는 습관》 | 김지현 | 좋은습관연구소 | 2023

《최소한의 코딩지식》 | EBS 제작팀, 김광범 | 가나출판사 | 2021

《AI 소사이어티 AI Society》 | 김태헌, 이벌찬 | 미래의창 | 2022

《나의 첫 인공지능 수업》 | 김진우 | 메이트북스 | 2022

《비전공자를 위한 이해할 수 있는 IT 지식》 | 최원영 | 티더블유아이지 | 2020

《비전공자도 이해할 수 있는 AI 지식》 | 박상길 | 반니 | 2023

《페르마의 마지막 정리》 | 사이먼 싱 | 영림카디널 | 2022

《수학이 필요한 순간》 | 김민형 | 인플루엔셜 | 2018

《다시, 수학이 필요한 순간》 | 김민형 | 인플루엔셜 | 2020

《이토록 아름다운 수학이라면》 | 최영기 | 21세기북스 | 2019

《365 수학》 | 박부성 외 3명 | 사이언스북스 | 2020

《미적분으로 바라본 하루》 | 최영기 | 21세기북스 | 2019

《적분이 콩나물 사는 데 무슨 도움이 돼?》 | 쏨쌤, 정담 | 루비페이퍼 | 2021

《지금 공부하는 게 수학 맞습니까?》 | 최수일 | 비아북 | 2022

《미술관에 간 수학자》 | 이광연 | 어바웃어북 | 2018

《청소년을 위한 한국 수학사》 | 김용운, 이소라 | 살림Math | 2009

《일하는 수학》 | 시노자키 나오코 | 타임북스 | 2016

《대량살상 수학무기》 | 캐시 오닐 | 흐름출판 | 2017

《피타고라스 생각 수업》 | 이광연 | 유노라이프 | 2023

《나는 수학으로 세상을 읽는다》 | 롭 이스터웨이 | 반니 | 2020

《수학을 포기하려는 너에게》 | 장우석 | 북트리거 | 2023

《수학의 역사》 | 지즈강 | 더숲 | 2020

《이상한 수학책》 | 벤 올린 | 북라이프 | 2020

《더 이상한 수학책》 | 벤 올린 | 북 라이프 | 2021

《수학을 읽어드립니다》 | 남호성 | 한국경제신문사 | 2021

《길 위의 수학자》 | 릴리언 R. 리버 | 궁리출판 | 2016

《통계의 미학》 | 최제호 | 동아시아 | 2007

12월

《죽은 자의 집 청소》| 김완 | 김영사 | 2020

《성적은 짧고 직업은 길다》| 탁석산 | 창비 | 2009

《하고 싶은 것이 뭔지 모르는 10대에게》| 김원배 | 애플북스 | 2021

《의대에 가고 싶어졌습니다》| 서울대학교 의과대학 재학 · 졸업생 | 메가스터디북스 | 2022

《10대를 위한 완벽한 진로 공부법》| 앤디 림, 윤규훈 | 체인지업북스 | 2020

《공대에 가고 싶어졌습니다》| 서울대학교 공과대학생 | 메가스터디북스 | 2020

《이제는 대학이 아니라 직업이다》| 손영배 | 생각비행 | 2023

《코딩 진로》| 류채윤 외 2명 | 호모 루덴스 | 2021

《국경 없는 과학기술자들》| 이경선 | 뜨인돌 | 2013

《세상을 읽는 새로운 언어, 빅데이터》| 조성준 | 21세기북스 | 2019

《14살부터 시작하는 나의 첫 진로 수업》| 학연플러스 편집부 | 뜨인돌 | 2021

《좋아하는 것을 발견하는 법》| 이다혜 | 창비 | 2022

《WHY NOT? 유튜버》| 김켈리 | 토크쇼 | 2022

《다가온 미래, 새로운 직업》| 한국고용정보원 미래직업연구팀 외 7명 | 드림리치 | 202

《무기가 되는 스토리》| 도널드 밀러 | 윌북 | 2018

《박철범의 하루 공부법》| 박철범 | 다산에듀 | 2022

《성공하는 사람들의 7가지 습관》| 스티븐 코비 | 김영사 | 1994

《그릿》| 앤절라 더크워스 | 비즈니스북스 | 2019

《데일 카네기 자기관리론》| 데일 카네기 | 현대지성 | 2021

《아주 작은 습관의 힘》| 제임스 클리어 | 비즈니스북스 | 2019

《아티스트 웨이》| 줄리아 캐머런 | 경당 | 2012

《몰입 Think hard!》| 황농문 | 알에이치코리아 | 2007

《보도 섀퍼의 이기는 습관》| 보도 섀퍼 | 토네이도 | 2022

《나폴레온 힐 성공의 법칙》| 나폴레온 힐, 김정수 | 중앙경제평론사 | 2022

《어떻게 살아야 하는가》| 이나모리 가즈오 | 다산북스 | 2022

《아웃라이어》| 말콤 글래드웰 | 김영사 | 2019

《타이탄의 도구들》| 팀 페리스 | 토네이도 | 2022

《위대한 나의 발견 강점혁명》| 갤럽 프레스 | 청림출판 | 2021

《회복탄력성》| 김주환 | 위즈덤하우스 | 2019

《시작의 기술》| 개리 비숍 | 웅진지식하우스 | 2019

《럭키 드로우》| 드로우앤드류 | 다산북스 | 2022

명문대
필독서
3 6 5

1판 1쇄 인쇄 2024년 4월 22일
1판 1쇄 발행 2024년 5월 2일

지은이 박은선, 최유란, 차옥경, 김미나, 안재현
발행인 김형준

책임편집 박시현, 허양기
마케팅 기소연
디자인 design ko

발행처 체인지업북스
출판등록 2021년 1월 5일 제2021-000003호
주소 경기도 고양시 덕양구 삼송로 12, 805호
전화 02-6956-8977
팩스 02-6499-8977
이메일 change-up20@naver.com
홈페이지 www.changeuplibro.com

© 박은선, 최유란, 차옥경, 김미나, 안재현, 2024

ISBN 979-11-91378-50-4 (43370)